中央民族大学"985工程"中国少数民族语言文化教育与边疆史地
新时期中国少数民族语言使用情况研究丛书

总主编 戴庆厦

澜沧拉祜族语言使用现状及其演变

LANCANG LAHUZU YUYAN SHIYONG
XIANZHUANG JIQI YANBIAN

戴庆厦◎主编

商务印书馆
2011年·北京

图书在版编目(CIP)数据

　　澜沧拉祜族语言使用现状及其演变/戴庆厦主编.—北京:商务印书馆,2011
　　(新时期中国少数民族语言使用情况研究丛书)
　　ISBN 978-7-100-07564-0

　　I.①澜… Ⅱ.①戴… Ⅲ.①拉祜语—语言调查—调查研究—澜沧拉祜族自治县　Ⅳ.①H258

　　中国版本图书馆 CIP 数据核字(2010)第 240558 号

所有权利保留。
未经许可,不得以任何方式使用。

LÁNCĀNG LĀHÙZÚ YǓYÁN SHǏYÒNG XIÀNZHUÀNG JÍQÍ YǍNBIÀN
澜沧拉祜族语言使用现状及其演变
戴庆厦　主编

商 务 印 书 馆 出 版
(北京王府井大街 36 号　邮政编码 100710)
商 务 印 书 馆 发 行
北京市白帆印务有限公司印刷
ISBN 978-7-100-07564-0

2011 年 7 月第 1 版　　开本 787×1092　1/16
2011 年 7 月北京第 1 次印刷　印张 19　插页 1

定价:42.00 元

澜沧拉祜族语言使用现状及其演变

戴庆厦 主编

作 者

中央民族大学：戴庆厦 乔 翔 林新宇
　　　　　　　朱艳华 刘玉兰

云南民族大学：刘劲荣 张 伟 张雨江
玉溪师范学院：白碧波 许鲜明 杨 艳
　　　　　　　刘 艳

The Status Quo and Evolution of Language Use of the Lancang Lahu Nationality

Edited by
Dai Qingxia

Authors

Minzu University of China	Dai Qingxia Qiao Xiang Lin Xinyu Zhu Yanhua Thanyalak Sae Liao
Yunnan Nationalities University	Liu Jinrong Zhang Wei Zhang Yujiang
Yuxi Normal Institute	Bai Bibo Xu Xianming Yang Yan Liu Yan

课题组成员在县政府葫芦雕像前合影

目　　录

绪论 ··· 1
　第一节　立题目的 ··· 1
　第二节　调查程序 ··· 2
　第三节　调查方法 ··· 4
　第四节　几点说明 ··· 6

第一章　澜沧拉祜族自治县拉祜族的社会文化概况 ································· 10
　第一节　澜沧拉祜族自治县概况 ··· 10
　第二节　澜沧县拉祜族概况 ·· 14

第二章　澜沧拉祜族四个村寨个案调查 ··· 22
　第一节　南岭乡勐炳村龙塘寨拉祜族语言使用现状个案调查 ················· 22
　第二节　勐朗镇唐胜新村拉祜族语言使用现状个案调查 ······················· 59
　第三节　勐朗镇勐滨村松山林小组拉祜族语言使用现状个案调查 ·········· 85
　第四节　竹塘乡茨竹河村委会达的村拉祜族语言使用现状个案调查 ······· 116

第三章　澜沧县拉祜族使用母语的状况 ·· 144
　第一节　澜沧县拉祜族稳定使用自己的母语 ······································· 144
　第二节　澜沧县拉祜族稳定使用自己母语的成因 ································ 159
　第三节　拉祜语保存完好的意义 ··· 161
　第四节　拉祜人的语言态度 ·· 164

第四章　澜沧县拉祜族兼用汉语的现状及成因 ·· 171
　第一节　澜沧县拉祜族兼用汉语的现状 ··· 171
　第二节　澜沧县拉祜族汉语水平偏低的成因分析 ································ 182
　第三节　汉语水平偏低带来的诸多问题 ··· 190
　第四节　如何提高拉祜族汉语水平的建议 ·· 192

结语 ·· 195

附录 ·· 198
   一　澜沧县拉祜语语音系统 ·· 198
   二　澜沧县拉祜语 2000 常用词 ·· 209
   三　专访及座谈会 ··· 257
   四　田野调查日志 ··· 277
   五　工作照片 ··· 284

参考文献 ·· 290

后记 ·· 291

Contents

Introduction ·· 1
  1 Purpose of the investigation ·· 1
  2 Investigation procedures ·· 2
  3 Investigation methods ·· 4
  4 Several explanations ·· 6

Chapter 1 Social and Cultural Survey of Lancang ································· 10
  1.1 A Survey of Lancang County ·· 10
  1.2 A Survey of Lahu nationality in Lancang ·· 14

Chapter 2 Cases of Language Investigation in Four Lahu Villages, Lancang ········ 22
  2.1 Case survey of Language Use in Mengbing Village, Nanling Township ········ 22
  2.2 Case survey of Language Use in Tangsheng Village, Menglang Town ········ 59
  2.3 Case survey of Language Use in Songshanlin of Mengbin Village, Menglang Town ······ 85
  2.4 Case survey of Language Use in Dadi of Cizhuhe Village, Zhutang Township ··· 116

Chapter 3 the Status Quo of Language Use of Lahu Nationality in Lancang ······ 144
  3.1 The Lahu nationality in Lancang uses own mother languange stably ············ 144
  3.2 Stable use of mother language by Lahu nationality in Lancang ···················· 159
  3.3 Significance of the complete preservation of Lahu language ························ 161
  3.4 Language manner of Lahu people ·· 164

Chapter 4 the Status Quo and Origin of the Use of Chinese by Lahu Nationality in Lancang ········ 171
  4.1 The status quo of the use of Chinese by Lahu nationality in Lancang ·········· 171
  4.2 Analysis about the level of Chinese use by Lahu nationality in Lancang ······ 182
  4.3 Several problems accompany with the low level of Chinese use by Lahu ······ 190
  4.4 Suggestions on how to improve the Chinese use of Lahu nationality ············ 192

Conclusion ··· 195

Appendices ··· 198
  1 Phoneme systems of Lahu in Lancang ················· 198
  2 2000 Words of Lahu in Lancang ······················· 209
  3 Interviews ·· 257
  4 The Journal of Investigation ································ 277
  5 Photographs ·· 284

References ··· 290

Postscript ··· 291

绪　　论

本章主要论述以下几个问题：立题目的、调查程序、调查方法等。目的是为读者提供认识澜沧拉祜语使用现状及其语言演变的背景材料，帮助读者了解全书所要论述的问题。

第一节　立题目的

语言国情是一个国家国情的重要组成部分。语言是传递信息的工具，又是文化、科学的载体和联络民族感情的媒介，社会的发展和国家的建设，都不能离开语言。所以，语言国情在国家国情中占有重要的地位。正因为如此，许多国家都重视语言国情调查，认为政府必须掌握国家公民使用语言的状况。

语言国情调查具有重要的理论价值和应用价值。语言是人类文化的载体，每一种语言都独特地反映人类对世界的认识和体验，反映使用者的价值观和世界观。所以，每种语言都可以给我们提供一种认识世界的新视角。正是由于语言是世代相传的，才使人类的经验得以传承。语言的重要性，决定了语言国情研究的重要性。语言国情是由一个国家的特点、性质决定的，受这个国家的历史传统和现时生态特点的制约。从语言国情的反观镜中，能够看到语言背后一个国家内部存在的许多特点。从这个意义上说，语言国情调查对社会科学的理论建设和发展都能提供语言方面的信息。

一个国家的语言方针政策的制定，必须建立在对语言国情广泛认识的基础上。我国的语言方针政策包括：国家通用语的规定、语言立法、语言地位的规定、少数民族语言的使用和发展、第二语言教学（包括少数民族学习汉语、中国人学习外语）、语言规范、语文现代化等。对语言国情认识有偏误或只停留在朦胧状态，就不能制定出符合客观实际的方针政策。国家的语文方针政策的制定，都必须建立在对语言使用国情全面调查研究的基础之上。没有科学的、微观的、符合客观实际的语言使用国情调查，就难以对语言使用情况有一个宏观的、整体的估量和把握，也就不可能制定出正确的、有效的对策。

新中国成立之前，我国没有做过系统的语言国情调查，因此长期以来人们对我国的语言国情所知甚少，最多只能说个大概的情况。新中国成立后，语言学学科建设受到重视，得到了空前未有的发展。半个多世纪以来，我国开展了两次规模较大的少数民族语言调查，使得我们对我国少数民族语言的基本情况有了一定的了解。

语言国情调查是一件繁重的、长期的任务。尽管过去我国开展过规模较大、人数较多的两次语言国情调查，但还是很不够的，还不能满足我们对少数民族语言取得科学认识的要求。所以，深入、系统地开展民族语言国情调查，仍然是今后民族语文工作的一项重要任务。

语言国情在不同时期、不同国度、不同地区存在着差异。新时期民族语言国情调查的特点，是由新时期的国情特点（社会、经济、文化的特点）决定的。新时期语言状况的变化比任何一个历史时期都快。一般说来，语言状况的变化是缓慢的。但在有的条件下，比如社会制度或人口分布等发生了巨大变化，语言变化的速度会比过去加剧，甚至出现人们未能预测到的变化。

我国进入新时期后，由于实行了改革开放的方针，民族地区的面貌发生了前所未有的、涉及各个领域的巨大变化。民族语言反映社会的变化最敏感、最迅速，必然也会跟随社会的巨大变化而发生新的变化。由于民族地区的对外开放，当地少数民族有不少人离开本土到各个城市开辟新的工作领域或谋生，而又有不少内地汉族到民族地区从事经济、文化、教育等活动，这一双向互动变化势必影响少数民族语言的使用，包括双语的使用等。

中央民族大学"985"工程创新基地语言中心设立的"澜沧县拉祜族语言使用现状及其演变"课题组，旨在通过拉祜语的个案调查研究，探讨中国少数民族语言在现代化进程中的语言国情、语言关系，以及语言的特点和演变规律。该课题组由中央民族大学、云南民族大学以及云南玉溪师院三所高校联合组成，于2010年1月4日赴云南省澜沧县进行了半个多月的田野调查。在当地干部、群众的大力支持下，获得了大量的第一手材料，并形成了对拉祜人语言使用现状及其历史演变的一些认识。

第二节　调查程序

本课题的调查程序主要包括：调查前准备、实地调查、资料审核与校正、资料整理和分析、撰写调查报告等。现将主要程序分述如下：

一　实地调查

要全面、准确地了解和掌握所要调查的对象，必须通过亲眼所见、亲耳所闻的实地调查。课题组部分成员提前到达澜沧县，通过当地民宗局干部拿到全县少数民族聚（散）居村委会及自然村基本情况表，从中选择有代表性的拉祜村寨。挑选的代表点是：高度聚居寨，多民族杂居寨，公路沿线的拉祜寨，偏远山区的拉祜寨等等。

待课题组其他成员全部到达澜沧县后，在前期踩点所掌握的信息基础上，决定具体的调查地点和方案。我们集中几天的时间，分赴选定的村寨，展开具体的实地调查。包括：入户了解村民家庭语言使用情况、发放有关语言观念和语言态度的调查问卷、测试拉祜语基本词汇和句子、访谈村干部、村民、教师、学生等。

除了乡镇的村寨,我们还走访了县城机关、学校等单位,和拉祜族干部、教师、文艺演员、学生等了解拉祜族的语言使用情况,并调查其语言能力和语言观念。

二 资料审核与校正

调查组赴村寨实地调查前,已拿到调查点的村民户口册,下村寨调查后取得更多的资料,这些资料的真实性和可靠性需要进一步审核。如村民家庭语言使用情况表中的姓名、年龄、性别、文化教育程度、第一语言和第二语言及其水平等信息。还需要录入电脑,输入时要把原始资料(教育文化户口册、计划生育户口册)和实地调查来的信息和数据一一核对,发现漏缺和错误及时改正,否则会影响到资料的统计和分析。有的信息无法确定,还要再次下寨去调查。

每个调查点做过的问卷和测试表拿回来后都要再次进行检查,看是否缺调查对象的基本信息和回答,确保问卷和测试结果的可用性和可靠性。

三 资料整理和分析

如何整理和分析资料,使之最大化地服务于撰写调查报告,也是不可或缺的一个环节。资料整理的标准要统一,因为课题组的研究成果是集体的心血凝结,把原始资料整理为定性资料要有一个标准,以便使全书的体例协调统一。文字资料的分类整理,汇编;数字资料的分组整理,汇总,都是必要的步骤。

汇总后资料要进行定性分析和定量分析。对调查资料的理论分析,常用的方法包括因果分析法、归纳和演绎的方法,比较分析方法等。

四 撰写调查报告

调查研究的最后一个程序就是撰写调查报告。本课题就是在资料整理分析的基础上拉出全书的写作大纲,分个案写作和专题写作两大内容。各个调查点的拉祜族村民家庭语言使用情况个案调查主要包含以下几方面:社会经济情况、母语使用情况、汉语使用情况、不同对象不同场合语言使用情况、家庭内部语言使用情况、400词测试结果分析等。这些内容全部都是从实地调查中得来的数据。专题写作是全书的主要章回,是在数字和文字材料基础上的综合描述和理论提炼。此外,上述的内容还包括访谈录、调查日志等,也都是调查、访谈中整理归纳出来的。

为了在有限的时间完成既定的工作要求,课题组从一开始就进行了任务分工,使每个成员都了解自己所要做的工作。不但有分工,还有合作。如进寨调查是所有调查组成员都要参加的,以便获取第一手、最重要的感性知识。如果没有这种感性知识,就难以完成以后分给的专题论述任务。为了协调不同人的工作,以及统一全书的编写规范,在调查的全过程中,调查组几乎每隔一两天就要开碰头会,讨论调查中出现的问题和语料处理的规范。碰头会还是提高课题组成员思想认识和业务水平的一个非常重要的现场会。

强调不同单位间的团结和协调,是课题组始终重视的一个问题。不同单位联合攻关,需要团结一致、和谐共处,否则就难以保证任务的完成。在澜沧的整个调查过程中,以及在调查前后的工作中,每个成员都能发挥团结互助的精神,有困难就帮,有难处就上。大家团结得很好,保证了每天都在和谐、舒畅、愉快的气氛中度过。尽管工作强度大、工作时间长,也没有一个人叫苦。

第三节 调查方法

本次调查运用了多学科的综合方法。本书虽然主要以语言学的研究方法为主,但在对材料进行分析时,还重视吸取民族学、人类学、文化学、统计学的有关知识和方法,力图在综合分析的基础上,得出科学的结论。主要的调查方法如下:

一 抽样调查与全面调查相结合

囿于调查的时间短、人力少等因素,澜沧县所有的拉祜村寨我们不可能一一走遍,只能在类型上选取一定比例的人口进行统计和分析。主要的方法有重点调查、典型调查、抽样调查、个案调查及调查研究类型的比较。调查点要根据调查目的而选择重点、典型的村寨和学校等单位,以便准确地反映调查对象的情况和特点。本次调查选取的是具有代表性的典型拉祜族山寨,从地理位置上分有偏远山区的拉祜寨、半山区的拉祜寨和城乡结合部的拉祜寨。从人口分布上分有聚居区,也有杂居区。

对村民家庭采用随机抽样法统计和分析语言使用情况,对不同年龄段的拉祜人采用类型抽样法(即不同年龄段各抽2—3名)进行问卷调查、400词测试等,对走访中遇见的有价值的语言现象进行偶遇调查等。

我们还采取了个案调查法。个案虽然不是宏观的,但因我们选取的是典型的、重点的拉祜寨,对所要调查的问题、对象尽量做到微观的分析描写,从个案调查中提取、归纳出规律和认识。因此本书所选取的调查点的语言使用情况,基本上能涵盖整个澜沧县拉祜族农业人口的语言使用的特点。除了调查了解村民日常生活的语言使用状况外,我们还到村小学、乡小学、县进修学校等单位进行调查,并走访了村民、村干部、政府公务员、教师学生等各方面有代表性的人物。调查的个案有4个,调查对象2000多人,访谈对象百余人。

二 问卷调查法

为了全面掌握拉祜族家庭内部和在不同场合、面对不同对象使用语言的具体情况,以了解拉祜族不同年龄的语言观念，我们设计了4份调查问卷：①拉祜族不同对象、不同场合语言使用情况调查表；②拉祜族家庭内部语言使用情况调查表；③拉祜族语言观念调查表；④拉祜族青少年语言使用情况调查问卷。第①和第②份问卷设计为表格的形式，需要调查对象填写，第③和第④份问卷设计为选择题，语句类型采用直接提问，避免诱导。答案设计为定类问题，旨在调查他们看待母语、汉语以及外语的一些态度和观点。在实际的调查中，还可根据收回的问卷，适当地调整问题或答案。

我们在村寨和学校发放了大量的调查问卷，用前文所提的方法对问卷进行整理和分析。这对我们准确了解拉祜族的语言使用和语言观念起到重要的作用。

三 观察法

语言来自于生活。为了全面、客观地了解拉祜族的语言使用情况，我们深入拉祜村寨进行实地调查。实地调查的过程中，除了问卷、测试、访谈外，还强调现场观察法。调查人员进入农户、村公所、村小学等地方，近距离地观察村民们的生活用语。大量生动的、有价值的例子就在观察中进入调查者的视线和脑海，据此写出来的调查报告更具有说服力。比如，调查组成员在勐朗镇勐滨村松山林小组做实地调查时，在基本了解掌握了所需的材料后在村寨里有目的地走动观察，这时看到几位拉祜族妇女在自家门口做手工编织包。上前跟她们打招呼时，她们能用当地汉语方言作答，但是更深的交流就不能进行下去了。一方面是因为见到陌生人感到腼腆，另一方面是他们的汉语听力理解能力和口语表达能力较弱。但是，她们与身边的本族人则能用母语流利地交谈，丝毫看不出表达的障碍。这种实际语言生活中反映出的语言现象，对我们认识语言使用现状是有价值的，应尽可能不放过细微的差异。

四 访谈法

访谈分个人访谈和集体访谈，一般访谈和深度访谈。这是搜集资料的重要手段。本次调查大多采用个别访谈。个别访谈的一般过程是进见、融洽关系、正式访谈、告别。访谈要想达到预期的调查目的，应根据访谈对象的年龄、性别、职业以及访谈的目的，事先做好设计。

访谈中还要注意技巧：选择合适的访谈环境，制造愉快的访谈气氛。对涉及个人隐私和羞于开口的问题，要做特殊的处理。如果出现被访者不愿合作的现象，要做一下原因分析。

五 会议调查法

会议调查法指就有关问题召开相关人士的座谈会，对大家共同关心的问题，交流思想，交换想法。在澜沧县教育局的组织下，调查组与澜沧县重点、普通中小学的教师和学生代表举行了一次座谈。我们听取了一线教师对拉祜族学生的教育现状、原因分析的认识，和他们探讨了在初级教育阶段采用双语教学的必要性和重要性。会议开得很成功。

六　文献法

我们这一课题在国内尚属首创。我们查询了国内外有关拉祜族的文献资料。其中泰文、英文的资料有组织地进行翻译。

第四节　几点说明

本节主要介绍语言使用等级的划分、年龄段的划定、语言能力的划分以及调查阶段的安排等几个问题。

一　关于语言使用等级的划分

语言能力一般包括听、说、读、写四项基本技能,但对于无文字的语言来说,则不要求具有读、写两项技能,只能从听、说两个方面来考察他们的语言能力。根据实际需要还将听、说技能进一步细分。比如,单从能够听懂或说出的内容的多寡、深浅,区分出强、弱、不会三个层次来。

拉祜族的语言使用除了母语外,主要兼用汉语。所以,语言使用等级的调查,除了母语外还有兼用语——汉语。虽然母语和汉语的能力不能完全等同,通常母语的熟练程度比兼用语的熟练更为优好,但是本调查只考察语言的听、说能力,不含读、写的文字能力,因此可将母语和汉语的能力以同一标准划分,即分为三个等级:熟练、略懂、不会。三个等级的划定标准为:

①熟练:听、说能力俱佳;日常生活中能够自如地运用该语言进行交际。

②略懂:听、说能力均为一般或较差,或听的能力较强,说的能力较差;日常生活中以兼用语为主。

③不会:听、说能力均较为低下或完全不会;已转用兼用语或别的民族语言。

二　关于年龄段的划分

依据语言习得特点和拉祜人的实际情况,本书将年龄段划分为四段:青少年段(6—19岁);青壮年段(20—39岁);中年段(40—59岁);老年段(60岁以上)。由于6岁以下儿童(0—5岁)的语言能力不甚稳定,所以本书将统计对象的年龄划定在6岁(含6岁)之上。青壮年段和中年段实际上都属于成年段,两个年龄段相差40岁,虽然属于这两个年龄段的母语人语言能力已经成熟、稳固,母语能力"代际性差异"不甚明显,但是由于这两个年龄段的母语人受教育的程度不同,是影响制约其兼用汉语能力的重要因素之一,因而必须做进一步的细化切分。

母语人的年龄采用出生年份的记法,即青少年段为1990—2003年出生;青壮年为1970—1989年出生;中年段为1950—1969年出生;老年段为1949年以前出生的人。

三 关于语言能力的相关测试

为更加科学、准确地了解拉祜人母语和汉语的语言能力,本调查设计了"拉祜语400词表"、"汉语400词表"、"拉祜族习得汉语句式的偏误测试表"、"拉祜族汉语听、说能力测试"等方法。具体操作方法如下:

1. 拉祜语核心词汇测试

为了能够有效地在较短时间里掌握拉祜族不同年龄段人群的语言能力,我们课题组设计了"拉祜语400词测试表"(以下简称"400词表")。这400个词是从两千多个常用词汇中挑选出来的。挑选的标准是:

①拉祜族大多数人都会说出的基本词汇。如:自然现象类的天、地、月亮、星星、风、雨、火等;动物类的马、牛、猪、狗、鸡、鸭、鱼等;身体部位类的眼睛、鼻子、耳朵、肩膀、手、脚、腿、肚子等;人物称谓类的男人、女人、姑娘、孩子、父亲、母亲、女儿、媳妇等;工具类的铁锅、梯子、扫帚、钥匙、板凳等;动词类的看、听、咬、吃、说、笑、哭等,以及形容词类的高、低、圆、轻、重、多、少等。

②约5%的较难词汇,以便区分不同年龄段的词汇量。如:现在生活中不常用的工具类的词锯子、吹火筒、脚杵、脚臼等;生活中已不常见的动物类的词水獭、飞鼠、麂子、豪猪等;有内涵和外延意义的词芽儿、核儿、穗等。

③不收现代汉语借词,即使是在日常生活中已普遍使用的。如:电视、电话、手机、乡政府、老师、医生等。因为这些词体现不出拉祜人实际的母语能力。

④不收在现代生活中已逐渐不用的词。如:妾、麻风病等。

400词一个个地依次测试,由调查人员说汉语词汇,测试对象说出拉祜语中的对应词汇。每个词的掌握能力按A、B、C、D四级定级:

A级:能脱口而出的。

B级:需想一想说出的。

C级:经测试人提示后,测试对象想起的。

D级:虽经测试人提示,但测试对象仍不知道的。

拉祜人的语言能力就以400词测试的综合评分而定。具体是:

①A级和B级相加的词汇达到350个以上的,语言能力定为"优秀",即能较好地掌握拉祜语。

②A级和B级相加的词汇在280—349之间的,语言能力定为"良好",即基本掌握拉祜语。

③A级和B级相加的词汇在240—279之间的,语言能力定为"一般",即拉祜语的使用能力出现一定衰退。

④A级和B级相加的词汇在240以下的,语言能力定为"差",即拉祜语的使用能力出现严重衰退。

对于400词的测试，一人只需使用一至两小时，母语能力较强或反应较快的一个小时就能完成。通过测试，能够看到不同年龄段的拉祜人母语能力的差异。

2. 汉语核心词汇测试

汉语核心词汇和拉祜语词汇完全相同，实际上是一套表格中的不同文字分列。因为在实际调查中发现，汉语理解能力对拉祜族母语人说拉祜语词汇有一定的影响，联系到南岭乡农业人口教育平均年限不足4年的事实，我们决定将拉祜语400词表用于测试母语人的汉语能力。每个词的掌握能力及综合评定与拉祜语400词的划分标准相同。

具体方法是由调查人员（熟练掌握拉祜语和汉语的母语人）说拉祜语词汇，调查对象说出对应的汉语词汇。这个测试有效地反观出拉祜人对汉语词汇的掌握，因为把拉祜语转译成汉语，译得是否准确能够体现出拉祜族汉语理解能力的高低和词汇量的大小。这侧面反映了拉祜族兼用汉语的能力和汉语文教育水平。

3. "拉祜族汉语习得偏误例句"测试

现代汉语是VO型语序，拉祜语是汉藏语系藏缅语族彝语支，语序为OV型。除了语序的不同，汉语和拉祜语在语法范畴上还有很多不同。拉祜族汉语习得偏误测试主要是汉语的把字句、被动句、差比句、连动句等特殊句式，看看拉祜族在习得汉语的这些句子时有无偏误；在介词、助词、关联词语等词类的用法上有何特点。

具体做法是由调查人员（熟练掌握拉祜语和汉语的母语人）念拉祜语的句子，测试对象翻译为汉语句子。该测试反映出拉祜族在习得汉语句式上存在很多偏误，如汉语差比句的否定表达式否定词的位置放在动词前，如"我跑得没有你快"这句话，调查对象用汉语就说成了"我没有跑得比你快"。有些汉语介词是拉祜语中没有的，如"我们从澜沧来到昆明"这句话说成了"我们这里澜沧昆明来到"。复句不会使用关联词，如"要么你去，要么我去。"、"即使不下雨，我也不去。"等都会受到拉祜语的干扰，说成"要不你去还是我去。"、"雨不来，我不去。"的拉祜语序的汉语句子。

4. 汉语听力和阅读测试

本调查设计了汉语听力测试题和阅读测试题，目的是调查拉祜族听、读汉语的能力和语感。听力测试的做法是由调查人员朗读报纸上的一段文章，调查对象听完后就四个问题进行回答。阅读测试由调查对象读一段汉语文字（难度较低），调查其汉语朗读水平和理解能力，因为理解能力强的话能区分词组和句子的轻声、重读和停顿、断句。这对我们了解拉祜族汉语文听、说、读的能力有了更客观、正确的判断和把握。

四　关于调查阶段的划分

此次调查大致可分为六个阶段：

1. 材料准备阶段（2009.12.1—12.29）。搜集课题相关的资料，制订相应调查计划，设计调查问卷和调查表。

2. 入户调查阶段(2010.1.4—1.12)。通过深入拉祜山乡访谈、记录,积累大量的第一手原始材料。

3. 写作提纲拟定阶段(2010.1.7—1.10)。对收集到的材料加以分类,并在分析的基础上拟定出写作提纲。

4. 正文写作阶段(2010.1.11—1.19)。在分析材料的基础上,依照写作提纲,完成初稿,提炼出具有指导意义的观点。

5. 修改补充阶段(2010.1.20—2.28)。对缺少的材料进行补充;对全文的架构进行"微调";对文字加以润色。

6. 统稿成书阶段(2010.3.1—3.20)。统一体例;对注释、图表、标点符号等加以规范;设计封面。

7. 发稿(2010.3.25)。

第一章 澜沧拉祜族自治县拉祜族的社会文化概况

第一节 澜沧拉祜族自治县概况

拉祜族是一个跨境民族,主要分布在中国、缅甸、泰国、老挝及美国等国家,以中国的人口为最多。境外的拉祜人都是从中国迁移去的。

中国的拉祜族自称"$la^{53}xo^{31}$",主要分布在云南省普洱市(原思茅市)、临沧市、西双版纳州、红河州及玉溪市。人口45.37万(2000年),其中约46%居住在澜沧拉祜族自治县。澜沧县是我国唯一的拉祜族自治县,是拉祜族人口最集中,拉祜族文化最丰富的地方。本章主要描述澜沧拉祜族自治县拉祜族的社会经济、文化教育、民族关系等情况。

一 澜沧县的地理环境

澜沧拉祜族自治县位于云南省西南部和澜沧江的西部,地跨东经99°29′~100°35′、北纬22°01′~23°16′之间,全县总面积8807平方公里,国境线全长80.563公里。全境东西跨距110公里,南北130公里,为云南省县级面积第二大县。东隔澜沧江与思茅市、景谷傣族彝族自治县相望;南与西双版纳州的勐海县相邻(南部糯福乡与缅甸的孟彭和孟阳接壤);西与西盟佤族自治县、孟连傣族拉祜族佤族自治县相接(西部雪林乡与缅甸昆马接壤);北与临沧的双江县和沧源佤族自治县相靠。

澜沧县地处横断山脉怒山山系南段,地势西北高、东南低,"五山六水"纵横交错。主要山脉有公明、孔明、帕令、芒黎和扎发谷5条,山峰绵延纵横,仅海拔2000米以上山峰就有150多座。最高海拔2516米(新城乡麻栗黑山),最低海拔578米(雅口乡勐矿)。山区、半山区占98.8%。有大小河流130余条,较大的有黑河、南朗河、芒帕河、上允河等,均属澜沧江水系。河谷坝子有上允坝、勐朗坝、勐滨坝、下允坝、回竜坝、细允坝等。

澜沧县气候属亚热带山地季风气候,雨量充沛,日照充足,冬无严寒,夏无酷暑,干雨季分明。由于地形地貌复杂,海拔高差悬殊,立体气候明显。其中海拔700米以下的澜沧江、小黑江、黑河等河谷地区为北热带,700—1400米之间的大部分坝子河谷低丘地带为南亚热带,这两个气候带的面积约占全县总面积的44%,气温高,热量足,适宜甘蔗、茶叶、橡胶、咖啡、南药、水果等经济作物生长。县城勐朗镇年均气温20.1℃,年降雨量1551.8毫米,日照2412.8

小时。

澜沧县有多种树木、草药和食物。1970年,澜沧县举行草药展览会时,当地人拿了2000多种草药和各种各样的野菜、水果来展览。目前,澜沧县有很多发电站,如多依林四级电站、谦六马帕河电站、上允芒蚌河兴电站等。2004年,在澜沧县与翠云区交界的澜沧江糯扎渡,国家已动工兴建中型电站,可发电给我国云南全省、周边省份及各湄公河次区域的国家使用。

勐朗镇是澜沧县的经济和政治中心,现在还是澜沧县人民政府所在地,勐朗镇距普洱市173公里,距昆明市743公里,到景洪市171公里,往临沧市273公里。

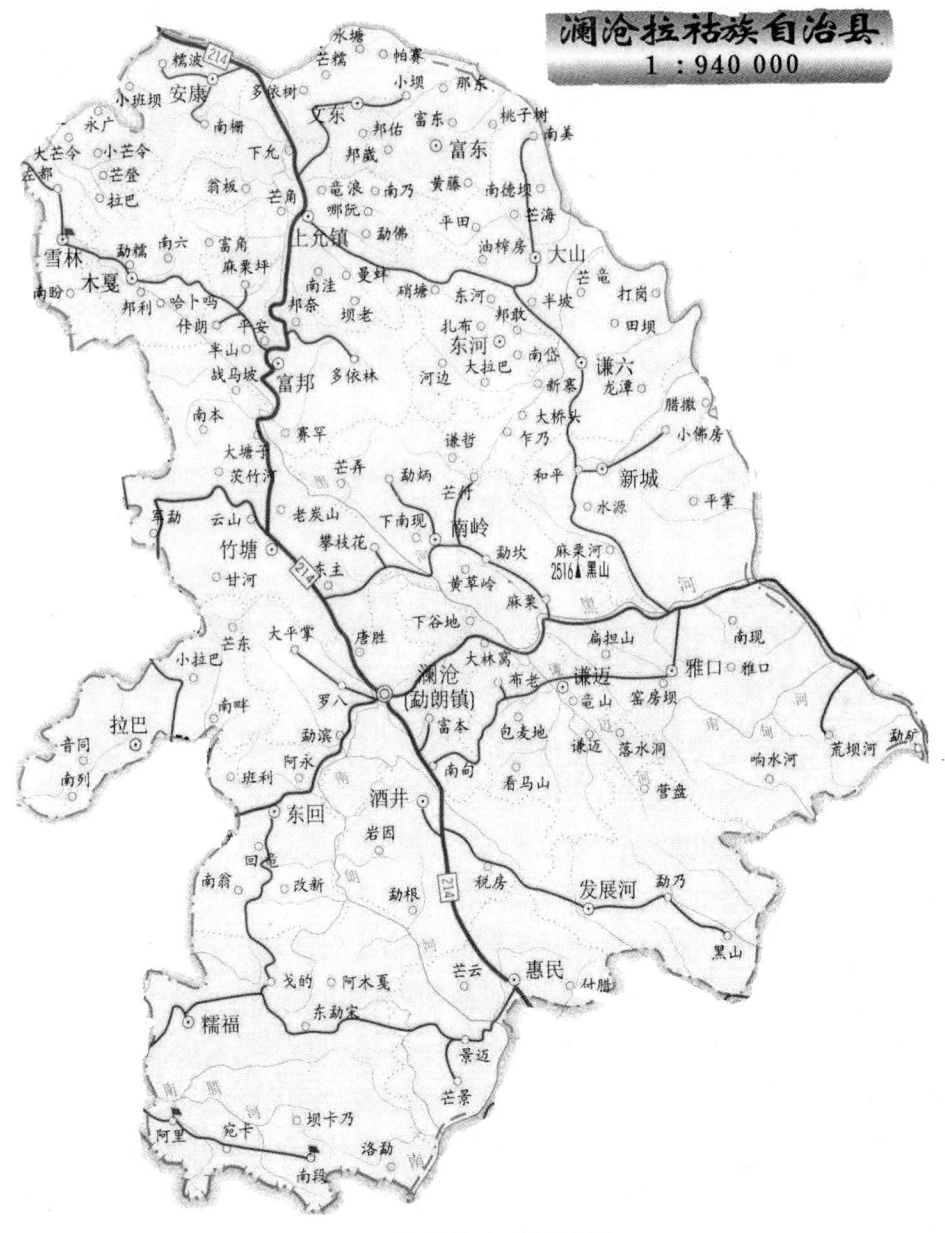

澜沧拉祜族自治县地图

二 澜沧县的行政区划

1949年2月,中国人民解放军解放了澜沧。那时澜沧和东朗、上允、孟连等5个地区都归临沧管辖。当年12月,澜沧地区归给思茅市。不久,澜沧县政府于1950年正式成立。

1953年4月7日,经中国人民共和国国务院批准,正式成立澜沧拉祜族自治县人民政府。区域自治政策的实行对保障各少数民族的自由平等提供了政策保障。

目前澜沧县共有3个镇,17个乡,其中8个是民族乡(4个哈尼族乡、3个佤族乡、1个彝族乡),下辖143个行政村和14个办事处。根据2008年的人口资料,全县常住人口498900人,其中拉祜族有216514人;户籍人口493584人,其中拉祜族214207人。

表1—1:澜沧拉祜族自治县乡镇人口

序号	镇/乡	全镇/乡人口	拉祜族人口
1	勐朗镇	63772	25231
2	上允镇	47893	8884
3	糯扎渡镇	30205	11212
4	谦六彝族乡	50255	16200
5	东河乡	15985	7368
6	大山乡	23240	7672
7	南岭乡	25401	14315
8	酒井哈尼族乡	14037	5671
9	惠民哈尼族乡	16439	1825
10	东回乡	15594	8856
11	拉巴乡	15593	10664
12	竹塘乡	36989	30186
13	富邦乡	21756	18415
14	安康乡	13113	2159
15	文东佤族乡	17871	1196
16	富东乡	19070	7476
17	木嘎乡	17802	17320
18	发展河哈尼族乡	16044	5939
19	糯福乡	17642	13075
20	雪林乡	14883	543
	总计	493584	214207

(资料来源:澜沧县内部资料《2008年末人口情况表》)

三 澜沧县的社会经济

新中国成立以前,澜沧县由于交通闭塞,文化落后以及封建领主制生产关系的束缚等原因,经济发展较为缓慢。土司和地主占有耕田,广大农民受压迫剥削。生产工具简陋,生产力低下,粮荒连年不断,民不聊生。

中华人民共和国成立之后,党和政府调入大量生产工具扶持农民发展生产。1955年至

1956年进行了和平协商土地改革,废除了封建土地所有制和土司世袭制,解放了农村生产力。接着组织农民开展生产互助,大力开水田、积肥料、修水利,使农业生产得到了发展,农民生活得到了提高。

1958年至1960年,"大跃进"和"人民公社化"使农业生产受到重大损失,严重挫伤了农民的积极性。1961年后经过调整,生产逐步得到恢复和发展。"文化大革命"中,"割资本主义尾巴",收缴农民的自留地,限制农民开展副业生产,同时搞平均主义,农民的生产积极性再次受到挫伤。

十一届三中全会以来,中共中央贯彻以经济建设为中心、坚持改革开放的方针,对农村人民公社实行家庭联产承包责任制,经过10多年的改革开放,经济有了较快的发展。1988年11月6日澜沧县发生7.6级地震,使群众的生产生活及生命财产遭到了严重的损害,经济出现大幅度滑坡。在政府和有关慈善机构的大力帮助下,群众的生产生活得到迅速恢复。2003年在县境内建成了国家二级高速公路,沟通了城乡之间、临近县份之间的联系,实现了全县通水、通电,各种传媒如电话和电视卫星接收信号也有了快速发展。

根据县政府提供的数据,2008年生产总值为20.61亿元。与2007年相比,增长16.7%。其中:第一产业增长10.8%,第二产业增长36%,第三产业增长7.7%。人均生产总值4025元,增长13.6%;完成地方财政一般预算收入1.05亿元,增长25%,财政支出9.7亿元,增长36%;固定资产投资20.9亿元,增长22.7%;社会消费品零售总额6.09亿元,增长23.8%;进出口总额1.3亿元,增长77.9%;城镇居民人均可支配收入达9967元,增长11.7%;农民人均纯收入1421元,人均增加219元,增长18.2%。

澜沧县的经济来源,除了农业、畜牧业外,还有水电、糖、茶等方面的收入。利用当地资源开发水力能源,可供电给云南、云南附近省份及周边临近国家和地区。另外还有多个糖厂、茶叶厂。澜沧县是云南糖业出口的重要基地之一,白砂糖生产工厂年产量3550吨。澜沧县也是云南省普洱茶生产的主要基地之一。

澜沧县政府积极整合全县的旅游资源,极力打造成为旅游大县。全县有丰富的旅游资源亟待开发。如:富东乡邦崴村有千年古茶树,古茶文化历史悠久;糯福乡拥有100多年历史的古老教堂;南岭乡勐炳村是拉祜族传统史诗《牡帕密帕》传承基地。还有与缅甸接壤的两个乡镇,具有独特的异国风光。但是当地的交通不太便利,其他方面的条件也不够成熟,致使这些旅游项目不能成为吸引游客的亮点。

澜沧县是原材料和多种矿石的重要采集基地,有有色金属30万—50万吨、褐煤10.3万吨、矿物220万吨,还有丰富的矿泉水资源。

四 澜沧县的文化教育

新中国成立之前,澜沧地区教育十分落后,文盲占总人口的99%。1949年初,全县只有27所小学,在校生1055名,其中少数民族学生仅有179人。而1946年创办的全县唯一的一所县立初中,到1948年还因缺乏办学经费而停办,50个学生也只好辍学回家。

新中国成立后,党和政府十分重视教育事业。为了培养下一代,全县在原来的基础上建设了36所小学,在校生达2250名。县委、县政府积极采取措施兴办教育,抽调了大批内地师范毕业生到澜沧县任教,邀请专业知识人员对当地干部进行培训,到各校开展讲座。政府想尽办法动员各族子女入学,还专门拨款资助贫困地区的少数民族学生入学,负责其口粮、书本和衣被。少数民族学生都得到了读书的机会。但是,"文化大革命"使澜沧县的教育遭到了严重破坏,老师被打倒,书籍被焚烧,人民对教育失去了信心,社会上盛行"读书无用论"。

1978年第十一届三中全会后,澜沧县根据中央精神制定了教育改革发展措施,以"百年大计,教育为本"作为兴县战略措施,确定了"坚持以小学教育为重点,以提高教学质量为中心,以质量促教育"的长期发展目标,并调整学校布局,把很多民办小学改为公立小学。到20世纪90年代,除了提出"教育目标管理"外,还明确了"以普及六年制义务教育为重点,兼顾普及九年制义务教育,重视和加强高中的发展"思路。至2000年,全县23个乡镇,全部实现"普六"目标,并在勐朗镇取得了九年制义务教育试点实验的成功经验。九年制义务教育实行"两免一补"的政策,即免学费、杂费、课书费,生活上给予补助,但要求学生必须读完初中。

据澜沧县教育局提供的数据,2009年至2010年度全县共有各级各类学校252所。其中:小学209所(含完全小学120所,初级小学48所,教学点41个),初级中学16所,九年一贯制学校4所,完全中学4所(含民族实验中学),职业高级中学1所,教师进修学校1所,成人技术学校5所,幼儿园12所。全县各级各类在校学生60454人。其中,小学在校生35194人,初中在校生18172人,高中在校生2476人,职高在校生1256人,幼儿园、学前班在园(班)小朋友3356人。2009年度全县共有7—12周岁适龄儿童30897人,已入学30638人,适龄儿童入学率达99.37%,年辍学率0.24%。15周岁人口初等教育完成率达99.19%。13—15周岁适龄少年18112人中,初中阶段在校生17607人,毛入学率达97%,年辍学率2.44%。17周岁人口初级中等教育完成率82.7%。16—18周岁青少年20540人,高中阶段毛入学率25.7%,年辍学率3.73%。全县有教职员工4013人,其中专任教师3637人,学历合格率达94.17%。

第二节　澜沧县拉祜族概况

拉祜族是云南省特有的跨境民族之一,澜沧县内的拉祜族同哈尼、傣、佤、汉等民族形成大杂居、小聚居的格局。县内的拉祜族是主体民族,分拉祜纳、拉祜熙等支系。分布在镇沅县、金平县一带的苦聪人和分布在东朗乡、拉巴乡等地的老缅人也属于拉祜族的分支。其中拉祜纳和拉祜熙为主要的两大支系,两大支系有着共同的文化传统、信仰、习俗,大体同步的社会发展进程。但在方言、服饰及传叙祖先迁徙的路线上略有不同。

本节主要介绍澜沧拉祜族自治县拉祜族的历史来源、生产生活、文化教育、风俗习惯等。

一 澜沧拉祜族的历史来源

拉祜族历史上没有文字,丰富多彩的民族文化全凭口耳相传。新中国成立后,通过民族文化工作者艰难的探索与考证,调查出了一大批有重要价值的拉祜族历史资料,对拉祜族的历史来源有了一定的认识。

关于拉祜族的族称"拉祜"的含义说法较多:有的认为,"拉"是虎的意思,"祜"是"烤"的意思,"拉祜"即是"烤虎肉吃"的意思;还有的认为,"拉"是虎的意思,"祜"是一个无语义的词尾;等等。但这些说法,都还未能得到确切的证实,有待进一步认知研究。

外民族对拉祜族族称有不同的称谓,傣族、布朗族、哈尼族称拉祜为"墨色"或"慕色",佤族称拉祜为"桂"或"贵",红河哈尼族称拉祜为"卡桂",临沧、思茅地区的傣族称拉祜为"缅"等。

有关拉祜的族源目前学术界有两种不同的观点:一种观点认为,"拉祜族是云南境内最早的土著民族之一"。但这个论断推理较多,缺少实据。另一种观点认为,"拉祜族先民属古代羌人族系",是由北向南迁徙的民族。持这种观点的人较多,他们列举了相关资料进行论证,如从拉祜族的创世史诗 Mudphaf-Milphaf《牡帕密帕》、Shawftied《说唱诗歌集》、迁徙史诗 Keukud《故事》和传说 50 phad-nulma phat dar ve awllaw《50 对兄妹分离的原因》以及澜沧县地名中的一些资料来证明拉祜族的历史来源。

根据拉祜族的历史传说以及创世史诗 Shawftied,称他们最早生活在"Shawddar xeulpher zhid, Maldar shapher zhid"的地方,这里有茂密的森林和望不到边的竹林,住的是洞穴,过着茹毛饮血的生活。后来由于人口迅速增长,生态环境的恶化,大地变成了一片"Milni to qhod"(红土地带)。澜沧拉祜史编写组的同志经实地考证认为:传说中的这个最早居住的地方就是在青海湖南崖的"江西沟",印证了与羌人的族系关系。

拉祜族先民有两个部落,后分东西两路迁徙形成了拉祜族的两大主要支系。西去的"Nulma"(意思是"妹妹")部落群,经盐井河、打冲河,进入拉祜族史诗中所称的"Nawqloq-nawqshieq"地区,即今四川省盐源县、木里县与云南省宁浪彝族自治县永宁交界处的高山湖泊——泸沽湖,又渡过金沙江进入丽江地区,经永胜、宾川等县金沙江边的东乐、东升、钟英等地,后又进入大理地区,经洱源、漾濞、巍山进入南涧彝族自治县。至宋末元初,拉祜族由于不敌官兵的侵扰,被迫继续向南方向迁移,进入"Mudmied-milmied"(今临沧)。元末,傣族、回族、汉族等民族相继进入"Mudmied-milmied",带来了先进的生产技术,加快了经济的发展。由于历史原因,民族和阶级矛盾日愈加深,拉祜族又相继退出了"Mudmied-milmied",迁到了双江、耿马、澜沧、沧源一带的山区。

东去的"Ophad"(意思是"哥哥")部落群,追不上"Nulma"部落群,经"Nawqloqxeul"渡过金沙江后,进入滇境州(今楚雄州大姚县、姚安一带),散布在今大姚、姚安、永仁、元谋、广通等地,过着原始的游猎生活。这一时期的生活在清康熙年代的一些文献中有相关记载。元代由于战乱,大部分的拉祜族相继翻越无量山和哀牢山进入澜沧江以东地区。清代的民族压迫政策,激起东路拉祜人的强烈反抗,受到清军的镇压后,被迫再度南迁。这一部落群一部分进入大黑山区,逃往临沧地区;一部分沿把边江、沅江南下进入红河州的绿春、金屏等地区的原始森林,有的甚至跨过国界到越南、老挝境内;一部分西渡澜沧江进入澜沧县东北的大山、谦六、新城、雅口等地,进而抵达勐海县。

二 拉祜族的生产与生活情况

拉祜族经过了漫长的游猎和动荡不安的迁徙生活,其社会经济的发展受到很大的制约。解放前,农村经济的发展相当缓慢,很多地区仍存在着原始落后因素和封建特权剥削,处在刀耕火种,广种薄收的农业生产阶段,生活极为困难。山区的封闭性和孤立性,都制约了拉祜族的生产、生活。澜沧县西南部最为落后,仍处于封建领主经济形态阶段,残留某些原始公社的特点。如:生产工具落后,铁制工具缺乏,有部分地区还在使用竹刀、木铲等竹木工具。而东北部的拉祜族聚集区则略为进步,处于封建地主经济形态阶段。农业生产所使用的各种工具与汉族、傣族大体一样,但生产技术相对落后。

新中国成立后,国家采取了一系列措施,引导农民直接向社会主义过渡。通过互助合作,发展生产,逐步提高了人民的生活水平。拉祜族在发展粮食生产的同时,还从事养殖、加工、商贸等多种经营,商品生产有了一定的发展。历史上,拉祜族人商品观念淡薄,很少经商贸易,随着经济的发展,这种情况已有变化。

三 拉祜族的语言、文字和教育

拉祜族使用的拉祜语,属于汉藏语系藏缅语族彝语支。它与彝、傈僳、纳西、哈尼等语言比较接近。拉祜语分拉祜纳和拉祜熙两大方言,二者差别不大,可以互相通话。操拉祜纳方言的占总人口的80%以上。拉祜族使用的文字为拉祜文,分为新旧两种文字。

拉祜族历史上没有文字。1905年,美国基督教传教士永伟里父子为传经的需要根据拉祜语的语音特点创制了拉祜文(可称"旧拉祜文")。但文字设计不规范,会这种拉祜文字的人很少,未能广泛使用。

20世纪50年代,中国科学院少数民族语言研究所的语言工作者和拉祜族的知识分子一起,创制了新拉祜文。新拉祜文以澜沧县糯福方言为基础,以东回语音为标准语音。现在国内使用的拉祜文均为新拉祜文,从此拉祜族有了自己的文字。这种新文字曾在群众中大力推广过,出版了多种读物,受到拉祜人的欢迎。

拉祜族的传统教育,主要是口耳相传的知识教育。人们把生产、生活和社会活动中的各种体会加以总结,利用民间口头文学传唱口授的方式进行传播。全民性和传统性是拉祜族传统教育的主要特点。创世史诗 Mudphaf-Milphaf《牡帕密帕》是拉祜族传统的教科书,是传统教育形成的一个重要内容。史诗中的内容生动有趣,想象丰富,联想巧妙,把天地的形成,人类和自然的关系描绘得惟妙惟肖。对造天造地、人类的起源、自然生态、农事活动、分配制度、风俗习惯等都有生动的叙述和反映。它是拉祜族历史文化的结晶。

拉祜族的现代教育,主要是学校教育。解放以来,党和地政府对县内少数民族的教育大力扶持和帮助,使其得到极大的发展。由于实行了国家的"普九"政策,澜沧县适龄儿童入学率、巩固率都达到98%以上,30岁以下的拉祜族大部分都完成了"普六"或"普九"教育。但是,从整体上看,拉祜族的文化教育水平仍然较低,平均受教育年限仅为3.8年。这已引起有关部门的高度重视。

目前,澜沧县正在积极保护和传承拉祜族文化,并把它列为全县"十二五"规划的发展方针之一:改革开放活县、绿色经济强县、拉祜文化兴县、和谐社会建县。其中,拉祜文化兴县是新提出来的,目的是要用拉祜文化拉动全县经济社会的发展,形成民族文化旅游项目,这已经进入各乡的重要工作部署。比如,南岭乡的传统产业是畜牧、甘蔗、茶叶、林业、蚕桑等,民族文化是正在培植的新产业。通过文化活动宣传党的强农、惠农政策,减少打架、赌博等恶习,杜绝邪教的传播,丰富人们的精神生活,促进家庭的和谐。

四 澜沧拉祜族的文化和习俗

拉祜族是个十分热情好客的民族。逢年过节,都要邀请周围汉、傣、哈尼、布朗、佤等族人民一道来饮酒会餐,吃团结饭。拉祜族有句俗语说"一家有事,全寨相帮",这也是拉祜族的传统习俗和精神风尚。无论日常生产、生活,还是盖房搭屋、婚丧嫁娶,时时处处都能体现出拉祜人这种淳朴、厚道、豪爽与热情的民风。

(一)节日庆典

拉祜族的节日,因支系和地点的不同而略有不同。澜沧拉祜人的节日有葫芦节、拉祜年、火把节、新米节、清明节、圣诞节、月亮节、祭祖节等。

1. "Aphor-alor ni"(阿朋阿龙尼)葫芦节

"阿朋阿龙尼"是拉祜族古诗歌中对葫芦的美称。"朋"和"龙"都是吉祥、幸福、丰收的含义。传说,天神"Xeulsha"(厄沙)是在葫芦籽里孕育了人类,最后命小米雀和老鼠啄开葫芦,从成熟后的葫芦里走出来的两兄妹"Caltif"(扎迪)"Na-tif"(娜迪)按照"Xeulsha"的旨意,结成夫妇,繁衍后代,从此有了人类。葫芦成为拉祜族的吉祥物,对拉祜族有着特殊的意义。拉祜人的衣服、房屋上都会有葫芦的标志,以示幸福吉祥;用葫芦制成的葫芦笙是拉祜族传统的民间乐器,拉祜的男子人人都会吹奏葫芦笙。

1992年,澜沧拉祜族自治县人大常委第十七次会议决定,每年的农历十月十五到十七日定为"阿朋阿龙尼"(Aphor-alor ni)葫芦节。2006年,澜沧拉祜族自治县人大常委会经过广泛征求意见,把"葫芦节"的时间调整为每年的阳历四月八日到十日。

节日期间家家户户挂满葫芦,村村寨寨吹响芦笙,到处一片喜庆欢乐的祥和景象。澜沧县政府和各拉祜村寨都要举行庄严盛大的庆祝仪式和丰富多彩的传统民间文体活动,以此缅怀先祖,弘扬本民族悠久的文化历史,推动各民族的和谐。

2. "Qhawrni-hani"(扩塔)春节

春节,拉祜语也称"科尼哈尼"或"扩尼哈呢"。时间为正月初一至初九,与汉族春节大体相同。拉祜年分大年和小年,大年是女人的年,小年是男人的年。大年过五天(初一至初五),小年过三天(初七至初九)。传说过去只有大年,没有小年。年前男人们总是集体远行围猎,回来时常常误了年期。女人们为了慰劳远途而归的男人们,也总是一次次重新备办酒肉食品,给他们补过新年,后来竟逐渐沿袭成习。因为这是为男人而补过的年,因此,就被称为"小年"、"男人的年"。原来的年则称为"大年"、"女人的年"。腊月三十,全家人洗澡换上新衣,下午舂粑粑,傍晚各家在火塘边吃团圆饭,鸣放火枪、火炮,整个山寨一片欢腾。初一,头件事就是抢新水,鸡叫头遍的凌晨,各家派出代表,手持点燃的香,背着盛水的竹筒和葫芦,快步前往泉边抢"新水"。据说,谁家先抢到"新水",谁家就有福气,谁家的庄稼就会先熟。抢到的新水先拿到神桌前敬贡祖先,然后给老人洗脸。初二是走亲戚和村寨间的相互拜年活动。初五全寨男子举行出猎前的围猎仪式,次日便上山围猎,到初八晚上回家。初七到初九的小年,所举行的仪式没有大年隆重,只喝酒、唱歌、寨内举行跳芦笙舞等活动。

3. "Akeuq tuq ni"(阿格杜尼)火把节

拉祜语"Akeuq tuq ni"是点火(松明)的日子的意思。每年的农历六月二十四日晚,拉祜山寨都要举行隆重的仪式欢度火把节。砍松明,扎火把,做缅香。缅香用松脂、枯松树、缅瓜叶、黄瓜叶配以火灰制成。夜晚,由"磨拔"在寨子中间的广场上点燃一棵三丈三尺高的大松明火把,然后家家门前也要争先点燃起松明火把。老人们忙于祭神驱魔,唱传统的《叫魂歌》,年轻小伙子们则抬着火把去各寨"串姑娘",趁此良机谈情说爱,对唱情歌,或者聚在广场上纵情欢歌跳芦笙舞。

4. "Calsiq awf cad"(札四俄札)新米节或尝新节

每年七八月间,各家种的谷物逐渐成熟,就开始举行吃新米的活动。这天,有条件的一般就到地里选择一些早熟并颗粒饱满的谷子回来,做成新米饭,并杀猪宰鸡,邀请亲朋好友共度佳节。开饭前,点燃香蜡,先盛一碗新米饭敬给天神"Xeulsha"和祖先神灵,然后给狗吃,再把米饭粘在农具、耕牛等身上,算是感谢它们帮助生产,让神灵继续保佑来年获得更大的丰收。

5. "Lier piel gu"(灵摆固)清明节

时间为拉祜族年历的二月(阳历为三月)。佛教传入后,随着丧葬活动的兴起,也就有了"清明"的扫墓活动,主要通行于实行土葬的拉祜族地区。上坟时,全家都到墓地,带上鸡、米、烟、酒、茶以及死者生前喜欢的东西前去祭献,并清扫、修整墓地。祭后,在墓地吃一顿饭后回去。

6. "Sheuqtaqni"圣诞节

随着基督教传入拉祜族地区,部分拉祜人也信奉基督教,并过圣诞节。每年阳历十二月二十四日晚,教会要举行大型庆祝音乐会,唱圣诗、圣歌,二十五日又进行大型的游园活动和丰富的文艺表演。

7. "Pafyie hapa tawlni"（哈巴节）月亮节

农历八月十五举行。这天晚上，各家拿出最好的、最新鲜的瓜果、蔬菜、芭蕉、新米等，放在寨子中间的广场上祭献给月亮，然后，全寨人围着祭品跳芦笙舞，一直到深夜。

8. 祭祖节

拉祜族年历的七月十五日举行。这一天，祭奠创世始祖天神"Xeulsha"和家中去世的老人。

(二) 宗教与禁忌

拉祜族的宗教信仰有原始宗教、佛教、基督教和天主教等。其中，原始宗教最为广泛。

拉祜人对自然界的各种力量十分崇拜，认为万物皆有灵。从日、月、山、河的自然物体到风、雨、雷、电等自然现象，都有一个特定的神灵寄附着。首先信奉的是天神"Xeulsha"（厄莎），传说中是万物的缔造者和主宰者，所有的神灵都归他指挥，为拉祜族最大的神，在拉祜族人心目中有着至高无上的地位。

明末清初，南明永历帝的遗臣杨德渊及其徒弟铜金和尚、张秉权、张登发等人进入拉祜山乡，将佛教教义同拉祜原始宗教的相同点结合起来进行佛教宣传，于是佛教很快在澜沧等拉祜族地区传播开来。在澜沧县境内建立了五个佛教活动中心。如今，部分拉祜人仍然信仰佛教。

基督教是1920年传到澜沧境内的。拉祜人将这种西方宗教带上了拉祜原始宗教色彩，把基督教中的"上帝"解释为拉祜族原始宗教中的天神"Xeulsha"。现在澜沧县的糯福乡、东回乡、酒井乡、竹塘乡、木嘎乡部分拉祜人信仰基督教。天主教由法国传教士于1928年传入澜沧拉祜族地区，但没有得到广泛传播。

为了保障群众信仰的自由，澜沧县加强了对信教的管理，使信教活动制度化、规范化。各教的神职人员和信教群众大都能爱国守法，自觉抵制外来的宗教渗透，维护了边疆的稳定和团结。

拉祜族地区还有一些禁忌习俗。如不吃狗肉，禁止在神林中砍伐、打猎，禁止砍伐墓地的树木，忌讳住在发生难产死亡的房屋，禁止在神桌上睡觉，禁止在门槛上站立，禁止在农忙时走村串寨和男女婚恋；忌讳外人进入婴儿未满三日的产妇家，客人不能主动拿鸡头吃，出猎时不准讲不吉利的话，等等。

(三) 恋爱与婚姻

拉祜族人崇尚自由恋爱，一般父母都会支持子女自己寻觅心上人。拉祜人传统的恋爱与婚姻一般要经过串婚、订婚、结婚等几个阶段。串婚也叫串姑娘，拉祜语是"Yadmid geud"。一般是从"火把节"开始进行。如果姑娘不中意追求的小伙子也不结怨，也不伤害对方。相互相中的就进入订婚阶段。互相赠送一些物品作为定情信物。然后，男方托媒人到女方家说亲，如果女方同意，双方父母同喝"火塘酒"，就算订了婚。订婚后择吉日成婚。结婚的时间一般都在"火把节"后第二年的播种前。

拉祜族普遍盛行"上门"的婚姻习俗。这是母系社会在婚姻关系上的痕迹。如果女方家是独生女或弟妹尚小,缺少劳动力,男方就要上门。住满三年后,男方就要和岳父岳母商量,看是否继续住下去,还是带着妻子儿女回到自己父母的家,或者是夫妻两人搬出去自立门户。

拉祜族离婚的现象极少。人们认为离婚是一件可耻的事情。即便是离婚,仪式也较为简单,由村寨头人用火将双方共牵的丝线烧断,即表示双方解除了婚姻关系。

(四) 葬礼

澜沧县拉祜族的葬礼有两种:一种是火葬,一种是土葬。两种葬礼的报丧、入殓、吊祭、出殓等习俗基本相同。寨内成人死亡后,就要立即在家门前鸣放火枪报丧,寨内的人听到后便纷纷前来帮助。除了高龄老人死后可以在家停放一至两天以示尊重外,一般的死者在当天或第二天就要安葬。如果是火葬,就在山寨外被视为神圣的公共火葬场进行。如果是土葬,就葬在山寨外的一个公共墓地。

(五) 服饰与饮食

1. 服饰

澜沧县拉祜族拉祜纳女性头裹一丈多长的包头巾(年轻女性的包头是彩色的,年长女性的则是黑色的),身穿右开襟、两边高开叉到腰部高的长衫,在长衫的岔口、衣边和袖口绣有各色图纹的花边,沿衣领和开襟处还镶有数十个雪亮的"Phubaq"(银泡)。下穿黑色直统裤,裤脚沿边还绣上美丽的花纹。再配戴上项圈、手镯、耳环等饰物。拉祜族女性的短衣,开襟很小,几乎像对襟,衣边缀有花布条纹,无领,小袖口,衣长至腰间。短衫里面穿一件白色汗衫,下穿统裙,统裙上绣有各色环状几何图纹。

男性的服饰,多为无领对襟短衣。年轻的小伙子喜欢在黑布外衣内穿浅色或白色衫衣,而年长的男子则穿无领开襟短衫。拉祜男性的裤子都是裤脚很大的斜拼档长裤,帽子是由六至八片三角形的蓝黑色布拼成,下边镶一条较宽的蓝布做边,顶端缀有一撮约十五公分长的各种颜色的线穗垂下。

2. 饮食

过去,上山捕猎到的野味以及山上的野菜、薯类、蜂蜜等是拉祜人的主要食品。现在,肉类一般以人工饲养为主,有牛、猪、鸡等。主食以大米为主,兼有玉米、小麦、荞麦和高粱等。人工种植的蔬菜随季节有青菜、蚕豆、豌豆、苦籽果、萝卜等。拉祜族的饮食味道以辛辣为主,辣椒是必备的食物。

拉祜族的主要饮品有茶和酒。饮酒的风气在拉祜族中盛行。人人都会喝酒,家家都会酿酒。亲友往来、过年过节、婚丧嫁娶等都少不了酒。

(六) 拉祜族的乐器、音乐和舞蹈

拉祜族最具代表性的管乐器是"Nawf"和"Aqthad"。"Nawf"即芦笙,拉祜族的男子无论

大人或小孩,人人都能吹奏芦笙,无论在生产生活中,还是喜庆佳节时都笙不离身,随时吹奏。"Aqthad"即是响篾,或称竹口琴,是拉祜族女性最喜爱的传统乐器。"Aqthad"弹拨时以口为共鸣器,依口形的变化使簧舌震动发出不同的音,其音质抒情优雅。在男女婚恋活动中男吹芦笙,女弹响篾。

拉祜族的歌曲曲风快乐、优美。分独唱和对唱两种。对唱有一人对一人的,也有一人对多人的。情歌也是对唱的形式,词语丰富,曲调优美。喜闻乐见的歌曲有《婚誓》、《麻栗花开幸福来》、《快乐拉祜》等。舞蹈有"芦笙舞"、"摆舞"、"跳歌"等,其特点粗犷、豪放。舞蹈动作多以模仿动物的动作和生产劳动的动作。

五　澜沧县的民族关系

澜沧拉祜族自治县是一个共有20多个少数民族的多民族县份。尽管如此,民族关系的主流是团结和谐的。另外,拉祜族还跟边境国家的民族,包括跨境民族,也有和谐的关系。

历史上,拉祜族就与众多民族生活在一起,有过长期的民族接触。明朝时期,拉祜族大多迁往澜沧江的西部,与哈尼、佤、彝和布朗等民族共同居住在海拔1400—2000米的山区。各民族杂居在一起,彼此的文化相互影响、相互交流,形成了和谐的民族关系。

特别是新中国成立后,国家实行民族平等的政策,各民族相互尊重,相互学习,建立起和谐的、新型社会主义民族关系。各民族"大杂居、小聚居"的分布格局,对澜沧县的民族关系具有决定性的作用,不存在谁排挤谁的问题,而是结成了相互依存的关系。汉族离不开少数民族,少数民族离不开汉族,少数民族离不开少数民族。民族之间的通婚逐渐增多。各民族的交往也反映出他们和谐的关系。每年各民族的节日庆典活动,都邀请别的民族参加。过春节时,各民族互相拜年,把各有特色的文化展出、交流。

每年的葫芦节,县内拉祜族会举行盛大的节日庆典,也邀请国外的拉祜族代表参加。共同的民族情感和文化传统架起一座友谊的桥梁,把国内外的拉祜族连接起来。1993年庆祝拉祜族自治县成立40周年时,有泰国、缅甸、台湾等地的拉祜族前来祝贺。2005年的葫芦节,韩国、泰国、缅甸等国的学者和拉祜族代表前来参加。

拉祜族人民勤劳善良、崇尚礼仪。在长期的社会生产和生活中,逐渐形成了很多为人处世、规范社会生活的伦理道德观念和行为准则。维护了社会的安定和人与人之间互尊、友爱、和睦相处的良好氛围。

第二章　澜沧拉祜族四个村寨个案调查

第一节　南岭乡勐炳村龙塘寨拉祜族语言使用现状个案调查

一　龙塘寨概况

龙塘寨是澜沧拉祜族自治县南岭乡勐炳村的一个自然寨。它位于县境中部,海拔高度为2000—2300米。"一山分四季,十里不同天"的立体气候特征明显。距离县城50多公里,从县城到龙塘寨仅有一小段国道,其余路段均是塘石路和土路。路况较差,乘车约需3个小时。近期由县政府投资,正在修建通往龙塘寨的三条公路:一条是从思澜路到南岭再到龙塘寨的柏油路,一条是从富邦赛罕到龙塘寨的土路,还有一条是从214国道至南岭的塘石路。这三条公路将于2010年通车。通车后预计从县城到龙塘寨的时间将缩减为一个半小时。

龙塘寨分老寨和新寨,新老寨之间的距离约为1公里。因为茅草房不安全,容易着火,2006、2007年国家"安居工程"项目由县政府投资和村民自筹资金,在现今新寨所在地修建了砖木结构的房屋。大部分老寨的村民目前都已搬迁至新寨。仍居住在老寨的现在还有14户,主要是一些老人,在老寨看管茶树、养蜂。

龙塘寨是一个拉祜族聚居的村寨。全寨分为五个村民小组,共有145户,515人,全部为拉祜族。拉祜族是这里的世居民族,600年前就已在此地生息繁衍,至今已有13代。在过去的历史长河中,龙塘寨拉祜族的传统文化遭到了冲击,具有拉祜风情的茅草屋被破坏,现今只能在老寨见到。会手工制作拉祜族传统服饰的人也仅有十余人,村民日常的穿着与汉族无异,只有过年过节时才穿传统的拉祜族服装。近年来,县委、县政府调整发展战略,确定了以文化发展促进社会发展和经济发展的思路,拉祜族传统文化得到了较好的恢复与保护。全县设立了6个拉祜族创世史诗《牡帕密帕》的传承基地,龙塘寨所在的勐炳村就是其中的一个。为了传承拉祜族创世史诗《牡帕密帕》,勐炳村成立了拉祜族厄莎民间艺术团,演员有100多人,都是勐炳村的村民,龙塘寨的占一半。平时上学、种地,有演出任务时参加表演。2008年参加过中央电视台"民歌中国"节目的录制。2010年1月16日在龙塘老寨举行了拉祜族创世史诗《牡帕密帕》保护传承基地落成暨野阔拉祜开街仪式,基地建成后将成为勐炳村拉祜族保护传承本民族文化活动的重要场所。

龙塘寨所在的地方,据说是拉祜族的发源地。当地有一座山,拉祜族民间传说把这座山叫作拉祜祖山,认为这座山是厄莎牡丁密丁、牡帕密帕、牡分密分、牡篾密篾的地方,也就是厄莎文化的发源地和传承地,是厄莎造天造地、造植物动物、分山分水、取山名水名开始的圣地。一些天然的石头、山脉的形状,以及河流的分布、流向,都与创世史诗《牡帕密帕》里面讲述的内容相吻合。因此,当地拉祜族以拉祜族的祖先厄莎的各种活动来为这些自然景观命名。如:厄莎造天造地处、厄莎跳歌处、厄莎种葫芦处、扎迪娜迪生长的地方、野象睡的山、野象跳歌处、厄莎在处。由于有这些丰富的拉祜文化资源,澜沧县政府已决定将龙塘寨开发成一个拉祜文化旅游景区。

龙塘寨主要是山地,保水、保肥的农田较少。以种植水稻、茶叶、甘蔗等农作物为主,人均占有口粮约 300 公斤。因独特的自然、气候条件,这里盛产茶叶。寨中有一片千年野生茶树,还有百年古茶树。古茶树上的茶叶 1 公斤售价 600 多元。比较名贵的特产还有生长在古茶树上的寄生草"螃蟹脚"(可入药,能降血脂、血压),1 公斤能卖 1000 多元,但产量很低。寨里有一个腊肉加工厂和一个茶叶加工厂,规模都比较小。全寨缺少能带动经济的产业。群众生活相对贫困,年人均收入为 600 元左右。电视、电话、手机的拥有率较低,仅 10 户左右人家有电视机,20 多户安装了电话,手机只是个别年轻人才有。交通运输工具主要是拖拉机和摩托车,拥有率也很低,只有四五户家里有拖拉机,20 多家有摩托车。

龙塘寨有一所小学。近些年,由于实行计划生育政策,每对夫妻只能生两个孩子。再加上村里的女人大多嫁到外省,村里的妇女很少,因而造成出生率下降,适龄学童越来越少。全校现只有一个二年级的班。学校采用拉祜语、汉语双语教学,课堂上用汉语普通话讲课,然后用拉祜语解释。课间休息时,学生和老师都说拉祜语。学校只有一个老师,是 2009 年招考的懂双语的特岗教师。父母们因为经济困难,加上没文化,就不支持孩子读书。他们觉得读书无用,出来找不到工作,还要花那么多钱,算来算去还是觉得读书不划算。所以这里的拉祜族受教育的程度都比较低。全寨有文盲、半文盲 245 人,约占全寨人口的 47.5%;小学 198 人,约占全寨人口的 38.4%;初中 32 人,约占全寨人口的 6.2%;高中 1 人,约占全寨人口的 0.2%。

龙塘寨的周边也都是拉祜族聚居的寨子,村民全部是拉祜族。所以在龙塘寨,拉祜语是村民之间唯一的交际工具。上至七八十岁的老人,下至三四岁的孩子,都能熟练使用他们的母语拉祜语。但是没有人懂拉祜文。寨中多数人不会说汉语,但有许多人能听一些当地的汉语方言。汉语主要是通过学校教育学会的。因为语言障碍,龙塘寨与外界的交流也很少,外族人不进来,寨子里的人也不出去。这里的拉祜族没有与外族通婚的。

二 勐炳村龙塘寨语言使用情况

龙塘寨 5 个村民小组村民都是拉祜族。在这个拉祜人高度聚居的地方,人们都使用母语进行交流,母语使用情况比较一致。他们只有跟外族人交谈时才使用当地汉语方言。由于村寨地理位置、周围村寨民族分布存在不同的特点,加上受教育的程度存在差异,所以不同人的汉语使用情况有着较大的差异。下面对拉祜人使用母语和汉语的情况做具体的分析。

（一）母语使用情况

龙塘寨处于深山之中，交通不便，道路凸凹不平。这里的村民赶集要到22公里以外的乡政府所在地，有的人一辈子都没有到过县城，与外界的接触非常少。从居住环境来看，该寨周围的村寨都是拉祜族。这种大聚居的环境，决定了不论是家庭、村寨的内部，还是乡上的集市，村民们都用拉祜语进行交流，因而母语保留完好。

我们调查了该寨145户、479位村民（6岁以上）的语言使用情况，发现全寨普遍熟练掌握拉祜语，不同年龄段人的拉祜语语言能力基本相同，下表2—1是该寨5个村民小组四个年龄段村民的拉祜语能力统计表：

表2—1

年龄段（岁）	调查人口	熟练	百分比	略懂	百分比	不会	百分比
6—19	93	93	100	0	0	0	0
20—39	177	177	100	0	0	0	0
40—59	134	134	100	0	0	0	0
60岁以上	75	75	100	0	0	0	0
合计	479	479	100	0	0	0	0

从上表可以看出，各年龄段的母语使用情况比较一致，都能熟练掌握母语，没有发现略懂或不会母语的人。具体是：6—19岁年龄段93位村民，都能熟练使用拉祜语；20—39岁年龄段的181位村民，除2位聋哑人、2位智残人外，没有属于"略懂"或"不会"等级的。40岁以上的人共209人，其语言能力都是熟练级。这说明在龙塘寨拉祜语还保持着强劲的活力。村民李老八（一组第三户，男，37岁，脱盲）说，自己拉祜话都会说，平时在家里家外都说拉祜话。村里的其他人也一样。勐炳村完小的李自安老师（男，38岁，南岭乡芒付村帮蚌寨人）也告诉我们，现在学校里全部是拉祜族学生，这些学生的拉祜语很熟练，一下课就在一起说拉祜语。一、二年级必须用拉祜语辅助教学，否则学生听不懂，三年级以后慢慢减少使用拉祜语。

（二）汉语使用情况

由于龙塘寨的村民与外界的接触不多，在生活中基本都使用拉祜语，因此很少有人能熟练使用汉语。下面是龙塘寨村民的汉语能力统计表：

表2—2

年龄段（岁）	调查人口	熟练	百分比	略懂	百分比	不会	百分比
6—19	93	12	12.9	72	77.4	9	9.7
20—39	177	7	4	106	60	64	36
40—59	134	4	3	31	23	99	74

								续表
60 岁以上	75	2	2.7	5	6.7	68	90.6
合计	479	25	5.2	214	44.7	240	50.1

调查数字告诉我们，龙塘寨 6 岁以上 479 位村民中，只有 25 人的汉语属于熟练等级，占 5.2%。其余村民都属于"略懂"和"不会"等级。村民李加发（男,35 岁）告诉我们，他们很少说汉语，即使到乡上赶集，由于拉祜族人多，大家也都说拉祜语。就连来集市上做生意的汉族也跟他们说拉祜语，不会说拉祜语是完全行不通的。他还说，自己没上过学，汉语也说得不好。下面分年龄段叙述其汉语使用情况。

1. 6—19 岁年龄段

在这一年龄段中，只有 13% 的人能熟练使用汉语，87% 的人属于"略懂"和"不会"等级。能熟练使用的有 12 人。他们是：

表 2—3

序号	家庭编号	姓名	出生年份	民族	文化程度	第一语言及水平	第二语言及水平
1	三组 13	李娜约	1996	拉祜	初二	拉祜语,熟练	汉语,熟练
2	三组 16	李四妹	1996	拉祜	初二在读	拉祜语,熟练	汉语,熟练
3	四组 8	李娜俫	1995	拉祜	初二在读	拉祜语,熟练	汉语,熟练
4	四组 7	李扎努	1995	拉祜	初二在读	拉祜语,熟练	汉语,熟练
5	四组 5	李扎母	1995	拉祜	初二在读	拉祜语,熟练	汉语,熟练
6	四组 11	李娜发	1994	拉祜	初二在读	拉祜语,熟练	汉语,熟练
7	一组 3	李娜药	1994	拉祜	初三在读	拉祜语,熟练	汉语,熟练
8	三组 12	胡二妹	1994	拉祜	初三	拉祜语,熟练	汉语,熟练
9	三组 29	李石保	1993	拉祜	初二在读	拉祜语,熟练	汉语,熟练
10	三组 14	李扎阿	1992	拉祜	初二	拉祜语,熟练	汉语,熟练
11	二组 10	石扎体	1991	拉祜	小学	拉祜语,熟练	汉语,熟练
12	二组 25	李扎体	1990	拉祜	小学	拉祜语,熟练	汉语,熟练

从走访中得知，龙塘寨村民的汉语使用能力主要是经过学校教育获得的。表中显示，这一年龄段能熟练使用汉语的人有 10 个是初中毕业或是初中在读，只有两个是小学 6 年在读。有的初中毕业后出去打工，又提高了汉语文能力。如李娜约、胡二妹初中毕业以后就出外打工，在外面接触汉语的机会大大增多，他们的汉语使用能力得到了进一步的提高。有的是在本村内当了干部。如李扎阿在村里做会计，经常与乡上的工作人员接触，提高了汉语水平。

属于"略懂"和"不会"等级的，大多是受教育年限少的，他们只读到小学，只有少数人读到初中。下表 2—4 是这一年龄段属于"略懂"等级的人受教育的统计表：

表 2—4

序号	家庭编号	姓名	出生年份	民族	文化程度	第一语言及水平	第二语言及水平
1	三组 9	石扎袜	2001	拉祜	小三在读	拉祜语,熟练	汉语,略懂
2	五组 16	李小珍	2001	拉祜	小三在读	拉祜语,熟练	汉语,略懂
3	一组 9	石老三	2001	拉祜	小三在读	拉祜语,熟练	汉语,略懂
4	四组 8	李扎迫	2001	拉祜	小三在读	拉祜语,熟练	汉语,略懂
5	五组 6	李娜约	2001	拉祜	小三在读	拉祜语,熟练	汉语,略懂
6	三组 31	李代妹	2001	拉祜	小三在读	拉祜语,熟练	汉语,略懂
7	五组 18	李娜妥	2001	拉祜	小三在读	拉祜语,熟练	汉语,略懂
8	三组 27	李娜莫	2000	拉祜	小三在读	拉祜语,熟练	汉语,略懂
9	五组 23	刘老大	2000	拉祜	小三在读	拉祜语,熟练	汉语,略懂
10	二组 19	李娜迫	1999	拉祜	小三在读	拉祜语,熟练	汉语,略懂
11	三组 12	胡扎克	1999	拉祜	小三在读	拉祜语,熟练	汉语,略懂
12	三组 19	李娜莫	1999	拉祜	小三在读	拉祜语,熟练	汉语,略懂
13	三组 18	李娜嘿	1999	拉祜	小三在读	拉祜语,熟练	汉语,略懂
14	二组 24	李扎莫	1999	拉祜	小三在读	拉祜语,熟练	汉语,略懂
15	三组 1	石娜莫	1999	拉祜	小三在读	拉祜语,熟练	汉语,略懂
16	三组 30	李扎约	1998	拉祜	小六在读	拉祜语,熟练	汉语,略懂
17	三组 3	石春华	1998	拉祜	小六在读	拉祜语,熟练	汉语,略懂
18	四组 9	李老二	1998	拉祜	小六在读	拉祜语,熟练	汉语,略懂
19	三组 22	李扎发	1998	拉祜	小六在读	拉祜语,熟练	汉语,略懂
20	二组 26	李 时	1998	拉祜	小三在读	拉祜语,熟练	汉语,略懂
21	三组 22	李扎发	1998	拉祜	小六在读	拉祜语,熟练	汉语,略懂
22	二组 8	李老九	1998	拉祜	小六在读	拉祜语,熟练	汉语,略懂
23	三组 32	石云云	1998	拉祜	小六在读	拉祜语,熟练	汉语,略懂
24	四组 23	李九妹	1998	拉祜	小六在读	拉祜语,熟练	汉语,略懂
25	三组 14	李娜妥	1997	拉祜	小六在读	拉祜语,熟练	汉语,略懂
26	二组 1	胡东妹	1997	拉祜	初中二年	拉祜语,熟练	汉语,略懂
27	三组 4	石娜发	1997	拉祜	小六在读	拉祜语,熟练	汉语,略懂
28	五组 24	李娜丕	1996	拉祜	初二在读	拉祜语,熟练	汉语,略懂
29	四组 1	李老七	1996	拉祜	小六在读	拉祜语,熟练	汉语,略懂
30	五组 7	李扎拉	1996	拉祜	初二在读	拉祜语,熟练	汉语,略懂
31	五组 28	李娜俫	1996	拉祜	小六在读	拉祜语,熟练	汉语,略懂
32	四组 19	张小伍	1996	拉祜	初二在读	拉祜语,熟练	汉语,略懂
33	五组 25	李扎体	1995	拉祜	初二在读	拉祜语,熟练	汉语,略懂
34	一组 15	石二妹	1995	拉祜	初三在读	拉祜语,熟练	汉语,略懂
35	一组 16	胡东明	1995	拉祜	初二在读	拉祜语,熟练	汉语,略懂
36	一组 20	李扎思	1994	拉祜	初三在读	拉祜语,熟练	汉语,略懂
37	五组 23	李扎发	1994	拉祜	初二在读	拉祜语,熟练	汉语,略懂
38	三组 33	李小六	1994	拉祜	初三在读	拉祜语,熟练	汉语,略懂
39	五组 14	李珍妹	1994	拉祜	初二在读	拉祜语,熟练	汉语,略懂
40	四组 20	李 石	1994	拉祜	初二在读	拉祜语,熟练	汉语,略懂
41	五组 21	李扎拉	1994	拉祜	初二	拉祜语,熟练	汉语,略懂

续表

42	三组 30	李扎忠	1994	拉祜	小学六年	拉祜语,熟练	汉语,略懂
43	一组 9	石九妹	1994	拉祜	初三在读	拉祜语,熟练	汉语,略懂
44	三组 13	李娜克	1993	拉祜	小学	拉祜语,熟练	汉语,略懂
45	二组 18	李扎莫	1992	拉祜	小学	拉祜语,熟练	汉语,略懂
46	四组 12	李扎母	1992	拉祜	小三	拉祜语,熟练	汉语,略懂
47	二组 1	胡娜克	1991	拉祜	小学	拉祜语,熟练	汉语,略懂
48	一组 2	李阿五	1991	拉祜	小学	拉祜语,熟练	汉语,略懂
49	一组 5	李扎袜	1991	拉祜	小学	拉祜语,熟练	汉语,略懂
50	二组 22	李娜约	1991	拉祜	小学	拉祜语,熟练	汉语,略懂
51	一组 2	李阿五	1991	拉祜	小学	拉祜语,熟练	汉语,略懂
52	五组 6	李扎傈	1991	拉祜	小学	拉祜语,熟练	汉语,略懂
53	一组 6	李扎思	1991	拉祜	小学	拉祜语,熟练	汉语,略懂
54	四组 16	李娜发	1991	拉祜	小学	拉祜语,熟练	汉语,略懂
55	一组 1	李娜七	1991	拉祜	小五	拉祜语,熟练	汉语,略懂
56	四组 1	李石保	1991	拉祜	小学	拉祜语,熟练	汉语,略懂
57	一组 5	李扎袜	1991	拉祜	小学	拉祜语,熟练	汉语,略懂
58	二组 26	李珍妹	1991	拉祜	小三	拉祜语,熟练	汉语,略懂
59	一组 15	石真妹	1991	拉祜	小五	拉祜语,熟练	汉语,略懂
60	三组 10	刘扎拉	1991	拉祜	小三	拉祜语,熟练	汉语,略懂
61	四组 10	李娜朵	1990	拉祜	小五	拉祜语,熟练	汉语,略懂
62	四组 15	李珍妹	1990	拉祜	小学	拉祜语,熟练	汉语,略懂
63	四组 5	李扎莫	1990	拉祜	小学	拉祜语,熟练	汉语,略懂
64	三组 17	李扎母	1990	拉祜	小学	拉祜语,熟练	汉语,略懂
65	五组 7	李娜母	1990	拉祜	小五	拉祜语,熟练	汉语,略懂
66	三组 33	李老五	1990	拉祜	小学	拉祜语,熟练	汉语,略懂
67	二组 16	李娜朵	1990	拉祜	小学	拉祜语,熟练	汉语,略懂
68	一组 20	李扎傈	1990	拉祜	小学	拉祜语,熟练	汉语,略懂
69	三组 17	李扎母	1990	拉祜	小学	拉祜语,熟练	汉语,略懂
70	二组 23	李老八	1990	拉祜	小学	拉祜语,熟练	汉语,略懂
71	五组 14	李阿克	1990	拉祜	小五	拉祜语,熟练	汉语,略懂
72	一组 11	李娜思	1990	拉祜	小学	拉祜语,熟练	汉语,略懂

上表显示,这一年龄段的人中除了13人在上初中外,其他人都还在小学上学。为什么上初中的孩子汉语还不熟练?走访中我们见到上初三的石九妹,和她交谈中发现,她会说的汉语不多。她的爷爷石里文(男,64岁)告诉我们,他的孙女在上初三,老师上课她能听懂,但她觉得自己汉语不好,不敢开口,她平时总和拉祜族孩子在一块儿玩,说拉祜语,所以汉语表达能力不强。

属于"不会"级的大多是没上过学的小孩和文盲中青年。下表2—5是属于"不会"的统计表:

表 2—5

序号	家庭编号	姓　名	出生年份	民族	文化程度	第一语言及水平	第二语言及水平
1	一组 16	石扎迫	2003	拉祜	学前	拉祜语,熟练	汉语,不会
2	一组 28	张娜七	2003	拉祜	学前	拉祜语,熟练	汉语,不会
3	三组 6	刘娜丕	2003	拉祜	学前	拉祜语,熟练	汉语,不会
4	二组 21	李扎莫	2003	拉祜	学前	拉祜语,熟练	汉语,不会
5	一组 3	李娜拉	2003	拉祜	学前	拉祜语,熟练	汉语,不会
6	五组 13	李扎发	2002	拉祜	学前	拉祜语,熟练	汉语,不会
7	五组 3	李娜克	1992	拉祜	脱盲	拉祜语,熟练	汉语,不会
8	五组 29	李四妹	1990	拉祜	文盲	拉祜语,熟练	汉语,不会
9	五组 25	李三妹	1990	拉祜	文盲	拉祜语,熟练	汉语,不会

上表显示,这一年龄段不会使用汉语的人都是 2002—2003 年出生的,还未上学。还有两位是文盲,一位脱盲①。上学是拉祜人学习汉语的重要途径,没能上学,他们就没有学习、练习汉语的机会。村民李老八(男,35 岁)说,有的人小的时候家里很穷,没能上学,所以不会说汉语。现在 20 多岁的年轻人都读过书,都会说一些汉语。

2. 20-39 岁

这一年龄段共有 181 人,除去聋哑、智残的 4 人外,177 人中不会汉语的有 64 人。他们中除 1 人上过小学 4 年级外,有 4 个文盲,58 人脱盲,1 个半文盲。略懂汉语的有 106 人,他们中 1 人上过初一,42 人上过小学 6 年,5 人上到小学 5 年,50 人上到小学 4 年(村上小学智上 4 年,当地人称为初小),2 人上到小学 3 年;参加扫盲班脱盲的有 5 人,还有文盲 1 人。这一阶段汉语熟练的有 7 人,他们是:

表 2—6

序号	家庭编号	姓　名	出生年份	民族	文化程度	第一语言及水平	第二语言及水平
1	二组 25	李娜朵	1987	拉祜	小学	拉祜语,熟练	汉语,熟练
2	二组 25	李扎倮	1984	拉祜	小学	拉祜语,熟练	汉语,熟练
3	二组 4	李石妹	1983	拉祜	初一	拉祜语,熟练	汉语,熟练
4	三组 2	李扎迫	1977	拉祜	初中	拉祜语,熟练	汉语,熟练
5	三组 32	刘小六	1976	拉祜	高中	拉祜语,熟练	汉语,熟练
6	三组 20	李阿倮	1976	拉祜	初二	拉祜语,熟练	汉语,熟练
7	五组 2	李扎俄	1970	拉祜	小学	拉祜语,熟练	汉语,熟练

这一年龄段汉语熟练的村民中有:高中毕业的刘小六,现在县计生局开车。李扎倮、李阿倮经常到澜沧或景洪等地打工。李石妹、李扎迫去过浙江打工。他们与外界接触交流较多,所以汉语使用水平相对较高。

---

① "脱盲"是指汉文脱盲。澜沧县举办过汉语脱盲培训班,为期三个月。村民经过学习后,能写下自己的名字,能用当地汉语方言进行简单的日常交际。一般能听懂 40%,能说 20%。(下同)

3. 40－59 岁

处于这一年龄段的 134 人中,不会说汉语的 99 人,处于"略懂"等级的 31 人,有 4 人能熟练使用汉语。他们是:

表 3—7

序号	家庭编号	姓 名	出生年份	民族	文化程度	第一语言及水平	第二语言及水平
1	二组 10	石有明	1962	拉祜	小五	拉祜语,熟练	汉语,熟练
2	二组 25	李娜约	1960	拉祜	小四	拉祜语,熟练	汉语,熟练
3	二组 25	李扎发	1960	拉祜	初中	拉祜语,熟练	汉语,熟练
4	二组 2	李学文	1958	拉祜	初中	拉祜语,熟练	汉语,熟练

4 人当中,李扎发当村长多年,经常到乡上、县上开会,与外界接触比较频繁。此外,县上每年举行葫芦节,他也时常带村里的演出队到县上拜年。李学文初中毕业后在家务农,由于学习成绩较好,村里小学没有老师上课时就请他代课。代课期间,每位教师每学期到乡上参加学习培训 2 次。还参加开学前的教师教学法培训和交流;期末则在乡上集中批改试卷,对考试成绩进行分析评价和总结。直到 2004 年,他才回家务农。

4. 60 岁以上

在该年龄段 75 人中,不会汉语的有 68 人,略懂的 5 人。他们受教育的程度分别为:文盲 69 人,脱盲 1 人。上过小学三年的李娜朵和小学四年的胡有件、李春志属于略懂等级。能熟练使用汉语的有下列 2 人。

表 2—8

序号	家庭编号	姓 名	出生年份	民族	文化程度	第一语言及水平	第二语言及水平
1	三组 32	刘忠林	1943	拉祜	小五	拉祜语,熟练	汉语,熟练
2	四组 7	刘中华	1933	拉祜	小四	拉祜语,熟练	汉语,熟练

刘忠林在龙塘村小学上到四年级。60 年代,他担任村里的会计,在合作社中记工分、记账。之后,他担任过村长。2000 年以后,他开始养殖牛群并销售到村外。后来,他又做过蘑菇等生意。刘中华初小(小学四年)毕业以后,到县邮电局做邮递员工作,期间到云南民族学院进修两年,回来后仍在邮局工作。大跃进时期,他辞去工职回家务农,一直至今。

(三)家庭内部语言使用情况

为了解龙塘寨拉祜族家庭的语言使用情况,我们在龙塘寨随机抽取了 9 个家庭进行了调查,调查结果见下表 2—9:

表 2—9

交际双方		李娜朵	李娜嘿	刘娜发	李小陆	李娜拉(1976)①	李娜拉(1981)	李学文	胡扎克	李四妹
长辈对晚辈	父母对子女	拉祜语	拉祜语	拉祜语	拉祜语、当地汉语方言	拉祜语	拉祜语	拉祜语	拉祜语	拉祜语
	爷爷奶奶对孙子女	拉祜语	拉祜语	拉祜语	拉祜语	拉祜语	拉祜语	拉祜语	拉祜语	拉祜语
	公婆对儿媳	拉祜语	拉祜语	拉祜语	拉祜语	拉祜语	拉祜语	拉祜语	拉祜语	拉祜语
晚辈对长辈	子女对父母	拉祜语	拉祜语	拉祜语	拉祜语	拉祜语	拉祜语	拉祜语	拉祜语	拉祜语
	孙子女对爷爷奶奶	拉祜语	拉祜语	拉祜语	拉祜语	拉祜语	拉祜语	拉祜语	拉祜语	拉祜语
	儿媳对公婆	拉祜语	拉祜语	拉祜语	拉祜语	拉祜语	拉祜语	拉祜语	拉祜语	拉祜语
同辈之间	爷爷与奶奶	拉祜语	拉祜语	拉祜语	拉祜语	拉祜语	拉祜语	拉祜语	拉祜语	拉祜语
	父亲与母亲	拉祜语	拉祜语	拉祜语	拉祜语	拉祜语	拉祜语	拉祜语	拉祜语	拉祜语
	子女之间	拉祜语	拉祜语	拉祜语	拉祜语	拉祜语	拉祜语	拉祜语	拉祜语	拉祜语
	儿子与儿媳	拉祜语	拉祜语	拉祜语	拉祜语	拉祜语	拉祜语	拉祜语	拉祜语	拉祜语

① 龙塘寨村民中,重名的很多。为进行区分,重名者在姓名后增加出生年份。

续表

主人对客人	对本族客人	拉祜语	拉祜语	拉祜语	拉祜语	拉祜语	拉祜语	拉祜语	拉祜语	拉祜语
	对本族干部	拉祜语	拉祜语	拉祜语	拉祜语	拉祜语	拉祜语	拉祜语	拉祜语	拉祜语
	对非本族干部	拉祜语	拉祜语	当地汉语方言	当地汉语方言	拉祜语、当地汉语方言	拉祜语	当地汉语方言	普通话	普通话
	对非本族客人	拉祜语	拉祜语	当地汉语方言	当地汉语方言	拉祜语、当地汉语方言	拉祜语	当地汉语方言	普通话	普通话
	对本族老师	拉祜语	拉祜语	拉祜语	拉祜语、当地汉语方言	拉祜语	拉祜语	拉祜语	拉祜语	拉祜语
	对非本族老师	拉祜语	拉祜语	当地汉语方言	当地汉语方言	拉祜语、当地汉语方言	拉祜语	当地汉语方言	普通话	普通话
	对陌生人	拉祜语	拉祜语	当地汉语方言	当地汉语方言	拉祜语、当地汉语方言	拉祜语、当地汉语方言	当地汉语方言	普通话	普通话

上表显示了龙塘寨拉祜族家庭的语言使用特点如下：

1. 在家庭成员内部，无论是长辈对晚辈，还是晚辈对长辈，或者是同辈之间，拉祜语都是日常生活中的主要交际工具。在调查到的9户人家中，只有李小陆家在"父母对子女"这一项里面，填的是"拉祜语"和"当地汉语方言"。这主要是因为李小陆的儿子是龙塘寨的组长，平时使用汉语的场合比较多，在家里有时就会与家庭成员说当地汉语方言。

2. 在对待客人时，如果是本族客人和干部，上述9个调查对象都使用拉祜语；如果是非本族客人和干部，有3人使用拉祜语，3人使用当地汉语方言，2人使用普通话，1人使用拉祜语和汉语。与老师交谈时，有8人对本族老师说拉祜语，1人说汉语和拉祜语；对非本族老师，3人说拉祜语，3人说当地汉语方言，2人说普通话，1人说拉祜语和汉语。与陌生人交谈时，有2人使用拉祜语，3人使用当地汉语方言，2人使用拉祜语和当地汉语方言，2人使用普通话。其中，能够使用普通话的是两名青少年胡扎克（10岁，小学三年级在读）和李四妹（13岁，初二在读），他们上学前很少接触汉语，上学后，老师采用拉祜语和普通话双语教学，因而他们最初所学的汉语就是普通话。由于与外界接触很少，当地汉语方言对他们影响不大。

（四）不同场合的语言使用情况

为了解龙塘寨拉祜族在不同场合的语言使用情况，我们抽样调查了 5 名村民，调查结果见下表 2—10：

表 2—10

交际场合		本族/非本族人	本族/非本族人	本族/非本族人	本族/非本族人	本族/非本族人
调查对象		李娜嘿	李娜俄	李娜拉(1976)	李学文	李四妹
见面打招呼		拉祜语/拉祜语	拉祜语/拉祜语	拉祜语/拉祜语、汉语	拉祜语/汉语	拉祜语/汉语
聊天		拉祜语/拉祜语	拉祜语/拉祜语	拉祜语/拉祜语、汉语	拉祜语/汉语	拉祜语/汉语
生产劳动		拉祜语/拉祜语	拉祜语/拉祜语	拉祜语/拉祜语、汉语	拉祜语/汉语	拉祜语/汉语
买卖		拉祜语/拉祜语	拉祜语/拉祜语	拉祜语/拉祜语、汉语	拉祜语/拉祜语、汉语	拉祜语/汉语
看病		拉祜语/拉祜语	拉祜语/拉祜语	拉祜语/汉语	拉祜语/拉祜语、汉语	拉祜语/汉语
开会	开场白	拉祜语/拉祜语	拉祜语/拉祜语	拉祜语/汉语	拉祜语/拉祜语、汉语	拉祜语/汉语
	传达上级指示	拉祜语/拉祜语	拉祜语/拉祜语	拉祜语/汉语	拉祜语/拉祜语、汉语	拉祜语/汉语
	讨论、发言	拉祜语/拉祜语	拉祜语/拉祜语	拉祜语/汉语	拉祜语/拉祜语、汉语	拉祜语/汉语
公务用语		拉祜语/拉祜语	拉祜语/拉祜语	拉祜语/汉语	拉祜语/拉祜语、汉语	拉祜语/汉语
广播用语		拉祜语/拉祜语	拉祜语/拉祜语	拉祜语/拉祜语	拉祜语/拉祜语、汉语	拉祜语/拉祜语
学校	课堂用语	没上过学	没上过学	拉祜语、汉语/汉语、拉祜语	拉祜语、汉语/汉语、拉祜语	拉祜语、汉语/汉语、拉祜语
	课外用语	没上过学	没上过学	拉祜语/汉语	拉祜语/汉语	拉祜语/汉语

续表

节日,集会	拉祜语/拉祜语	拉祜语/拉祜语	拉祜语/拉祜语	拉祜语/汉语	拉祜语/汉语
婚嫁丧葬	拉祜语/拉祜语	拉祜语/拉祜语	拉祜语/拉祜语	拉祜语/汉语	拉祜语/汉语

上表显示,龙塘寨拉祜族在不同的交际场合,面对不同的交际对象时,其语言使用情况存在一定的差异。具体表现在:

1. 在任何场合,只要交谈的对象是拉祜族,上述5人均使用拉祜语。

2. 如果交际对象不是拉祜族,这5名调查对象的语言使用情况有所不同。李娜嘿、李娜俄没上过学,是文盲,只懂拉祜语,在各种不同的场合,面对不同的交际对象,都只能使用拉祜语。如果对方不会说拉祜语,则双方无法交流。李娜拉、李学文、李四妹均受过学校教育,文化程度分别为"小学四年级"、"初中毕业"、"初二在读",汉语水平分别为"略懂"、"熟练"、"熟练"。这三人使用汉语的意愿、频率、场合存在一些差异。相对而言,李学文、李四妹使用汉语的意愿更强烈、频率更高、场合更多。

3. 在节日、集会、婚嫁丧葬等场合,略懂汉语,而且在其他很多场合也能使用汉语的李娜拉,无论面对本民族还是非本民族,都选择使用拉祜语。

三 语言观念

为了解龙塘寨拉祜族的语言观念,我们对9名村民进行了问卷调查。调查结果如下:

1. 您怎么看待拉祜族掌握汉语的作用?
   A. 很有用　　　B. 有些用　　　C. 没有用

测试结果:9人选A;0人选B;0人选C。

2. 您认为学好汉语的目的是:(按重要程度排序)＿＿＿＿＿＿
   A. 找到好的工作,得到更多的收入　　B. 升学的需要
   C. 便于与外族人交流　　　　　　　　D. 了解汉族文化

测试结果:1人选A;0人选B;5人选C;3人选D。

3. 您认为掌握拉祜语的目的是什么?(按重要程度排序)＿＿＿＿＿＿
   A. 找到好的工作,得到更多的收入　　B. 便于与本族人交流
   C. 了解和传承本族的历史传统文化

测试结果:0人选A;5人选B;4人选C。

4. 您对拉祜族人都成为"拉祜语—汉语"双语人的态度是什么?
   A. 迫切希望　　B. 顺其自然　　C. 无所谓　　D. 不希望

测试结果:8人选A;0人选B;0人选C;1人选D。

5. 如果拉祜族人成为汉语单语人,您的态度是什么?

A. 迫切希望　　B. 顺其自然　　C. 无所谓　　D. 不希望

测试结果：0人选A；2人选B；1人选C；6人选D。

6. 如果有人在外地学习或工作几年后回到家乡，不再说拉祜语，您如何看待？

A. 可以理解　B. 反感　　C. 听着别扭　D. 不习惯　E. 无所谓

测试结果：3人选A；3人选B；1人选C；1人选D；1人选E。

7. 您希望子女最好会说什么语言？

A. 普通话　B. 拉祜语　C. 当地汉语方言　D. 普通话和拉祜语　E. 无所谓

测试结果：1人选A；3人选B；0人选C；4人选D；1人选E。

8. 您愿意把子女送到什么学校学习？

A. 用汉语授课的学校　　　　B. 用汉语和英语授课的学校

C. 用汉语和拉祜语授课的学校

测试结果：3人选A；0人选B；6人选C。

9. 您希望本地广播站使用什么语言播音？

A. 拉祜语　B. 普通话　C. 当地汉语方言　D. 汉语和拉祜语　E. 无所谓

测试结果：6人选A；0人选B；0人选C；3人选D；0人选E。

10. 您是否希望掌握拉祜语文字？

A. 希望　　.　B. 无所谓　　　C. 不希望

测试结果：9人选A；0人选B；0人选C。

11. 请您按照重要程度将以下语言进行排序

A. 汉语普通话　B. 拉祜语　C. 当地汉语方言　D. 英语

测试结果：2人选A；7人选B；0人选C；0人选D；

12. 如果家里的孩子不会说拉祜语，您的态度是什么？

A. 同意　　　　B. 无所谓　　　　C. 反对

测试结果：0人选A；1人选B；8人选C。

13. 您家的孩子学说话时，您最先教给他的是哪种语言？

A. 汉语普通话　　B. 拉祜语　　　C. 当地方言

测试结果：0人选A；9人选B；0人选C。

14. 干部在开会发言时，您希望他们说什么语言？

A. 汉语普通话　B. 拉祜语　　C. 当地汉语方言

测试结果：1人选A；7人选B；1人选C。

以上统计结果反映了龙塘寨拉祜族的语言观念是：

（一）对本民族的语言文字有深厚的感情。表现在：1. 认为拉祜语是他们日常生活中最重要的语言。2. 希望当地广播用拉祜语播音,干部在开会发言时使用拉祜语。3. 不希望拉祜族成为汉语单语人。4. 如果有人在外地学习或工作几年后回到家乡,不再说拉祜语,多数调查对象会产生反感、不习惯、听着别扭等负面情感。5. 希望自己的孩子能将拉祜语传承下去。6. 希望掌握拉祜文字。

(二) 迫切希望掌握通用语汉语。他们意识到,汉语能够架起与外族沟通的桥梁,能够帮助他们了解外面的世界。但是,他们并不希望汉语取代拉祜语的地位,而是希望成为既懂汉语又懂拉祜语的双语人。

四 400 词测试情况

为了进一步考察龙塘寨拉祜族人的拉祜语能力,我们对 5 个村民小组三个年龄段的村民进行随机抽样调查,结果如下:

表 2—11

家庭编号	姓名	年龄(岁)	文化程度	性别	测试等级及比例							
					A		B		C		D	
					数量	百分比	数量	百分比	数量	百分比	数量	百分比
一组 8	李石保	52	小四	男	387	96.8	9	2.2	0	0	4	1
一组 3	李老八	37	小四	男	364	91	24	6	0	0	12	3
二组 25	李娜朵	22	小学	女	394	98.5	0	0	5	1.25	1	0.25
四组 13	石扎阿	29	小四	男	366	91.5	21	5.25	6	1.5	7	1.75
一组 22	李六妹	21	小学	女	392	98	4	1	2	0.5	2	0.5
四组 1	李老七	13	小六在读	男	378	94.5	9	2.2	13	3.3	0	0
二组 19	李娜迫	10	小三在读	女	370	92.5	11	2.75	19	4.75	0	0
三组 1	石娜莫	10	小三在读	女	348	87	7	1.75	16	4	29	7.25

从上表统计数字可以看出,龙塘寨村民拉祜语词汇的掌握程度与语言使用能力调查的结果相当一致。不同年龄段村民的 A 级词汇和 B 级词汇相加都在 355 个(89%)以上。词汇量最大的是李石保和李六妹,A 级 B 级词汇的比率达到了 99%。以上数据说明,各个年龄段的

拉祜人都能非常好地掌握母语词汇。

测试成绩最好的如李娜朵,女,22岁,拉祜族,小学毕业。她掌握的拉祜语 A 级词汇为 394 个,只有一个词"酸角"不会,有 5 个词只要提示一下就能想得出来。

但是,与成年人的词汇量相比,10 岁、13 岁的李老七和李娜迫测试中出现 C 级词汇,石娜莫的 C 级词汇和 D 级词汇较多。被测试者不知道的词语,大多是他们的生活中很少接触的概念或事物,如"酸角、厚、锈、松鼠、飞鼠、炭、麂子、水獭、豪猪、松鼠、飞鼠、猫头鹰、蚂蟥、蝙蝠"等。被测试的人员中,石娜莫不知道的词汇最多,有 29 个。其原因主要是小时先掌握汉语,后才学会拉祜语。有些事物过去没见过,如"铜、锈、酸角、松鼠"等。

五 龙塘寨拉祜族母语与汉语发展不平衡的原因

以上调查材料表明,龙塘寨村民全部都能熟练使用母语,而 94.8% 的村民汉语只是略懂或者不会。是什么原因使拉祜语和汉语的发展如此不平衡?

(一)龙塘寨处于深山之中,交通不便,人们进出寨子比较困难,外面的人不进来,村里的人也不出去。由于居住在村寨内的村民与外界接触极少,他们在村寨内完全用拉祜语交流,没有使用汉语的场合。

(二)电视、电影等传媒的普及率不高。由于 1 年前才通了电,到 2008 年才完成南岭乡 8 个村民小组 20 户以上"广播电视村村通"工程,村民们一般接触不到电影、电视,娱乐方式大多是传统的具有民族特色和风俗的民间活动。这些活动,村民都用拉祜语交流。

(三)从居住环境来看,龙塘寨处于一个大聚居的环境之中。由于地理位置、风俗习惯、交通经济等方面的原因,龙塘寨的拉祜人都是族内通婚,没有外面的人嫁进来,所以不论是家庭内部,在村寨中,或是到乡上赶集,村民们都用拉祜语进行日常交流。

(四)固定的经济、生产模式限制了村民们与外界的交往和交流。在龙塘寨,一直以来村民们都依靠山里流出来的水源种植水稻,在山地上栽种茶叶、草果,辅以季节性的野生蘑菇采摘维持生活。这种传统固定的经济模式,使得村民们很少有机会接触到外界的新生事物。

六 龙塘寨家庭语言使用情况表

表 2—12

组社	家庭编号	家庭关系	姓名	出生年份	民族	文化程度	第一语言及水平	第二语言及水平
一组	1	户主	李扎拉	1960	拉祜	小四	拉祜语,熟练	汉语,略懂
		妻子	李娜思	1963	拉祜	脱盲	拉祜语,熟练	汉语,不会
		母亲	李扎妹	1986	拉祜	小学	拉祜语,熟练	汉语,略懂
		长子	李娜七	1991	拉祜	小五	拉祜语,熟练	汉语,略懂
		长女	李娜妥	1930	拉祜	文盲	拉祜语,熟练	汉语,不会
		次女	李娜努	1982	拉祜	小学	拉祜语,熟练	汉语,略懂

续表

一组	2	户主	李志文	1962	拉祜	初二	拉祜语,熟练	汉语,略懂
		妻子	李娜朵	1958	拉祜	初中	拉祜语,熟练	汉语,略懂
		长子	李十保	1988	拉祜	小学	拉祜语,熟练	汉语,略懂
		次子	李阿五	1991	拉祜	小学	拉祜语,熟练	汉语,略懂
一组	3	户主	李扎嘿	1931	拉祜	文盲	拉祜语,熟练	汉语,不会
		长子	李老八	1972	拉祜	脱盲	拉祜语,熟练	汉语,略懂
		长媳	李二妹	1974	拉祜	文盲	拉祜语,熟练	汉语,略懂
		长孙女	李娜药	1994	拉祜	初三在读	拉祜语,熟练	汉语,熟练
		次孙女	李娜拉	2003	拉祜	文盲	拉祜语,熟练	汉语,不会
一组	4	户主	李娜母	1945	拉祜	文盲	拉祜语,熟练	汉语,不会
		长子	李阿俅	1983	拉祜	小四	拉祜语,熟练	汉语,略懂
一组	5	户主	李扎努	1963	拉祜	小学	拉祜语,熟练	汉语,略懂
		妻子	李娜努	1965	拉祜	脱盲	拉祜语,熟练	汉语,不会
		次子	李扎袜	1991	拉祜	小学	拉祜语,熟练	汉语,略懂
一组	6	户主	李老过	1959	拉祜	小五	拉祜语,熟练	汉语,略懂
		妻子	李娜努	1971	拉祜	脱盲	拉祜语,熟练	汉语,不会
		母亲	李娜妥	1940	拉祜	文盲	拉祜语,熟练	汉语,不会
		长女	李娜丕	1987	拉祜	小学	拉祜语,熟练	汉语,略懂
		次子	李扎思	1991	拉祜	小学	拉祜语,熟练	汉语,略懂
一组	7	户主	李娜努	1954	拉祜	脱盲	拉祜语,熟练	汉语,不会
		长子	石老九	1975	拉祜	脱盲	拉祜语,熟练	汉语,不会
		次子	石娜俣	1985	拉祜	小学	拉祜语,熟练	汉语,略懂
一组	8	户主	李石保	1957	拉祜	小四	拉祜语,熟练	汉语,略懂
		妻子	李娜迫	1958	拉祜	脱盲	拉祜语,熟练	汉语,不会
		长子	李扎母	1984	拉祜	小四	拉祜语,熟练	汉语,略懂
一组	9	户主	石里文	1945	拉祜	文盲	拉祜语,熟练	汉语,略懂
		长子	石扎朵	1972	拉祜	脱盲	拉祜语,熟练	汉语,不会
		长媳	李娜努	1976	拉祜	脱盲	拉祜语,熟练	汉语,不会
		孙女	石九妹	1994	拉祜	初三在读	拉祜语,熟练	汉语,略懂
		孙子	石老三	2001	拉祜	小三在读	拉祜语,熟练	汉语,略懂
一组	10	户主	石扎迫	1952	拉祜	脱盲	拉祜语,熟练	汉语,不会
		妻子	李 妹	1954	拉祜	脱盲	拉祜语,熟练	汉语,不会
		长子	石扎阿	1979	拉祜	小四	拉祜语,熟练	汉语,略懂
		次女	石娜发	1983	拉祜	小四	拉祜语,熟练	汉语,略懂
一组	11	户主	李扎发	1962	拉祜	脱盲	拉祜语,熟练	汉语,不会
		妻子	李娜俣	1967	拉祜	脱盲	拉祜语,熟练	汉语,不会
		长子	李扎而	1987	拉祜	小学	拉祜语,熟练	汉语,略懂
		次女	李娜思	1990	拉祜	小学	拉祜语,熟练	汉语,略懂
一组	12	户主	李哑八	1941	拉祜	文盲	拉祜语,熟练	汉语,不会
		妻子	石娜母	1957	拉祜	文盲	拉祜语,熟练	汉语,不会
		长子	李小时	1976	拉祜	脱盲	拉祜语,熟练	汉语,不会

续表

一组	13	户主	李扎克	1960	拉祜	脱盲	拉祜语,熟练	汉语,不会
		长女	李娜嘿	1989	拉祜	半文盲	拉祜语,熟练	汉语,不会
		次子	李阿五	1991	拉祜	小学	拉祜语,熟练	汉语,略懂
一组	14	户主	李大妹	1941	拉祜	文盲	拉祜语,熟练	汉语,不会
		长子	刘扎丕	1972	拉祜	脱盲	拉祜语,熟练	汉语,不会
一组	15	户主	石哑八	1944	拉祜	文盲	拉祜语,熟练	汉语,不会
		长女	石娜妥	1969	拉祜	小四	拉祜语,熟练	汉语,略懂
		女婿	石扎阿	1965	拉祜	小四	拉祜语,熟练	汉语,略懂
		孙女	石真妹	1991	拉祜	小五	拉祜语,熟练	汉语,略懂
		孙女	石二妹	1995	拉祜	初三在读	拉祜语,熟练	汉语,略懂
一组	16	户主	石扎阿	1947	拉祜	文盲	拉祜语,熟练	汉语,不会
		妻子	李娜约	1955	拉祜	文盲	拉祜语,熟练	汉语,不会
		长子	石扎妥	1973	拉祜	脱盲	拉祜语,熟练	汉语,不会
		长媳	李时妹	1976	拉祜	小四	拉祜语,熟练	汉语,略懂
		长孙	胡东明	1995	拉祜	初二在读	拉祜语,熟练	汉语,略懂
		次孙	石扎迫	2003	拉祜	学前	拉祜语,熟练	汉语,不会
一组	17	户主	李哑八	1944	拉祜	文盲	拉祜语,熟练	汉语,不会
		长女	李娜约	1982	拉祜	脱盲	拉祜语,熟练	汉语,不会
		长子	李扎母	1976	拉祜	脱盲	拉祜语,熟练	汉语,不会
一组	18	户主	李扎倮	1956	拉祜	文盲	拉祜语,熟练	汉语,不会
		妻子	李娜母	1960	拉祜	脱盲	拉祜语,熟练	汉语,不会
		次子	李扎思	1982	拉祜	小学	拉祜语,熟练	汉语,略懂
		次女	李娜体	1988	拉祜	文盲	拉祜语,熟练	汉语,不会
一组	19	户主	李阿莫	1979	拉祜	小四	拉祜语,熟练	汉语,略懂
		妻子	石娜发	1984	拉祜	小学	拉祜语,熟练	汉语,略懂
		长女	李娜朵	2006	拉祜	学前		
一组	20	户主	李扎发	1966	拉祜	文盲	拉祜语,熟练	汉语,不会
		妻子	李娜七	1972	拉祜	脱盲	拉祜语,熟练	汉语,不会
		长子	李扎倮	1990	拉祜	小学	拉祜语,熟练	汉语,略懂
		次子	李扎思	1994	拉祜	初三在读	拉祜语,熟练	汉语,略懂
一组	21	户主	李扎妥	1955	拉祜	脱盲	拉祜语,熟练	汉语,不会
		妻子	李娜妥	1958	拉祜	脱盲	拉祜语,熟练	汉语,不会
		长子	李扎阿	1983	拉祜	小学	拉祜语,熟练	汉语,略懂
		次子	李扎母	1990	拉祜	小学	拉祜语,熟练	汉语,略懂
一组	22	户主	李扎迫	1970	拉祜	脱盲	拉祜语,熟练	汉语,不会
一组	23	户主	李扎拉	1972	拉祜	脱盲	拉祜语,熟练	汉语,不会
一组	24	户主	李扎拉	1939	拉祜	文盲	拉祜语,熟练	汉语,不会
		妻子	李娜拉	1941	拉祜	文盲	拉祜语,熟练	汉语,不会
		长子	李扎体	1973	拉祜	小四	拉祜语,熟练	汉语,略懂
一组	25	户主	李扎丕	1964	拉祜	小四	拉祜语,熟练	汉语,略懂
		妻子	李娜约	1965	拉祜	脱盲	拉祜语,熟练	汉语,不会
		长子	李小克	1985	拉祜	小学	拉祜语,熟练	汉语,略懂
		次子	李大生	1988	拉祜	小学	拉祜语,熟练	汉语,略懂

续表

一组	26	户主	李扎都	1947	拉祜	文盲	拉祜语,熟练	汉语,不会
		长子	李扎体	1974	拉祜	脱盲	拉祜语,熟练	汉语,不会
		次子	李扎克	1985	拉祜	小学	拉祜语,熟练	汉语,略懂
一组	27	户主	李扎思	1983	拉祜	小四	拉祜语,熟练	汉语,略懂
一组	28	户主	李扎阿	1945	拉祜	文盲	拉祜语,熟练	汉语,不会
		妻子	李娜黑	1947	拉祜	文盲	拉祜语,熟练	汉语,不会
		长女	李娜莫	1982	拉祜	小四	拉祜语,熟练	汉语,略懂
		女婿	张扎迫	1979	拉祜	小四	拉祜语,熟练	汉语,略懂
		孙女	张娜七	2003	拉祜	学前	拉祜语,熟练	汉语,不会
一组	29	户主	李扎袜	1991	拉祜	小学	拉祜语,熟练	汉语,略懂
一组	30	户主	李扎倮	1985	拉祜	小学	拉祜语,熟练	汉语,略懂
二组	1	户主	胡力保	1969	拉祜	小四	拉祜语,熟练	汉语,略懂
		妻子	李娜发	1969	拉祜	脱盲	拉祜语,熟练	汉语,不会
		长女	胡娜克	1991	拉祜	小学	拉祜语,熟练	汉语,略懂
		次女	胡东妹	1997	拉祜	初二	拉祜语,熟练	汉语,略懂
二组	2	户主	李学文	1958	拉祜	初三在读	拉祜语,熟练	汉语,熟练
		长子	李扎阿	1982	拉祜	小学	拉祜语,熟练	汉语,略懂
		次女	李娜朵	1984	拉祜	小四	拉祜语,熟练	汉语,略懂
二组	3	户主	李扎母	1967	拉祜	脱盲	拉祜语,熟练	汉语,不会
二组	4	户主	李娜丕	1967	拉祜	脱盲	拉祜语,熟练	汉语,不会
		长女	李石妹	1983	拉祜	初一	拉祜语,熟练	汉语,熟练
		孙女	杨顺萍	2004	拉祜	学前		
二组	5	户主	胡小福	1945	拉祜	文盲	拉祜语,熟练	汉语,不会
		妻子	李阿米	1950	拉祜	文盲	拉祜语,熟练	汉语,不会
		次子	胡阿英	1983	拉祜	小四	拉祜语,熟练	汉语,略懂
二组	6	户主	胡阿拉	1973	拉祜	小四	拉祜语,熟练	汉语,略懂
		妻子	李娜拉	1980	拉祜	脱盲	拉祜语,熟练	汉语,略懂
		长子	胡老二	2006	拉祜	学前		
二组	7	次子	李石现	1968	拉祜	小四	拉祜语,熟练	汉语,略懂
		次媳	李四妹	1977	拉祜	小三	拉祜语,熟练	汉语,略懂
		长孙	李扎努	1995	拉祜	初二在读	拉祜语,熟练	汉语,熟练
		次孙	李扎袜	2005	拉祜	学前		
二组	8	户主	李春志	1930	拉祜	小四	拉祜语,熟练	汉语,略懂
		次子	李阿努	1971	拉祜	小学	拉祜语,熟练	汉语,略懂
		次媳	石 妹	1979	拉祜	脱盲	拉祜语,熟练	汉语,不会
		孙子	李老九	1998	拉祜	小六在读	拉祜语,熟练	汉语,略懂
二组	9	户主	李哑都	1959	拉祜	脱盲	拉祜语,熟练	汉语,不会
		妻子	李娜发	1962	拉祜	脱盲	拉祜语,熟练	汉语,不会
		父亲	李老二	1940	拉祜	文盲	拉祜语,熟练	汉语,不会
		长女	李娜母	1982	拉祜	小四	拉祜语,熟练	汉语,略懂
		长子	李老五	1986	拉祜	小学	拉祜语,熟练	汉语,略懂
		次女	李娜莫	1989	拉祜	小学	拉祜语,熟练	汉语,略懂

续表

二组	10	户主	石老四	1938	拉祜	文盲	拉祜语,熟练	汉语,不会
		长子	石有明	1962	拉祜	小五	拉祜语,熟练	汉语,熟练
		长媳	李娜拉	1967	拉祜	小四	拉祜语,熟练	汉语,略懂
		次子	石扎体	1991	拉祜	小学	拉祜语,熟练	汉语,熟练
二组	11	户主	胡石贵	1935	拉祜	文盲	拉祜语,熟练	汉语,不会
		妻子	李娜黑	1937	拉祜	文盲	拉祜语,熟练	汉语,不会
二组	12	户主	石扎思	1959	拉祜	脱盲	拉祜语,熟练	汉语,不会
		妻子	刘娜莫	1962	拉祜	脱盲	拉祜语,熟练	汉语,略懂
		长女	石扎体	1986	拉祜	小学	拉祜语,熟练	汉语,略懂
		次女	石娜克	1989	拉祜	小学	拉祜语,熟练	汉语,略懂
		孙女	李琴芳	2006	拉祜	学前		
二组	13	户主	胡有件	1938	拉祜	小四	拉祜语,熟练	汉语,略懂
		妻子	李娜而	1943	拉祜	文盲	拉祜语,熟练	汉语,不会
		长子	胡扎袜	1966	拉祜	文盲	拉祜语,熟练	汉语,不会
		次子	胡扎莫	1981	拉祜	小四	拉祜语,熟练	汉语,略懂
		长媳	黄娜母	1980	拉祜	脱盲	拉祜语,熟练	汉语,略懂
		孙女	胡十妹	2007	拉祜	学前		
二组	14	户主	胡小石	1941	拉祜	文盲	拉祜语,熟练	汉语,不会
		妻子	李娜拉	1953	拉祜	脱盲	拉祜语,熟练	汉语,不会
		长子	胡扎而	1977	拉祜	小四	拉祜语,熟练	汉语,略懂
		次子	胡扎母	1980	拉祜	小四	拉祜语,熟练	汉语,略懂
		次女	胡娜阿	1988	拉祜	小学	拉祜语,熟练	汉语,略懂
二组	15	户主	李扎思	1970	拉祜	脱盲	拉祜语,熟练	汉语,略懂
二组	16	户主	李小时	1967	拉祜	脱盲	拉祜语,熟练	汉语,略懂
		妻子	李娜倮	1969	拉祜	脱盲	拉祜语,熟练	汉语,不会
		长女	李娜约	1988	拉祜	小学	拉祜语,熟练	汉语,略懂
		次女	李娜朵	1990	拉祜	小学	拉祜语,熟练	汉语,略懂
二组	17	户主	李老六	1933	拉祜	文盲	拉祜语,熟练	汉语,不会
		次子	李扎阿	1973	拉祜	脱盲	拉祜语,熟练	汉语,不会
二组	18	户主	李扎克	1957	拉祜	脱盲	拉祜语,熟练	汉语,不会
		妻子	李娜丕	1960	拉祜	脱盲	拉祜语,熟练	汉语,不会
		长子	李扎莫	1992	拉祜	小学	拉祜语,熟练	汉语,略懂
二组	19	户主	李扎母	1975	拉祜	脱盲	拉祜语,熟练	汉语,不会
		妻子	李娜母	1976	拉祜	脱盲	拉祜语,熟练	汉语,不会
		长女	李娜迫	1999	拉祜	小三在读	拉祜语,熟练	汉语,略懂
		次女	李娜阿	2004	拉祜	学前		
二组	20	户主	李扎拉	1973	拉祜	脱盲	拉祜语,熟练	汉语,不会
		妻子	李金妹	1974	拉祜	脱盲	拉祜语,熟练	汉语,不会
		长子	李扎思	2005	拉祜	学前		
二组	21	户主	李扎发	1984	拉祜	小学	拉祜语,熟练	汉语,略懂
		母亲	郭京妹	1953	拉祜	文盲	拉祜语,熟练	汉语,不会
		长子	李扎莫	2003	拉祜	学前	拉祜语,熟练	汉语,不会

续表

二组	22	户主	李阿妥	1948	拉祜	文盲	拉祜语,熟练	汉语,不会
		长子	李阿发	1968	拉祜	脱盲	拉祜语,熟练	汉语,不会
		长媳	李娜朵	1971	拉祜	脱盲	拉祜语,熟练	汉语,不会
		长孙	李六妹	1988	拉祜	小学	拉祜语,熟练	汉语,略懂
		次孙	李娜约	1991	拉祜	小学	拉祜语,熟练	汉语,略懂
		孙婿	石扎约	1987	拉祜	初一	拉祜语,熟练	汉语,略懂
		重孙	石建平	2008	拉祜	学前		
二组	23	户主	李阿拉	1952	拉祜	小四	拉祜语,熟练	汉语,略懂
		妻子	李娜戈	1953	拉祜	脱盲	拉祜语,熟练	汉语,不会
		次子	李老八	1990	拉祜	小学	拉祜语,熟练	汉语,略懂
二组	24	户主	李阿努	1975	拉祜	脱盲	拉祜语,熟练	汉语,不会
		妻子	李娜阿	1978	拉祜	脱盲	拉祜语,熟练	汉语,不会
		长子	李扎莫	1999	拉祜	小三在读	拉祜语,熟练	汉语,略懂
二组	25	户主	李扎发	1960	拉祜	初中	拉祜语,熟练	汉语,熟练
		妻子	李娜约	1960	拉祜	小四	拉祜语,熟练	汉语,熟练
		长子	李扎保	1984	拉祜	小学	拉祜语,熟练	汉语,熟练
		次女	李娜朵	1987	拉祜	小学	拉祜语,熟练	汉语,熟练
		次子	李扎体	1990	拉祜	小学	拉祜语,熟练	汉语,熟练
二组	26	户主	李扎保	1970	拉祜	脱盲	拉祜语,熟练	汉语,不会
		妻子	李娜约	1973	拉祜	文盲	拉祜语,熟练	汉语,不会
		母亲	李 妹	1930	拉祜	文盲	拉祜语,熟练	汉语,不会
		长女	李珍妹	1991	拉祜	小三	拉祜语,熟练	汉语,略懂
		次子	李 时	1998	拉祜	小三在读	拉祜语,熟练	汉语,略懂
三组	1	户主	石扎丕	1942	拉祜	文盲	拉祜语,熟练	汉语,不会
		妻子	李娜思	1953	拉祜	文盲	拉祜语,熟练	汉语,不会
		次子	石 保	1976	拉祜	小四	拉祜语,熟练	汉语,略懂
		次媳	李娜母	1977	拉祜	脱盲	拉祜语,熟练	汉语,不会
		孙女	石娜莫	1999	拉祜	小三在读	拉祜语,熟练	汉语,略懂
		孙女	石玉花	2006	拉祜	学前		
三组	2	户主	刘娜五	1949	拉祜	文盲	拉祜语,熟练	汉语,不会
		长子	李扎嘎	1971	拉祜	文盲	拉祜语,熟练	汉语,不会
		次子	李扎迫	1977	拉祜	初中	拉祜语,熟练	汉语,熟练
三组	3	户主	李阿阿	1946	拉祜	文盲	拉祜语,熟练	汉语,不会
		妻子	李娜约	1950	拉祜	文盲	拉祜语,熟练	汉语,不会
		长女	李娜拉	1976	拉祜	小四	拉祜语,熟练	汉语,略懂
		女婿	石哑周	1978	拉祜	脱盲	拉祜语,熟练	汉语,不会
		孙子	石春华	1998	拉祜	小六在读	拉祜语,熟练	汉语,略懂
		孙子	石春红	2005	拉祜	学前		
三组	4	户主	石阿约	1967	拉祜	脱盲	拉祜语,熟练	汉语,不会
		妻子	李娜努	1970	拉祜	脱盲	拉祜语,熟练	汉语,略懂
		长女	石娜发	1997	拉祜	小六在读	拉祜语,熟练	汉语,不会

续表

三组	5	户主	刘扎袜	1955	拉祜	脱盲	拉祜语,熟练	汉语,不会
		妻子	石 妹	1954	拉祜	小四	拉祜语,熟练	汉语,略懂
		长子	刘阿约	1977	拉祜	脱盲	拉祜语,熟练	汉语,不会
		长媳	李娜拉	1981	拉祜	小五	拉祜语,熟练	汉语,略懂
		孙女	刘小克	2005	拉祜	学前		
		次女	刘娜发	1987	拉祜	小学	拉祜语,熟练	汉语,略懂
三组	6	户主	刘扎迫	1981	拉祜	小四	拉祜语,熟练	汉语,略懂
		妻子	胡娜努	1982	拉祜	小三	拉祜语,熟练	汉语,略懂
		长女	刘娜丕	2003	拉祜	学前	拉祜语,熟练	汉语,不会
三组	7	户主	刘中华	1933	拉祜	小四	拉祜语,熟练	汉语,熟练
		妻子	李娜妥	1938	拉祜	文盲	拉祜语,熟练	汉语,略懂
三组	8	户主	李阿莫	1955	拉祜	脱盲	拉祜语,熟练	汉语,不会
		妻子	李娜妥	1959	拉祜	脱盲	拉祜语,熟练	汉语,不会
		长子	李扎约	1978	拉祜	小五	拉祜语,熟练	汉语,略懂
		次子	李扎而	1983	拉祜	小学	拉祜语,熟练	汉语,略懂
		三子	李扎戈	1986	拉祜	小学	拉祜语,熟练	汉语,略懂
三组	9	户主	石文太	1940	拉祜	文盲	拉祜语,熟练	汉语,不会
		妻子	李娜发	1943	拉祜	文盲	拉祜语,熟练	汉语,不会
		长子	石阿拉	1978	拉祜	脱盲	拉祜语,熟练	汉语,不会
		孙子	石扎袜	2001	拉祜	小三在读	拉祜语,熟练	汉语,略懂
三组	10	户主	刘扎嘿	1969	拉祜	文盲	拉祜语,熟练	汉语,不会
		长子	刘阿莫	1989	拉祜	小学	拉祜语,熟练	汉语,略懂
		次子	刘扎拉	1991	拉祜	小三	拉祜语,熟练	汉语,不会
三组	11	户主	李扎而	1946	拉祜	文盲	拉祜语,熟练	汉语,不会
		妻子	李娜嘿	1955	拉祜	脱盲	拉祜语,熟练	汉语,不会
		长子	李扎拉	1978	拉祜	小四	拉祜语,熟练	汉语,略懂
		次子	李扎阿	1983	拉祜	小五	拉祜语,熟练	汉语,略懂
三组	12	户主	胡石壮	1967	拉祜	脱盲	拉祜语,熟练	汉语,不会
		妻子	李娜俄	1968	拉祜	小四	拉祜语,熟练	汉语,略懂
		长女	胡二妹	1994	拉祜	初三在读	拉祜语,熟练	汉语,熟练
		长子	胡扎克	1999	拉祜	小三在读	拉祜语,熟练	汉语,略懂
三组	13	户主	李娜母	1927	拉祜	文盲	拉祜语,熟练	汉语,不会
		长媳	李 妹	1969	拉祜	脱盲	拉祜语,熟练	汉语,不会
		长孙女	李娜克	1993	拉祜	小学	拉祜语,熟练	汉语,略懂
		次孙女	李娜约	1996	拉祜	初二在读	拉祜语,熟练	汉语,熟练
三组	14	户主	李扎袜	1970	拉祜	脱盲	拉祜语,熟练	汉语,不会
		妻子	李娜体	1972	拉祜	脱盲	拉祜语,熟练	汉语,不会
		长子	李扎阿	1992	拉祜	初二	拉祜语,熟练	汉语,熟练
		次子	李娜妥	1997	拉祜	小六在读	拉祜语,熟练	汉语,略懂
三组	15	户主	李老大	1949	拉祜	文盲	拉祜语,熟练	汉语,不会
		妻子	李娜克	1954	拉祜	脱盲	拉祜语,熟练	汉语,不会
		长子	李阿莫	1975	拉祜	小四	拉祜语,熟练	汉语,略懂

续表

三组	16	户主	李扎母	1945	拉祜	文盲	拉祜语,熟练	汉语,不会
		长女	李娜六	1973	拉祜	小四	拉祜语,熟练	汉语,略懂
		孙女	李四妹	1996	拉祜	初二在读	拉祜语,熟练	汉语,熟练
		次女	李娜袜	1983	拉祜	小四	拉祜语,熟练	汉语,略懂
三组	17	户主	李扎妥	1957	拉祜	小四	拉祜语,熟练	汉语,略懂
		妻子	石娜阿	1957	拉祜	脱盲	拉祜语,熟练	汉语,不会
		长子	李 保	1981	拉祜	小四	拉祜语,熟练	汉语,略懂
		次子	李扎母	1990	拉祜	小学	拉祜语,熟练	汉语,略懂
三组	18	户主	李扎妥	1978	拉祜	脱盲	拉祜语,熟练	汉语,不会
		妻子	李阿妹	1978	拉祜	脱盲	拉祜语,熟练	汉语,不会
		长子	李娜嘿	1999	拉祜	小三在读	拉祜语,熟练	汉语,略懂
		长女	李罗妹	2006	拉祜	学前		
三组	19	户主	李扎母	1970	拉祜	脱盲	拉祜语,熟练	汉语,不会
		妻子	李林妹	1973	拉祜	小四	拉祜语,熟练	汉语,略懂
		长女	李娜莫	1999	拉祜	小三在读	拉祜语,熟练	汉语,略懂
		次女	李娜努	2005	拉祜	学前		
三组	20	户主	李扎克	1955	拉祜	小四	拉祜语,熟练	汉语,略懂
		妻子	李娜丕	1958	拉祜	脱盲	拉祜语,熟练	汉语,不会
		长子	李阿俫	1976	拉祜	初二	拉祜语,熟练	汉语,熟练
		孙子	李海涛	2008	拉祜	学前		
三组	21	户主	李扎袜	1969	拉祜	脱盲	拉祜语,熟练	汉语,不会
		妻子	李娜莫	1959	拉祜	文盲	拉祜语,熟练	汉语,不会
		长子	李扎丕	1978	拉祜	脱盲	拉祜语,熟练	汉语,不会
		长媳	李娜莫	1982	拉祜	小四	拉祜语,熟练	汉语,略懂
三组	22	户主	李扎努	1967	拉祜	脱盲	拉祜语,熟练	汉语,不会
		妻子	李娜努	1975	拉祜	脱盲	拉祜语,熟练	汉语,不会
		母亲	李娜朵	1928	拉祜	文盲	拉祜语,熟练	汉语,不会
		长子	李扎发	1998	拉祜	小六在读	拉祜语,熟练	汉语,略懂
		长女	李娜七	2004	拉祜	学前		
三组	23	户主	李老二	1957	拉祜	脱盲	拉祜语,熟练	汉语,不会
		妻子	李娜丕	1958	拉祜	脱盲	拉祜语,熟练	汉语,不会
		长子	李扎母	1984	拉祜	小学	拉祜语,熟练	汉语,略懂
三组	24	户主	刘娜妥	1958	拉祜	脱盲	拉祜语,熟练	汉语,不会
		长子	刘扎阿	1981	拉祜	小四	拉祜语,熟练	汉语,略懂
		次女	刘娜迫	1983	拉祜	脱盲	拉祜语,熟练	汉语,不会
三组	25	户主	李扎丕	1954	拉祜	脱盲	拉祜语,熟练	汉语,不会
		妻子	李娜母	1963	拉祜	脱盲	拉祜语,熟练	汉语,不会
		次女	李娜俫	1984	拉祜	小四	拉祜语,熟练	汉语,略懂
		女婿	罗小琼	1977	拉祜	文盲	拉祜语,熟练	汉语,不会
三组	26	户主	李阿妥	1955	拉祜	小四	拉祜语,熟练	汉语,略懂
		妻子	李娜丕	1959	拉祜	脱盲	拉祜语,熟练	汉语,不会
		长子	李扎体	1980	拉祜	小四	拉祜语,熟练	汉语,不会
		孙女	李十妹	2008	拉祜	学前		

续表

三组	27	户主	刘老五	1955	拉祜	小四	拉祜语,熟练	汉语,略懂
		妻子	李娜思	1950	拉祜	文盲	拉祜语,熟练	汉语,不会
		次女	刘娜发	1979	拉祜	脱盲	拉祜语,熟练	汉语,不会
		女婿	李扎努	1977	拉祜	脱盲	拉祜语,熟练	汉语,不会
		孙女	李娜莫	2000	拉祜	小三在读	拉祜语,熟练	汉语,略懂
三组	28	户主	李扎保	1941	拉祜	文盲	拉祜语,熟练	汉语,不会
		妻子	李娜六	1931	拉祜	文盲	拉祜语,熟练	汉语,不会
		长子	李双保	1980	拉祜	脱盲	拉祜语,熟练	汉语,不会
三组	29	户主	李扎约	1959	拉祜	脱盲	拉祜语,熟练	汉语,不会
		妻子	李娜努	1968	拉祜	脱盲	拉祜语,熟练	汉语,不会
		长子	李石保	1993	拉祜	初二在读	拉祜语,熟练	汉语,熟练
三组	30	户主	李扎母	1930	拉祜	文盲	拉祜语,熟练	汉语,不会
		长子	李阿阿	1964	拉祜	脱盲	拉祜语,熟练	汉语,不会
		长媳	李娜克	1970	拉祜	脱盲	拉祜语,熟练	汉语,不会
		长孙	李扎忠	1994	拉祜	小学	拉祜语,熟练	汉语,略懂
		次孙	李扎约	1998	拉祜	小六在读	拉祜语,熟练	汉语,略懂
三组	31	户主	李扎发	1972	拉祜	小四	拉祜语,熟练	汉语,略懂
		妻子	李娜莫	1974	拉祜	小四	拉祜语,熟练	汉语,略懂
		长女	李代妹	2001	拉祜	小三在读	拉祜语,熟练	汉语,略懂
		长子	李加庭	2007	拉祜	学前		
三组	32	户主	刘忠林	1943	拉祜	小五	拉祜语,熟练	汉语,熟练
		妻子	李娜朵	1944	拉祜	小三	拉祜语,熟练	汉语,略懂
		长子	刘小六	1976	拉祜	高中	拉祜语,熟练	汉语,熟练
		女婿	石扎袜	1974	拉祜	小四	拉祜语,熟练	汉语,略懂
		外孙	石云云	1998	拉祜	小六在读	拉祜语,熟练	汉语,略懂
三组	33	户主	李亚周	1972	拉祜	小四	拉祜语,熟练	汉语,略懂
		妻子	李娜约	1972	拉祜	脱盲	拉祜语,熟练	汉语,不会
		长子	李老五	1990	拉祜	小学	拉祜语,熟练	汉语,略懂
		次子	李小六	1994	拉祜	初三在读	拉祜语,熟练	汉语,略懂
三组	34	户主	黄扎约	1950	拉祜	文盲	拉祜语,熟练	汉语,不会
		妻子	李娜发	1948	拉祜	文盲	拉祜语,熟练	汉语,不会
四组	1	户主	李扎丕	1968	拉祜	小四	拉祜语,熟练	汉语,略懂
		妻子	李扎拉	1965	拉祜	脱盲	拉祜语,熟练	汉语,不会
		长子	李石保	1991	拉祜	小学	拉祜语,熟练	汉语,略懂
		次子	李老七	1996	拉祜	小六在读	拉祜语,熟练	汉语,略懂
四组	2	户主	李老四	1961	拉祜	小学	拉祜语,熟练	汉语,略懂
		妻子	李大妹	1964	拉祜	脱盲	拉祜语,熟练	汉语,不会
		长子	李扎拉	1984	拉祜	小四	拉祜语,熟练	汉语,略懂
		次子	李老三	1988	拉祜	小学	拉祜语,熟练	汉语,略懂

续表

四组	3	户主	李扎拉	1958	拉祜	脱盲	拉祜语,熟练	汉语,不会
		妻子	李娜朵	1960	拉祜	文盲	拉祜语,熟练	汉语,不会
		长子	李阿约	1986	拉祜	小学	拉祜语,熟练	汉语,略懂
		次子	李扎而	1987	拉祜	小学	拉祜语,熟练	汉语,略懂
		孙子	李小红	2008	拉祜	学前		
四组	4	户主	张阿大	1935	拉祜	文盲	拉祜语,熟练	汉语,不会
		妻子	李娜母	1929	拉祜	文盲	拉祜语,熟练	汉语,不会
四组	5	户主	李老三	1964	拉祜	小学	拉祜语,熟练	汉语,略懂
		妻子	李娜发	1962	拉祜	脱盲	拉祜语,熟练	汉语,不会
		长子	李扎莫	1990	拉祜	小学	拉祜语,熟练	汉语,略懂
		次子	李扎母	1995	拉祜	初二在读	拉祜语,熟练	汉语,熟练
四组	6	户主	李八	1943	拉祜	文盲	拉祜语,熟练	汉语,不会
四组	7	户主	李扎布	1947	拉祜	文盲	拉祜语,熟练	汉语,不会
		妻子	李娜思	1947	拉祜	文盲	拉祜语,熟练	汉语,不会
四组	8	户主	李扎克	1973	拉祜	小四	拉祜语,熟练	汉语,略懂
		妻子	李娜体	1976	拉祜	脱盲	拉祜语,熟练	汉语,不会
		长子	李扎迫	2001	拉祜	小三在读	拉祜语,熟练	汉语,略懂
		长女	李娜倮	1995	拉祜	初二在读	拉祜语,熟练	汉语,熟练
四组	9	户主	李扎妥	1966	拉祜	小四	拉祜语,熟练	汉语,略懂
		妻子	李娜迫	1968	拉祜	小四	拉祜语,熟练	汉语,略懂
		次子	李老二	1998	拉祜	小六在读	拉祜语,熟练	汉语,略懂
四组	10	户主	李扎毕	1960	拉祜	脱盲	拉祜语,熟练	汉语,不会
		妻子	李娜莫	1962	拉祜	脱盲	拉祜语,熟练	汉语,不会
		长女	李娜丕	1985	拉祜	小学	拉祜语,熟练	汉语,略懂
		次女	李娜朵	1990	拉祜	小五	拉祜语,熟练	汉语,略懂
		孙子	李扎克	2007	拉祜	学前		
四组	11	户主	李哑克	1963	拉祜	小四	拉祜语,熟练	汉语,略懂
		妻子	李娜而	1963	拉祜	脱盲	拉祜语,熟练	汉语,不会
		长女	李娜倮	1989	拉祜	小学	拉祜语,熟练	汉语,略懂
		次女	李娜发	1994	拉祜	初二在读	拉祜语,熟练	汉语,熟练
四组	12	户主	李老过	1939	拉祜	文盲	拉祜语,熟练	汉语,不会
		妻子	李娜阿	1949	拉祜	文盲	拉祜语,熟练	汉语,不会
		长子	李扎妥	1973	拉祜	小四	拉祜语,熟练	汉语,略懂
		孙子	李扎母	1992	拉祜	小三	拉祜语,熟练	汉语,略懂
四组	13	户主	李扎戈	1962	拉祜	小四	拉祜语,熟练	汉语,略懂
		妻子	李娜戈	1964	拉祜	脱盲	拉祜语,熟练	汉语,略懂
		长女	李章妹	1983	拉祜	小学	拉祜语,熟练	汉语,略懂
		女婿	石扎阿	1981	拉祜	小四	拉祜语,熟练	汉语,略懂
		孙女	石真妹	2006	拉祜	学前		
四组	14	户主	李扎发	1945	拉祜	文盲	拉祜语,熟练	汉语,不会
		妻子	李小兰	1963	拉祜	小四	拉祜语,熟练	汉语,略懂
		长女	李娜母	2005	拉祜	学前		

续表

四组	15	户主	李扎莫	1969	拉祜	脱盲	拉祜语,熟练	汉语,不会
		妻子	李娜努	1973	拉祜	小四	拉祜语,熟练	汉语,略懂
		长女	李扎克	1989	拉祜	小学	拉祜语,熟练	汉语,略懂
		次女	李珍妹	1990	拉祜	小学	拉祜语,熟练	汉语,略懂
四组	16	户主	李章大	1965	拉祜	小四	拉祜语,熟练	汉语,略懂
		妻子	李娜妥	1965	拉祜	小四	拉祜语,熟练	汉语,略懂
		次子	李扎莫	1989	拉祜	小学	拉祜语,熟练	汉语,略懂
		次女	李娜发	1991	拉祜	小学	拉祜语,熟练	汉语,略懂
四组	17	户主	李扎朵	1986	拉祜	小学	拉祜语,熟练	汉语,略懂
四组	18	户主	李扎母	1947	拉祜	文盲	拉祜语,熟练	汉语,不会
		妻子	李小五	1949	拉祜	文盲	拉祜语,熟练	汉语,不会
四组	19	户主	张扎莫	1965	拉祜	文盲	拉祜语,熟练	汉语,不会
		妻子	李娜迪	1962	拉祜	文盲	拉祜语,熟练	汉语,不会
		长女	张小伍	1996	拉祜	初二在读	拉祜语,熟练	汉语,略懂
四组	20	户主	李哑八	1950	拉祜	文盲	拉祜语,熟练	汉语,不会
		妻子	张娜阿	1957	拉祜	脱盲	拉祜语,熟练	汉语,不会
		次子	李阿五	1985	拉祜	小学	拉祜语,熟练	汉语,略懂
		孙子	李 石	1994	拉祜	初二在读	拉祜语,熟练	汉语,略懂
		孙女	李红妹	2007	拉祜	学前		
四组	21	户主	李阿周	1982	拉祜	小四	拉祜语,熟练	汉语,略懂
		妻子	李娜约	1983	拉祜	小四	拉祜语,熟练	汉语,略懂
四组	22	户主	李扎约	1931	拉祜	文盲	拉祜语,熟练	汉语,不会
		妻子	张娜母	1942	拉祜	文盲	拉祜语,熟练	汉语,不会
		长子	李扎俄	1982	拉祜	小四	拉祜语,熟练	汉语,略懂
四组	23	户主	李大斗	1947	拉祜	文盲	拉祜语,熟练	汉语,不会
		长女	李娜袜	1972	拉祜	小四	拉祜语,熟练	汉语,略懂
		女婿	李扎妥	1971	拉祜	小四	拉祜语,熟练	汉语,略懂
		孙女	李九妹	1998	拉祜	小六在读	拉祜语,熟练	汉语,略懂
四组	24	户主	李娜拉	1966	拉祜	脱盲	拉祜语,熟练	汉语,不会
		丈夫	李扎努	1961	拉祜	脱盲	拉祜语,熟练	汉语,不会
四组	25	户主	张扎拉	1931	拉祜	文盲	拉祜语,熟练	汉语,不会
		妻子	李娜拉	1943	拉祜	文盲	拉祜语,熟练	汉语,不会
五组	1	户主	李老三	1966	拉祜	脱盲	拉祜语,熟练	汉语,不会
		妻子	李娜约	1968	拉祜	脱盲	拉祜语,熟练	汉语,不会
		长子	李扎袜	1986	拉祜	小学	拉祜语,熟练	汉语,略懂
		长媳	李娜母	1986	拉祜	小学	拉祜语,熟练	汉语,略懂
		孙女	李娜丕	2008	拉祜	学前		
五组	2	户主	张老八	1948	拉祜	文盲	拉祜语,熟练	汉语,不会
		妻子	李娜阿	1951	拉祜	脱盲	拉祜语,熟练	汉语,不会
		长女	李娜嘿	1975	拉祜	脱盲	拉祜语,熟练	汉语,不会
		女婿	李扎俄	1970	拉祜	小学	拉祜语,熟练	汉语,熟练
		孙女	李娜克	2004	拉祜	学前		

续表

五组	3	户主	李扎而	1963	拉祜	脱盲	拉祜语,熟练	汉语,不会
		妻子	李娜体	1966	拉祜	脱盲	拉祜语,熟练	汉语,不会
		次女	李娜克	1992	拉祜	脱盲	拉祜语,熟练	汉语,不会
五组	4	户主	李娜妥	1924	拉祜	文盲	拉祜语,熟练	汉语,不会
五组	5	户主	李娜烈	1942	拉祜	文盲	拉祜语,熟练	汉语,不会
		孙子	李扎追	1984	拉祜	小四	拉祜语,熟练	汉语,略懂
五组	6	户主	李老二	1945	拉祜	文盲	拉祜语,熟练	汉语,不会
		妻子	李娜努	1947	拉祜	文盲	拉祜语,熟练	汉语,不会
		长子	李扎拉	1970	拉祜	脱盲	拉祜语,熟练	汉语,不会
		长孙女	李娜倮	1977	拉祜	脱盲	拉祜语,熟练	汉语,不会
		次孙女	李娜约	2001	拉祜	小三在读	拉祜语,熟练	汉语,略懂
五组	7	户主	李娜发	1972	拉祜	脱盲	拉祜语,熟练	汉语,不会
		长女	李娜母	1990	拉祜	小五	拉祜语,熟练	汉语,略懂
		长子	李扎拉	1996	拉祜	初二在读	拉祜语,熟练	汉语,略懂
五组	8	户主	石扎追	1973	拉祜	小四	拉祜语,熟练	汉语,略懂
五组	9	户主	李娜俄	1923	拉祜	文盲	拉祜语,熟练	汉语,不会
五组	10	户主	李扎思	1968	拉祜	脱盲	拉祜语,熟练	汉语,不会
		妻子	李娜妥	1968	拉祜	脱盲	拉祜语,熟练	汉语,不会
		长子	李扎约	1986	拉祜	小四	拉祜语,熟练	汉语,略懂
		次子	李扎倮	1991	拉祜	小学	拉祜语,熟练	汉语,略懂
五组	11	户主	李阿保	1984	拉祜	脱盲	拉祜语,熟练	汉语,不会
五组	12	户主	李娜思	1928	拉祜	文盲	拉祜语,熟练	汉语,不会
五组	13	户主	李扎约	1980	拉祜	小四	拉祜语,熟练	汉语,略懂
		妻子	李娜袜	1981	拉祜	脱盲	拉祜语,熟练	汉语,不会
		长子	李扎发	2002	拉祜	小一在读	拉祜语,熟练	汉语,不会
五组	14	户主	张 妹	1957	拉祜	脱盲	拉祜语,熟练	汉语,不会
		次子	李阿克	1990	拉祜	小五	拉祜语,熟练	汉语,略懂
		次女	李珍妹	1994	拉祜	初二在读	拉祜语,熟练	汉语,略懂
五组	15	户主	李扎给	1957	拉祜	脱盲	拉祜语,熟练	汉语,不会
		妻子	李娜儿	1959	拉祜	文盲	拉祜语,熟练	汉语,不会
		长子	李阿约	1981	拉祜	小四	拉祜语,熟练	汉语,略懂
		次女	李娜母	1988	拉祜	小学	拉祜语,熟练	汉语,略懂
五组	16	户主	李扎阿	1953	拉祜	脱盲	拉祜语,熟练	汉语,不会
		妻子	石娜朵	1957	拉祜	脱盲	拉祜语,熟练	汉语,不会
		长子	李阿莫	1976	拉祜	脱盲	拉祜语,熟练	汉语,不会
		长媳	李 美	1980	拉祜	脱盲	拉祜语,熟练	汉语,不会
		孙女	李小珍	2001	拉祜	小三在读	拉祜语,熟练	汉语,略懂
		孙子	李扎嘿	2007	拉祜	学前		
		次女	李娜袜	1980	拉祜	脱盲	拉祜语,熟练	汉语,不会
五组	17	户主	李扎跌	1958	拉祜	脱盲	拉祜语,熟练	汉语,不会
		妻子	李娜妥	1965	拉祜	脱盲	拉祜语,熟练	汉语,不会
		母亲	李娜戈	1924	拉祜	文盲	拉祜语,熟练	汉语,不会
		长子	李老三	1982	拉祜	小四	拉祜语,熟练	汉语,略懂

续表

五组	18	户主	李扎母	1980	拉祜	脱盲	拉祜语,熟练	汉语,不会
		妻子	李娜发	1981	拉祜	小四	拉祜语,熟练	汉语,略懂
		长女	李娜妥	2001	拉祜	小三在读	拉祜语,熟练	汉语,略懂
		长子	李扎倮	2006	拉祜	学前		
五组	19	户主	石扎阿	1955	拉祜	脱盲	拉祜语,熟练	汉语,不会
		母亲	李娜莫	1933	拉祜	文盲	拉祜语,熟练	汉语,不会
五组	20	户主	李扎思	1958	拉祜	脱盲	拉祜语,熟练	汉语,不会
		妻子	李娜迫	1960	拉祜	文盲	拉祜语,熟练	汉语,不会
		次子	李扎袜	1985	拉祜	小学	拉祜语,熟练	汉语,略懂
		长女	李娜约	1983	拉祜	小五	拉祜语,熟练	汉语,略懂
		孙女	李娜克	2008	拉祜	学前		
五组	21	户主	李扎袜	1966	拉祜	脱盲	拉祜语,熟练	汉语,不会
		妻子	李娜嘿	1968	拉祜	文盲	拉祜语,熟练	汉语,不会
		长子	李扎体	1988	拉祜	小五	拉祜语,熟练	汉语,略懂
		次子	李扎拉	1994	拉祜	初二	拉祜语,熟练	汉语,略懂
五组	22	户主	李扎妥	1939	拉祜	文盲	拉祜语,熟练	汉语,不会
		妻子	李娜莫	1939	拉祜	文盲	拉祜语,熟练	汉语,不会
五组	23	户主	李阿约	1933	拉祜	文盲	拉祜语,熟练	汉语,不会
		次女	李娜而	1981	拉祜	文盲	拉祜语,熟练	汉语,不会
		女婿	刘扎迫	1976	拉祜	文盲	拉祜语,熟练	汉语,不会
		长孙	李扎发	1994	拉祜	初二在读	拉祜语,熟练	汉语,略懂
		长外孙	刘老大	2000	拉祜	小三在读	拉祜语,熟练	汉语,略懂
		次外孙	刘老二	2005	拉祜	学前		
五组	24	户主	李阿约	1971	拉祜	脱盲	拉祜语,熟练	汉语,不会
		妻子	李大妹	1971	拉祜	脱盲	拉祜语,熟练	汉语,不会
		长女	李娜丕	1996	拉祜	初二在读	拉祜语,熟练	汉语,略懂
		侄子	李扎发	1998	拉祜	小六在读	拉祜语,熟练	汉语,略懂
五组	25	户主	李扎而	1971	拉祜	脱盲	拉祜语,熟练	汉语,不会
		妻子	李娜拉	1971	拉祜	脱盲	拉祜语,熟练	汉语,不会
		长女	李三妹	1990	拉祜	文盲	拉祜语,熟练	汉语,不会
		长子	李扎体	1995	拉祜	初二在读	拉祜语,熟练	汉语,略懂
		孙女	李娜迫	2005	拉祜	学前		
五组	26	户主	石扎而	1945	拉祜	脱盲	拉祜语,熟练	汉语,不会
		妻子	李娜母	1950	拉祜	脱盲	拉祜语,熟练	汉语,不会
		次女	李娜阿	1989	拉祜	小学	拉祜语,熟练	汉语,略懂
		孙子	李扎约	2008	拉祜	学前		
五组	27	户主	李扎思	1955	拉祜	脱盲	拉祜语,熟练	汉语,不会
		妻子	李娜朵	1958	拉祜	脱盲	拉祜语,熟练	汉语,不会
		长女	李娜嘿	1978	拉祜	脱盲	拉祜语,熟练	汉语,不会
五组	28	户主	李阿拉	1969	拉祜	脱盲	拉祜语,熟练	汉语,不会
		妻子	李时妹	1965	拉祜	脱盲	拉祜语,熟练	汉语,不会
		长女	李娜约	1988	拉祜	小学	拉祜语,熟练	汉语,略懂
		次女	李娜倮	1996	拉祜	小六在读	拉祜语,熟练	汉语,略懂

续表

五组	29	户主	李金宝	1946	拉祜	文盲	拉祜语,熟练	汉语,不会
		妻子	李娜朵	1949	拉祜	文盲	拉祜语,熟练	汉语,不会
		长子	李扎倮	1982	拉祜	脱盲	拉祜语,熟练	汉语,不会
		长女	李四妹	1990	拉祜	文盲	拉祜语,熟练	汉语,不会
五组	30	户主	李扎而	1950	拉祜	脱盲	拉祜语,熟练	汉语,不会
		长子	李扎妥	1979	拉祜	脱盲	拉祜语,熟练	汉语,不会

附：村寨访谈录

一 南岭乡乡长周建平访谈录

访谈对象：周建平，男，40岁，中国农业大学函授本科，南岭乡党委书记。

访谈时间：2010年1月8日

访谈地点：南岭乡勐炳村

访谈人：乔翔

问：周乡长您好！首先谈一下您的个人经历。

答：我是拉把乡（音同）村人，那里是纯拉祜族的村寨。1983年以前，我在拉把乡小学读书，1983—1989年在澜沧县民族中学读初高中。1989—1992年在昆明市农校读中专。后来获得云南农业大学专科、中国农业大学本科函授文凭。1992年参加工作，在安康乡农科站任农业科技人员。1995年在雅口（现在的糯扎渡镇）任农业站站长。1996年调到县农业技术推广中心，任支部书记和副主任。2001—2005年任本县雪林乡科技副乡长。2006—2007年任县农业局副局长。2007年至今任南岭乡乡长，2008年任党委书记。

问：请您介绍一下南岭乡的基本情况。

答：南岭乡的地理位置是澜沧县中部，东靠谦六乡，南界糯扎渡镇，西邻竹塘乡，西南接勐郎镇，北边和富邦乡、东河乡相连，总面积471平方公里，辖8个行政村，175个村民小组，5995户，23472人。少数民族有汉、拉祜、白、回、哈尼、佤等9个民族，占全乡总人口的71%，其中拉祜族占54%。南岭乡是一个以拉祜族为主的民族乡、贫困乡，2008年，农民人均纯收入626元，人均有粮322公斤。农业是最大的产业，其次是畜牧业，现在正在培植的是民族文化产业。

问：今天我们已经参观了南岭乡勐炳村拉祜族传统史诗《牡帕密帕》传承基地，还去了葫芦山听到了拉祜族从葫芦里走出来的传说，看到了拉祜族文化保护的一些做法。请问，南岭乡为什么要下这么大力气来做这些工作呢？

答：你知道全世界的拉祜族有60多万人，其中40多万在中国，而澜沧就有24万多，可以说澜沧县是拉祜族的中心。我们澜沧县的发展方针是：改革开放活县、绿色经济强县、拉祜文化兴县、和谐社会建县。拉祜文化对我们相当重要。要用拉祜文化拉动这里的经济社会生态的发展,形成民族文化旅游项目,这已经进入全乡的"十二五"大规划中。南岭乡的传统产业是畜牧、甘蔗、茶叶、林业、蚕桑等,民族文化是正在培植的新产业。如果打造起来将会非常有用,通过文化活动宣传党的强农、惠农政策,有了这个宣传平台,村民就会减少打架、赌博等恶习,杜绝邪教的传播,丰富人们的精神生活,促进家庭的和谐。

问:您对拉祜族村民的教育问题关注吗?能不能谈谈这方面的认识?

答:俗话说,百年大计,教育为先,科技兴乡,教育先行。从我们乡的实际看,人均受教育年限不到四年。虽然国家现在正在实行"普九",但由于广大农民对读书的目的和意义认识不到位,加上国家对农村教育的投入不足,"普九"巩固难,农民子女读高中、上大学更是难上加难。按照党的"十六大"提出的"生产发展,生活宽裕,乡风文明,村容整洁,管理民主"这20字的要求,起码人人都要接受九年制义务教育,5%—10%的人口要高中毕业,才能搞好社会主义新农村建设。但是从目前南岭乡的实际情况看,有的村委会还没有一个初中毕业生,更谈不上高中生、大学生。由于农民素质偏低,知识匮乏,农业实用技术难以接受,农业生产广种薄收,单产低下,不光"生产发展"的要求不能实现,"饱"的问题也不能解决,"生活宽裕"更是无从谈及。

问:您认为应该怎样提高农民的教育水平?

答:我认为,建设社会主义新农村,必须不惜一切代价抓好教育,加大投入,改善教育教学条件,全面贯彻义务教育法。除了对贫困山区免除所有费用外,还应保证学生的基本生活费用,解除农村贫困学生的后顾之忧,使他们在学校安心学习,努力提高文化水平,从而提高农民群众的整体素质。

问:您认为对农村学校的投入应该怎么做?

答:在投入上应先顾教育,后顾其他;在教师调配上,把高素质的好老师重点放在乡村学校,给农村学生打牢基础,为输送农村学生读高中、上大学奠定基础。

问:您是一乡之长,有这样的认识,不怕农村的学校发展不起来。澜沧县对全县农村教育的现状有什么解决的对策吗?

答:县人大教育法有规定,分配到县城学校任教的教师都要到乡镇学校支教两年,帮助少数民族发展教育。他(她)们的档案和工资都在原单位。我爱人就是县职中教师,刚刚结束支教工作。

问:请您说说您爱人的工作好吗?

答:她是汉族,小时候在富邦乡长大。她在天津一所大专院校读完计算机专业后分配到职中,就教计算机。2005年我在雪林乡当副乡长期间,她在那里的小学支教一年,我儿子就出生在那儿,现在3岁了。2008年我在南岭乡担任乡长,她又来南岭乡小学支教一年,现在结束了要回原单位了。

问:您是拉祜族吧?会说拉祜语吗?

答:对,我是拉祜族中的拉祜纳。拉祜语说得地道呢。

问:您爱人呢?

答:她是汉族。富邦乡是拉祜族和汉族的杂居地,她从小会听拉祜语,也能说一点,但是我俩成家后,我们在家里说汉语,因为她习惯用汉语。

答:您的儿子3岁,现在他学说哪种语言?

问:儿子先学的是汉语,因为是他妈妈带他,还有由于县上的语言环境,孩子的第一语言是汉语。我会教他一点拉祜语,比如"吃饭、睡觉"等。我们县长说拉祜族的后代从小就要教他们学拉祜语,长大了为自己的家乡做点贡献,我自己也是这么想的。每年假期,我都让妻子领孩子来我工作的地点,我不怕让他吃苦,就是要锻炼他的生活能力,从小让他知道家乡的希望得靠他们这一代去完成。

问:您希望自己的孩子掌握哪些语言?

答:他应该先掌握汉语,其次是拉祜语,然后是英语。学汉语是为自己学习科技和文化打基础,学拉祜语是为更好地服务家乡,学习英语是为了开阔眼界。

问:您会鼓励自己的孩子将来回到乡村?

答:我愿意自己的孩子将来回乡。自己的家乡都不爱的话,更谈不上爱国。

问:说得太好了! 我们的访谈就到这了,谢谢!

二 南岭乡勐炳村龙塘寨老队长刘忠林访谈录

访谈对象:刘忠林,男,66岁,拉祜族,澜沧县南岭乡勐炳村龙塘寨人。曾任龙塘寨生产队队长。会拉祜语和汉语本地方言。

访谈地点:澜沧县南岭乡勐炳村龙塘寨

访谈时间:2010年1月8日

访谈人:朱艳华

问:请您介绍一下龙塘寨的基本情况。

答:我们龙塘寨有138户人家,538人,全是拉祜族。外族的不来,我们也不出去,因为语言无法沟通。2005年以后有土公路了,交通比较方便,是我们南岭乡最好的公路。我们这里多数人不会说汉语,只会说拉祜语,但是多数人能听懂汉语。现在18岁以上的人多数没读过书。经济收入主要靠茶叶,最好的一家一年有2000多的收入,最低的一户一年才四五百。有一个小学校,只有一个老师,一个班。教学都是双语,课堂上用汉语读书,用拉祜语讲解。

问:你们寨子的语言使用情况怎样?

答:我们这里多数人不会说汉语,只会说拉祜语,但是多数人能听懂汉语。现在18岁以上的人多数没读过书,没有机会学习汉语。年轻一点的在学校学了一些汉语。

问:请介绍一下您家里的情况?

答:我家有6个人。我读过5年级,从1968年开始当村里的会计,后来又当队长的,2005年才不当队长的。以前还做过生意,木耳、水晶石、牛等生意都做过,水晶石生意亏本了就没做了。

做生意时用汉语方言,回到寨子就用拉祜语。两种语言都说得很好。妻子叫李娜朵,是拉祜族,只懂拉祜语,汉语只会听一点。今年61岁,一直在家务农,也没去过什么地方,最远也只去过澜沧。有4个孩子,他们汉语、拉祜语都很流利。大女儿刘娜发有2个孩子,大的现在23岁,小的15岁,在澜沧民族中学读书。他们两个都不会拉祜语,只会汉语,因为他们的父亲是另一个村的汉族人,是南岭乡南现村小学的老师,只会说汉语。他们是生长在学校的,周围是汉族村,都说汉语,没有说拉祜语的环境,从小就只学汉语,所以不会拉祜语。小女儿刘春燕,初中毕业后在芹菜塘小学当代课老师,当了9年。汉语、拉祜语都会。后来因身体不好,生病去世了。大儿子刘小六,澜沧民族中学高中毕业,毕业后在勐炳村当了9年村长,现在在澜沧县计生局当驾驶员,会拉祜语、汉语。小儿子刘春云,南京师大毕业,毕业后在澜沧民族中学教书,后在澜沧县教师进修学校当副校长,现在是澜沧县文体局副局长,拉祜语、汉语都熟练。

问:您的汉语是什么时候学会的?

答:读书的时候学会的,我1951年到1958年在南岭区小学读书,那时候拉祜族、汉族、哈尼族都有。我那时候就学会了汉语,没学会哈尼语。

问:你们寨子里拉祜族的传统文化保存得怎样?

答:保存得比较好。语言保存得比较好;另外,民居、服饰制作、芦笙舞等也都保存得很好。牡帕密帕(拉祜族流传下来的创世史诗)寨子里的人都会唱、会跳。我们这里还有一些人参加了民族艺术团,参加过中央电视台《民歌中国》的节目录制,表演芦笙舞。

问:您觉得学汉语重要吗?

答:重要啊,所以我一直支持我的孩子去读书,去学汉语。只要是学习上面的事我们都支持。

问:您认为学汉语对拉祜语会不会产生不利影响?

答:不会,只会促进拉祜族的发展,不会影响到拉祜族文化的传承。我认为现在汉语教学、推广的力度还不够,还需要加大。家长的认识也还不够。

三 南岭乡勐炳村龙塘寨村民石里文访谈录

访谈对象:石里文,男,65岁,拉祜族,澜沧县南岭乡勐炳村龙塘寨土生土长的村民。听不懂汉语,访谈是通过翻译完成的。

访谈地点:澜沧县南岭乡勐炳村龙塘老寨

访谈时间:2010年1月8日

访谈人:朱艳华

问:请您介绍一下您家的基本情况。

答:我家有5口人,除了我们夫妻俩之外,还有儿子、儿媳、孙女。我们家里人都说拉祜语。孙女14岁,在南岭乡中学上初三。

问:您平时出寨子的机会多吗?

答:没出去过,只在寨子里生活。最多到南岭乡去买点衣服,盐、油这些东西在寨子里就能买到,不需要出去买。

问:您到南岭乡买东西听得懂那里的人说话吗?

答:听得懂,他们也会说拉祜话。

问:你们这里懂汉语的人多不多?

答:不多,大概有一半懂。但是会说汉语的只有100人左右,一般是40岁以下的会一点。

问:您懂拉祜文吗?寨子里懂拉祜文的多不多?

答:我不懂拉祜文,寨子里也没有人懂。

问:小孩开始学说话都学什么话?

答:学拉祜话。一、二年级都是在龙塘小学上的,老师都讲拉祜话;到勐炳村小后,老师用汉语讲课。我孙女现在在南岭中学上初三,老师用汉语讲课,她只会听汉语,说得不太好,不大敢说。因为不会汉语,她一般只跟拉祜族的在一起玩。

问:你们村通电了吗?家里有电视、广播吗?

答:已经通电了,可以看电视,但是没有广播。电视里都讲汉语,看不懂,平时也不看。有时候听一下拉祜语磁带,有拉祜语的歌曲、故事。

问:您知道你们这里的拉祜族是从哪里迁来的吗?

答:我们祖祖辈辈都生活在这里。

问:你们平时穿拉祜服装吗?

答:平时不穿,过节才穿。

问:你们身上穿的拉祜服装是自己做的吗?

答:有些人的衣服是自己做的,有的不是。现在会做拉祜族衣服的人不多了。纺车啊、织布机啊,好多人家里都没有了。

问:你们的节日有哪些?

答:有火把节、新米节、葫芦节,还有拉祜族的春节,分大年和小年,大年是从初一到初五,小年是从初七到初九。

问:过节有什么习俗?

答:杀猪、杀鸡。

问:结婚、丧葬有什么风俗?

答:结婚就唱 $\text{tɕha}^{35}\text{tsɿ}^{33}$。

问:您会讲拉祜族传统的"牡帕密帕"吗?

答:不会。

问:会跳芦笙舞吗?

答:会跳,但是现在年纪大,不跳了。

问:您觉得拉祜族的语言和传统文化会一直传下去吗?

答:会的,拉祜族的当然要讲拉祜语。

四 南岭乡勐炳村小学校长赛有花访谈录

访谈地点:南岭乡勐炳村

访谈对象:赛有花,女,46岁,回族,南岭乡南现村人,专科程度,现任勐炳村小学校长。

访谈时间:2010年1月8日

访谈人:乔翔

问:校长,您好!请先谈谈您个人的情况。

答:我1980年从南岭完小初中毕业,1984年参加工作,当了15年民办教师。最先是在千折村完小代课,1988年在勐炳村芹菜塘小学代课,1991年到勐炳村小学代课,1997年转正。2001—2004年,在黄回村大平掌小学任教,2005年—2007年在勐炳村昔海小学任教。2007年到现在在勐炳村小学担任校长。

问:我看过农村民办教师的一些相关报道,他们的生活和工作条件还是很艰苦的。您自己认为呢?

答:确实是。我当民办教师时,每月挣35块钱。

问:那您是只教书呢,还是另外做点别的事情?

答:我是全部投入到教书上的,没有干过别的。

问:工资收入这么低,您没想过转行吗?

答:没有。我喜欢教书,喜欢学生。学生是寄宿制的,他们周末回家,我还觉得少了点什么似的。我已经习惯了和学生在一起。

问:您为什么会有这样的感觉?

答:因为我从小就喜欢教书这个职业,很尊敬自己的老师。当了老师后呢,我也喜欢和学生打交道,跟他们很有感情。

问:学生有心事会跟您说吗?

答:会的。学生特别喜欢我,因为我会跟他们玩在一起。学生有心里话会跟我说。从他们一年级起,我就教给他们要懂礼貌,现在学生看到老师就说"老师好"。

问:请您介绍下学校的基本情况。

答:勐炳村有一个中心小学(村完小),设一至六年级,共4个班,每个年级大概有20人。老师有6个,2个女老师,4个男老师,民族成分有回族、拉祜族、汉族,年龄在38—59岁之间。学历是高中1个,中专1个,专科4个。学校设语文、数学、音乐、体育、自然、美术等课程。主要课程是语文和数学,每天2—3节。根据老师的专长分配课程,平均一个老师带3—4门课。除了村完小,还有两个分校,一个是芹菜塘分校,有1个老师,15个一年级学生,另一个是龙塘分校,有1个老师,17个三年级学生。

问:这样算起来,勐炳村小学也有一百多个在校学生,这样的数字还是可以吧?

答:对,还可以。村里学龄儿童的入学率是百分之百,固学率也同样是百分之百。学生少时隔年招生,有生源时年年招。

问:招生困难吗?教师要去村民家里做工作吗?

答:不困难,很好招。其实我们是在配合政府工作,因为现在实行九年制义务教育,学龄儿童必须上学,这是政府的规定,家长也有这个意识。

问:谈谈你们学校的教学情况好吗?

答:我们学校的学生全部是拉祜族,老师在教学上有些吃力。因为一年级学生入学时,根本不懂汉语,所以我们的老师必须采用双语教学。可是这样一来很难抓教学质量。学生听不懂汉语,也不会口语表达,写作就更难教了。

问:双语教学的效果怎么样?

答:汉语的意思用拉祜语解释,大部分学生都能理解。数学课上,用拉祜语和汉语,汉语为主,拉祜语为辅。数学用实物教学,教学效果较好,学得更好点。

问:你们学校是怎样来提高教学水平的?

答:勐炳村完小定期来检查村小老师的备课、教案、作业批改,还有听课等教学环节。他们指出我们教学上的不足点,相互交流。学校也要求老师们实行集体备课、推门听课。老师平时也会探讨教学。教师的素质和教学质量在逐年提高。

问:要经过多长时间,学生才能基本上掌握汉语的听说能力?

答:我们教师从一年级开始在课堂上用汉语授课,学生反映听不懂。我们只好用拉祜语解释。拉祜族学生在学校也是说拉祜语,到五、六年级才能听得懂汉语。

问:五、六年级的学生才能完全听得懂汉语?但是刚才我见到的那个叫李代珍的小女孩,刚刚5岁,上一年级,她能听懂普通话,也会说普通话啊。

答:李代珍是个特殊的例子。她是村干部家庭,接触的人多,见的世面多,所以虽然年纪小但汉语水平还可以。大部分学生的汉语还是不行。老师刚开始和学生说汉语,但是学生听不懂的时候只能用拉祜语,所以课内课外还是拉祜语用得多。

问:那您会说拉祜语吗?

答:我小时候不懂拉祜语,一句也不懂,分配工作到拉祜村的小学时,我父亲不让我来,我也有点害怕拉祜族,因为自己一句不会听、也不会说。我是来到勐炳村后才开始慢慢学会的。19年过来了,我自己觉得能够听得懂但是说得不太准,但与学生交流没有太大的问题。

问:其他老师的拉祜语说得怎样?

答:大部分老师来自外村,都是来勐炳村后开始学习拉祜语的,所以也都是会听、说不准。老师们课堂上主要用汉语讲课,拉祜语辅助。

问:你的爱人是什么民族?你们在家里说什么话?

答:我丈夫是拉祜族,跟我一个村,但是我的拉祜语大部分是跟学生学的,那时我还没有结婚。我在家里说汉语,我的小孩是拉祜语和汉语双语人。儿子是我在勐炳村芹菜塘小学代课时出生的,最早教他的是汉语,后来他跟寨子里的拉祜族小孩一起长大,就开始学说拉祜语,在学校里跟同学在一起也说拉祜语。

问:除了教学,你们去学生家里跟父母谈他们在学校的学习情况吗?

答:学生成绩差、表现欠佳的要去家访。我们要跟家长沟通,说明知识的重要性。有些家长对教育和知识的意识淡薄,老师就要去说明学习对学生成长的重要意义。

问:老师们上门家访说什么语言呢?

答:我们说拉祜语,因为好多家长听不懂汉语。家长受教育程度高的会说汉语,但是这样的家长少。

问:你们学校的学生上完小学,还去哪里念书?

答:初中去南岭乡中学念。九年制义务教育普及以来,农村学生入学率和巩固率都是百分之百。党的政策宣传到位,家长认识也得到提高,都把子女送到学校。但是高中升学率不高,上大学的更少,现在大学毕业的有1个,大学在校的有1个。重点大学考不上,一般的学校就算考上了,家庭也有经济困难,毕业后也不好找工作,所以家长也就不再支持子女读大学,大部分人初中毕业后就出去打工。

问:那您自己的孩子念书念到什么程度?

答:我是两个小孩,女儿24岁了,幼师毕业。我们这里是偏僻地区,招工信息不通,没赶上学校教师的招聘考试,女儿现在在昆明的一家私人幼儿园当老师。儿子20岁了,大专毕业,在勐海一家私人工厂里管电。

问:从我们这些天对拉祜山村教育状况的了解,您的孩子的文化程度还算是比较高的。

答:我们在这里,耽误了孩子。假如我们到条件好的地方,孩子就会到城里读书,会受到更好的教育,生活会更好一些。

问:你认为拉祜语和汉语,哪个更重要?

答:同样重要。在这里说拉祜语,在外面说汉语。

问:学校有没有对拉祜族的文化特别加以强调和保护?

答:学校里提倡搞民族文化,每个星期的少先队活动大多数是搞民族文化活动。老师们商量队会的主题,轮流主持活动,全部老师和学生都参加。比如给学生排练拉祜语歌曲和舞蹈。澜沧江宣传队来村里时,请他们培训老师,老师再教给学生。学生特别感兴趣,积极参加。有时县领导来视察时,表演给他们看。本月16号有一个"牡帕密帕"传承点开业仪式,学生要参加表演。

问:您是如何看待拉祜族学生的前途的?

答:拉祜族孩子有希望,我对他们有信心。

问:我也是这么想的。好,谢谢您接受我们的访谈。

五　南岭乡勐炳村芹菜塘小学教师李剑中访谈录

访谈对象:李剑中,男,29岁,拉祜族,澜沧县南岭乡勐炳村芹菜塘小学教师。
访谈地点:澜沧县南岭乡勐炳村龙塘老寨
访谈时间:2010年1月8日
访谈人:朱艳华

问:您是芹菜塘小学教师,请您介绍一下你们学校的情况。

答:我们学校是澜沧县最偏僻的一个小学,2009年7月才建起来,8月学生就入学了。学校周围没有一个懂汉语的人。学校就我一个老师,15个学生,都上一年级。这些学生是从芒弄村的它谷寨和扎约克寨这两个寨子划过来的。因为这两个寨子的孩子到芒弄村上学太远,有23公里,交通不便,到我们这里只有5公里。

问:这些学生都是什么民族?他们的语言情况怎样?

答:都是拉祜族。只懂拉祜语,不懂汉语。

问:您给他们上课用什么语言?

答:读课文用汉语,讲解、唱歌都用拉祜语,因为他们听不懂汉语。读第一遍课文时,他们不懂意思,教他们多读几遍,就会读了。我再用拉祜语一个一个字地解释,后来他们就懂了。刚开始我用汉语讲课的时候,学生不知道我在说什么,就在下面笑。现在一学期结束了,他们大体上知道汉语是怎么回事,读课文是怎么回事,现在就不笑了。

问:这些学生喜欢您用汉语上课吗?

答:开始不喜欢,听不懂,觉得这是另外一种语言,听起来很奇怪,老师到底在说什么呀?家长也不高兴,觉得学这么长时间就会几个词,家长也听不懂。我们就慢慢做工作,说学汉语用处很大,还耐心地教他们。我白天6个小时教学生,晚上到寨子去走动,跟家长交流,也教他们学汉语,教一些简单的物品名称,比如"水"、"茶"、"酒"、"鸡"等等。慢慢家长就接受了,就鼓励孩子去学汉语、说汉语。

问:一学期了,这些孩子的汉语水平怎样了?

答:书上出现的他们基本上都会。但是跟汉族人交流时还不行,不敢说,胆子不大,思想不开放。

问:如果这些学生一直学下去,什么时候可以学会,可以用汉语交流?

答:大概3年可以学会。

问:您认为汉语对于拉祜族来说用处大吗?

答:非常大。因为我们上街买卖物品,外面的人来投资,使用一些现代化的东西,如果不会汉语就很不方便。另外,如果不懂汉语,就不能跟外面的人沟通、交流,不能学习外面先进的东西;也不能理解汉族的文化艺术,看不懂汉语节目。

问:您是参加了民族语考试才招进来的教师吗?当时考了些什么?

答:是,考了拉祜语。考了 10 个问题。比如:如果你到这个学校以后,遇到拉祜族不喜欢用汉语教课的老师,你怎么办?上学的路太远了,你怎么保护学生的安全?你到这个学校后,打算怎么管理学校,怎么教学生,怎么跟家长沟通?等等。考官都用汉语问,我们用拉祜语答。拉祜语一个字说不准就要扣一分。能达到 80 分就算及格。我考了 87.5 分。

问:你们这一批招了多少个?

答:18 个,有 222 人参加考试。考了口语还要考笔试,笔试是用汉语答题,跟考公务员差不多。

问:这 18 个老师都分到哪里去了?

答:都分到高寒山区的民族小学了。我们什么课都教。

问:您是哪里人?你们村民族构成怎样?语言使用情况怎样?

答:我是芒弄村的,我们村 80% 是拉祜族,哈尼族有 10%,汉族有 10%。我们村的人基本上都会听汉语,还有 50% 会说汉语,20% 会说哈尼语。芒弄村有 20 个寨子,其中有 2 个哈尼寨,2 个汉族寨,其他都是拉祜寨。哈尼寨的都会哈尼语、汉语、拉祜语,汉族寨的会拉祜语的有 70%,会哈尼语的有 50%。这些寨子的人跟我们拉祜族都说拉祜语,不说汉语、哈尼语。

问:您家的情况介绍一下。

答:我家有 4 口人,父亲、母亲、还有一个妹妹,我们都说拉祜语。我父亲三种语言都懂;母亲会一点哈尼语,汉语不会。我哈尼语只懂 30% 左右,汉语很熟练。妹妹汉语懂 50%,哈尼语懂 50%。我们那个寨子跟哈尼寨只隔 300 米,相互交流比较多,所以懂哈尼语的还比较多,80% 的人都会。懂汉语的只有 30%。

问:他们是怎么学会汉语的?

答:多数是在学校学会的。

问:你们县是什么时候开展汉语教学的?

答:1999 年开始的。学生学会汉语后回去跟家长说汉语,家长的汉语水平也提高了。

问:家长对孩子学习汉语的态度是怎样的?

答:非常喜欢,喜欢学生学,喜欢老师教。我们这些老师到寨子里去,家长都很欢迎。每次我去了,他们都很高兴。村里做生产劳动、搞建设,别人叫劳动力来,叫不动,我一叫他们都来了。

问:您觉得学了汉语之后,对拉祜语有威胁吗?

答:没有。因为拉祜语对我们拉祜族来说可以发展我们的文化,对汉族来说,多一种语言也没有矛盾,反而能促进汉族和拉祜族的团结。语言沟通之后,相互之间就像朋友一样,能够互相交流、学习技术;在市场上进行商品交易,不同的民族可以互相沟通;在文化方面,也可以互相取长补短,舞蹈、歌曲什么的都可以学;思想上也能得到交流,汉族的思想进步一些,拉祜族比较封闭,不知道世界有多大,外面的世界是什么样的,跟汉族人在一起交流,可以开阔眼界,思想也会进步。所以我想,汉语和拉祜语应该是共存互利,不会产生矛盾,两种语言不会互相威胁,可以和谐并存。

问:云南是一个多民族省份,使用着多种语言。您认为什么样的语言使用现状是最理想的?

答:我认为,汉语是通用的语言,其他民族语言也应该保留。汉语和民族语和谐并存,共同发展。这样就能促进民族团结,少数民族自身也能够得到发展。

第二节 勐朗镇唐胜新村拉祜族语言使用现状个案调查

一 勐朗镇唐胜拉祜新村基本情况

勐朗镇位于澜沧县中部,是县政府所在地,也是该县政治和文化的中心。2006年3月,由原来的东郎乡、勐朗镇和谦迈乡部分村子合并而成。全镇面积710平方公里,海拔980—2256米,在北纬22.2620°至22.4106°,东经99.4735°至100.0623°的地域内,东南接酒井乡和糯扎渡镇,西南与东回乡接壤,西北与拉巴乡、竹塘乡相邻,东北以黑河为界与南岭乡隔河相连。勐朗镇地处北回归线以南,属亚热带气候,坝区炎热,山区河谷地带气候温和,雨量充沛,热量资源丰富。该镇辖3个社区、11个村委会,185个自然寨,228个村(居)民小组。共10268户,总人口36665人(2009年),其中农业户9149户,34322人(不含省、市、县属人口)。辖区内居住着拉祜、哈尼、汉、佤、傣等12种民族,少数民族人口28989人,占全镇总人口的79.1%。

唐胜村委会位于澜沧县城北部,距镇政府所在地四五公里,居住着拉祜、汉、佤、哈尼、拉祜、白等6种民族,总人口3480人,少数民族人口3046人,占总人口的87.5%。村委会下辖19个村民小组,共有916户。19个村民小组已经全部开通公路,已通电的有15个小组,已通自来水的有17个。2007年末,唐胜村委会实有耕地面积17889亩,农村经济总收入863.9万元,农村经济纯收入444.5元。农民人均纯收入1281元,人均实有口粮324公斤。

唐胜拉祜新村是勐朗镇唐胜村委会19个村民小组之一。它位于澜沧县城北,是一个拉祜族聚居村。该村距镇政府所在地约3公里左右,总人口295人,共67户,包括拉祜、汉、傣3种民族,其中拉祜族273人,占全村总人口的95%以上。周围村寨住着拉祜、汉、傣、佤、哈尼、白等6种民族。与该村相邻的三个组中,坝子寨为拉祜族聚居寨,河边寨和芭蕉林为汉族聚居寨。2009年末,耕地总面积680.84亩,其中,水田90.1亩,占耕地总面积的13.2%,山地590.74亩,占耕地总面积的86.8%。全村经济总收入1086190.00元,全村经济纯收入742480元,人均纯收入2650元。农民经济来源主要以养猪和种植甘蔗、玉米、稻谷为主,少数人外出打工。另外,加入农村医疗保险的有285人,申请低保的有43人。

唐胜拉祜新村分新寨和老寨,管理上属于一个行政村组。1992年澜沧大地震后,老寨居民的生存环境遭到严重破坏,政府帮助他们从 3 公里以外迁至此地,建立了唐胜拉祜新村。李顺荣是第一任村长,从 1992 年起一直担任至今。据他介绍,由于新村建房面积有限,当时一部分人没能搬来,现在老寨仍住有几十户人家。自 1992 年建设新寨以来,该村已经逐步实现三通,即通电、通水、通路。1997 年前后,村里开通程控电话,全村座机拥有率为 80%,一半以上的人使用手机。1994 年前后,村里通了电视,部分家庭还安装了卫星电视接收器。该村交通便捷,村民几乎每家每户都有摩托车。村中有大小拖拉机 10 多台,主要用于农耕和运输。

由于经济文化教育发展不充分,唐胜拉祜新村村民文化程度较低。至今只有 2 人中专毕业,1 人师范学校毕业。据统计,全村 9% 为文盲。在 40 岁以上的村民中,文化水平达到初中的占 19%,高中的占 3%。20 多年前,村里曾组织 30 岁以上的人学习拉祜文字,但由于长期没有使用都已经回生,现在村里几乎没有人懂拉祜文字。近年来,随着国家九年制义务教育的普及,当地"两免一补"政策(即免学费、学杂费,补生活费)的实施,学校教育逐渐受到家长的重视,适龄儿童小学入学率较以前有了大幅度提高,但初中以上文化程度的人仍然很少。

唐胜新村有一所完全小学——勐朗镇普陀希望小学,占地 16.4 亩,基本教学设施配备齐全。这所学校 1953 年始建于唐胜老寨,原名勐朗镇唐胜村小学。1992 年搬迁至此地后,得到当地政府和上海普陀区教委及师生的捐款帮助,于 1995 年建成新校舍,更名为勐朗镇普陀希望小学。学校分成三个校点:唐胜新村主校区、老南盆分校区和芒井分校区。普陀希望小学现有教师 45 人,包括拉祜、彝、傣、景颇、哈尼、佤等民族,拉祜族教师占一半。专职教师中,本科学历的有 7 人,专科 24 人,中师 8 人,高中学历 1 人。至 2009 年年底,全村有适龄儿童 301 人,已入学 297 人,入学率达到 98.7%。全校在读学生约 472 人,其中女生 226 人,住宿生 292 人,少数民族学生 369 人,占 78%,其中绝大部分为拉祜族。学校现在设有学前教育和 1-6 年级的汉语小学教育。学前班 2 个,共 59 名学生;1-6 年级有 15 个教学班,共 413 人。学生来自多个村寨,最远的来自 10 公里以外的佛脚村。各民族的风俗习惯和语言文字在校园中和谐交融,各民族学生相互使用汉语的现象越来越多。

唐胜拉祜新村没有特别的宗教信仰或崇拜。现今沿袭的本民族节日主要有葫芦节、新米节,也过汉族的一些传统节日,如春节等。由于离城区仅 3 公里左右,该村受汉族风俗习惯影响较大,平常生产生活中,大部分人穿着汉族服装,少数年纪较大的老人仍穿传统民族服装。民族节日时,大部分拉祜族村民都会穿上传统民族服装,在村里载歌载舞,吹起芦笙、口弦等乐器,跳着摆舞、芦笙舞,欢度节日。村民们热情好客,有客人来村里时都会拿出自家酿造的烧酒热情款待客人,并献上动听的拉祜族民歌。村寨中的房屋建筑基本已经失去拉祜族传统风格,都以钢筋、水泥、砖块等建成院落。

二 唐胜拉祜新村语言使用情况

我们从勐朗镇唐胜村委会拉祜新村(下文简称唐胜拉祜新村)中随机抽取了 65 户、289 人进行微观的分析和统计。其中拉祜族 273 人,汉族 14 人,傣族 2 人。对其语言使用特点有如下的认识。

(一) 拉祜族母语掌握情况

1. 掌握母语的基本数据

拉祜语是这里拉祜族人的通用语。对母语能力的统计,我们的实际统计人数为252人,不包括6岁以下的儿童21人。统计结果如下表2—13。

表2—13

年龄段(岁)	调查人口	熟练		略懂		不会	
		人数	百分比	人数	百分比	人数	百分比
6—19	60	59	98.3	1	1.7	0	0
20—39	109	109	100	0	0	0	0
40—59	67	67	100	0	0	0	0
60以上	16	16	100	0	0	0	0
合计	252	251	99.6	1	0.4	0	0

上表显示:99.6%的拉祜族都能够熟练使用拉祜语,大多为"熟练"级。他们从小就接受了母语的文化熏陶,母语成为他们思考和交际的主要工具。

全村只有刘丹娅一人的拉祜语为"略懂"级。因为她来自一个族际婚姻家庭,妈妈是拉祜族,爸爸刘培协是从宣威来这边开矿的汉族,不懂拉祜语。刘丹娅从小就住在宣威,现在也在宣威的中学读初二。这种家庭环境使得她的第一习得语言是汉语,拉祜语只停留在简单的听和说。其具体家庭情况见下表2—14。

表2—14

家庭编号	家庭关系	姓名	出生年份	民族	文化程度	第一语言及水平	第二语言及水平	第三语言及水平	拉祜文
56	户主	石娜莫	1974	拉祜	小学	拉祜语,熟练	汉语,熟练		不会
	丈夫	刘培协	1967	汉	高中	汉语,熟练	拉祜语,不会		不会
	长女	刘丹娅	1995	拉祜	初二在读	汉语,熟练	拉祜语,略懂		不会

2. 400词测试结果

我们分别选择唐胜拉祜新村10—70岁的6个拉祜人进行测试,进一步观察他们所掌握词汇的多少与年龄大小的双向互动关系。具体情况见下表2—15。

表 2—15

家庭编号	姓名	年龄	测试等级与400词的比例							
			A		B		C		D	
			数量	百分比	数量	百分比	数量	百分比	数量	百分比
49	石娜倮	13	372	93	6	1.5	11	2.75	11	2.75
1	李老二	27	397	99.25	0	0	0	0	3	0.25
49	石建华	36	394	98.5	6	1.5	0	0	0	0
23	张娜努	47	341	85.3	38	9.5	19	4.7	2	0.5
30	张扎母	56	392	98	7	1.75	0	0	1	0.25
1	李扎努	67	361	90.25	29	7.25	7	1.75	3	0.75

总的看来，唐胜拉祜新村的拉祜语在代际间传承正常，没有出现明显的代际差异，不同年龄段掌握的词汇量较为相近。但这里不同年龄段母语的掌握情况，有一些不同于其他地方的特点。主要是，20—40岁的青壮年母语掌握得最好，A级词达到98%以上。40—50岁的中年人，多在村里担任一定的行政管理工作，和其他民族在一起时多用汉语，因此他们的拉祜语水平不如其他年龄段的，A级词汇量最少，占85.3%。60岁以上的老年人由于受到文化程度和认知能力的限制，有些词不能理解，也不会表达。虽然老年人不是母语水平最好的，但他们的A级词和B级词之和所占比例也还在97%以上。

这个地区，拉祜语词汇掌握情况有以下几个特点。一是没有见过或较少接触的动物、事物等词不会说，经提示后才知道用拉祜语怎么说。如：

表 2—16

序号	汉义	拉祜语
1	绵羊	$jɔ^{31}$
2	水獭	$\gamma ɯ^{31} phu^{53}$
3	小船，舟	$xɔ^{33} lo^{31} qo^{31}$
4	箭	$kha^{35} tɕi^{33}$
5	沉	tu^{31}
6	孵(蛋)	mu^{11}
7	溶化	$kɯ^{31}$

二是由于唐胜拉祜新村距勐朗镇只有3公里，临近还有两个汉族聚居寨，长期的汉语接触，有的词他们已习惯用汉语来说。但经提示后，还能知道拉祜语是怎么说的。如：

表 2—17

序号	汉义	拉祜语
1	窗子	$je^{31} kho^{33} kui^{35}$

续表

2	麻雀		dʑa³¹ mɣ⁵³
3	剥（花生）		qhɛ³¹
4	敢（吃）		phɛ³¹
5	夹（菜）		bi⁵³

三是用词泛化，不会细分。如："苍蝇"、"蚊子"不分；一个人的"个"和一个碗的"个"不分；"草"和"茅草"不分；能够区分"高、长、远"，但"矮、短、近"不分；等等。

3. 拉祜文字掌握情况

拉祜族有自己的文字——拉祜文，但这里的拉祜族不会自己的文字。1985—1989年间，澜沧县曾在县委党校办过四五届拉祜文学习班，现在30—50岁的拉祜人中大多参加过，唐胜拉祜新村也有些人参加过。但由于学了后没有使用，后来都回生了。

（二）拉祜族兼用汉语情况

该村的拉祜族除2人外，都会说汉语，但程度不一。其中，94.4%的人为"熟练"级，能够对付日常生活中的汉语交流。还有4.8%的人的汉语水平为"略懂"级，有的能和外族人用汉语进行简单的交谈，有的会听但只能说一些简单的话。具体情况见下表2—18。

表2—18

年龄段（岁）	调查人口	熟练		略懂		不会	
		人数	百分比	人数	百分比	人数	百分比
6—19	60	59	98.3	1	1.7	0	0
20—39	109	107	98.2	2	1.8	0	0
40—59	67	64	95.5	3	4.5	0	0
60以上	16	8	50	6	37.5	2	12.5
合计	252	238	94.4	12	4.8	2	0.8

上表显示，汉语熟练的人所占比例分别为98.3%、98.2%和95.5%，说明6—19岁的青少年、20—39岁的青壮年和40—59的中年人的汉语水平没有明显的代际差异。同时还看到，60岁以上的拉祜族老人汉语水平和其他三个年龄段相比较差，能够熟练使用汉语的人只占50%。但不同的是，在70岁以上的老人中有3人汉语熟练，其原因与他们的特殊经历有关。具体情况见下表2—19。

表2—19

家庭编号	家庭关系	姓名	出生年份	民族	文化程度	第一语言及水平	第二语言及水平	第三语言及水平	拉祜文
3	父亲	大李掌俄	1917	拉祜	文盲	拉祜语，熟练	汉语，熟练		不会

续表

| 19 | 母亲 | 李娜戈 | 1930 | 拉祜 | 文盲 | 拉祜语,熟练 | 汉语,熟练 | | 不会 |
| 18 | 父亲 | 谢洪安 | 1931 | 拉祜 | 高中 | 拉祜语,熟练 | 汉语,熟练 | | 不会 |

上表中的大李掌俄是位老干部,长期从事领导工作,因此汉语熟练。李娜戈以前生活在汉族和拉祜族聚居的地方,经常使用汉语。谢洪安的文化程度是高中毕业,这在现在的拉祜人中都不多见,长期的学习生活,使他熟练地掌握了汉语。

60岁以下的拉祜人中有6人汉语水平不高,为"略懂"级,也与他们的具体生活环境和和经历有关。具体情况见下表2—20。

表2—20

家庭编号	家庭关系	姓名	出生年份	民族	文化程度	第一语言及水平	第二语言及水平	拉祜文
5	妻子	石娜六	1958	拉祜	文盲	拉祜语,熟练	汉语,略懂	不会
6	妻子	李娜药	1958	拉祜	文盲	拉祜语,熟练	汉语,略懂	不会
4	妻子	李卫芬	1963	拉祜	小学	拉祜语,熟练	汉语,略懂	不会
50	户主	李扎发	1974	拉祜	文盲	拉祜语,熟练	汉语,略懂	不会
50	妻子	张娜海	1978	拉祜	文盲	拉祜语,熟练	汉语,略懂	不会
44	长孙女	李大妹	2003	拉祜	学前	拉祜语,熟练	汉语,略懂	不会

上表中的李大妹,还在读学前班,刚刚开始接触汉语,因此汉语水平较低。其余5人中有4人是文盲。文化程度低使他们与外界接触受到了限制,成为汉语水平较低的一个重要因素。

(三)不同对象、不同场合语言使用情况

个体的语言使用不可避免地受到周围语言环境、交流对象和语言使用情境的影响。唐胜新村为拉祜族聚居村,村民的活动场所主要在家庭内和村子内,所以家庭和村子成为语言习得和语言使用的重要场所。为了深入了解唐胜新村拉祜族怎样根据不同对象、不同场合的语言使用情况,我们随机抽样了四个年龄段的8位拉祜族村民进行了调查,结果分述如下:

1. 家庭内部语言使用情况

被调查者有:① 石娜倮,女,13岁,初二在读;② 张丽莉,女,14岁,初二在读;③ 黄娜模,女,28岁,小学;④ 石建华,男,36岁,初中;⑤ 张扎莫,男,42岁,小学;⑥ 张娜努,女,46岁,初中;⑦ 石老大,男,59岁,小学;⑧ 张扎母,男,56岁,小学。家庭内部语言使用情况如下:

表 2—21

交际双方		①	②	③	④	⑤	⑥	⑦	⑧
长辈对晚辈	父母对子女	拉/汉语	拉/汉语	拉祜	拉祜	拉祜	拉祜	拉祜	拉祜
	爷爷奶奶对孙女	拉祜	拉/汉语	拉祜	拉祜	拉祜	拉祜	拉祜	拉祜
	公婆对儿媳	拉祜	拉祜	拉祜	拉祜	拉祜	拉祜	拉祜	拉祜
晚辈对长辈	子女对父母	拉/汉语	拉/汉语	拉祜	拉祜	拉祜	拉祜	拉祜	拉祜
	孙女对爷爷奶奶	拉祜	拉/汉语	拉祜	拉祜	拉祜	拉祜	拉祜	拉祜
	儿媳对公婆	拉祜	拉祜	拉祜	拉祜	拉祜	拉祜	拉祜	拉祜
同辈之间	爷爷与奶奶	拉祜	拉祜	拉祜	拉祜	拉祜	拉祜	拉祜	拉祜
	父亲与母亲	拉祜	拉祜	拉祜	拉祜	拉祜	拉祜	拉祜	拉祜
	儿子与儿媳	拉祜	拉祜	拉祜	拉祜	拉祜	拉祜	拉祜	拉祜
	子女之间	拉/汉语	拉/汉语	拉祜	拉祜	拉祜	拉祜	拉祜	拉祜
主人对客人	对本族客人	拉祜	拉祜	拉祜	拉祜	拉祜	拉祜	拉祜	拉祜
	对本族干部	拉祜	拉祜	拉祜	拉祜	拉祜	拉祜	拉祜	拉祜
	对非本族干部	拉祜	汉语	汉语	汉语	汉语	汉语	汉语	汉语
	对非本族客人	拉祜	汉语	汉语	汉语	汉语	汉语	汉语	汉语
	对本族老师	拉祜	拉/汉语	拉祜	拉祜	拉祜	拉祜	拉祜	拉/汉语
	对非本族老师	拉祜	汉语	汉语	汉语	汉语	汉语	汉语	汉语
	对陌生人	拉祜	汉语	拉/汉语	汉语	汉语	汉语	汉语	拉/汉语

上表显示，唐胜新村的家庭语言主要是拉祜语，少数家庭兼用汉语。家庭成员之间全部使用拉祜语的占四分之三（如③—⑧）。在少数兼用汉语的家庭中（如①、②），家庭内成年人之间全都使用拉祜语，而长辈与年幼子女之间、青少年同辈之间则以拉祜语为主，并偶尔使用汉语。主客之间的语言使用取决于交流对象：与本族人交流用拉祜语；与外族的客人、老师、陌生人交流时使用汉语。

唐胜新村形成以拉祜语为主并辅以汉语的语言生活主要受以下几个条件的影响：(1)在唐胜新村 65 户被调查家庭中，95％的人口为拉祜族，拉祜语都很熟练。在仅有的 9 户族际婚姻家庭中，绝大部分成员都会拉祜语，偶尔也使用汉语。在这样的人口分布格局中，拉祜语自然成为村中的优势语言。(2)经济、文化、交通、教育等基础条件的逐步改善，有利于拉祜族与汉语的接触，自然也就促进了部分人兼用汉语。该村距离县城仅 3 公里左右，交通便捷，村民们乘坐拖拉机、骑摩托车进城只需 10 多分钟。在他们进城赶集、商品买卖等活动中，与汉语的接触逐渐增多，从而促成汉语的兼用。尤其是 6—19 岁的青少年，由于接受学校教育，他们的汉语能力普遍高于青壮年和中老年人。当然也要看到，汉语文文化教育的普及，有可能对青少年的母语使用造成一定的影响，但只要科学地因势利导，有可能使母语和汉语的关系进入互补的良性循环。

2. 家庭外部语言使用情况

家庭外部的语言交际也是唐胜新村语言生活的一个重要部分。下面我们选取上面所列举

的8个人中的4个人(每个人代表一个年龄段),来观察他们在家庭外部的语言使用情况。调查结果如下表所示:

表 2—22

交际场合	对象	拉祜族人				外族人				既有拉祜族人又有外族人			
		①	②	③	④	①	②	③	④	①	②	③	④
见面打招呼		拉祜	拉祜	拉祜	拉祜	汉语	汉语	拉/汉语	汉语	汉语	拉/汉语	拉/汉语	拉/汉语
聊天		拉祜	拉祜	拉祜	拉祜	汉语	汉语	拉/汉语	汉语	汉语	拉/汉语	拉/汉语	拉/汉语
生产劳动		拉祜	拉祜	拉祜	拉祜	汉语	汉语	拉/汉语	汉语	汉语	拉/汉语	拉/汉语	拉/汉语
买卖		拉祜	拉祜	拉祜	拉祜	汉语	汉语	拉/汉语	汉语	汉语	拉/汉语	拉/汉语	拉/汉语
看病		汉语	拉祜	拉祜	拉祜	汉语	汉语	拉/汉语	汉语	拉/汉语	拉/汉语	拉/汉语	拉/汉语
开会	开场白	拉祜	拉祜	拉祜	拉祜	汉语	汉语	拉/汉语	汉语	汉语	拉/汉语	拉/汉语	拉/汉语
	传达上级指示	拉/汉语	拉/汉语	拉祜	拉祜	汉语	汉语	拉/汉语	汉语	汉语	拉/汉语	拉/汉语	拉/汉语
	讨论、发言	拉/汉语	拉祜	拉祜	拉祜	汉语	汉语	拉/汉语	汉语	汉语	拉/汉语	拉/汉语	拉/汉语
公务用语		汉语	拉祜	拉祜	拉祜	汉语	汉语	拉/汉语	汉语	汉语	拉/汉语	拉/汉语	拉/汉语
广播用语		拉/汉语	拉祜	拉祜	拉祜	拉祜	拉祜	拉祜	拉祜	拉祜	拉祜	拉祜	拉祜
学校	课内	汉语	拉/汉语	拉/汉语	汉语	汉语	汉语	拉/汉语	汉语	汉语	拉/汉语	汉语	汉语
	课外	拉/汉语	拉/汉语	拉祜	拉祜	汉语	汉语	拉/汉语	拉/汉语	汉语	拉/汉语	拉/汉语	拉/汉语
节日、集会		拉祜	拉祜	拉祜	拉祜	汉语	汉语	汉语	汉语	汉语	拉/汉语	拉/汉语	拉/汉语
婚嫁		拉祜	拉祜	拉祜	拉祜	汉语	汉语	汉语	汉语	汉语	拉/汉语	拉/汉语	拉/汉语
丧葬		拉祜	拉祜	拉祜	拉祜	汉语	汉语	汉语	汉语	汉语	拉/汉语	拉/汉语	拉/汉语

统计结果显示,唐胜新村拉祜族村民们所使用的语言,根据不同场合、不同对象而有所不同。在村内的日常生产生活、节庆、婚嫁、丧葬中,与本族人交流时主要使用拉祜语。与外族人交流时主要使用汉语,偶尔使用拉祜语。在既有本族人又有外族人的场合,既用拉祜语又用汉语。村里广播主要以拉祜语为主,兼用汉语。但实际上,唐胜新村村民由于受其经济科学文化发展程度的制约,在村内与外族人接触的机会不是很多,因此他们的社区语言主要是拉祜语。我们也注意到,在进行公务、开会、发言讨论时,为了更好地进行交流和方便理解会议内容,他们更多地使用拉祜语。这些都体现了拉祜族聚居带来的语言优势。学生的语言使用情况有所不同:他们在学校更愿意使用汉语,甚至是普通话,但受其汉语能力和语言习惯的影响,与本族

老师、同学交流时倾向于使用本民族语言,在课外主要使用拉祜语。

综合以上二表,我们看到,村民对语言的选择及使用受到交际对象、交际目的、交际情境以及特定场合通用语的影响力等诸多因素的影响。

(四) 拉祜族母语稳定使用的条件和原因

如上所述,唐胜拉祜新村母语使用基本稳定,绝大部分村民都能熟练使用拉祜语进行交流,母语活力强。尽管全民兼用汉语,但没有出现明显的母语衰退的迹象。其形成的原因和条件主要有以下几个因素:

1. 唐胜拉祜新村拉祜族聚居是母语稳定使用的主要条件。

唐胜新村占95％人口的拉祜族,长期稳定地聚居在一起,每天高频率地使用拉祜语。小孩自幼浸泡在母语的语言环境中,自然也就习得了本民族语言。67户中的9户族际婚姻家庭中,即使父母是其他民族,略懂拉祜语,其子女也在日常生活中不同程度地自然习得了拉祜语。一位汉族妇女说:"我自己也只懂一点点拉祜语,娃娃们小时候也没怎么教他们说拉祜语,但他们每天出去外面和其他的拉祜族小孩玩,不知不觉就会了,不用教。"

唐胜新村外来人口、流动人口非常少,汉语在村子内部不同场合的使用频率远远低于拉祜语。村里只有个别村民在外打工,返乡时也能很快适应家乡的语言环境。当问到对外地打工返乡不会说拉祜语的人怎么看待时,他们回答说这种现象在村里很少,即使他们在外不说拉祜语,但一回来就会说了。可见,拉祜族聚居为母语的保留提供了良好的环境,为母语的稳定使用创造了有利条件。

2. 当地社会经济发展程度尚未对母语保留造成威胁。

唐胜新村自1992年从老寨搬来,新寨建成还不到20年,社会经济发展还不充分。近年来,村里的经济、文化、交通、教育等基础条件得到很大改善,但大多数村民,尤其是中老年人仍保持着过去的生产、生活方式。村民大多从事农业,经济来源主要依靠种植甘蔗、粮食,以养猪、养鸡作为副业。在家务农的拉祜族青壮年和老年人,日出而作、日落而息,过着相对平静的生活。经济发展不充分,信息相对闭塞,外来文化影响较少,在很大程度上保护了唐胜新村拉祜语的固有词汇和语言特征,也是母语使用基本稳定的重要原因。

3. 唐胜拉祜新村汉语水平不高,未对拉祜语的生存造成威胁。

在澜沧县,九年制义务教育的普及刚刚起步,60％的拉祜族不懂汉语语言文字,还存在大量的文盲。半山区和山区的村寨中,双语教育还没有普及,尤其是初等教育的学前班、小学1－2年级,还要依赖拉祜语进行教学。汉语语言文化的水平,还没有对当地民族语言、文化造成严重影响或威胁。

4. 民族语言态度是母语稳定的主观条件。

人们对于某种语言的认识和评价反映了一种语言的社会地位及其在人们心目中的印象,而人们对于该语言的态度必然会影响其学习语言的动机和使用情况。为了更深入地了解唐胜新村拉祜语语言使用现象,我们通过访谈和问卷,从语言评价、语言认同度、语言倾向等角度调查了该村拉祜族对待自己母语的态度。

调查涉及以上四个年龄段共 8 位拉祜族村民。所有的被调查者都一致认为,拉祜族掌握拉祜语很有用。他们说,在拉祜族聚居村内,使用本民族语言更便于和本族人交流。绝大部分村民具有较强的民族意识和民族感情,并有保护自己母语和学习拉祜语文字的愿望。例如,在对语言的重要性进行排序时,8 人中 6 人把拉祜语排在第一。当问及在自己孩子学习说话时最先教什么语言时,6 位成年村民回答"拉祜语"。5 人希望本地广播用拉祜语播音。当问及如何看待拉祜人成为只会汉语的单语人时,有 6 人表示"不希望";6 人对于"成年人不说或不愿说拉祜语"感到"反感"或"听着别扭"。当问及如何看待自己的子女不会说拉祜语时,8 人无一例外地表示"反对"。这种鲜明的语言态度,无疑对拉祜语的保存起到积极的作用。另外,有 7 人表示"希望学习拉祜语文字"。两名被调查的青少年说,自己学拉祜语是因为对本民族的热爱。在我们调查的过程中,绝大部分村民表现出极大的民族使命感。当了解了我们的来意后,从政府到村委会,从官员到村民,都热情积极地协助调查,认为自己有责任为保护自己的民族语言做些事。我们还发现,他们对于本民族母语能力是否有可能减弱的问题,并没有表现出太多的担忧和警觉。这说明,对本民族语言高度的认同感、强烈的民族感情和民族使命感,是保护本民族语言的重要条件。

(五)其他民族拉祜语使用情况

唐胜拉祜新村是一个拉祜族聚居的村寨,非拉祜族人只有 16 人,其中汉族 14 人,傣族 2 人。他们大多是外村嫁过来的媳妇或是上门女婿。

1. 汉族家庭拉祜语使用情况

全村只有一个汉族家庭。具体情况见下表 2—23。

表 2—23

家庭编号	家庭关系	姓名	出生年份	民族	文化程度	第一语言及水平	第二语言及水平
55	户主	刘欧行	1954	汉	初中	汉语,熟练	拉祜语,不会
	妻子	刘满仙	1963	汉	初中	汉语,熟练	拉祜语,不会
	长子	刘坚	1987	汉	初中	汉语,熟练	拉祜语,不会

上表中的刘欧行一家本来是宣威的汉族,20 世纪 80 年代到这里来烧石灰,落户唐胜拉祜新村。由于这里的拉祜族都会说汉语,再加上唐胜拉祜新村邻近的两个寨子都是汉族聚居寨,只使用汉语已经足够达到日常交际的目的,不需要学习拉祜语,因此这一家人不会说拉祜语。

2. 非拉祜族配偶拉祜语使用情况

唐胜拉祜新村的非拉祜族配偶共有 10 人,其中汉族 9 人,傣族 1 人。具体情况见下表

2—24。

表2—24

家庭编号	家庭关系	姓名	出生年份	民族	文化程度	第一语言及水平	第二语言及水平
8	户主	周 三	1947	汉	文盲	汉语,熟练	拉祜语,熟练
40	长女婿	肖明坤	1964	汉	高中	汉语,熟练	拉祜语,熟练
4	长媳	陈小芳	1983	汉	小学	汉语,熟练	拉祜语,略懂
11	长媳	熊会仙	1990	汉	初中	汉语,熟练	拉祜语,略懂
18	长媳	唐改英	1986	汉	高中	汉语,熟练	拉祜语,略懂
13	次子媳	王 江	1985	汉	初中	汉语,熟练	拉祜语,不会
32	长婿	肖会周	1975	汉	初中	汉语,熟练	拉祜语,不会
56	丈夫	刘培协	1967	汉	高中	汉语,熟练	拉祜语,不会
59	户主	杨光照	1975	汉	初中	汉语,熟练	拉祜语,不会
43	次女婿	陶文武	1984	傣	初中	傣语,略懂	汉语,熟练

上表中拉祜语属"熟练"级的两个人都在40岁以上,由于在村里居住的时间较长,拉祜语说得比较好。陈小芳、唐改英和熊会仙3人嫁到村里的时间只有两三年左右,时间不长,所以她们还只会用拉祜语说一些简单的词语或句子。其他5个外来媳妇和女婿不会说拉祜语的原因是,唐胜拉祜新村邻近的两个寨子都是汉族聚居寨,而且离勐朗镇只有3公里,交通便利,村民们使用汉语的机会多,不需要特意去学习拉祜语。具体比例分析见下表2—25。

表2—25

拉祜语	非拉祜族配偶总人数	10
熟练	人数	2
	百分比	20
略懂	人数	3
	百分比	30
不懂	人数	5
	百分比	50

三 澜沧县勐朗镇唐胜村委会唐胜拉祜新村语言使用情况总表

表2—26

家庭序号	家庭关系	姓名	出生年份	民族	文化程度	第一语言及水平	第二语言及水平	拉祜文水平
1	户主	李扎努	1943	拉祜	文盲	拉祜语,熟练	汉语,略懂	不会
	妻子	李大妹	1937	拉祜	文盲	拉祜语,熟练	汉语,略懂	不会
	长女	李福仙	1968	拉祜	初中	拉祜语,熟练	汉语,熟练	不会
	长外孙	李扎母	1981	拉祜	初中	拉祜语,熟练	汉语,熟练	不会
	次外孙	李老二	1983	拉祜	初中	拉祜语,熟练	汉语,熟练	不会

续表

2	户主	罗娜朵	1967	拉祜	初中	拉祜语,熟练	汉语,熟练	不会
	丈夫	李老四	1975	拉祜	小学	拉祜语,熟练	汉语,熟练	不会
	长女	张娜丕	1987	拉祜	初中	拉祜语,熟练	汉语,熟练	不会
	长子	张扎倮	1991	拉祜	初中	拉祜语,熟练	汉语,熟练	不会
3	户主	李建国	1964	拉祜	小学	拉祜语,熟练	汉语,熟练	不会
	妻子	李娜思	1962	拉祜	小学	拉祜语,熟练	汉语,熟练	不会
	父亲	大李掌俄	1917	拉祜	文盲	拉祜语,熟练	汉语,熟练	不会
	长子	李扎袜	1986	拉祜	初中	拉祜语,熟练	汉语,熟练	不会
	次子	李扎发	1990	拉祜	初中	拉祜语,熟练	汉语,熟练	不会
4	户主	李扎妥	1962	拉祜	小学	拉祜语,熟练	汉语,熟练	不会
	妻子	李卫芬	1963	拉祜	小学	拉祜语,熟练	汉语,略懂	不会
	长子	李扎约	1983	拉祜	小学	拉祜语,熟练	汉语,熟练	不会
	长媳	陈小芳	1983	汉	小学	汉语,熟练	拉祜语,略懂	
	孙女	李英	2009	拉祜	学前			
	长女	李二妹	1988	拉祜	小学	拉祜语,熟练	汉语,熟练	不会
5	户主	李其刚	1956	拉祜	小学	拉祜语,熟练	汉语,熟练	不会
	妻子	石娜六	1958	拉祜	文盲	拉祜语,熟练	汉语,略懂	不会
	长子	李老大	1980	拉祜	初中	拉祜语,熟练	汉语,熟练	不会
	长媳	李娜啊	1986	拉祜	小学	拉祜语,熟练	汉语,熟练	不会
	长孙	李志伟	2004	拉祜	学前			
6	户主	李明军	1955	拉祜	小学	拉祜语,熟练	汉语,熟练	不会
	妻子	李娜药	1958	拉祜	文盲	拉祜语,熟练	汉语,略懂	不会
	次子	李老三	1981	拉祜	小学	拉祜语,熟练	汉语,熟练	不会
	次媳	黄小英	1990	拉祜	小学	拉祜语,熟练	汉语,熟练	不会
	孙子	李俞烁	2009	拉祜	学前			
7	户主	张七	1958	拉祜	初中	拉祜语,熟练	汉语,熟练	不会
	妻子	张娜母	1961	拉祜	初中	拉祜语,熟练	汉语,熟练	不会
	长子	张老大	1980	拉祜	中专	拉祜语,熟练	汉语,熟练	不会
	长媳	张娜袜	1983	拉祜	小学	拉祜语,熟练	汉语,熟练	不会
	孙女	张扎模	2009	拉祜	学前			
	次子	张扎拉	1985	拉祜	初中	拉祜语,熟练	汉语,熟练	不会
	次媳	蒋元妹	1990	拉祜	初中	拉祜语,熟练	汉语,熟练	不会
	孙女	张娜莫	2008	拉祜	学前	拉祜语,熟练	汉语,熟练	
8	户主	周三	1947	汉	文盲	汉语,熟练	拉祜语,熟练	不会
	妻子	李妹	1944	拉祜	文盲	拉祜语,熟练	汉语,熟练	不会
	次子	周扎丕	1976	拉祜	小学	拉祜语,熟练	汉语,熟练	不会
	次媳	李娜拉	1979	拉祜	小学	拉祜语,熟练	汉语,熟练	不会
	孙女	周三妹	1996	拉祜	初一在读	拉祜语,熟练	汉语,熟练	不会
	孙子	周林	2001	拉祜	小二在读	拉祜语,熟练	汉语,熟练	不会
9	户主	李明亮	1961	拉祜	初中	拉祜语,熟练	汉语,熟练	不会
	妻子	李香如	1961	拉祜	初中	拉祜语,熟练	汉语,熟练	不会
	长子	李扎约	1984	拉祜	初中	拉祜语,熟练	汉语,熟练	不会
	长媳	李罗妹	1984	拉祜	初中	拉祜语,熟练	汉语,熟练	不会

续表

10	户主	张扎伍	1964	拉祜	小学	拉祜语,熟练	汉语,熟练	不会
	妻子	李冬妹	1969	拉祜	小学	拉祜语,熟练	汉语,熟练	不会
	母亲	张娜迫	1934	拉祜	文盲	拉祜语,熟练	汉语,略懂	不会
	长子	张扎药	1990	拉祜	初中	拉祜语,熟练	汉语,熟练	不会
	次子	张扎发	1994	拉祜	初三在读	拉祜语,熟练	汉语,熟练	不会
11	户主	李娜丕	1962	拉祜	高小	拉祜语,熟练	汉语,熟练	不会
	长子	李老二	1984	拉祜	初中	拉祜语,熟练	汉语,熟练	不会
	长媳	熊会仙	1990	汉	初中	汉语,熟练	拉祜语,略懂	不会
	长孙	李改平	2008	拉祜	学前			
12	户主	李娜七	1940	拉祜	文盲	拉祜语,熟练	汉语,略懂	不会
	次子	李扎给	1970	拉祜	初小	拉祜语,熟练	汉语,熟练	不会
	次媳	李八妹	1974	拉祜	脱盲	拉祜语,熟练	汉语,熟练	不会
	孙子	李扎妥	1993	拉祜	初中	拉祜语,熟练	汉语,熟练	不会
	孙女	李娜阿	1998	拉祜	小六在读	拉祜语,熟练	汉语,熟练	不会
13	户主	蒋娜俫	1960	拉祜	初中	拉祜语,熟练	汉语,熟练	不会
	长子	张 华	1982	拉祜	初中	拉祜语,熟练	汉语,熟练	不会
	次子	张 友	1984	拉祜	初中	拉祜语,熟练	汉语,熟练	不会
	次媳	王 江	1985	汉	初中	汉语,熟练	拉祜语,不会	不会
	孙子	张顺东	2009	拉祜	学前			
14	户主	石老大	1952	拉祜	小学	拉祜语,熟练	汉语,熟练	不会
	妻子	李娜迫	1958	拉祜	小学	拉祜语,熟练	汉语,熟练	不会
	次子	石扎妥	1979	拉祜	小学	拉祜语,熟练	汉语,熟练	不会
	次媳	铁二妹	1979	拉祜	小学	拉祜语,熟练	汉语,熟练	不会
	三子	石扎丕	1983	拉祜	小学	拉祜语,熟练	汉语,熟练	不会
	三媳	黄娜模	1983	拉祜	小学	拉祜语,熟练	汉语,熟练	不会
	孙女	石娜俫	2006	拉祜	学前			
15	户主	李娜发	1947	拉祜	脱盲	拉祜语,熟练	汉语,略懂	不会
	次女	李娜阿	1974	拉祜	小学	拉祜语,熟练	汉语,熟练	不会
	次女婿	石胜时	1969	拉祜	小学	拉祜语,熟练	汉语,熟练	不会
	外孙女	李娜拉	1993	拉祜	初中	拉祜语,熟练	汉语,熟练	不会
	外孙	李扎俫	1995	拉祜	初二在读	拉祜语,熟练	汉语,熟练	不会
	侄子	李扎朵	1991	拉祜	小学	拉祜语,熟练	汉语,熟练	不会
16	户主	李春荣	1953	拉祜	小学	拉祜语,熟练	汉语,熟练	不会
	妻子	李石英	1962	拉祜	小学	拉祜语,熟练	汉语,熟练	不会
	长子	李老大	1982	拉祜	中专	拉祜语,熟练	汉语,熟练	不会
	次子	李扎莫	1984	拉祜	脱盲	拉祜语,熟练	汉语,熟练	不会
17	户主	张扎戈	1957	拉祜	小学	拉祜语,熟练	汉语,熟练	不会
	长子	张扎迫	1979	拉祜	小学	拉祜语,熟练	汉语,熟练	不会
	长媳	董娜袜	1984	拉祜	小学	拉祜语,熟练	汉语,熟练	不会
	三子	张扎母	1986	拉祜	小学	拉祜语,熟练	汉语,熟练	不会

续表

18	户主	谢琼芳	1960	拉祜	初中	拉祜语,熟练	汉语,熟练	不会
	父亲	谢洪安	1931	拉祜	高中	拉祜语,熟练	汉语,熟练	不会
	长子	李东波	1980	拉祜	初中	拉祜语,熟练	汉语,熟练	不会
	长媳	唐改英	1986	汉	高中	汉语,熟练	拉祜语,略懂	
	长孙	李文高	2006	汉	学前			
	长女	李 燕	1984	拉祜	中专	拉祜语,熟练	汉语,熟练	不会
19	户主	李顺荣	1961	拉祜	初中	拉祜语,熟练	汉语,熟练	不会
	妻子	李娜母	1962	拉祜	初中	拉祜语,熟练	汉语,熟练	不会
	母亲	李娜戈	1930	拉祜	文盲	拉祜语,熟练	汉语,熟练	不会
	次女	李三妹	1987	拉祜	初中	拉祜语,熟练	汉语,熟练	不会
	长子	李老二	1984	拉祜	初中	拉祜语,熟练	汉语,熟练	不会
20	户主	洪娜迫	1959	拉祜	小四	拉祜语,熟练	汉语,熟练	不会
	长子	李扎母	1981	拉祜	小学	拉祜语,熟练	汉语,熟练	不会
	长媳	铁娜思	1985	拉祜	小学	拉祜语,熟练	汉语,熟练	不会
	孙女	李娜啊	2008	拉祜	学前			
21	户主	李扎拉	1974	拉祜	小学	拉祜语,熟练	汉语,熟练	不会
	妻子	张娜丕	1974	拉祜	脱盲	拉祜语,熟练	汉语,熟练	不会
	父亲	李扎俄	1949	拉祜	文盲	拉祜语,熟练	汉语,熟练	不会
	长女	李娜阿	1996	拉祜	初二在读	拉祜语,熟练	汉语,熟练	不会
	长子	李扎伍	2002	拉祜	小一在读	拉祜语,熟练	汉语,熟练	不会
22	户主	石进明	1963	拉祜	小学	拉祜语,熟练	汉语,熟练	不会
	妻子	李娜迫	1966	拉祜	小学	拉祜语,熟练	汉语,熟练	不会
	长女	石娜努	1988	拉祜	小学	拉祜语,熟练	汉语,熟练	不会
	长子	石老二	1993	拉祜	初二	拉祜语,熟练	汉语,熟练	不会
23	户主	李顺华	1962	拉祜	小学	拉祜语,熟练	汉语,熟练	不会
	妻子	张娜努	1962	拉祜	初中	拉祜语,熟练	汉语,熟练	不会
	长女	李大妹	1996	拉祜	初三在读	拉祜语,熟练	汉语,熟练	不会
	侄女	李琼芳	1988	拉祜	初中	拉祜语,熟练	汉语,熟练	不会
24	户主	张扎布	1969	拉祜	小学	拉祜语,熟练	汉语,熟练	不会
	妻子	李娜嘿	1974	拉祜	小学	拉祜语,熟练	汉语,熟练	不会
	长女	张娜模	1996	拉祜	初二在读	拉祜语,熟练	汉语,熟练	不会
	长子	张扎母	2007	拉祜	学前			
25	户主	罗扎袜	1965	拉祜	脱盲	拉祜语,熟练	汉语,熟练	不会
	妻子	李娜石	1967	拉祜	小学	拉祜语,熟练	汉语,熟练	不会
	长子	罗扎拉	1992	拉祜	初中	拉祜语,熟练	汉语,熟练	不会
	次子	罗扎倮	1996	拉祜	初二在读	拉祜语,熟练	汉语,熟练	不会
26	户主	张扎莫	1968	拉祜	小学	拉祜语,熟练	汉语,熟练	不会
	妻子	李娜拾	1972	拉祜	小四	拉祜语,熟练	汉语,熟练	不会
	长子	张扎儿	1991	拉祜	初中	拉祜语,熟练	汉语,熟练	不会
	长女	张娜俫	1996	拉祜	初二在读	拉祜语,熟练	汉语,熟练	不会

续表

27	户主	张卫华	1966	拉祜	小学	拉祜语,熟练	汉语,熟练	不会
	妻子	张娜儿	1969	拉祜	小学	拉祜语,熟练	汉语,熟练	不会
	次子	张扎俄	1989	拉祜	小学	拉祜语,熟练	汉语,熟练	不会
	长女	张娜发	1996	拉祜	初二在读	拉祜语,熟练	汉语,熟练	不会
28	户主	李扎拉	1960	拉祜	小学	拉祜语,熟练	汉语,熟练	不会
	妻子	张娜袜	1958	拉祜	小学	拉祜语,熟练	汉语,熟练	不会
	次子	李扎努	1980	拉祜	初中	拉祜语,熟练	汉语,熟练	不会
	次媳	罗娜母	1985	拉祜	小学	拉祜语,熟练	汉语,熟练	不会
	孙女	李玉萍	2006	拉祜				
29	户主	李扎朵	1968	拉祜	脱盲	拉祜语,熟练	汉语,熟练	不会
	妻子	李娜拉	1973	拉祜	脱盲	拉祜语,熟练	汉语,熟练	不会
	长子	李扎发	1994	拉祜	初三在读	拉祜语,熟练	汉语,熟练	不会
	次子	李扎袜	1998	拉祜	小五在读	拉祜语,熟练	汉语,熟练	不会
30	户主	大张扎母	1954	拉祜	初小	拉祜语,熟练	汉语,熟练	不会
	妻子	石妹	1958	拉祜	初中	拉祜语,熟练	汉语,熟练	不会
	长子	张老二	1981	拉祜	初中	拉祜语,熟练	汉语,熟练	不会
	长媳	罗娜朵	1987	拉祜	小学	拉祜语,熟练	汉语,熟练	不会
	孙女	张玥琼	2009	拉祜	学前			
	次女	张娜倮	1983	拉祜	小学	拉祜语,熟练	汉语,熟练	不会
	外孙女	张玥琪	2009	拉祜	学前			
31	户主	石老伍	1968	拉祜	小学	拉祜语,熟练	汉语,熟练	不会
	妻子	李石妹	1971	拉祜	脱盲	拉祜语,熟练	汉语,熟练	不会
	长女	石娜妥	1990	拉祜	初中	拉祜语,熟练	汉语,熟练	不会
	长子	石扎拉	1994	拉祜	初中	拉祜语,熟练	汉语,熟练	不会
32	户主	黄小海	1966	拉祜	小学	拉祜语,熟练	汉语,熟练	不会
	妻子	李娜四	1967	拉祜	文盲	拉祜语,熟练	汉语,熟练	不会
	母亲	李娜发	1922	拉祜	小学	拉祜语,熟练	汉语,不会	不会
	长女	黄小翠	1986	拉祜	小学	拉祜语,熟练	汉语,熟练	不会
	长婿	肖会周	1975	汉	初中	汉语,熟练	拉祜语,不会	不会
	外孙女	肖瑞润	2005	汉	学前			
33	户主	小张扎母	1980	拉祜	小学	拉祜语,熟练	汉语,熟练	不会
	妻子	李娜时	1983	拉祜	小学	拉祜语,熟练	汉语,熟练	不会
	长女	张娜妥	2003	拉祜	小一在读	拉祜语,熟练	汉语,熟练	不会
	二弟	张扎给	1984	拉祜	小学	拉祜语,熟练	汉语,熟练	不会
	三弟	张扎袜	1987	拉祜	初中	拉祜语,熟练	汉语,熟练	不会
34	户主	李扎妥	1977	拉祜	小学	拉祜语,熟练	汉语,熟练	不会
	长女	李娜母	1999	拉祜	小三在读	拉祜语,熟练	汉语,熟练	不会
35	户主	李扎伍	1973	拉祜	小学	拉祜语,熟练	汉语,熟练	不会
	妻子	李娜药	1975	拉祜	小学	拉祜语,熟练	汉语,熟练	不会
	母亲	张娜啊	1945	拉祜	文盲	拉祜语,熟练	汉语,略懂	不会
	长子	李扎拉	1995	拉祜	初三在读	拉祜语,熟练	汉语,熟练	不会
	次子	李扎而	2001	拉祜	小三在读	拉祜语,熟练	汉语,熟练	不会

续表

36	户主	张　松	1962	拉祜	小学	拉祜语,熟练	汉语,熟练	不会
	妻子	张石妹	1973	拉祜	文盲	拉祜语,熟练	汉语,熟练	不会
	长子	张老大	1985	拉祜	小学	拉祜语,熟练	汉语,熟练	不会
	长女	张娜俫	1996	拉祜	初二在读	拉祜语,熟练	汉语,熟练	不会
37	户主	李扎努	1964	拉祜	小学	拉祜语,熟练	汉语,熟练	不会
	妻子	罗娜药	1969	拉祜	脱盲	拉祜语,熟练	汉语,熟练	不会
	长子	李老大	1986	拉祜	脱盲	拉祜语,熟练	汉语,熟练	不会
38	户主	李扎布	1979	拉祜	小学	拉祜语,熟练	汉语,熟练	不会
	妻子	李娜努	1969	拉祜	脱盲	拉祜语,熟练	汉语,熟练	不会
	长女	李娜俫	1993	拉祜	初三在读	拉祜语,熟练	汉语,熟练	不会
	长子	李老二	1997	拉祜	小五在读	拉祜语,熟练	汉语,熟练	不会
39	户主	钟老二	1950	拉祜	文盲	拉祜语,熟练	汉语,熟练	不会
	妻子	李大妹	1954	拉祜	文盲	拉祜语,熟练	汉语,熟练	不会
	长子	钟云祥	1977	拉祜	高中	拉祜语,熟练	汉语,熟练	不会
	长媳	刘美丽	1978	拉祜	初中	拉祜语,熟练	汉语,熟练	不会
	长孙	钟　宇	2002	拉祜	小二在读	拉祜语,熟练	汉语,熟练	不会
40	户主	李金华	1953	拉祜	文盲	拉祜语,熟练	汉语,熟练	不会
	妻子	李娜俄	1954	拉祜	文盲	拉祜语,熟练	汉语,熟练	不会
	长女	李娜发	1974	拉祜	小学	拉祜语,熟练	汉语,熟练	不会
	长婿	肖明坤	1964	汉	高中	汉语,熟练	拉祜语,熟练	
	孙子	肖　俊	1996	拉祜	初二在读	拉祜语,熟练	汉语,熟练	不会
	孙女	肖　瑶	2001	拉祜	小三在读	拉祜语,熟练	汉语,熟练	不会
	三女	李三妹	1980	拉祜	初中	拉祜语,熟练	汉语,熟练	不会
	外孙女	石娜丕	2005	拉祜	学前	拉祜语,熟练	汉语,熟练	不会
41	户主	张三妹	1961	拉祜	脱盲	拉祜语,熟练	汉语,熟练	不会
	长女	张娜拉	1981	拉祜	小学	拉祜语,熟练	汉语,熟练	不会
	次子	张扎嘿	1983	拉祜	初中	拉祜语,熟练	汉语,熟练	不会
42	户主	小李扎海	1947	拉祜	文盲	拉祜语,熟练	汉语,熟练	不会
	妻子	李　妹	1941	拉祜	文盲	拉祜语,熟练	汉语,熟练	不会
	长子	李扎朵	1969	拉祜	小学	拉祜语,熟练	汉语,熟练	不会
	长媳	李冬妹	1969	拉祜	脱盲	拉祜语,熟练	汉语,熟练	不会
	长孙	李扎师	1992	拉祜	初中	拉祜语,熟练	汉语,熟练	不会
	次孙	李扎发	1999	拉祜	小五在读	拉祜语,熟练	汉语,熟练	不会
43	户主	张里大	1962	拉祜	小学	拉祜语,熟练	汉语,熟练	不会
	妻子	张娜药	1964	拉祜	脱盲	拉祜语,熟练	汉语,熟练	不会
	次女	张娜阿	1984	拉祜	初中	拉祜语,熟练	汉语,熟练	不会
	次婿	陶文武	1984	傣	初中	傣语,略懂	汉语,熟练	
	外孙	陶扎儿	2006	傣	学前			
	三女	张娜母	1986	拉祜	初中	拉祜语,熟练	汉语,熟练	不会

续表

44	户主	李老大	1960	拉祜	初中	拉祜语,熟练	汉语,熟练	不会
	妻子	石娜倮	1962	拉祜	小学	拉祜语,熟练	汉语,熟练	不会
	长子	李扎莫	1982	拉祜	小学	拉祜语,熟练	汉语,熟练	不会
	长媳	张娜发	1984	拉祜	小学	拉祜语,熟练	汉语,熟练	不会
	长孙女	李大妹	2003	拉祜	学前	拉祜语,熟练	汉语,略懂	不会
	次子	李扎袜	1984	拉祜	小学	拉祜语,熟练	汉语,熟练	不会
	次媳	李娜九	1987	拉祜	小学	拉祜语,熟练	汉语,熟练	不会
	孙子	李扎约	2006	拉祜	学前			
	三子	李扎丕	1986	拉祜	小学	拉祜语,熟练	汉语,熟练	不会
45	户主	李昆华	1965	拉祜	小学	拉祜语,熟练	汉语,熟练	不会
	妻子	张娜朵	1973	拉祜	文盲	拉祜语,熟练	汉语,熟练	不会
	长女	李娜袜	1990	拉祜	小学	拉祜语,熟练	汉语,熟练	不会
	次女	李娜约	1995	拉祜	初二在读	拉祜语,熟练	汉语,熟练	不会
46	户主	李开	1973	拉祜	小学	拉祜语,熟练	汉语,熟练	不会
	妻子	李小八	1972	拉祜	脱盲	拉祜语,熟练	汉语,熟练	不会
	长子	李扎恩	1995	拉祜	初二在读	拉祜语,熟练	汉语,熟练	不会
47	户主	张扎莫	1976	拉祜	小学	拉祜语,熟练	汉语,熟练	不会
	妻子	李东妹	1978	拉祜	小学	拉祜语,熟练	汉语,熟练	不会
	长女	张丽莉	1995	拉祜	初二在读	拉祜语,熟练	汉语,熟练	不会
	长子	张扎伍	2000	拉祜	小三在读	拉祜语,熟练	汉语,熟练	不会
48	户主	小李老大	1970	拉祜	小学	拉祜语,熟练	汉语,熟练	不会
	妻子	李东妹	1971	拉祜	脱盲	拉祜语,熟练	汉语,熟练	不会
	长女	李娜伍	1995	拉祜	初二在读	拉祜语,熟练	汉语,熟练	不会
	次女	李娜袜	2001	拉祜	小三在读	拉祜语,熟练	汉语,熟练	不会
49	户主	石建华	1973	拉祜	初小	拉祜语,熟练	汉语,熟练	不会
	妻子	张娜阿	1978	拉祜	初中	拉祜语,熟练	汉语,熟练	不会
	长女	石娜倮	1996	拉祜		拉祜语,熟练	汉语,熟练	不会
	长子	石扎母	2004	拉祜	学前			
50	户主	李扎发	1974	拉祜	文盲	拉祜语,熟练	汉语,略懂	不会
	妻子	张娜海	1978	拉祜	文盲	拉祜语,熟练	汉语,略懂	不会
	长女	李娜约	1998	拉祜	小六在读	拉祜语,熟练	汉语,熟练	不会
	长子	李扎努	2002	拉祜	小二在读	拉祜语,熟练	汉语,熟练	不会
51	户主	张老二	1971	拉祜	小学	拉祜语,熟练	汉语,熟练	不会
	妻子	李娜列	1972	拉祜	小学	拉祜语,熟练	汉语,熟练	不会
	长女	张娜六	1991	拉祜	初中	拉祜语,熟练	汉语,熟练	不会
	次女	张娜袜	2000	拉祜	小六在读	拉祜语,熟练	汉语,熟练	不会
52	户主	李老大	1975	拉祜	小学	拉祜语,熟练	汉语,熟练	不会
	妻子	李娜体	1981	拉祜	小学	拉祜语,熟练	汉语,熟练	不会
	长女	李叮	2001	拉祜	小二在读	拉祜语,熟练	汉语,熟练	不会
53	户主	李扎倮	1975	拉祜	小学	拉祜语,熟练	汉语,熟练	不会
	妻子	李二妹	1978	拉祜	小学	拉祜语,熟练	汉语,熟练	不会
	长女	李娜妥	1996	拉祜	初二在读	拉祜语,熟练	汉语,熟练	不会
	长子	李改	2002	拉祜	小三在读	拉祜语,熟练	汉语,熟练	不会

续表

54	户主	周扎体	1970	拉祜	初中	拉祜语,熟练	汉语,熟练	不会
	妻子	李娜朵	1972	拉祜	初中	拉祜语,熟练	汉语,熟练	不会
	长女	周大妹	1995	拉祜	初二在读	拉祜语,熟练	汉语,熟练	不会
	次女	周改妹	2005	拉祜	学前			
55	户主	刘欧行	1954	汉	初中	汉语,熟练	拉祜语,不会	不会
	妻子	刘满仙	1963	汉	初中	汉语,熟练	拉祜语,不会	不会
	长子	刘 坚	1987	汉	初中	汉语,熟练	拉祜语,不会	不会
56	户主	石娜莫	1974	拉祜	小学	拉祜语,熟练	汉语,熟练	不会
	丈夫	刘培协	1967	汉	高中	汉语,熟练	拉祜语,不会	
	长女	刘丹娅	1995	拉祜	初二在读	汉语,熟练	拉祜语,略懂	
57	户主	李娜妥	1961	拉祜	初中	拉祜语,熟练	汉语,熟练	不会
	长女	罗大妹	1982	拉祜	初中	拉祜语,熟练	汉语,熟练	不会
	长子	罗扎俫	1989	拉祜	初中	拉祜语,熟练	汉语,熟练	不会
58	户主	大李娜莫	1946	拉祜	文盲	拉祜语,熟练	汉语,不会	不会
	次子	李文金	1975	拉祜	小学	拉祜语,熟练	汉语,熟练	不会
59	户主	杨光照	1975	汉	初中	汉语,熟练	拉祜语,不会	不会
	妻子	钟仙妹	1985	拉祜	初中	拉祜语,熟练	汉语,熟练	不会
	母亲	张娜朵	1955	拉祜	文盲	拉祜语,熟练	汉语,熟练	不会
	长子	钟进荣	1994	拉祜	初二在读	拉祜语,熟练	汉语,熟练	不会
	长女	杨小艳	2001	拉祜	小三在读	拉祜语,熟练	汉语,熟练	不会
60	户主	张扎模	1982	拉祜	初中	拉祜语,熟练	汉语,熟练	不会
	妻子	张娜袜	1985	拉祜	初小	拉祜语,熟练	汉语,熟练	不会
	长女	张娜啊	2003	拉祜	学前	拉祜语,熟练	汉语,熟练	不会
61	户主	石扎给	1977	拉祜	小学	拉祜语,熟练	汉语,熟练	不会
	妻子	李娜啊	1970	拉祜	小学	拉祜语,熟练	汉语,熟练	不会
	长女	李时妹	1989	拉祜	初中	拉祜语,熟练	汉语,熟练	不会
62	户主	李小梅	1981	拉祜	初小	拉祜语,熟练	汉语,熟练	不会
	丈夫	李扎努	1976	拉祜	初中	拉祜语,熟练	汉语,熟练	不会
	长女	李娜母	2007	拉祜	学前			
63	户主	李娜母	1982	拉祜	小学	拉祜语,熟练	汉语,熟练	不会
	长子	张忠之	2004	拉祜	学前	拉祜语,熟练	汉语,熟练	不会
64	户主	李红	1982	拉祜	小学	拉祜语,熟练	汉语,熟练	不会
	妻子	杨艳	1983	拉祜	小学	拉祜语,熟练	汉语,熟练	不会
	长子	李扎超	2004	拉祜	学前			
65	户主	李扎啊	1986	拉祜	小学	拉祜语,熟练	汉语,熟练	不会
	妻子	罗娜妹	1987	拉祜	初中	拉祜语,熟练	汉语,熟练	不会
	长子	李扎思	2007	拉祜	学前			

附：村寨访谈录

一 勐朗镇唐胜村委会副主任兼文书李进富访谈录

访谈对象：李进富

访谈时间：2010年1月9日

访谈地点：唐胜拉祜新村村长家

访谈人：乔翔，林新宇

问：请先介绍一下您自己。

答：我叫李进富，哈尼族，28岁，文化程度是中专。我学的是普师，2003年毕业的。现在是唐胜村委会副主任兼文书。

问：你也住在拉祜新村吗？

答：不是，我住在唐胜村中班登小组，一个以哈尼族为主的大寨子，有115户。离这里五六公里。

问：请介绍一下唐胜村委会的基本情况。

答：勐朗镇唐胜村委会比较大，有19个自然村，945户，3539人。其中，2个汉族村，3个哈尼族村，其他的都是拉祜族村。村委会离这里有20多公里。耕地面积12万多亩。经济来源主要是种甘蔗，少部分地区种蚕桑，主要作物粮食有玉米、稻谷。人均有粮392公斤，人均年收入1370元。人均牲畜1.5头，主要是养猪，一少部分养牛和羊。

问：下面请谈一下唐胜拉祜新村。

答：唐胜拉祜新村离县城3公里，有60多户家庭，全部是拉祜族拉祜纳支系，我们叫"大拉祜"。拉祜新村是从老唐胜分出来的，老唐胜以前是村委会所在地。拉祜族以前是族内婚姻，近亲结婚的比较多，这两年村里族际婚姻家庭越来越多。族际婚姻家庭的孩子第一语言是拉祜语。这里离镇上近，村民和其他组相比意识超前。经济收入以种甘蔗和养殖业为主。甘蔗卖给设在勐滨的县糖厂，玉米、稻谷自用或用于养殖业。家家有三四头猪，养到七八个月就可以卖。有的一年可以卖两回。手机已经普遍了，农用摩托车占80%，运输车少，有10来辆，跑一些短途的拉砖、拉沙什么的。50%—60%家庭安了太阳能热水器。自来水1992年就通了，但饮用水、牲畜用水还都不够用，没有什么解决办法，只能节省着用。

问：拉祜新村周围有哪些寨子？

答：唐胜新村西边有河边寨，村民文化有汉族、拉祜族和彝族。老唐胜是拉祜族寨子，离这里2到3公里。还有下力头寨，是个汉族寨。

问：今天是赶集日，这里多长时间赶一次集？去的人多吗？

答:每星期天都是赶集日。主要是比较偏远的寨子的村民去的较多,住在城边的人去的少。像拉祜新村离镇上近,平时需要什么,随时都可以去买。不用特意去赶集。

问:请你谈谈这里的村民的语言使用情况。

答:只要是这个村的,第一语言都是拉祜语。拉祜新村离镇上近,村民的汉语都没有问题,小孩从生下来就或多或少地接触汉语。老年人汉语可能差些。芒京一组、芒京二组、芒京三组和佛脚小组这4个寨子偏远,交通不便,都是拉祜寨,汉语完全不通。

问:你会拉祜语吗?你的拉祜语是在哪儿学的?

答:因为我长期和拉祜族打交道,我也会说拉祜语。还有就是我小学一、二年级在哈尼村寨,三、四年级到老唐胜村完小读书,五、六年级才到镇中心完小。在老唐胜读书时,学生有拉祜族、哈尼族、汉族等,主要是以拉祜族为主。那时是双语教学,老师用汉语讲课,再用拉祜语翻译解释。老师各种民族的都有,大部分都会拉祜语。我们平常跟哈尼族同学就说哈尼语,跟其他民族在一起就说拉祜语或汉语。

问:附近的汉族、哈尼族会拉祜语吗?

答:一般还是通的。汉族寨子夹在拉祜族寨子中间,自然而然就会一点拉祜语。哈尼人的情况好些,哈尼族的汉语比拉祜族的汉语强。说拉祜语,哈尼人比汉族强,可能是哈尼这个民族比较好动外向,语言学得快。

问:你的汉语、拉祜语哪个说得比较好?你是什么时候学会普通话的?

答:都差不多。汉语普通话说得熟练是在上师范以后。拉祜族低年级学生入学前一般在本民族村寨生活,不会汉语。比如芒京三组,那里的老师必须是拉祜族教师,除上课以外,课堂之外全部是拉祜语。上初中后,要到县上读,还是会比较吃力。

问:不同年龄段的人,拉祜语水平有没有区别?

答:没有。

问:拉祜族有哪些传统文化?

答:不只是拉祜族,这里各民族都能歌善舞。节日有春节、火把节。拉祜族、哈尼族都过火把节。每年4月拉祜族还过葫芦节,到县里表演歌舞。

问:村民有哪些文化生活?

答:平常农忙,确实没有时间搞业余活动,不忙的时候村民们会聚到一起跳舞、唱歌。

问:工作如何开展?

答:我主要是负责推广新农村建设工作,准备开会用稿等。唐胜新村的村民比较活跃,好组织活动。

问:请你谈谈这里的教育状况。

答:1990年以前还比较落后,现在拉祜新村是这里新农村的一个典型,村民文化素质比较高,小学入学率100%,初中入学率98%,高中以上的倒不多。

问:高中生少的原因是什么?

答:主要还是经济原因,一般是家里贫困,拿不出学费。

问:村民出去打工的多吗?

答:附近就有几个工厂,村民一般都是到那里去打工。离家近,一边打工,一边还可以照顾家里的农活。外出打工的少。有些人家有两三个儿子,耕地少,只能出去打工。但一般也是初中毕业以上的才敢出去,文化程度低的出不去。

问:这里的民族关系怎么样?

答:这里也有一些杂居寨子,各民族都很和谐,没有矛盾冲突。我们一两个月召开一次各小组会议,专门解决各组、各民族的生活、生产等方面的问题。现在村民意识都提高了,有什么事,村小组就可以解决。

问:广播、会议用汉语还是拉祜语?

答:电视台没有拉祜语频道,村里广播通知、讨论,开会都用拉祜语,传达文件时,有的寨子就要翻译一下,在拉祜新村直接说汉语就行。

二　澜沧县勐朗镇唐胜拉祜新村村长访谈录

访谈对象:李顺荣,又名李石保,男,49岁,拉祜族,初中毕业,农民,现任勐朗镇唐胜拉祜新村村长,会拉祜语和汉语本地方言。

访谈时间:2010年1月10日

访谈地点:唐胜新村村长家里

访谈人:刘艳

问:李村长您好!请您简单介绍一下唐胜拉祜新村的基本情况。

答:我们村属于勐朗镇唐胜村委会。村委会有19个村民小组,唐胜拉祜新村是其中的一个。村子离县城仅3公里左右的距离,住得都比较集中,有67户人家,总人口295人。村里有拉祜、汉、傣3种民族,绝大部分都是拉祜族。比起90年代我们刚搬来那会儿,村里日子比原来好了。

问:您说村子是从别处搬来的吗? 能不能介绍一下当时的情况?

答:唐胜拉祜新村分新寨和老寨,属于同一个村组。老寨离这里有3公里左右。1992年澜沧大地震之后,老寨那边破坏很严重,很多地方已经不能住了。政府帮我们搬到这里,修了房子开了路,就有了现在的唐胜拉祜新村。当时,新村建房面积有限,只能容纳50多户,一部分人没有搬来,有几十户人家现在还住在老寨。我从1992年当村长到现在,看着村里的变化。

问:现在这些房子都是当时政府帮助修建的吗?

答:已经不是了。当时盖的现在只剩下一家。这几年日子好一些,政府统一规划,我们都重新盖了房子。

问:现在村里人们的生活怎样?

答:我们这里山地比较多,村民大部分都是务农。经济收入主要依靠甘蔗种植。我们也种玉米、粮食,有的还养猪,外出打工的人很少,就有一两户人家。在来我们村的路上,县城边有一个糖厂,我们把甘蔗卖到那里做糖,收入不错。这几年,人均纯收入已经到 2000 多块了,申请低保的有 40 多人。这里离城很近,几乎每家每户都有摩托车,骑摩托车或者坐拖拉机进城也只要 10 多分钟。村里早已经实现了三通。1997 年前后,村里开通了程控电话,80% 以上的家庭装了座机,一半以上的人都有手机。1994 年前后,村里通了电视,部分家庭还装了卫星电视接收器。

问:请问村里人们的文化程度怎么样?

答:我们这里的人文化程度不太高。现在只有 2 人中专毕业,1 人师范学校毕业。大部分都是小学毕业,一部分人初中毕业,文盲也有 20 多个。现在的小孩上学的情况好一些,几乎都要上小学、初中。20 多年前,村里曾组织 30 岁以上的人学习过拉祜文字,但由于长期没有使用都还给老师了,村里现在懂得拉祜文字的几乎没有了。

问:现在村子里人们一般说什么话?

答:基本上都说拉祜话。因为都是拉祜族,不论开会、吃饭、平时干活、聊天,都说拉祜话。尤其中老年人,大多数都讲拉祜话,年轻人偶尔也说汉话。

问:那你们村里有广播吗?一般用什么话播音?

答:广播有的。都是用拉祜话来播,就是我自己来播的。又当村长,又是广播员。一般要通知开会、搞活动、做义务工都用拉祜话广播。

问:请您介绍一下村子里人们说汉语的情况。

答:我们自己一般不说,如果有其他民族的客人来村子里,听不懂我们的话,我们就说汉语。汉话主要是年轻人说得比较多,尤其是学生,在学校经常都讲汉语,回到村里除了拉祜语有时候也会说汉语。

问:现在年轻人汉语说得越来越多,您觉得这对拉祜话会不会产生不利影响?

答:应该不会影响。年轻人在外面做事、上班、读书都说汉语,但回到寨子里面,大多都会说拉祜话。毕竟是自己的语言,已经习惯了。周围的人都说拉祜话,不会影响。学点汉语,去外面做事都很方便;娃娃们读书,学校也要用汉语教,会说汉语会有很大的帮助。

问:村子周围还住着哪些民族?

答:村子附近的村寨有拉祜、汉、傣、佤、哈尼、白等多种民族。和我们村靠得最近的三个村组,坝子寨住着拉祜族,河边寨和芭蕉林主要都是汉族。

问:和村子周围的其他民族主要说什么话?

答:沟通都说汉语,不能说本民族的语言,要不他们听不懂。我们也不会说他们的语言,相互之间都说汉语。

问:这里的风俗习惯较以前有什么变化吗?

答:本民族节日主要有葫芦节、新米节,也过汉族的一些传统节日,比如春节。因为离城很近,受汉族风俗习惯影响较大,日常生产生活,大部分人都穿着汉族服装,少数年纪较大的老人也穿传统民族服装。过民族节日的时候,大部分拉祜族村民都会穿上传统民族服装,在村里吹芦笙、口弦等乐器,跳摆舞、芦笙舞。村寨的房子基本上都用钢筋、水泥、砖块来修建。

问:现在村子里的文化生活怎么样?

答:这几年文化生活很丰富。每年葫芦节、新米节,村里都要跳摆舞、芦笙舞。现在政府搞拉祜文化兴县,我们每个月会组织一次跳舞,有时还组织打篮球、联欢。县里配备了音响设施,还举行卡拉OK比赛。

三 澜沧县勐朗镇唐胜拉祜新村村民黄娜模访谈录

访谈对象:黄娜模,拉祜族,28岁,小学毕业,农民,勐朗镇唐胜拉祜新村村民,拉祜语熟练,汉语熟练。

访谈时间:2010年1月10日

访谈地点:澜沧县勐朗镇唐胜新村

访谈人:刘艳

问:你好!请问你是这个村子的人吗?

答:是的,我从小就在这个村子长大。

问:那你的丈夫也是这个村的吗,是什么族?

答:他也是这个村子的,是拉祜族,我和我女儿也是拉祜族。

问:你和家人说什么话呢?

答:都说拉祜话,在村里基本上都说拉祜语。

问:你的女儿多大了?你和她说什么话呢?

答:3岁了。我和她说拉祜话,但她也会说汉话,有时候我们也说汉语。

问:你最先教的是什么话?

答:拉祜话,我们是拉祜族,肯定要先教拉祜话啊!

问:那她的汉话是怎么学的?

答:我教一些,但很多词我没教过,她常常出去和村里小朋友玩,不知不觉就会说了。

问:以后你想把她送到什么样的学校?用拉祜语教的还是用汉语教的?

答:最好是用两种语言教的学校。拉祜语是我们自己的语言,肯定很重要。汉语也很重要,现在学校大部分都用汉语教,用拉祜语教的学校很少,几乎没有完全用拉祜语教的学校。不学好汉语,孩子以后读书会有很大问题。周围有些小孩,不会说汉语,去了学校就跟不上其他同学。有时候老师还到家里来找父母,说孩子爱说拉祜语,听不懂汉语,不会写汉字。

问:那家长有什么反应呢?

答:家长会觉得有点害羞。因为我们民族不同于汉族,以前我们小的时候在山里,小小的就去干活,没有机会上学。现在有些家长汉语说不好,教小孩也不会教。

问:那老师走了之后,家长会因为孩子汉语不好责备孩子吗?

答:不会啊。一般父母都怪自己不会说汉话,没有办法教小孩汉语。别的地方,小孩可以去上幼儿园,也可以学点汉语,但是我们这里没有幼儿园。我们村有三四个5岁左右的小孩上村小的学前班,其余大部分因为学费贵上不起,都留在家里。因为没有幼儿园,家长去地里干活也把小孩带去,和家长一起做事,也就没有什么机会学汉语了。

问:你平日在村里主要做些什么事情呢?

答:主要做农活。如果村子里有活动,我就去唱歌、跳舞。

问:刚才我们听到你唱歌了,唱得非常好。从小就喜欢唱歌吗?

答:是,从小就喜欢。平时没事就哼哼唱唱,也没有其他事好做,过节、村里有活动、来客人的时候我都去唱歌,也跳舞。我原来在昆明民族村待过三年多,后来因为我爸爸生病,我回来就没再去了。出去之前不怎么会说汉语,在民族村和其他人没有办法交流,我的汉语就是那时候学的。

问:那你打算以后好好教育孩子吗?

答:是啊,一定要让她好好读书,把汉语学好,以后去哪儿都没问题。

四 澜沧县勐朗镇唐胜拉祜新村普陀希望小学校长访谈录

访谈对象:周改凤,彝族,38岁,师范毕业,勐朗镇普陀希望小学校长,拉祜语熟练,汉语熟练。

访谈时间:2010年1月12日

访谈地点:澜沧县勐朗镇唐胜普陀希望小学

访谈人:刘艳

问:您好!请您介绍一下您自己的经历。

答:我是澜沧县发展河乡人。小时候读书条件不好,我才读了11年的书,小学5年、初中三年、师范三年。1990年,我18岁,从澜沧师范学校毕业参加工作。先在发展河小学教了3年,然后去拉巴乡小学教了3年,又去东朗乡教了6年(东朗乡现在已经合并在勐朗镇了),之后一直在这里教书。2008年至今,担任普陀希望小学校长。

问:请您介绍一下唐胜普陀希望小学的情况。

答:普陀希望小学是唐胜村委会完小。以前的村小学叫唐胜村小学,1953年建于唐胜老寨,离这里有3公里左右。1992年地震,老寨遭到很大破坏,村民搬来新寨。1995年,上海普陀区教委及千万名师生捐款20万元,澜沧县人民政府、县教委、勐朗镇人民政府又出资25万,在勐朗镇唐胜拉祜新村南侧修建了新校舍。唐胜村小学更名为勐朗镇唐胜普陀希望小学。

普陀希望小学分成三个校点:唐胜新村主校点、老南盆分校点和芒井分校点。唐胜新村主校点,占地16.4亩,全校教师45人,包括拉祜、彝、傣、景颇、哈尼、佤6种民族,拉祜族教师占了一半。专职教师中,本科学历的有7人,专科24人,中师8人,高中学历1人。我们学校是勐朗镇校点学生最多的村完小。至2009年年底,全村适龄儿童入学率已经达到98.7%。全校在读的学生有472人,住宿生一共有292人,少数民族学生369人,占78%,并且绝大部分都是拉祜族。我们学校现在设有学前教育和1—6年级的汉语小学教育。学前班2个,共59个学生;1—6年级有15个教学班,共413人。学生主要来自唐胜村委会19个村民小组,极少数学生是随父母打工来到这里的,最远的来自10公里以外的老南盆、佛脚村。家离学校四五公里以上的学生都住学校。芒井校点现在只有2年级和4年级,一个年级一个班,共有14个学生。我们曾经试过,让读完4年级的芒井学生来普陀希望小学这里继续五、六年级,但是绝大部分学生都待不住,中途都跑回去了。

问:现在政府普及9年制义务教育,为什么他们还是不读书,跑回家了呢?

答:绝大部分小孩都在学校待不住。离家这么远,住校独立生活对五六岁的小孩来说真的不容易。很多学生因为想家或不能适应生活,不断地偷跑回家。另外"两免一补"政策虽然免去了学费和学杂费,而且每学期还有生活补贴,但是部分家庭实在太穷,住校的生活费用都凑不够,家里也非常需要劳动力,有的家长因此就不支持孩子上学。另外一部分学生是因为听不懂汉语,转来普陀希望小学后,跟不上其他同学,没多久就又回到原来的校点。所以,芒井校点那边学生再少,我们也坚持在那边把他们教到毕业。那边校点离学生的家比较近。他们上完课可以回家,这样上学的时间也可以坚持得久一点。

问:那芒井校点的老师上课一般说什么话?

答:那边现在才有3个老师,都是拉祜族,都会说拉祜语。上课几乎都用拉祜话来解释课程内容。

问:芒井的学生家长会不会担心,芒井校点的教学质量不如这边?

答:不会。那边本来就比较穷,父母没有这种意识。只要孩子好好待在学校,他们就很满足了。

问:请您介绍一下老南盆校点的情况好吗?

答:老南盆校点有1—2年级。基础比较好的学生,或者家长有教育孩子的意识的,读到3年级再转到普陀希望小学主校点继续读4—6年级。但是问题比较多。因为山太大,路太远,孩子太小,无法离开父母自己住校生活。有的村子比较落后、闭塞,孩子的生活习惯不同,很多孩子待不下去,自己偷跑回家。有个小孩,他妈妈才从学校离开,他马上就偷偷追着回去。那天还下大雨,河里发洪水。我们发动全校老师在山里找他,还好有位老人见到他,把他留下,否则后果不堪设想。我们不可能每一分钟盯着每一个学生。唉,那一次真把人急坏了。佛脚村有两个小孩要上学期班,但我们不可能在那边为两个学生单独开一个班,所以把他们转来我们完小读书。可是他们待不住,父母不得不一起来到唐胜,租了房子住下,陪着孩子上学。这样肯定不长久,家长来了,家里的经济来源就断了。住了没多久,父母回去了,两个月之后孩子也回去了。

问:看来学校老师的工作除了教学,还要照顾学生的生活起居。

答:是啊,尤其是一年级刚来那会儿,又当爹又当妈,衣食住行,从早到晚,什么都得管。一不小心就出问题。开始的时候,我们尽量带着他们玩,帮他们尽快适应独立的住校生活。

问:你们学校目前除了以上的问题以外,还有其他什么困难吗?

答:我们学校目前最大的困难是没有围墙。学校外面有条东卡河,还有很多鱼塘,而且就在国道214线附近。因为没钱,学校至今都没有修建围墙,到处四通八达。学生可以从任何地方跑出学校。你可想而知,安全隐患非常大。下学期,天气热起来,我们又开始担心这个问题了。

问:您主要教哪个年级?您能谈谈教学中的一些问题吗?

答:我主要教高年级的语文课。我本身是彝族,不会说民族语言,在教学中还是会有一些问题。我感觉学生的汉语水平明显影响了他们的学习效果,毕竟学校教育主要是用汉语。1—3年级的学生这个问题更严重,4—6年级的稍微好一些。但有的五、六年级学生还是不太会说汉语。我用汉语说,他们有的仍听不明白。上课不愿意开口,写作也不好。大部分学生语文不太好。写作文的时候,要么语序颠倒,要么用词不当、词不达意。有的就根本不会写,找范文来抄。

我们要求老师在1—3年级主要用拉祜语和汉语教学,借助拉祜语来引导小孩。3年级以上主要使用汉语,课堂上要求学生尽量说汉语,也鼓励家长和我们配合,在家多说汉语。但是,学生和家长都比较被动。毕竟在他们的村子里,拉祜语是用得最多的。学生一下了课,总喜欢和自己民族的学生在一起。就连住宿也希望和自己一个村的或是同民族的同学住在一起。有的甚至因为不能和本民族的学生同住,选择回到教学资源缺乏的校点去上学。

问:你们学校在开设英语课吗?

答:我们从2005年起就开设了英语课,每周两节。老师都是本校教师经过培训后上岗的。但是学下来效果一般。尤其是汉语不好的学生,只会唱唱英文歌。

问:请您介绍一下你们学前班的情况。

答:周围村子5岁左右的孩子,家长自愿送到我们学校的学前班,一般上一年。现在学前班有60个学生,30个住校。我们主要教他们拼音、汉字笔画、数学加减法等基础知识,目的是为小学一年级做些准备,比如帮他们打下一点汉语基础,尽量适应住校生活。但像我上面说到的那样,坚持下来的学生很少。大部分从远一点的村子来读学前班的学生,都因为岁数太小,适应不了。

问:学生在学校接触汉语的机会,除了上课,还有别的途径吗?

答:除了上课,学生和外族同学也需要说汉语。另外,我们学校给每个班提供一台电视。课间或者晚上,等学生做完作业,我们统一组织他们在教室观看电视节目。这对他们的汉语学习有很大的辅助作用。我们学校2009年6月和北京海淀区中关村三小结成友好学校。按协议,我们双方每年至少一次互访。比如去年6月1日,这所学校的几十名师生来到我们学校,一起组织活动,相互交流。这对我们的学生来说也是练习汉语的好机会。后来,我们学校的部分师生又去到北京回访。那一次,对学生的鼓舞非常大。有的学生说,外面的世界真大,现在要好好读书,以后要去北京。

第三节 勐朗镇勐滨村松山林小组拉祜族语言使用现状个案调查

一 松山林小组社会基本情况

勐朗镇勐滨村民委员会松山林村民小组位于勐滨坝区边沿的半山区,距离县城10公里,澜沧至孟连公路右侧1公里处。据2008年统计,全组共有126户,495人,劳动力288人,拉祜族占97.6%,是一个典型的拉祜山寨。全组实有耕地面积1171亩,其中水田240亩,山地931亩,主要种植水稻、玉米、地谷、蔬菜等农作物。甘蔗639亩。

20多年前,松山林只有45户289人,农村经济总收入27191.23元,农民人均纯收入65元;粮食总产量5万公斤,农民人均实有口粮150公斤,是有名的穷山寨。党的十一届三中全会后,改革开放政策给贫困的山寨带来了无限生机。松山林临近县城,又与勐滨糖厂毗邻,在地势和市场方面具有优势,因地制宜调整产业结构,积极发展种、养殖业、交通运输、淘沙、商品零售服务及富有民族特色的手工编制等行业,广开致富门路,全村经济得到较快增长,村民生活水平明显提高。2000年农村经济总收入855007元,比1978年的27191元增加了827816元,增长31倍(其中:农业收入508527元,占59.5%;工业收入227900元,占26.6%;交通运输收入95400元,占11.2%;商饮业2000元,占0.2%;其他21180元,占2.5%),农民人均收入1066元,比1978年的65元增加1001元,增长16.4倍;粮食总产量349860公斤,比1978年的5万公斤增加29公斤,增长7倍;农民人均实有口粮673公斤,比1978年的150公斤增加523公斤,增长4.5倍。

今日的松山林在各级政府和有关部门的扶持下,基础设施建设不断得到加强,一幢幢错落有致、干净整洁的砖瓦房替代了昔日低矮破败的茅草房,修通了公路,架设了输电线路和闭路电视,家家户户用上了自来水。目前,全村已购有电视机80台,拖拉机、农用运输车17辆,碾米机7台,电话50多部。录音机、VCD、电饭煲等家用电器已陆续进入村民家庭。为节能、方便、卫生,村民们还建造了43口沼气池。

在经济不断得到发展的同时,松山林的精神文明建设也取得了长足发展,新建盖了图书室和文化娱乐室,购置了音响、广播器材、电视机等设备。以青年妇女为主的民间演出团享誉县内外,多次应邀走出山寨到成都、昆明、思茅等地参加演出。同时,为进一步促进农村精神文明建设,松山林于1999年开展"十星级文明户"创建活动,107户中被评上五星级以上的农户有102户(其中"十星级"14户)。通过创"星"活动,户与户之间掀起了比学赶帮的热潮,全社农民逐步形成了学科学、用科学、讲文明、讲卫生、勤劳致富、团结和睦的风气。近几年来,松山林先后8次荣获地、县、乡各级组织和部门的表彰奖励,被授予"文明村"、"青年文明村"、"安全文明村（寨）"等多种荣誉称号,并多次接待省、地县领导的考察调研和来自美国、日本、香港、台湾等地客人来访,赢得了良好声誉。

松山林小组的干部群众都意识到文化的重要性,明白只有掌握科学文化才能过上好生活,因此提倡"科教兴村"的百年大计,把九年制义务教育当作进步和发展的基础。为让孩子们有便捷的上学条件,村小就建在寨子旁边。经过不断的校舍推修,孩子们有了一块锻炼和娱乐的水泥球场。每年到开学前,村里都要宣传义务教育法,使家长和学生都了解上学是父母对孩子应尽的义务,是受国家法律保护的。为推行普九制度,县政府出台了相应的鼓励政策,如让子女完成九年教育的家长可享受低保补助等。近年来,家长的意识逐渐提高,都懂得没有文化就难以参与社会竞争,就会被社会所淘汰。全村未出现适龄儿童失学、辍学等现象。

松山林小组在卫生保健方面做了很多工作,如加强妇幼保健知识宣传,配合防疫人员做好儿童疫苗接种,开展公共场所和家庭卫生清理和检查,形成良好的环保意识和个人卫生习惯,还请有关部门深入开展杜绝毒品和预防艾滋病的知识宣传,使对毒品和艾滋病的危害性认识和防范观念深入人心。在计划生育方面,宣传计划生育的政策和法律法规,提倡晚婚晚育、少生优育,教育村民严格遵守国家计划生育政策。几年来,全社未出现抢生、超生等现象。

二 语言使用情况

目前松山林小组共有126户,其中十几户是从原来的大家庭中独立落户出来的,他们的土地、山林是父母兄弟姐妹分给的,户口还没有上报到相关单位。田野调查中,我们随机抽查了115户,共491人,除去28名6岁以下儿童,9个汉族,2个有语言障碍者,计得拉祜族统计人数452人。下面是松山林小组拉祜族村民的语言使用情况。

1. 母语使用情况

表 2—27

年龄段（岁）	调查人口	熟 练		略 懂		不 会	
		人数	百分比	人数	百分比	人数	百分比
6—19	114	114	100	0	0	0	0
20—39	188	188	100	0	0	0	0
40—59	117	117	100	0	0	0	0
60以上	33	33	100	0	0	0	0
合计	452	452	100	0	0	0	0

上表显示,该社各个年龄段的拉祜族村民,不论男女、老少,全部以拉祜语为第一语言,熟练地运用着母语。拉祜语保持强大的活力,是村寨内部和家庭内部主要的交际用语。

2. 汉语使用情况

表 2—28

年龄段（岁）	调查人口	熟　练		略　懂		不　会	
		人数	百分比	人数	百分比	人数	百分比
6—19	114	70	61.4	44	38.6	0	0
20—39	188	85	45.2	94	50	9	4.8
40—59	117	26	22.2	63	53.8	28	24
60 以上	33	0	0	9	27.3	24	72.7
合计	452	181	40	210	46.5	61	13.5

上表显示，452 名拉祜族村民中，有 181 人能熟练地应用汉语，占总人数的 40%。210 人掌握汉语的能力为"略懂"级，占总人数的 46.5%。61 人不会汉语，占总人数的 13.5%。该小组 60% 的拉祜族村民不能熟练地听、说汉语。

我们在村寨调查中发现，村干部都是汉语水平较高的。与勐郎镇魏副镇长的交谈中得知，村干部的选举和任命，其中重要的一条就是具有一定的汉语识字和听说能力。这一方面说明掌握汉语对做好农村基层工作的作用，另一方面也说明该社汉语能力较高的村民为数不多，连选举村干部都要以汉语能力为一个基本条件。拉祜族的汉语能力普遍欠佳的原因之一，大概与其文化教育程度有关。在松山林小组拉祜族村民中，我们发现除 6—19 岁在读的青少年，拉祜村民的受教育程度较低，117 人是文盲或脱盲，约占全组 26%；203 人为小学毕业，占 45%；73 人初中毕业，占 16%。而初中毕业的人年龄在 14—47 岁之间，其中 80 后和 90 后占多数。该社还没有高中毕业生，只有 1 个中师毕业生和 1 个高二在读生，在全小组人口中所占比例几乎可以省略。较低的文化教育程度，限制了他们掌握汉语的能力。据松山林小组会计李扎迫（男，35 岁，拉祜西）说，村民们的小学是在村小读完的。由于村小的师资水平、教学条件和社会环境的限制，小学毕业的人汉语水平仍然较低，不能流畅地用汉语表达，村寨内外、学校内外以及家庭内外都是以拉祜语为主要的交际工具，汉语使用的场合很少，母语的交际功能完全能够满足拉祜族的生活需要。而初中是在县城金朗中学或民族中学读书，汉语听说能力才得到较大的提高，基本上能够熟练运用汉语。所以，从文化程度上来看，该社 40% 汉语能力为"熟练"的村民，多数是初中毕业。从年龄上看，6—19 岁的青少年和 20—39 岁的青壮年是熟练掌握汉语的最大群体，其次是 40—59 岁的中年人，最后是 60 岁以上的老年人，33 人中无一人会说、会听汉语。该社村民汉语能力呈明显的代际性差异。

经济的发展使民族地区的生活也日益好起来，现代化家电和设备进入农民家庭，也使他们与外界的沟通更加便捷，有利于他们认识外界、跟上社会发展形势。如电视机的普及就使很多地区的少数民族在汉语听和说方面得到很大的提高，但这在拉祜山乡似乎还是一个不同的现象。我们的发音合作人胡明（男，50 岁，拉祜纳，澜沧县民族中学教师）说，农村地区中年以上的拉祜族尽管看电视，也不大看得懂内容，他们只看看动作片，对其他节目不感兴趣，电视没有起到沟通外界的渠道作用。

下表 2—29、2—30、2—31 是各年龄段不会汉语的拉祜人的基本情况,从中可以直观地看到汉语水平低下的原因。

表 2—29

序号	家庭编号	姓名	性别	出生年份	文化程度	第一语言及水平	第二语言及水平
1	5	李石贵	男	1971	小学	拉祜语,熟练	汉语,不会
2	13	罗老大	男	1978	文盲	拉祜语,熟练	汉语,不会
3	80	胡九妹	女	1971	小学	拉祜语,熟练	汉语,不会
4	87	李娜袜	女	1971	脱盲	拉祜语,熟练	汉语,不会
5	5	李娜发	女	1972	小学	拉祜语,熟练	汉语,不会
6	3	铁娜母	女	1973	小学	拉祜语,熟练	汉语,不会
7	21	彭娜药	女	1973	文盲	拉祜语,熟练	汉语,不会
8	86	李娜拉	女	1975	脱盲	拉祜语,熟练	汉语,不会
9	16	李 妹	女	1986	文盲	拉祜语,熟练	汉语,不会

表 2—30

序号	家庭编号	姓名	性别	出生年份	文化程度	第一语言及水平	第二语言及水平
1	33	李扎努	男	1956	脱盲	拉祜语,熟练	汉语,不会
2	100	大张扎药	男	1956	文盲	拉祜语,熟练	汉语,不会
3	35	李扎拉	男	1969	小学	拉祜语,熟练	汉语,不会
4	4	黄扎母	男	1968	脱盲	拉祜语,熟练	汉语,不会
5	3	铁扎思	男	1967	小学	拉祜语,熟练	汉语,不会
6	27	李娜母	女	1931	文盲	拉祜语,熟练	汉语,不会
7	111	李娜丕	女	1951	文盲	拉祜语,熟练	汉语,不会
8	13	罗娜拉	女	1952	文盲	拉祜语,熟练	汉语,不会
9	14	王娜努	女	1953	文盲	拉祜语,熟练	汉语,不会
10	17	铁娜列	女	1956	文盲	拉祜语,熟练	汉语,不会
11	89	李娜倮	女	1956	文盲	拉祜语,熟练	汉语,不会
12	96	王娜发	女	1956	小学	拉祜语,熟练	汉语,不会
13	100	张娜妥	女	1956	文盲	拉祜语,熟练	汉语,不会
14	51	李娜母	女	1957	文盲	拉祜语,熟练	汉语,不会
15	60	苏娜朵	女	1957	小学	拉祜语,熟练	汉语,不会
16	67	张娜倮	女	1957	文盲	拉祜语,熟练	汉语,不会
17	33	李章妹	女	1958	脱盲	拉祜语,熟练	汉语,不会
18	25	李时妹	女	1959	小学	拉祜语,熟练	汉语,不会
19	30	李娜袜	女	1960	脱盲	拉祜语,熟练	汉语,不会
20	27	李娜丕	女	1963	小学	拉祜语,熟练	汉语,不会
21	77	李七妹	女	1963	脱盲	拉祜语,熟练	汉语,不会
22	23	李时妹	女	1964	文盲	拉祜语,熟练	汉语,不会
23	95	李娜思	女	1964	小学	拉祜语,熟练	汉语,不会
24	115	张娜袜	女	1965	文盲	拉祜语,熟练	汉语,不会

续表

序号	家庭编号	姓名	性别	出生年份	文化程度	第一语言及水平	第二语言及水平
25	98	张小五	女	1966	小学	拉祜语,熟练	汉语,不会
26	35	李娜发	女	1968	小学	拉祜语,熟练	汉语,不会
27	8	李娜思	女	1969	文盲	拉祜语,熟练	汉语,不会
28	58	王八妹	女	1969	小学	拉祜语,熟练	汉语,不会

表 2—31

序号	家庭编号	姓名	性别	出生年份	文化程度	第一语言及水平	第二语言及水平
1	54	铁老九	男	1919	文盲	拉祜语,熟练	汉语,不会
2	22	罗老四	男	1936	文盲	拉祜语,熟练	汉语,不会
3	47	李娜母	男	1937	文盲	拉祜语,熟练	汉语,不会
4	82	王老六	男	1940	文盲	拉祜语,熟练	汉语,不会
5	106	张扎克	男	1941	文盲	拉祜语,熟练	汉语,不会
6	79	李扎戈	男	1944	文盲	拉祜语,熟练	汉语,不会
7	65	铁扎所	男	1946	文盲	拉祜语,熟练	汉语,不会
8	4	黄阿三	男	1947	脱盲	拉祜语,熟练	汉语,不会
9	107	黄扎那	男	1947	文盲	拉祜语,熟练	汉语,不会
10	106	张娜拉	女	1948	文盲	拉祜语,熟练	汉语,不会
11	19	王娜俫	女	1927	文盲	拉祜语,熟练	汉语,不会
12	4	李娜发	女	1937	脱盲	拉祜语,熟练	汉语,不会
13	43	张娜努	女	1937	文盲	拉祜语,熟练	汉语,不会
14	44	铁秀宝	女	1937	文盲	拉祜语,熟练	汉语,不会
15	44	铁娜裸	女	1939	文盲	拉祜语,熟练	汉语,不会
16	68	李娜丕	女	1940	文盲	拉祜语,熟练	汉语,不会
17	41	王六妹	女	1943	文盲	拉祜语,熟练	汉语,不会
18	16	王娜海	女	1944	文盲	拉祜语,熟练	汉语,不会
19	87	李娜戈	女	1944	文盲	拉祜语,熟练	汉语,不会
20	47	李娜朵	女	1946	文盲	拉祜语,熟练	汉语,不会
21	76	张 妹	女	1946	小学	拉祜语,熟练	汉语,不会
22	82	王娜海	女	1946	文盲	拉祜语,熟练	汉语,不会
23	79	李石妹	女	1947	文盲	拉祜语,熟练	汉语,不会
24	107	黄娜丕	女	1948	文盲	拉祜语,熟练	汉语,不会

以上表格揭示了拉祜村民使用汉语的特点和原因:

(1)汉语能力呈代际性差异,不会汉语的人从年轻人到中年人再到老年人数量递增。换言之,年轻人较好地(即"熟练"和"略懂"相加)掌握汉语的比例最大,其次是青年,接着是中年,最后是老年。

(2)汉语能力与教育程度成正比。文化程度越高,汉语能力越高,反之亦然。该社初中毕业生的汉语水平普遍比小学和文盲、半文盲的高。

(3)汉语能力与性别也有关系。男性的汉语能力普遍比女性高。20—39 岁不会汉语的 9

人中,有 2 名男性,7 名女性;40—59 岁不会汉语的 28 人中,有 5 名男性,23 名女性;60 岁以上不会汉语的 24 人中,有 9 名男性,14 名女性。

松山林小组会计李扎迫告诉我们,不会汉语的这些妇女,平时都不大出门,生活必需品由家人代为购买。我们还发现拉祜族的妇女和儿童性格都较为内向。我们对王二妹(女,16 岁,高一)和杨文(15 岁,初二)进行了"拉祜语 400 词测试"。虽然她俩属于拉祜人中教育程度较高的,而且寄宿在县城里的中学念书,接触的汉语环境较多,她们还是表现得拘谨羞涩,一个词如果多问几遍,就脸红低头,不做回答。李扎迫说,有个叫张娜袜(45 岁)的妇女,非常怕羞,见人就躲,她掌握的语言只有母语,不会汉语。

3. 汉族拉祜语语言使用情况

松山林小组只有 9 名汉族,全部为男性,且全部为上门女婿。因拉祜族有从妻居的习俗,男女结婚后,男方到女方家和其父母共同生活,满三年后,可根据自己的意愿或继续住下去,或带妻子回到自己父母家中,也可夫妻二人另立一户单独过。尽管松山林社的外族只有汉族,人数又少,我们还是把他们作为一个小群体进行分析。拉祜族和汉族的婚姻是族际婚姻,其家庭内部语言使用情况必存在不同于族内婚姻家庭的特点。请看下表。

表 2—32

序号	家庭编号	姓名	出生年份	文化程度	第一语言及水平	第二语言及水平
1	108	李正忠	1966	高中	汉语,熟练	拉祜语,熟练
2	82	杨丕平	1970	小学	汉语,熟练	拉祜语,熟练
3	84	杨石兵	1970	小学	汉语,熟练	拉祜语,不会
4	114	刘 勇	1973	高中	汉语,熟练	拉祜语,熟练
5	55	董兴华	1974	高中	汉语,熟练	拉祜语,不会
6	102	滕仕金	1977	小学	汉语,熟练	拉祜语,不会
7	35	董长波	1979	初中	汉语,熟练	拉祜语,略懂
8	94	霍 俊	1980	高中	汉语,熟练	拉祜语,不会
9	26	郭志华	1991	小学	汉语,熟练	拉祜语,熟练

上表显示,9 名汉族的第一语言都是汉语,能够熟练自如地说拉祜语的有 4 人,基本上听得懂但不太会说的有 1 人,其余 4 人不会说拉祜语。

人数较少的汉族,半数以上能够熟练或一般地使用拉祜语,这与他们的成长环境和家庭环境有直接关系。李正忠原是外乡的汉族,十多年前来松山林小组买地落了户,还娶了拉祜族的妻子。他乐于跟拉祜族交往,学语言学得很快,在家里和村寨里以说拉祜语为主。刘勇是小时候来到松山林,青少年时期学语言很快,与拉祜族妻子说拉祜语,他们孩子的第一语言是拉祜语,跟其他拉祜族家庭一样,小孩在小学阶段汉语水平为"略懂"。杨丕平家的家庭用语也是拉祜语为主,妻子和孩子的汉语表达流利。

下面是拉祜语熟练的几名汉族的家庭语言使用情况,这里只列出婚姻关系产生的家庭成员信息。

表 2—33

家庭编号	家庭关系	姓名	出生年份	民族	文化程度	第一语言及水平	第二语言及水平
26	长女	郭小五	1976	拉祜	小学	拉祜语,熟练	汉语,熟练
	女婿	郭志华	1991	汉	小学	汉语,熟练	拉祜语,熟练
	孙子	郭春梅	1992	拉祜	初中	拉祜语,熟练	汉语,熟练
	孙子	郭春讲	1994	拉祜	初中	拉祜语,熟练	汉语,熟练
82	户主	王娜袜	1978	拉祜	小学	拉祜语,熟练	汉语,熟练
	丈夫	杨丕平	1970	汉	小学	汉语,熟练	拉祜语,熟练
	长女	杨香	1998	拉祜	小六在读	拉祜语,熟练	汉语,熟练
	次女	杨改芳	2002	拉祜	小二在读	拉祜语,熟练	汉语,熟练
114	户主	刘勇	1973	汉	高中	汉语,熟练	拉祜语,熟练
	妻子	李三妹	1974	拉祜	小学	拉祜语,熟练	汉语,略懂
	长子	刘冲	2000	拉祜	小四在读	拉祜语,熟练	汉语,略懂

其他不懂拉祜语的汉族,在家里和妻子说汉语,他们的妻子的汉语水平大多为"熟练",但是他们的孩子都是以拉祜语为第一语言,这与母亲带孩子有直接关系,孩子在牙牙学语时接触的是母亲的语言——拉祜语,随着年龄的增长,父亲的语言——汉语也会逐渐习得。汉族和拉祜族的婚姻家庭,子女都是双语人。下面是不懂拉祜语的几个汉族的家庭语言使用情况。

表 2—34

家庭编号	家庭关系	姓名	出生年份	民族	文化程度	第一语言及水平	第二语言及水平
55	长女	李大妹	1987	拉祜	初中	拉祜语,熟练	汉语,熟练
	女婿	董兴华	1974	汉	高中	汉语,熟练	拉祜语,不会
	外孙	董磊	2005	拉祜	学前		
84	户主	王娜约	1974	拉祜	脱盲	拉祜语,熟练	汉语,熟练
	丈夫	杨石兵	1970	汉	小学	汉语,熟练	拉祜语,不会
	长女	杨文	1995	拉祜	初三在读	拉祜语,熟练	汉语,熟练
94	三女	李娜妥	1986	拉祜	小学	拉祜语,熟练	汉语,熟练
	女婿	霍俊	1980	汉	高中	汉语,熟练	拉祜语,不会
102	户主	铁树英	1978	拉祜	小学	拉祜语,熟练	汉语,熟练
	丈夫	滕仕金	1977	汉	小学	汉语,熟练	拉祜语,不会

4. 家庭内部语言使用情况

我们对松山林小组不同年龄段的拉祜族村民做了家庭语言使用情况调查,他们是:①王二妹,女,16岁,高一在读,汉语水平为"熟练"。②张志强,男,19岁,初中毕业,汉语水平为"熟练"。③罗玉明,男,21岁,小学毕业,汉语水平为"略懂"。④张娜俫,女,37岁,小学五年级,汉语水平为"略懂"。⑤李扎保,男,43岁,初中毕业,汉语水平为"熟练"。⑥罗扎儿,男,56岁,脱盲,汉语水平为"略懂"。他们的家庭内部语言使用情况统计如下表2—35所示。

表2—35

交际双方		调查对象					
		①	②	③	④	⑤	⑥
长辈对晚辈	父母对子女	拉祜语	拉祜语	拉祜语	拉祜语	拉祜语	拉祜语
	祖辈对孙辈	拉祜语	拉祜语	拉祜语	拉祜语	拉祜语	拉祜语
	公婆对儿媳	拉祜语	拉祜语	拉祜语	拉祜语	拉祜语	拉祜语
晚辈对长辈	子女对父母	拉祜语	拉祜语	拉祜语	拉祜语	拉祜语	拉祜语
	孙辈对祖辈	拉祜语	拉祜语	拉祜语	拉祜语	拉祜语	拉祜语
	儿媳对公婆	拉祜语	拉祜语	拉祜语	拉祜语	拉祜语	拉祜语
同辈之间	祖父母之间	拉祜语	拉祜语	拉祜语	拉祜语	拉祜语	拉祜语
	父母之间	拉祜语	拉祜语	拉祜语	拉祜语	拉祜语	拉祜语
	兄弟姐妹之间	拉祜语	拉祜语	拉祜语	拉祜语	拉祜语	拉祜语
	儿子与儿媳	拉祜语	拉祜语	拉祜语	拉祜语	拉祜语	拉祜语
主人对客人	对本族客人	拉祜语	拉祜语	拉祜语	拉祜语	拉祜语	拉祜语
	对非本族客人	拉祜/汉语	拉祜/汉语	拉祜/汉语	拉祜/汉语	拉祜/汉语	拉祜/汉语
	对陌生人	汉语	汉语	汉语	汉语	汉语	汉语

上表显示,所有受调查者的家庭内部都是用拉祜语交流,不管是长辈对晚辈、晚辈对长辈还是同辈之间,拉祜语是他们生活中唯一的交际用语。主人与客人之间,则根据客人的情况来选择语言,如果是本族客人,无论他的身份职业是什么,都用拉祜语来交际,如果是非本族的客人,要看他是否会讲拉祜语,会拉祜语的就和他说拉祜语,不会拉祜语的就和他说汉语。对陌生人则用汉语来交流。总之,拉祜语是他们主要的交际工具。

5. 不同对象、不同场合语言使用情况

在调查家庭内部语言使用情况的同时,我们还调查了这6名村民在不同场合跟不同对象的语言使用情况,结果如下表所示。

表2—36

交际场合\对象	本族人		非本族人		本族人/非本族人		
	用母语	用汉语	用母语	用汉语	母语	汉语	双语
见面打招呼	6	0	0	6	2	1	3
聊天	6	0	0	6	1	1	4
生产劳动	6	0	0	6	1	1	4
买卖东西(集市、店铺)	6	0	0	6	1	1	4

续表

谈论电视节目、新闻		6	0	0	6	1	1	4
看病		5	1	0	6	1	2	3
开会	开场白	6	0	0	6	1	2	3
	传达上级指示	6	0	0	6	1	2	3
	讨论、发言	6	0	0	6	1	2	3
学校	课堂用语	0	6	0	6	0	6	0
	课外用语	6	0	0	6	1	1	4
节日、集会		6	0	0	6	1	3	2
婚嫁		6	0	0	6	1	1	4
丧葬		6	0	0	6	1	1	4

从上表可以看出，受调查的6个人，拉祜语使用得非常广泛，跟本族人在不同的场合下交际，几乎所有的人都选择使用自己的母语，只有1人在看病时选择使用汉语。他是19岁的张志强，大概是因为他认为用汉语可以更准确地说明他的病症。关于学校里的课堂用语，6人全部选择了汉语，这是目前学校对课堂用语的规范。跟非本族人在不同的场合下交际时，6人全部选择使用汉语。当交际对象既有本族人又有非本族人时，除了学校课堂用语使用汉语，其他场合因人而异。他们在本族或外族人都在场的情况下，打招呼的用语选择双语的有3人，占50%，选择使用母语的有2人，占30%。在聊天、生产劳动、集市、店铺上买卖东西、谈论电视节目或新闻、课外交流、节日集会、婚丧嫁娶等场合下，他们的用语都是相同的，67%的人选择双语，视交谈对象的情况而定。跟本族人用拉祜语交流，跟非本族人用拉祜语或汉语交流，主要看对方是否会说拉祜语。在看病和开会时，在和医生交谈、会议开场白、传达上级文件精神及讨论发言时，半数受调查者使用两种语言，只有1人固守其语言习惯，不论在任何场合下，跟本族人还是非本族人，全部使用拉祜语进行交流。她是37岁的张娜俚，汉语文化程度基本为初识水平，只能用汉语进行简单的交流。其余两名拉祜人，16岁的王二妹和21岁的罗玉明在开会时全部使用汉语，这与他们的年龄和环境有关，他们在有外族人在的场合下，更习惯于用汉语表达。总之，拉祜语是拉祜人各个年龄段在不同场合下都广泛使用的语言，在与本族人交际时是首选甚至是唯一的语言。与非本族人交际时，如果对方不会拉祜语，不论自己的汉语能力强或弱，他们都使用汉语来沟通和交流。

6. 400词测试

为了更进一步了解松山林小组拉祜族村民对母语词汇的掌握情况，我们还随机选择了不同年龄段的6个拉祜族进行了拉祜语400词测试。被测者的400词掌握情况具体如下。

表2—37

家庭编号	姓名	年龄(岁)	文化程度	测试等级及比例							
				A		B		C		D	
				数量	百分比	数量	百分比	数量	百分比	数量	百分比
30	罗扎儿	56	脱盲	370	92.5	9	2.3	7	1.7	14	3.5

续表

65	铁老三	38	小学	361	90.3	14	3.5	15	3.7	10	2.5
15	陈老二	37	初中	366	91.5	16	4	12	3	6	1.5
17	李娜俫	10	小二	312	78	14	3.5	3	0.75	71	17.7
84	杨 文	15	初三	348	87	7	1.75	23	5.75	23	5.75
80	王二妹	16	高一	332	80.5	23	5.75	30	7.5	15	3.75

结果显示,无论是青少年还是中、青年,对本族基本词汇都能脱口而出。除李娜俫年纪还小,拉祜语基本词汇没有更好地掌握外,其他人的 A 级词汇和 B 级词汇相加都达到了 350 个以上。其中,中、青年的 A 级词汇远远超过 350 个,比例都在 90% 以上。他们的语言能力定级为"优秀",即较好地掌握了拉祜语。下面对不同年龄段的受测试人的 C 级和 D 级进行分析。

中、青年段:这个年龄段的罗扎儿、铁老三、陈老二的 C 级和 D 级词汇如下表 2—38 和表 2—39 所示。

表 2—38

序号	汉义	拉祜语	序号	汉义	拉祜语
1	蝴蝶	$pu^{31} lu^{35} qa^{31}$	10	薄	pa^{53}
2	蝙蝠	$po^{31} na^{35}$	11	慢	nai^{53}
3	刺儿	$a^{35} tshu^{53}$; $i^{35} tshu^{53}$	12	涩	$tsɿ^{35}$
4	稻草	$tɕa^{31} ɣɔ^{53}$	13	包(东西)	thi^{53}
5	歌	$qa^{33} mɯ^{31}$	14	沉	tu^{31} ; $zɿ^{31}$
6	左边	$la^{31} me^{31} pa^{35}$	15	舂(米)	te^{11}
7	矮	ne^{31}	16	叠(被子)	te^{33} ;
8	短	$ŋe^{33}$	17	夹(菜)	be^{53}
9	近	pa^{53}	18	嚼	be^{53}

表 2—39

序号	汉义	拉祜语	序号	汉义	拉祜语
1	熊	$je^{31} mi^{35} tɔ^{31}$	8	酸角	$dʑa^{53} pa^{33}$
2	水獭	$ɣɯ^{31} phɯ^{53}$	9	萝卜	$ɣɔ^{53} ma^{33} phu^{33}$
3	松鼠	$fa^{53} thɔ^{53}$	10	窗子	$je^{31} qhɔ^{33} kui^{35}$
4	飞鼠	$fa^{53} su^{11}$	11	剪子	$me^{35} nu^{31}$
5	麻雀	$dʑa^{31} mɤ^{53}$	12	脚杵	$tɕhe^{33} kɤ^{33} lɤ^{33}$
6	螃蟹	$a^{35} tɕi^{33} ku^{33}$	13	脚臼	$tɕhe^{33} me^{35} qo^{31}$
7	木瓜	$pho^{33} mu^{53} ɕi^{11}$	14	芽儿	$ɔ^{31} bei^{35}$

原因分析:

(1)罗扎儿是松山林小组组长,经常与外界联络沟通,汉语掌握得很熟练。铁老三经常外出打工,去新疆打工 8 个月刚刚回家,接触汉语较多。他们的共同特点是有些拉祜语词汇已经习惯用汉语表达,但在测试时,经提醒后才知道用拉祜语怎么说。如:

表 2—40

序号	汉义	拉祜语
1	歌	qa³³ mu³¹
2	左边	la³¹ mɛ³¹ pa³⁵
3	右边	la³¹ ɕa³³ pa³⁵
4	包(东西)	thi⁵³
5	叠(被子)	tɛ³³
6	夹(菜)	bɛ⁵³;no⁵³
7	嚼	bɛ⁵³

还有的词只会用汉语表达,提示后也不会用拉祜语说,如:

表 2—41

序号	汉义	拉祜语
1	木瓜	pho³³ mu⁵³ ɕi¹¹
2	酸角	dʑa⁵³ pa³³;ma³¹ kɛ⁵³ ɕi¹¹
3	窗子	je³¹ qho³³ kui³⁵
4	敢(吃)	phɛ³¹;khi⁵³

(2)有的词是因为没有见过或较少接触那样的动物、事物、现象等,就不会说或经提示后才知道。如:

表 2—42

序号	汉义	拉祜语	等级
1	舂(米)	tɛ¹¹	C
2	豪猪	fa⁵³ pu³³	D
3	弓	lɛ³⁵ boi⁵³	D
4	孵(蛋)	mu¹¹	D
5	溶化	kɯ³¹	D

(3)有的词在拉祜语中不加区分,如:"苍蝇"、"蚊子"不分;"一个人"的"个"和"一个碗"的"个"不分;"矮"、"短"、"近"不分。

(4)还有的 C 级词汇本身不是受测试人母语的问题,而是他们的汉语理解能力较低限制了他们的母语表达,有些词他们很难把汉语与母语对应起来。如:"水獭"、"麻雀"、"脚臼"等。

青少年:王二妹、杨文、李娜俫 C 级和 D 级词汇如下表 2—43 和表 2—44 所示。

表 2—43

序号	汉义	拉祜语	序号	汉义	拉祜语
1	虹	a³³ mu⁵³ la³¹ ɕi³⁵ dzɔ³³	16	芝麻	nu³¹ ɕi¹¹
2	雾	mo³¹	17	草	zɿ⁵³

续表

3	山	qhɔ³³	18	茅草	z̩⁵³tɛ³¹ma³³
4	河	ɣɯ³¹;lɔ³¹	19	男包头	xɔ⁵³qha̠⁵³u⁵³ȵi³⁵
5	胆	ɔ³¹kɤ³³	20	墙	tɕhe³¹
6	嫂子	a³³vi³⁵pa³¹mi⁵³ma³³	21	吹火筒	a³¹mi³¹mɤ⁵³tu³¹
7	伯父	ɔ³¹pa³³lo³⁵	22	小船,舟	xɔ³³lɔ³¹qo³¹
8	熊	je³¹mi³⁵tɔ³¹	23	脚白	tɕhe³³me³⁵qo³¹
9	水獭	ɣɯ³¹phɯ⁵³	24	弯	qɔ̠³¹
10	松鼠	fa̠⁵³thɔ⁵³	25	咸	qha̠⁵³
11	飞鼠	fa̠⁵³su¹¹	26	涩	ts̩³⁵
12	跳蚤	phɯ⁵³ɕe³³	27	读（书）	ɣɔ³³
13	核儿	ɔ³¹jɔ⁵³	28	磨（刀）	ɕi¹¹
14	土豆	ja³¹ji³⁵ɕi¹¹	29	是	jo⁵³
15	红薯	mɤ³³ȵi³⁵	30	舀（水）	ȵi³⁵

表 2—44

序号	汉义	拉祜语	序号	汉义	拉祜语
1	井	na³¹bo¹¹	9	干巴	ɕa³¹gu³³
2	金子	ɕi³³	10	窗子	je³¹qhɔ³³kui³⁵
3	铜	kɯ⁵³	11	蒸笼	ɕa³⁵qha̠⁵³
4	锈	jɔ⁵³	12	锯子	li³⁵lɤ⁵³
5	炭	ɕi³⁵ɣɤ³¹	13	弓	le³⁵boi⁵³
6	绵羊	a³⁵jɔ³¹	14	锋利	tha̠⁵³
7	麂子	tsh̩³³	15	软	nu⁵³
8	酸角	dʑa̠⁵³pa̠³³	16	种子	ɔ³¹jɔ⁵³

原因分析：

（1）由于这几个青少年在澜沧县中学读书，寄宿在学校里，跟老师和其他民族的同学都说汉语，因此能够熟练地运用汉语。有些表示自然现象或事物名称的词，他们已经习惯用汉语表达，但经提醒后还知道用拉祜语怎么说，如："虹"、"雾"、"山"、"河"、"胆"、"嫂子"、"草"、"读（书）"、"磨（刀）"等。还有些词汇是他们在生活中很少看见或听到的事物，如"熊"、"松鼠"、"飞鼠"、"吹火筒"、"跳蚤"等。

（2）由于对汉语理解能力的原因，有的事物他们不明白指什么，用拉祜语提示后才明白这些词在拉祜语中的意思。如："炭"、"吹火筒"。

（3）D级词汇是他们没见过也没听说过的动物或事物，经提示也不知道拉祜语怎么说，只会用汉语表达，如："金子"、"锈"、"绵羊"、"麂子"、"酸角"、"锯子"等。

以上分析表明，拉祜人普遍不会的词都是生活中不常用的名词，如"金子"、"锯子"、"脚白"、"蒸笼"；或是一些在他们的生活中已经消失的动物，如"水獭"、"麻雀"、"麂子"、"跳蚤"。另外一些如"核儿"、"芽儿"、"种子"，虽然是生活中常见的词语，但由于和汉语的内涵和外延有差异,因此没能一下说出来。总的来看,松山林小组的村民普遍掌握母语,熟练程度非常高,语言活力也很强大。

7. 语言态度和观念调查

为了解松山林小组拉祜人对母语、汉语及其他语言的使用情况和态度观念,调查组随机选取了9个村民进行了问卷调查。结果如下。

1. 您怎么看待拉祜人掌握汉语文的作用?
   A. 很有用   B. 有些用   C. 没有用

测试结果:9人选A;0人选B;0人选C。

2. 您认为学好汉语的目的是什么?
   A. 找到好的工作,得到更多的收入   B. 升学的需要
   C. 便于与外族人交流   D. 了解汉族文化

测试结果:4人选A;2人选B;0人选C;3人选D。

3. 您认为掌握拉祜语的目的是什么?
   A. 找到好的工作,得到更多的收入   B. 便于与本族人交流
   C. 了解和传承本族的历史传统文化

测试结果:1人选A;1人选B;7人选C。

4. 您对拉祜人都成为"拉祜语—汉语"双语人的态度是什么?
   A. 迫切希望   B. 顺其自然   C. 无所谓   D. 不希望

测试结果:4人选A;5人选B;0人选C;0人选D。

5. 如果拉祜人成为汉语单语人,您的态度是什么?
   A. 迫切希望   B. 顺其自然   C. 无所谓   D. 不希望

测试结果:1人选A;2人选B;0人选C;6人选D。

6. 如果有人在外地学习或工作几年后回到家乡,不再说拉祜语,您如何看待?
   A. 可以理解   B. 反感   C. 听着别扭   D. 不习惯   E. 无所谓

测试结果:3人选A;2人选B;0人选C;3人选D;1人选E。

7. 您希望子女最好会说什么语言?
   A. 普通话   B. 拉祜语   C. 当地汉语方言   D. 普通话和拉祜语   E. 无所谓

测试结果:1人选A;8人选D;其他为0。

8. 您愿意把子女送到什么学校学习?
   A. 用汉语授课的学校   B. 用汉语和英语授课的学校   C. 用汉语和拉祜语授课的学校

测试结果:1人选B;0人选C;8人选C。

9. 您希望本地广播站、电视台使用什么语言播音?
   A. 拉祜语   B. 普通话   C. 当地汉语方言   D. 汉语和拉祜语   E. 无所谓

测试结果：3 人选 A；2 人选 B；1 人选 C；3 人选 D；0 人选 E。

10. 您是否希望掌握拉祜语文字？

    A. 希望　　B. 无所谓　　C. 不希望

测试结果：9 人选 A；其他为 0。

11. 您认为哪种语言最重要？

    A. 汉语普通话　　B. 拉祜语　　C. 当地汉语方言　　D. 英语

测试结果：5 人选 A；3 人选 B；0 人选 C；1 人选 D。

12. 如果家里的孩子不会说拉祜语，您的态度是什么？

    A. 赞成　　B. 无所谓　　C. 反对

测试结果：0 人选 A；1 人选 B；8 人选 C。

13. 您家的孩子学说话时，您最先教给他的是哪种语言？

    A. 汉语普通话　　B. 拉祜语　　C. 当地汉语方言

测试结果：2 人选 A；6 人选 B；1 人选 C。

14. 干部在村里开会发言时，你希望他们说什么语言？

    A. 汉语普通话　　B. 拉祜语　　C. 当地汉语方言

测试结果：4 人选 A；5 人选 B；0 人选 C。

从以上的统计结果可以看出，被调查者有以下语言观念：

大多数拉祜人希望自己成为"拉祜语—汉语"双语人。因为他们认为汉族是先进的民族，汉语记载了先进的文化知识，不掌握好汉语，就受不到好的教育，找不到好的工作，也不能了解汉族的文化从而更好地向汉族学习和交流。

拉祜人希望子女在学校中接受"拉祜语—汉语"双语教学，希望子女能够说好拉祜语和普通话，希望本地广播站和电视台使用拉祜语或"拉祜语—汉语"双语播音。他们认为汉语非常有用，双语教育能够提高孩子的汉语能力。拉祜人目前使用语言的状况是不担忧母语的衰变和消亡，而是担心汉语水平太低而影响自身的发展。

但是，拉祜人对于自己成为汉语单语人抱有强烈的反对态度。汉语虽然重要，但也比不上母语在其心目中的地位。大多数拉祜人有意或无意地把母语完整地传承给下一代，在孩子开始学说话时教他们的第一语言是拉祜语，家庭内部和社区内部都是说拉祜语。如果自己的子女及本族其他人放弃使用母语而改说汉语，他们基本上持否定的态度。

总而言之，语言态度反映出了被调查者看待母语、汉语以及外语的一些态度和观点。虽然这些观点不能完全涵盖拉祜人所有的看法。但是，也从侧面投射出了拉祜人的部分想法。透过这些想法，可以看出，大部分拉祜人具有保护本族语言文化的意识，也流露了学好汉语的愿望。

四 松山林小组拉祜族完整保留母语的主要原因

1. 地理分布和本民族聚居是母语得以保留的独特优势。

松山林小组位于距离县城 10 公里的半山区,是典型的拉祜族聚居山寨。全社除 9 个汉族入赘女婿外,全部都是拉祜人,是拉祜族的拉祜西支系。拉祜语是村寨内外、家庭内外、小学课堂和课外的主要用语,使用场合非常广泛,全民都在稳定地使用母语。由于地理位置较为偏远,为数较多的妇女很少与外界接触,生活用品都是由丈夫和子女来操办。拉祜语完全能够满足日常的交际需要,是维系家庭、村寨内部关系的主要工具。

2. 文化教育程度普遍较低是限制汉语能力、保留母语的重要因素。

松山林小组村民的文化教育程度普遍较低。全社拉祜族还没有一个高中毕业生,只有一个高中在读生,一个中专毕业生。四分之一的村民是文盲或脱盲,约二分之一是小学文化,只有约六分之一的村民是初中文化。教育程度偏低对他们学习汉语产生很大的制约,很多人小学毕业还不能完全掌握基本的汉字,听说能力也不是很强,不能流利地表达思想。我们在村寨内做拉祜语 400 词测试时也深刻地感受到了这一点。有些词用汉语念给他们听,他们不能马上明白所指的事物或动作,还要经过进一步的解释才能明白在拉祜语中的对应意思,有的甚至解释了也不懂汉语意思,这就妨碍了他们脱口说出拉祜词汇。汉语不能成为其通用的兼用语,母语从而长期以来稳定保留,担任着主要的交际任务。

3. 族内婚姻是母语保留的必要保证。

松山林小组的家庭大多是族内婚姻。这样家庭的孩子习得的第一语言一般都是自己的母语,传承上没有代际性差异。族际婚姻家庭成员间都使用母语进行交际,母语使用时间得到完全的保证。即使是全社 9 个族际婚姻家庭,也有四五个家庭以拉祜语为主要交际工具,所有族际婚姻家庭的下一代都是拉祜语—汉语双语人,而拉祜语是他们的第一语言。这与孩子多数由母亲和外祖父母养育有直接关系。

4. 对母语的认同感是母语保留的有利条件。

松山林小组的拉祜人对自己的母语有深厚的感情,对母语的认同度很高,这都有利于母语的保留。对母语的热爱和认同可以从青少年语言使用情况调查问卷中找到答案。接受调查的 3 个青少年(罗娜努,女,10 岁,四年级;王二妹,女,16 岁,高一;张志强,男,19 岁,初中毕业)学说话时,最先会说的语言都是汉语。他们都认为:自己拉祜语的掌握程度是"熟练";拉祜语和汉语比较,说得最好的语言是拉祜语;拉祜语比汉语和其他语言更重要,是他(们)最重要的语言。在"你热爱自己的母语吗?"这个问题上,他们都回答"热爱",对"你为什么热爱自己的母语?"这一问题,他们的回答都是源于"民族感情"。

五 松山林小组家庭语言使用情况表

表 2—45

家庭编号	家庭关系	姓名	出生年份	民族	文化程度	第一语言及水平	第二语言及水平
1	户主	李扎二	1973	拉祜	小学	拉祜语,熟练	汉语,熟练
	妻子	李娜海	1973	拉祜	小学	拉祜语,熟练	汉语,熟练
	长女	李春梅	1995	拉祜	中专在读	拉祜语,熟练	汉语,熟练
	次女	李娜药	2001	拉祜	小二在读	拉祜语,熟练	汉语,略懂
2	户主	王小五	1970	拉祜	脱盲	拉祜语,熟练	汉语,熟练
	丈夫	石文强	1967	拉祜	初中	拉祜语,熟练	汉语,熟练
	长子	石云	1990	拉祜	初中	拉祜语,熟练	汉语,熟练
	次子	石生	1994	拉祜	小学	拉祜语,熟练	汉语,熟练
3	户主	铁扎思	1967	拉祜	小学	拉祜语,熟练	汉语,不会
	妻子	铁娜母	1973	拉祜	小学	拉祜语,熟练	汉语,不会
	长女	铁娜尔	1990	拉祜	小学	拉祜语,熟练	汉语,熟练
	次女	铁娜药	1993	拉祜	小学	拉祜语,熟练	汉语,熟练
4	户主	黄扎母	1968	拉祜	脱盲	拉祜语,熟练	汉语,不会
	妻子	武树英	1967	拉祜	脱盲	拉祜语,熟练	汉语,略懂
	父亲	黄阿三	1947	拉祜	脱盲	拉祜语,熟练	汉语,不会
	母亲	李娜发	1937	拉祜	脱盲	拉祜语,熟练	汉语,不会
	长女	黄三妹	1987	拉祜	小学	拉祜语,熟练	汉语,熟练
5	户主	李石贵	1971	拉祜	小学	拉祜语,熟练	汉语,不会
	妻子	李娜发	1972	拉祜	小学	拉祜语,熟练	汉语,不会
	长女	李娜儿	1992	拉祜	高二在读	拉祜语,熟练	汉语,熟练
	长子	李扎师	1999	拉祜	小四在读	拉祜语,熟练	汉语,熟练
6	户主	小张石	1951	拉祜	小学	拉祜语,熟练	汉语,略懂
	长子	张石贵	1976	拉祜	小学	拉祜语,熟练	汉语,略懂
	次子	张扎海	1979	拉祜	小学	拉祜语,熟练	汉语,略懂
7	户主	罗扎嘿	1963	拉祜	小学	拉祜语,熟练	汉语,熟练
	长子	罗扎袜	1992	拉祜	小学	拉祜语,熟练	汉语,熟练
	次子	罗扎努	1995	拉祜	小三在读	拉祜语,熟练	汉语,熟练
8	户主	李扎药	1968	拉祜	小学	拉祜语,熟练	汉语,熟练
	妻子	李娜思	1969	拉祜	文盲	拉祜语,熟练	汉语,不会
	长女	李娜母	1991	拉祜	小学	拉祜语,熟练	汉语,熟练
	次女	李小玉	1994	拉祜	小学	拉祜语,熟练	汉语,熟练
9	户主	黄开明	1972	拉祜	文盲	拉祜语,熟练	汉语,略懂
	妻子	黄应连	1977	拉祜	文盲	拉祜语,熟练	汉语,略懂
	长子	黄克忠	1996	拉祜	初一在读	拉祜语,熟练	汉语,熟练
	长女	黄小芳	2002	拉祜	小一在读	拉祜语,熟练	汉语,略懂

续表

10	户主	张扎阿	1958	拉祜	文盲	拉祜语,熟练	汉语,熟练
	妻子	张娜阿	1959	拉祜	文盲	拉祜语,熟练	汉语,熟练
	三女	张三妹	1982	拉祜	小学	拉祜语,熟练	汉语,熟练
11	户主	张永刚	1974	拉祜	小学	拉祜语,熟练	汉语,熟练
	妻子	张小克	1980	拉祜	小学	拉祜语,熟练	汉语,熟练
	长女	张孝梅	1999	拉祜	小三在读	拉祜语,熟练	汉语,熟练
	次女	张露微	2009	拉祜	学前		
12	户主	李朝阳	1964	拉祜	小学	拉祜语,熟练	汉语,熟练
	妻子	李娜妥	1966	拉祜	初中	拉祜语,熟练	汉语,熟练
	长子	李应明	1986	拉祜	小学	拉祜语,熟练	汉语,熟练
	长媳	苏娜阿	1988	拉祜	小学	拉祜语,熟练	汉语,熟练
	次子	李应红	1987	拉祜	小学	拉祜语,熟练	汉语,熟练
13	户主	罗老大	1978	拉祜	文盲	拉祜语,熟练	汉语,不会
	妻子	李娜黑	1981	拉祜	初中	拉祜语,熟练	汉语,熟练
	母亲	罗娜拉	1952	拉祜	文盲	拉祜语,熟练	汉语,不会
	弟弟	罗扎约	1988	拉祜	小学	拉祜语,熟练	汉语,熟练
	长女	罗克妹	2002	拉祜	小一在读	拉祜语,熟练	汉语,略懂
14	户主	王娜努	1953	拉祜	文盲	拉祜语,熟练	汉语,不会
	次子	王老二	1982	拉祜	小学	拉祜语,熟练	汉语,熟练
	次女	王娜克	1985	拉祜	小学	拉祜语,熟练	汉语,熟练
	孙子	王扎拉	1998	拉祜	小三在读	拉祜语,熟练	汉语,略懂
15	户主	陈老二	1968	拉祜	初中	拉祜语,熟练	汉语,熟练
	妻子	李石袜	1978	拉祜	小学	拉祜语,熟练	汉语,熟练
	母亲	黄阿社	1953	拉祜	文盲	拉祜语,熟练	汉语,略懂
	长女	陈琳	2000	拉祜	小二在读	拉祜语,熟练	汉语,略懂
16	户主	王扎丕	1976	拉祜	小学	拉祜语,熟练	汉语,略懂
	妻子	李妹	1986	拉祜	文盲	拉祜语,熟练	汉语,不会
	母亲	王娜海	1944	拉祜	文盲	拉祜语,熟练	汉语,不会
	长子	王忠义	2006	拉祜	学前		
17	户主	李扎阿	1968	拉祜	小学	拉祜语,熟练	汉语,熟练
	妻子	李铁妹	1980	拉祜	小学	拉祜语,熟练	汉语,熟练
	母亲	铁娜列	1956	拉祜	文盲	拉祜语,熟练	汉语,不会
	长女	李娜袜	1991	拉祜	小学	拉祜语,熟练	汉语,熟练
	次女	李娜倮	2000	拉祜	小二在读	拉祜语,熟练	汉语,略懂
	长子	李小明	2007	拉祜	学前		
18	户主	李扎药	1956	拉祜	文盲	拉祜语,熟练	汉语,略懂
	妻子	李娜袜	1964	拉祜	文盲	拉祜语,熟练	汉语,略懂
	长子	李扎发	1978	拉祜	脱盲	拉祜语,熟练	汉语,略懂
	长媳	罗妹	1981	拉祜	小学	拉祜语,熟练	汉语,略懂
	孙子	李新华	2002	拉祜	小二在读	拉祜语,熟练	汉语,略懂
	次子	李扎莫	1988	拉祜	初中	拉祜语,熟练	汉语,熟练

续表

19	户主	王娜袜	1963	拉祜	文盲	拉祜语,熟练	汉语,熟练
	丈夫	李扎伍	1965	拉祜	文盲	拉祜语,熟练	汉语,熟练
	母亲	王娜倮	1927	拉祜	文盲	拉祜语,熟练	汉语,不会
	长女	李玲玉	1985	拉祜	中专	拉祜语,熟练	汉语,熟练
	长子	李老二	1987	拉祜	小学	拉祜语,熟练	汉语,熟练
20	户主	李扎思	1974	拉祜	小学	拉祜语,熟练	汉语,熟练
	弟弟	李老久	1976	拉祜	小学	拉祜语,熟练	汉语,熟练
	弟媳	罗娜海	1979	拉祜	小学	拉祜语,熟练	汉语,略懂
	侄子	小李扎思	1992	拉祜	小学	拉祜语,熟练	汉语,熟练
	侄子	李克新	1999	拉祜	小二在读	拉祜语,熟练	汉语,略懂
	侄子	李应华	2005	拉祜	学前		
21	户主	彭扎克	1969	拉祜	小学	拉祜语,熟练	汉语,熟练
	妻子	彭娜药	1973	拉祜	文盲	拉祜语,熟练	汉语,不会
	长子	彭扎而	1993	拉祜	小学	拉祜语,熟练	汉语,熟练
22	户主	罗扎妥	1971	拉祜	小学	拉祜语,熟练	汉语,熟练
	父亲	罗老四	1936	拉祜	文盲	拉祜语,熟练	汉语,不会
	长女	罗娜而	1995	拉祜	中专在读	拉祜语,熟练	汉语,熟练
	长子	罗 克	2001	拉祜	小三在读	拉祜语,熟练	汉语,略懂
23	户主	李时妹	1964	拉祜	文盲	拉祜语,熟练	汉语,不会
	丈夫	李 石	1963	拉祜	文盲	拉祜语,熟练	汉语,熟练
	长子	李扎而	1984	拉祜	小学	拉祜语,熟练	汉语,熟练
	长媳	杨娜发	1988	拉祜	小学	拉祜语,熟练	汉语,熟练
	次子	李扎英	1989	拉祜	小学	拉祜语,熟练	汉语,熟练
24	户主	王扎母	1966	拉祜	文盲	拉祜语,熟练	汉语,略懂
	妻子	黄娜儿	1967	拉祜	文盲	拉祜语,熟练	汉语,熟练
	长子	王扎啊	1986	拉祜	小学	拉祜语,熟练	汉语,熟练
	次子	王老二	1988	拉祜	小学	拉祜语,熟练	汉语,熟练
25	户主	李时妹	1959	拉祜	小学	拉祜语,熟练	汉语,不会
	长子	李 义	1985	拉祜	小学	拉祜语,熟练	汉语,略懂
	长媳	李娜兰	1987	拉祜	小学	拉祜语,熟练	汉语,略懂
	长女	李大妹	2008	拉祜	学前		
26	户主	郭章妹	1947	拉祜	文盲	拉祜语,熟练	汉语,略懂
	丈夫	郭石贵	1940	拉祜	文盲	拉祜语,熟练	汉语,略懂
	长女	郭小五	1976	拉祜	小学	拉祜语,熟练	汉语,熟练
	女婿	郭志华	1991	汉	小学	汉语,熟练	拉祜语,熟练
	长孙	郭春梅	1992	拉祜	初中	拉祜语,熟练	汉语,熟练
	次孙	郭春讲	1994	拉祜	初中	拉祜语,熟练	汉语,熟练

续表

27	户主	李娜丕	1963	拉祜	小学	拉祜语,熟练	汉语,不会
	丈夫	李章保	1960	拉祜	小学	拉祜语,熟练	汉语,略懂
	母亲	李娜母	1931	拉祜	文盲	拉祜语,熟练	汉语,不会
	长子	李扎阿	1982	拉祜	小学	拉祜语,熟练	汉语,略懂
	长媳	罗娜莫	1986	拉祜	小学	拉祜语,熟练	汉语,略懂
	孙子	李金生	2006	拉祜	学前	拉祜语,熟练	
	次子	李扎发	1984	拉祜	小学	拉祜语,熟练	汉语,略懂
	次媳	李娜努	1985	拉祜	小学	拉祜语,熟练	汉语,略懂
	孙女	李金妹	2005	拉祜	学前		
28	户主	蒋玉生	1978	拉祜	初中	拉祜语,熟练	汉语,熟练
	妻子	李 妹	1978	拉祜	小学	拉祜语,熟练	汉语,略懂
	长子	蒋冬明	1997	拉祜	小六在读	拉祜语,熟练	汉语,略懂
	长女	蒋四兰	2005	拉祜	学前		
29	户主	李扎克	1963	拉祜	初中	拉祜语,熟练	汉语,熟练
	妻子	张娜药	1966	拉祜	小学	拉祜语,熟练	汉语,略懂
	长女	李娜妥	1985	拉祜	小学	拉祜语,熟练	汉语,略懂
30	户主	李娜袜	1960	拉祜	脱盲	拉祜语,熟练	汉语,不会
	丈夫	罗扎儿	1956	拉祜	脱盲	拉祜语,熟练	汉语,熟练
	长子	罗扎丕	1983	拉祜	小学	拉祜语,熟练	汉语,略懂
	长媳	张娜安	1985	拉祜	小学	拉祜语,熟练	汉语,略懂
	三子	罗玉明	1989	拉祜	小学	拉祜语,熟练	汉语,略懂
31	户主	罗扎药	1970	拉祜	脱盲	拉祜语,熟练	汉语,略懂
	妻子	李大妹	1975	拉祜	脱盲	拉祜语,熟练	汉语,略懂
	长女	罗娜袜	1996	拉祜	初中	拉祜语,熟练	汉语,熟练
	次女	罗 芳	2001	拉祜	小二在读	拉祜语,熟练	汉语,略懂
32	户主	李章时	1977	拉祜	初中	拉祜语,熟练	汉语,熟练
	妻子	张美妹	1978	拉祜	小学	拉祜语,熟练	汉语,略懂
	长女	李娜袜	1991	拉祜	小二在读	拉祜语,熟练	汉语,略懂
33	户主	李扎努	1956	拉祜	脱盲	拉祜语,熟练	汉语,不会
	妻子	李章妹	1958	拉祜	脱盲	拉祜语,熟练	汉语,不会
	次子	李扎思	1981	拉祜	小学	拉祜语,熟练	汉语,略懂
	三子	李扎丕	1983	拉祜	小学	拉祜语,熟练	汉语,略懂
34	户主	李扎迫	1976	拉祜	小学	拉祜语,熟练	汉语,略懂
	妻子	董克妹	1978	拉祜	小学	拉祜语,熟练	汉语,略懂
	长女	李达妹	1998	拉祜	小四在读	拉祜语,熟练	汉语,略懂
	次女	李娜拉	2004	拉祜	学前	拉祜语,熟练	汉语,略懂
	侄子	李扎丕	1992	拉祜	初中	拉祜语,熟练	汉语,熟练

续表

35	户主	李娜发	1968	拉祜	小学	拉祜语,熟练	汉语,不会
	丈夫	李扎拉	1969	拉祜	小学	拉祜语,熟练	汉语,不会
	长子	李扎药	1991	拉祜	初中	拉祜语,熟练	汉语,熟练
	长女	李玉梅	2003	拉祜	学前	拉祜语,熟练	汉语,略懂
	妹妹	李娜倮	1982	拉祜	初中	拉祜语,熟练	汉语,熟练
	妹夫	董长波	1979	汉	初中	汉语,熟练	拉祜语,略懂
	外甥女	董瑞波	2005	拉祜	学前		
36	户主	王扎儿	1971	拉祜	脱盲	拉祜语,熟练	汉语,略懂
	妻子	杨小春	1975	拉祜	脱盲	拉祜语,熟练	汉语,略懂
	长子	王时贵	1995	拉祜	初中	拉祜语,熟练	汉语,熟练
	次子	王克明	2005	拉祜	学前		
37	户主	罗娜药	1970	拉祜	脱盲	拉祜语,熟练	汉语,略懂
	妻子	李老八	1965	拉祜	脱盲	拉祜语,熟练	汉语,略懂
	长子	李 二	1986	拉祜	初中	拉祜语,熟练	汉语,熟练
	次子	李扎克	1990	拉祜	初中	拉祜语,熟练	汉语,熟练
38	户主	王扎拉	1996	拉祜	初二在读	拉祜语,熟练	汉语,熟练
39	户主	李六妹	1975	拉祜	小学	拉祜语,熟练	汉语,略懂
	丈夫	杨世明	1972	拉祜	初中	拉祜语,熟练	汉语,熟练
	长子	杨万里	2001	拉祜	小四在读	拉祜语,熟练	汉语,熟练
40	户主	铁二保	1956	拉祜	脱盲	拉祜语,熟练	汉语,略懂
	妻子	张娜所	1957	拉祜	脱盲	拉祜语,熟练	汉语,略懂
	长子	铁扎发	1981	拉祜	初中	拉祜语,熟练	汉语,熟练
	儿媳	罗娜发	1980	拉祜	初中	拉祜语,熟练	汉语,熟练
	孙子	铁汉平	2003	拉祜	小一在读	拉祜语,熟练	汉语,略懂
41	户主	铁里保	1943	拉祜	小学	拉祜语,熟练	汉语,略懂
	妻子	王六妹	1943	拉祜	文盲	拉祜语,熟练	汉语,不会
	长子	铁扎药	1974	拉祜	小学	拉祜语,熟练	汉语,略懂
	儿媳	王石妹	1973	拉祜	初中	拉祜语,熟练	汉语,熟练
	孙女	铁四妹	1994	拉祜	初中	拉祜语,熟练	汉语,熟练
	孙子	铁院明	2004	拉祜	学前	拉祜语,熟练	汉语,略懂
42	户主	李自保	1956	拉祜	小学	拉祜语,熟练	汉语,熟练
	长子	李扎迫	1993	拉祜	小学	拉祜语,熟练	汉语,熟练
	长女	李娜母	1997	拉祜	小六在读	拉祜语,熟练	汉语,熟练
43	户主	张老三	1971	拉祜	小学	拉祜语,熟练	汉语,略懂
	妻子	罗三妹	1978	拉祜	小学	拉祜语,熟练	汉语,略懂
	母亲	张娜努	1937	拉祜	文盲	拉祜语,熟练	汉语,不会
	长女	张七妹	1998	拉祜	小四在读	拉祜语,熟练	汉语,略懂
	长子	张扎九	2006	拉祜	学前		

续表

44	户主	铁六妹	1970	拉祜	小学	拉祜语,熟练	汉语,略懂
	丈夫	李扎发	1965	拉祜	小学	拉祜语,熟练	汉语,略懂
	父亲	铁秀宝	1937	拉祜	文盲	拉祜语,熟练	汉语,不会
	母亲	铁娜裸	1939	拉祜	文盲	拉祜语,熟练	汉语,不会
	长子	李 保	2000	拉祜	小二在读	拉祜语,熟练	汉语,略懂
	妹妹	铁娜袜	1975	拉祜	小学	拉祜语,熟练	汉语,熟练
	侄女	李未兰	1995	拉祜	初二在读	拉祜语,熟练	汉语,熟练
45	户主	苏扎儿	1974	拉祜	脱盲	拉祜语,熟练	汉语,略懂
	父亲	苏扎努	1946	拉祜	文盲	拉祜语,熟练	汉语,略懂
	大弟	苏扎朵	1981	拉祜	小学	拉祜语,熟练	汉语,略懂
	二弟	苏扎发	1985	拉祜	小学	拉祜语,熟练	汉语,略懂
46	户主	李明妹	1965	拉祜	小学	拉祜语,熟练	汉语,略懂
	丈夫	罗老大	1961	拉祜	小学	拉祜语,熟练	汉语,略懂
	三女	罗三妹	1985	拉祜	小学	拉祜语,熟练	汉语,熟练
47	户主	李老五	1970	拉祜	小学	拉祜语,熟练	汉语,略懂
	妻子	李娜妥	1965	拉祜	小学	拉祜语,熟练	汉语,略懂
	父亲	李扎母	1937	拉祜	文盲	拉祜语,熟练	汉语,不会
	母亲	李娜朵	1946	拉祜	文盲	拉祜语,熟练	汉语,不会
	长女	李娜儿	1986	拉祜	初中	拉祜语,熟练	汉语,熟练
	次女	李娜发	1999	拉祜	小四在读	拉祜语,熟练	汉语,略懂
48	户主	铁解法	1970	拉祜	小学	拉祜语,熟练	汉语,略懂
	妻子	李娜妥	1972	拉祜	小学	拉祜语,熟练	汉语,熟练
	长女	铁时妹	1989	拉祜	初中	拉祜语,熟练	汉语,熟练
	长子	铁扎丕	1993	拉祜	初中	拉祜语,熟练	汉语,熟练
49	户主	王七妹	1973	拉祜	脱盲	拉祜语,熟练	汉语,略懂
	丈夫	李 红	1974	拉祜	初中	拉祜语,熟练	汉语,熟练
	长女	李娜母	2000	拉祜	小四在读	拉祜语,熟练	汉语,略懂
50	户主	李扎药	1969	拉祜	小学	拉祜语,熟练	汉语,略懂
	妻子	张娜药	1980	拉祜	小学	拉祜语,熟练	汉语,略懂
	长子	李老大	1998	拉祜	小四在读	拉祜语,熟练	汉语,略懂
	长女	李金梅	2006	拉祜	学前	拉祜语,熟练	
51	户主	李娜母	1957	拉祜	文盲	拉祜语,熟练	汉语,不会
	丈夫	李扎妥	1947	拉祜	文盲	拉祜语,熟练	汉语,略懂
	三子	李 石	1976	拉祜	初中	拉祜语,熟练	汉语,熟练
	孙子	李老七	2004	拉祜	学前	拉祜语,熟练	汉语,不会
52	户主	李哑米	1973	拉祜	小学	拉祜语,熟练	汉语,略懂
	丈夫	李老五	1970	拉祜	小学	拉祜语,熟练	汉语,略懂
	长子	李扎丕	1991	拉祜	初中	拉祜语,熟练	汉语,熟练
	次子	李进明	1996	拉祜	初二在读	拉祜语,熟练	汉语,熟练

续表

53	户主	张扎迫	1956	拉祜	脱盲	拉祜语,熟练	汉语,略懂
	妻子	张娜努	1957	拉祜	小学	拉祜语,熟练	汉语,略懂
	次子	张 保	1980	拉祜	小学	拉祜语,熟练	汉语,略懂
	次媳	张克妹	1984	拉祜	初中	拉祜语,熟练	汉语,熟练
	孙子	刀苏保	2005	拉祜	学前		
54	户主	铁腊宝	1970	拉祜	小学	拉祜语,熟练	汉语,略懂
	妻子	杨娜阿	1973	拉祜	小学	拉祜语,熟练	汉语,略懂
	父亲	铁老九	1919	拉祜	文盲	拉祜语,熟练	汉语,不会
	长子	铁扎袜	1991	拉祜	初中	拉祜语,熟练	汉语,熟练
	次子	铁汉明	1995	拉祜	初二在读	拉祜语,熟练	汉语,熟练
55	户主	李扎体	1967	拉祜	小学	拉祜语,熟练	汉语,略懂
	妻子	铁王妹	1968	拉祜	小学	拉祜语,熟练	汉语,略懂
	长女	李大妹	1987	拉祜	初中	拉祜语,熟练	汉语,熟练
	女婿	董兴华	1974	汉	高中	汉语,熟练	拉祜语,不会
	外孙	董 磊	2005	拉祜	学前		
	长子	李扎莫	1989	拉祜	初中	拉祜语,熟练	汉语,熟练
56	户主	苏娜袜	1962	拉祜	脱盲	拉祜语,熟练	汉语,略懂
	长女	苏石妹	1984	拉祜	小学	拉祜语,熟练	汉语,略懂
	孙女	李春娅	2008	拉祜	学前		
57	户主	铁扎丈	1965	拉祜	小学	拉祜语,熟练	汉语,略懂
	妻子	铁娜努	1965	拉祜	小学	拉祜语,熟练	汉语,略懂
	长女	铁娜迫	1988	拉祜	初中	拉祜语,熟练	汉语,熟练
	次女	铁娜倮	1992	拉祜	初中	拉祜语,熟练	汉语,熟练
58	户主	王八妹	1969	拉祜	小学	拉祜语,熟练	汉语,不会
	长女	罗大妹	1992	拉祜	初中	拉祜语,熟练	汉语,略懂
	次女	罗娜努	1999	拉祜	小四在读	拉祜语,熟练	汉语,略懂
59	户主	张石保	1953	拉祜	小学	拉祜语,熟练	汉语,略懂
	妻子	张二妹	1958	拉祜	小学	拉祜语,熟练	汉语,略懂
	长子	张老大	1980	拉祜	初中	拉祜语,熟练	汉语,熟练
	长孙	张应华	2003	拉祜	小二在读	拉祜语,熟练	汉语,略懂
	三子	张扎努	1989	拉祜	初中	拉祜语,熟练	汉语,熟练
60	户主	苏扎发	1955	拉祜	小学	拉祜语,熟练	汉语,略懂
	妻子	苏娜朵	1957	拉祜	小学	拉祜语,熟练	汉语,不会
	长子	苏扎阿	1981	拉祜	小学	拉祜语,熟练	汉语,略懂
	长孙	苏改新	2003	拉祜	小一在读	拉祜语,熟练	汉语,略懂
	次子	苏扎努	1985	拉祜	小学	拉祜语,熟练	汉语,略懂
61	户主	张扎倮	1965	拉祜	小学	拉祜语,熟练	汉语,略懂
	妻子	张娜倮	1971	拉祜	脱盲	拉祜语,熟练	汉语,略懂
	长女	张兰妹	1981	拉祜	小学	拉祜语,熟练	汉语,略懂
	次女	张 清	1985	拉祜	初中	拉祜语,熟练	汉语,熟练
	长子	张扎母	1987	拉祜	小学	拉祜语,熟练	汉语,熟练
	三女	张六妹	1993	拉祜	初中	拉祜语,熟练	汉语,熟练

续表

62	户主	李娜海	1964	拉祜	小学	拉祜语,熟练	汉语,略懂
	丈夫	李扎拉	1965	拉祜	小学	拉祜语,熟练	汉语,熟练
	长子	李扎儿	1986	拉祜	小学	拉祜语,熟练	汉语,熟练
	长女	李扎师	1988	拉祜	初中	拉祜语,熟练	汉语,熟练
63	户主	铁老大	1959	拉祜	脱盲	拉祜语,熟练	汉语,略懂
	妻子	张石妹	1959	拉祜	脱盲	拉祜语,熟练	汉语,略懂
	次孙	李克明	1999	拉祜	小二在读	拉祜语,熟练	汉语,略懂
64	户主	李扎发	1958	拉祜	脱盲	拉祜语,熟练	汉语,略懂
	妻子	王 妹	1960	拉祜	脱盲	拉祜语,熟练	汉语,略懂
	次女	李娜迫	1980	拉祜	小学	拉祜语,熟练	汉语,熟练
65	户主	铁扎所	1946	拉祜	文盲	拉祜语,熟练	汉语,不会
	妻子	铁石妹	1944	拉祜	文盲	拉祜语,熟练	汉语,略懂
	长子	铁老三	1972	拉祜	小学	拉祜语,熟练	汉语,熟练
	长媳	李娜丕	1977	拉祜	小学	拉祜语,熟练	汉语,略懂
	孙子	铁白杰	1998	拉祜	小五在读	拉祜语,熟练	汉语,略懂
66	户主	铁扎母	1969	拉祜	小学	拉祜语,熟练	汉语,略懂
	妻子	铁小克	1965	拉祜	脱盲	拉祜语,熟练	汉语,略懂
	长子	铁张明	1988	拉祜	初中	拉祜语,熟练	汉语,熟练
	长女	铁娜丕	1990	拉祜	初中	拉祜语,熟练	汉语,熟练
67	户主	张娜倮	1957	拉祜	文盲	拉祜语,熟练	汉语,不会
	长女	张大妹	1975	拉祜	小学	拉祜语,熟练	汉语,略懂
	次女	张娜丕	1978	拉祜	小学	拉祜语,熟练	汉语,略懂
	三女	张娜袜	1979	拉祜	小学	拉祜语,熟练	汉语,略懂
	外孙	李红兵	2004	拉祜	学前	拉祜语,熟练	汉语,略懂
68	户主	李东妹	1966	拉祜	初中	拉祜语,熟练	汉语,熟练
	母亲	李娜丕	1940	拉祜	文盲	拉祜语,熟练	汉语,不会
	长子	铁扎母	1988	拉祜	初中	拉祜语,熟练	汉语,熟练
	次子	铁扎思	1990	拉祜	初中	拉祜语,熟练	汉语,熟练
69	户主	王扎发	1967	拉祜	初中	拉祜语,熟练	汉语,熟练
	长女	王学芳	1991	拉祜	初中	拉祜语,熟练	汉语,熟练
	长子	王得明	1994	拉祜	初中	拉祜语,熟练	汉语,熟练
70	户主	李娜拉	1970	拉祜	脱盲	拉祜语,熟练	汉语,略懂
	丈夫	李扎发	1964	拉祜	脱盲	拉祜语,熟练	汉语,略懂
	长子	李扎阿	1984	拉祜	初中	拉祜语,熟练	汉语,熟练
	长媳	李娜努	1982	拉祜	初中	拉祜语,熟练	汉语,熟练
	长孙	李改强	2004	拉祜	学前	拉祜语,熟练	汉语,略懂
	次女	李娜袜	1991	拉祜	初中	拉祜语,熟练	汉语,熟练
71	户主	张扎迫	1969	拉祜	脱盲	拉祜语,熟练	汉语,略懂
	妻子	李娜迫	1973	拉祜	脱盲	拉祜语,熟练	汉语,略懂
	长女	张娜发	1994	拉祜	初二在读	拉祜语,熟练	汉语,熟练
	次女	张娜阿	2000	拉祜	小二在读	拉祜语,熟练	汉语,略懂

续表

72	户主	胡娜妥	1959	拉祜	文盲	拉祜语,熟练	汉语,略懂
	丈夫	黄老八	1956	拉祜	文盲	拉祜语,熟练	汉语,略懂
	长子	黄扎儿	1980	拉祜	脱盲	拉祜语,熟练	汉语,略懂
	长女	黄娜模	1983	拉祜	小学	拉祜语,熟练	汉语,略懂
73	户主	李四妹	1970	拉祜	小学	拉祜语,熟练	汉语,略懂
	长女	王小新	1991	拉祜	小学	拉祜语,熟练	汉语,略懂
	次女	王艳红	1995	拉祜	小学	拉祜语,熟练	汉语,略懂
74	户主	铁石妹	1959	拉祜	小学	拉祜语,熟练	汉语,略懂
	丈夫	铁老五	1955	拉祜	小学	拉祜语,熟练	汉语,略懂
	次女	铁娜拉	1982	拉祜	小学	拉祜语,熟练	汉语,略懂
	女婿	李扎拉	1978	拉祜	小学	拉祜语,熟练	汉语,略懂
	外孙女	李云妹	2001	拉祜	小二在读	拉祜语,熟练	汉语,略懂
	孙女	李思婷	2008	拉祜	学前		
75	户主	黄元贵	1946	拉祜	小学	拉祜语,熟练	汉语,略懂
	妻子	铁娜丕	1946	拉祜	小学	拉祜语,熟练	汉语,略懂
	三子	黄开强	1978	拉祜	小学	拉祜语,熟练	汉语,略懂
	儿媳	石娜阿	1981	拉祜	小学	拉祜语,熟练	汉语,略懂
	孙女	黄克妹	2001	拉祜	小一在读	拉祜语,熟练	汉语,略懂
76	户主	张扎模	1975	拉祜	小学	拉祜语,熟练	汉语,略懂
	妻子	李张妹	1978	拉祜	小学	拉祜语,熟练	汉语,略懂
	母亲	张 妹	1946	拉祜	小学	拉祜语,熟练	汉语,不会
	弟弟	张树明	1978	拉祜	初中	拉祜语,熟练	汉语,熟练
	次女	张娜丕	2002	拉祜	小二在读	拉祜语,熟练	汉语,略懂
77	户主	李扎袜	1961	拉祜	文盲	拉祜语,熟练	汉语,略懂
	妻子	李七妹	1963	拉祜	脱盲	拉祜语,熟练	汉语,不会
	长子	李扎丕	1990	拉祜	初中	拉祜语,熟练	汉语,熟练
78	户主	张娜倮	1973	拉祜	小学	拉祜语,熟练	汉语,略懂
	丈夫	铁扎药	1973	拉祜	小学	拉祜语,熟练	汉语,熟练
	侄子	石老二	1985	拉祜	初中	拉祜语,熟练	汉语,熟练
	长女	铁玉梅	1994	拉祜	初中	拉祜语,熟练	汉语,熟练
	长子	铁晨华	1999	拉祜	小三在读	拉祜语,熟练	汉语,熟练
79	户主	李扎丕	1975	拉祜	脱盲	拉祜语,熟练	汉语,略懂
	妻子	李娜倮	1976	拉祜	文盲	拉祜语,熟练	汉语,熟练
	父亲	李扎戈	1944	拉祜	文盲	拉祜语,熟练	汉语,不会
	母亲	李石妹	1947	拉祜	文盲	拉祜语,熟练	汉语,不会
	妹妹	李娜拉	1978	拉祜	小学	拉祜语,熟练	汉语,熟练
	长女	李娜妥	1996	拉祜	初二在读	拉祜语,熟练	汉语,熟练
	次女	李红梅	2001	拉祜	小二在读	拉祜语,熟练	汉语,略懂
80	户主	王扎倮	1976	拉祜	小学	拉祜语,熟练	汉语,略懂
	妻子	胡九妹	1971	拉祜	小学	拉祜语,熟练	汉语,不会
	长女	王二妹	1992	拉祜	初中	拉祜语,熟练	汉语,熟练
	长子	王老二	1996	拉祜	初二在读	拉祜语,熟练	汉语,熟练

续表

81	户主	苏老二	1962	拉祜	脱盲	拉祜语,熟练	汉语,略懂
	妻子	李娜所	1964	拉祜	小学	拉祜语,熟练	汉语,略懂
	长女	苏玲妹	1984	拉祜	初中	拉祜语,熟练	汉语,熟练
	次子	苏扎母	1987	拉祜	初中	拉祜语,熟练	汉语,熟练
82	户主	王娜袜	1978	拉祜	小学	拉祜语,熟练	汉语,熟练
	丈夫	杨丕平	1970	汉	小学	汉语,熟练	拉祜语,熟练
	父亲	王老六	1940	拉祜	文盲	拉祜语,熟练	汉语,不会
	母亲	王娜海	1946	拉祜	文盲	拉祜语,熟练	汉语,不会
	长女	杨香	1998	拉祜	小六在读	拉祜语,熟练	汉语,熟练
	次女	杨改芳	2002	拉祜	小二在读	拉祜语,熟练	汉语,熟练
83	户主	铁老四	1967	拉祜	小学	拉祜语,熟练	汉语,熟练
	妻子	杨小芳	1967	拉祜	初中	拉祜语,熟练	汉语,熟练
	长子	铁宝	1970	拉祜	小学	拉祜语,熟练	汉语,熟练
	长女	铁娜模	1993	拉祜	初中	拉祜语,熟练	汉语,熟练
84	户主	王娜约	1974	拉祜	脱盲	拉祜语,熟练	汉语,熟练
	丈夫	杨石兵	1970	汉	小学	汉语,熟练	拉祜语,不会
	长女	杨文	1995	拉祜	初三在读	拉祜语,熟练	汉语,熟练
85	户主	李扎保	1966	拉祜	初中	拉祜语,熟练	汉语,熟练
	妻子	李娜阿	1969	拉祜	脱盲	拉祜语,熟练	汉语,略懂
	长子	李继成	1987	拉祜	初中	拉祜语,熟练	汉语,熟练
	长女	李八妹	1990	拉祜	初中	拉祜语,熟练	汉语,熟练
86	户主	黄扎保	1970	拉祜	小学	拉祜语,熟练	汉语,略懂
	妻子	李娜拉	1975	拉祜	脱盲	拉祜语,熟练	汉语,不会
	长子	黄扎发	1995	拉祜	初三在读	拉祜语,熟练	汉语,熟练
	长女	黄娜思	2003	拉祜	小二在读	拉祜语,熟练	汉语,略懂
87	户主	李扎海	1969	拉祜	脱盲	拉祜语,熟练	汉语,略懂
	妻子	李娜袜	1971	拉祜	脱盲	拉祜语,熟练	汉语,不会
	父亲	李石金	1943	拉祜	文盲	拉祜语,熟练	汉语,略懂
	母亲	李娜戈	1944	拉祜	文盲	拉祜语,熟练	汉语,不会
	长女	李石妹	1994	拉祜	初中	拉祜语,熟练	汉语,熟练
	次女	李秋艳	2000	拉祜	小三在读	拉祜语,熟练	汉语,略懂
88	户主	铁扎迫	1976	拉祜	小学	拉祜语,熟练	汉语,略懂
	妻子	罗时妹	1979	拉祜	小学	拉祜语,熟练	汉语,熟练
	长子	铁保	1996	拉祜	初二在读	拉祜语,熟练	汉语,熟练
	长女	铁三妹	2001	拉祜	小三在读	拉祜语,熟练	汉语,略懂
89	户主	李娜倮	1956	拉祜	文盲	拉祜语,熟练	汉语,不会
	次子	李老八	1978	拉祜	小学	拉祜语,熟练	汉语,熟练
	儿媳	李艳兰	1977	拉祜	初中	拉祜语,熟练	汉语,熟练
	孙女	李石妹	2004	拉祜	学前	拉祜语,熟练	汉语,略懂
90	户主	黄罗开	1965	拉祜	小学	拉祜语,熟练	汉语,熟练
	次女	黄娜拉	1996	拉祜	初二在读	拉祜语,熟练	汉语,熟练

续表

91	户主	张扎戈	1964	拉祜	初中	拉祜语,熟练	汉语,熟练
	妻子	黄小长	1966	拉祜	小学	拉祜语,熟练	汉语,熟练
	长子	张老大	1987	拉祜	初中	拉祜语,熟练	汉语,熟练
	次子	张志强	1990	拉祜	初中	拉祜语,熟练	汉语,熟练
92	户主	张扎儿	1965	拉祜	小学	拉祜语,熟练	汉语,略懂
	妻子	李六妹	1964	拉祜	小学	拉祜语,熟练	汉语,略懂
	次女	张娜莫	1986	拉祜	小学	拉祜语,熟练	汉语,熟练
	长子	张扎体	1989	拉祜	小学	拉祜语,熟练	汉语,熟练
93	户主	铁娜阿	1970	拉祜	小学	拉祜语,熟练	汉语,略懂
	丈夫	张扎啊	1970	拉祜	小学	拉祜语,熟练	汉语,略懂
	长子	张克云	1990	拉祜	初中	拉祜语,熟练	汉语,熟练
	次子	张扎思	1996	拉祜	小学	拉祜语,熟练	汉语,熟练
94	户主	李娜莫	1964	拉祜	小学	拉祜语,熟练	汉语,略懂
	丈夫	李哑八	1966	拉祜	小学	拉祜语,熟练	汉语,略懂
	三女	李娜妥	1986	拉祜	小学	拉祜语,熟练	汉语,熟练
	女婿	霍俊	1980	汉	高中	汉语,熟练	拉祜语,不会
	外孙女	霍思思	2006	拉祜	学前		
95	户主	唐扎袜	1964	拉祜	小学	拉祜语,熟练	汉语,略懂
	妻子	李娜思	1964	拉祜	小学	拉祜语,熟练	汉语,不会
	次女	唐娜倮	1995	拉祜	小学	拉祜语,熟练	汉语,熟练
96	户主	王娜发	1956	拉祜	小学	拉祜语,熟练	汉语,不会
	丈夫	蒋江石	1953	拉祜	小学	拉祜语,熟练	汉语,略懂
	长女	蒋娜迫	1980	拉祜	小学	拉祜语,熟练	汉语,熟练
	女婿	李跃荣	1977	拉祜	初中	拉祜语,熟练	汉语,熟练
	长外孙	李继红	2001	拉祜	小二在读	拉祜语,熟练	汉语,略懂
	次外孙	李进华	2007	拉祜	学前		
97	户主	胡老二	1967	拉祜	初中	拉祜语,熟练	汉语,略懂
	妻子	李腊妹	1968	拉祜	小学	拉祜语,熟练	汉语,略懂
	女儿	胡七妹	1988	拉祜	小学		
98	户主	张保	1961	拉祜	小学	拉祜语,熟练	汉语,略懂
	妻子	张小五	1966	拉祜	小学	拉祜语,熟练	汉语,不会
	长子	张扎莫	1986	拉祜	小学	拉祜语,熟练	汉语,略懂
	长媳	张克妹	1986	拉祜	小学	拉祜语,熟练	汉语,略懂
	长孙	张进明	2006	拉祜	学前		
	次子	李扎妥	1987	拉祜	初中	拉祜语,熟练	汉语,熟练
	三子	张里真	1990	拉祜	初中	拉祜语,熟练	汉语,熟练
99	户主	苏老六	1968	拉祜	小学	拉祜语,熟练	汉语,略懂
	妻子	李娜努	1969	拉祜	小学	拉祜语,熟练	汉语,略懂
	长子	李扎倮	1989	拉祜	小学	拉祜语,熟练	汉语,熟练
	长女	苏娜朵	1993	拉祜	小学	拉祜语,熟练	汉语,熟练

续表

100	户主	大张扎药	1956	拉祜	文盲	拉祜语,熟练	汉语,不会
	妻子	张娜妥	1956	拉祜	文盲	拉祜语,熟练	汉语,不会
	长子	张李四	1991	拉祜	小学	拉祜语,熟练	汉语,略懂
	次子	张扎朵	1993	拉祜	小学	拉祜语,熟练	汉语,略懂
101	户主	彭老七	1972	拉祜	脱盲	拉祜语,熟练	汉语,略懂
102	户主	铁树英	1978	拉祜	小学	拉祜语,熟练	汉语,熟练
	丈夫	滕仕金	1977	汉	小学	汉语,熟练	拉祜语,不会
103	户主	张石贵	1978	拉祜	小学	拉祜语,熟练	汉语,略懂
	妻子	李大妹	1981	拉祜	小学	拉祜语,熟练	汉语,略懂
	长子	张志华	2001	拉祜	小二在读	拉祜语,熟练	汉语,略懂
104	户主	张扎倮	1977	拉祜	小学	拉祜语,熟练	汉语,略懂
	妻子	李大妹	1977	拉祜	小学	拉祜语,熟练	汉语,略懂
	弟弟	张娜保	1982	拉祜	小学	拉祜语,熟练	汉语,略懂
	长女	张娜莫	1998	拉祜	小六在读	拉祜语,熟练	汉语,略懂
	长子	张扎妥	2005	拉祜	学前		
105	户主	张娜阿	1963	拉祜	脱盲	拉祜语,熟练	汉语,略懂
	丈夫	李老大	1962	拉祜	脱盲	拉祜语,熟练	汉语,略懂
	长女	张娜努	1984	拉祜	脱盲	拉祜语,熟练	汉语,略懂
	女婿	杨 强	1982	拉祜	脱盲	拉祜语,熟练	汉语,略懂
	外孙	杨 定	2006	拉祜	学前		
106	户主	张扎克	1941	拉祜	文盲	拉祜语,熟练	汉语,不会
	妻子	张娜拉	1948	拉祜	文盲	拉祜语,熟练	汉语,不会
	长子	张扎药	1973	拉祜	小学	拉祜语,熟练	汉语,熟练
	长媳	张娜迫	1973	拉祜	小学	拉祜语,熟练	汉语,略懂
	孙子	张扎袜	1995	拉祜	初二在读	拉祜语,熟练	汉语,熟练
	孙女	张娜莫	2003	拉祜	小一在读	拉祜语,熟练	汉语,略懂
	侄女	张娜妥	1991	拉祜	小学	拉祜语,熟练	汉语,熟练
107	户主	黄扎那	1947	拉祜	文盲	拉祜语,熟练	汉语,不会
	妻子	黄娜丕	1948	拉祜	文盲	拉祜语,熟练	汉语,不会
	次子	黄老四	1976	拉祜	小学	拉祜语,熟练	汉语,略懂
	次媳	杨娜思	1974	拉祜	小学	拉祜语,熟练	汉语,略懂
	长孙	黄扎而	1996	拉祜	初二在读	拉祜语,熟练	汉语,熟练
	次孙	黄进明	2001	拉祜	小二在读	拉祜语,熟练	汉语,略懂
108	户主	李正忠	1966	汉	高中	汉语,熟练	拉祜语,熟练
109	户主	张扎发	1964	拉祜	小学	拉祜语,熟练	汉语,略懂
	妻子	张娜妥	1966	拉祜	脱盲	拉祜语,熟练	汉语,略懂
	长子	张扎儿	1983	拉祜	小学	拉祜语,熟练	汉语,略懂
	长媳	李云妹	1987	拉祜	小学	拉祜语,熟练	汉语,略懂
	长女	张娜拉	1986	拉祜	初中	拉祜语,熟练	汉语,熟练
110	户主	李小有	1957	拉祜	小学	拉祜语,熟练	汉语,略懂
	妻子	李娜莫	1964	拉祜	小学	拉祜语,熟练	汉语,略懂
	长子	李扎倮	1987	拉祜	小学	拉祜语,熟练	汉语,熟练
	长女	李娜思	1988	拉祜	小学	拉祜语,熟练	汉语,熟练

续表

111	户主	李宋保	1975	拉祜	小学	拉祜语,熟练	汉语,熟练
	母亲	李娜丕	1951	拉祜	文盲	拉祜语,熟练	汉语,不会
	弟弟	李扎袜	1982	拉祜	小学	拉祜语,熟练	汉语,熟练
112	户主	李扎嘿	1963	拉祜	小学	拉祜语,熟练	汉语,略懂
	长子	罗扎袜	1992	拉祜	小学	拉祜语,熟练	汉语,熟练
	次子	罗扎努	1995	拉祜	小五在读	拉祜语,熟练	汉语,熟练
113	户主	李石头	1980	拉祜	小学	拉祜语,熟练	汉语,略懂
	妻子	李娜拉	1981	拉祜	小学	拉祜语,熟练	汉语,略懂
	长子	李科华	2002	拉祜	小二在读	拉祜语,熟练	汉语,略懂
114	户主	刘 勇	1973	汉	高中	汉语,熟练	拉祜语,熟练
	妻子	李三妹	1974	拉祜	小学	拉祜语,熟练	汉语,略懂
	长子	刘 冲	2000	拉祜	小四在读	拉祜语,熟练	汉语,略懂
115	户主	张娜袜	1965	拉祜	文盲	拉祜语,熟练	汉语,不会
	丈夫	张扎约	1976	拉祜	文盲	拉祜语,熟练	汉语,略懂
	长女	石娜恒	2006	拉祜	学前		

备注:松山林小组只有一个会拉祜文:罗扎妥,男,38岁,小学毕业。

附:村寨访谈录

一 松山林小组组长李扎倮访谈录

访谈对象:李扎倮,56岁,初中文化,松山林小组组长。

访谈时间:2010年1月10日

访谈地点:松山林小组村委会

访谈人:刘玉兰

问:请您简单介绍一下松山林小组的基本情况。

答:我们的这个寨子是松山林自然寨,属于勐滨村的一个小组,也是拉祜族村的大寨,共有126户,人口在450人左右。全组有地1100亩左右,其中水田240亩,山地930多亩。我们寨子得到县政府和乡政府的支持和帮助,被推荐评为四级"文明村"。因为我们村的拉祜群众勤劳勇敢,吃苦耐劳,村民团结,相互尊重,相互爱护,而且为拉祜族的社会文化进行传播。我们村有自己的歌舞队,共有70多个人一起跳拉祜舞蹈。政府有什么节日,我们团队都去参加表演。

问:请您介绍一下松山林小组的语言使用情况。

答:平时都用拉祜语交流,不管是在家里还是公共场合,还是过节或开会的时候。除非乡政府领导或外面的人来,我们才用汉语交流。但是用汉语的人也不是很多,我们村寨老人比较多,大多数还不太会说汉语。

问:村里九年义务教育普及的情况怎么样？松山林小组有没有学校？

答:现在我们寨子没有学校了,两年前就归在勐滨村了,从这里过去2公里。九年义务教育普及情况较好,小孩6岁以上都要去上学,上到初中毕业就出去打工了。现在是集中办学,本村学生都要送到勐滨村上学,另外各地方少数民族学生也来勐滨村学校读书,所以大家都能用汉语交流。

问:松山林小组的收入靠什么？村民们的生活怎么样？

答:我们的粮食是靠水稻,基本上都能种田。经济方面靠甘蔗、玉米、地谷、蔬菜等。糖厂就在我们村寨附近。我们每一户女人都会织拉祜包,一个包可以卖50元。另外每户都养猪、鸡和牛,经济状况还是一般的。

问:请您介绍一下松山林小组的风俗习惯和宗教仪式情况。

答:我们的节日有春节、清明节、葫芦节、新米节、火把节。我们村民都是拉祜纳,大家都信原始宗教。除了我当村寨的小组长,联络外面的工作以外,村里还有一位长辈管理村子的风俗活动和祭拜仪式。我们叫他"卡石郭巴"（kha^{31} sɤ^{11} ko^{35} pa^{11}）。我们村子有一个地方叫"萨舌耶"（sa^{33} tsɤ^{11} je^{33}）,过年或过节时我们都到"萨舌耶"祭拜或做仪式。那地方女人不能进去,小孩子或老人都可以去。我们村民都很尊重那个地方。到过节时除了做这些仪式,我们还停工在家里休息,不杀猪、不吃肉等。我们村子是团结的社会。比如:村民去山上打猎回来,不管打到小的还是大的动物,都会分给每家每户一起吃。关于经济方面,还有一个人我们叫做"扎离巴"（tɕa^{33} li^{35} pa^{11}）的,管劳动工具和经济发展。另外我们拉祜的社会很平等。比如:男女平等,男人去干活,女人也干活,我们家有挖地、砍柴和种田的活儿,男女都要一起做,我们的社会就是男女平等和谐。家里的工作主要是女人的,但是如果女人忙不过来,男人也可以做。

问:您家有几个人,都会说拉祜语吗？请您谈谈您家庭用语情况。

答:我有两个小孩,大家都会说拉祜语,小孩去上学后才学会汉语。

问:那老乡们什么时候讲拉祜语、什么时候讲汉语呢？

答:我们村寨大部分都是拉祜族,基本上都是用拉祜语交流,很少用汉语。如果家里来了外面的客人,就跟他们说汉语,或去澜沧县里买东西和办事情的时候用汉语交流,但是只是简单的那些话。

问:这些小孩平时说什么话？

答:平时都说拉祜语,不怎么说汉话,除非在学校里才用汉语跟老师和学生交流,在村子里面基本上都用拉祜语。

问:那您认为拉祜语重要吗？

答:我觉得很重要,以前我们学过拉祜文,政府请懂拉祜文的人来教过,我也学过4个月,学好了没有用都忘记了。现在只会说拉祜语,不会读拉祜文了。

问:您认为汉语对您的母语有冲击吗？

答:那没有。现在汉语对我们也是很重要的,如果不懂汉语的话,也不方便,一出村子都必须用汉语交流。我们老的这班人都不会读汉字,自己也觉得很困难,有的时候想学一学汉语,多懂一种语言也好。

问:那你们有没有跟其他民族交流?用什么语言交流?

答:有的,我们周边还有汉族、佤族、傣族和彝族,一般使用汉语交流。但是他们有些人会拉祜语,我们就可以用拉祜语交流。我们拉祜语不太难,其他民族学得很快,有的人来了三四个月就学会了。

问:你对拉祜语的传承和消失的问题,有什么看法?

答:我对拉祜语的传承很有兴趣,但是认识拉祜文的人比较少。我相信我们的文化和语言不会消失,因为我们每天都说拉祜语,按照我们的传统去宣传和保护拉祜文化,政府也很支持我们的做法。

二 松山林小组会计李扎迫访谈录

访谈对象:李扎迫,男,36岁,小学文化,松山林小组会计。

访谈时间:2010年1月10日

访谈地点:松山林小组村委会

访谈人:乔翔

问:您的汉语普通话怎么那么好,请您谈谈您的家庭语言情况。

答:我小时候,大概十七八岁的样子吧,参加县歌舞团的招考被选上了,出去工作过三个月。但是当时我父亲病得很严重,母亲一个人照顾不来,所以我就回来安家了。父亲去世后,通过朋友介绍,我又出去参加了一个表演团,在昆明的民族村、翠微湖工作,四川民族文化节还邀请我们去参加,还到过辽宁和大连进行演出。但是时间也是不长,因为母亲的身体也不好,所以我就又回来了。可能是因为我去过很多地方吧,我的汉语普通话就好一些。

问:您的家里有几个人?你们在家里一般用什么语言交流?

答:我有两个孩子,老大11岁,小的5岁。我们在家里基本上都用拉祜语交流,但是他们去上学后会说汉语了,有时候在家也说汉语。

问:那你的汉语那么好,想不想培养他们说汉语呢?

答:想过,但是要看他们的能力吧!

问:您希望孩子们将来走出去看看外面吗?

答:很希望他们出去找到更好的条件。我们农村人太苦了,一整年都要干活,干不完的活,但还是很贫困。

问:您经常到镇或县里办事吗?平时用什么语言呢?

答:拉祜语和汉语都用,有时见到拉祜族领导就用拉祜语讲话,见到汉族或其他民族领导就用汉语讲话。

问：你们村拉祜族有什么特点？

答：我们的建筑跟傣族差不多一样。因为我们周边有傣族的寨子，平时互相交流比较多。集中的有3个傣族寨：芒东、城子、娜养，离我们村子都很近。他们过年我们也过去，我们过节他们也来参加。另外，我们的妇女服装也受到傣族文化的影响，上面穿短褂，缀银泡，下面穿长筒裙，绣着很漂亮的花纹。

问：你们有哪些节日？

答：我们的节日有春节、火把节（6月24号），这些是我们的传统节日。在火把节那天，我们每户都在门前点火把，把整个村子都照亮。过节大家都休息一天，不出去干活。我们的传统文化都还保留得很好，节日里都要按照长辈教给的仪式去做。

问：节假日只休息一天吗？

答：对，村里人都是一年到头忙，没有人偷懒不干活。一天不出去心里就不踏实。这些天正是收甘蔗的时候，19号就撒种种玉米了。今天是因为你们来，我才没下田，我老婆早就在地里了。

问：你们的传统文化和神话传说有没有用拉祜语写的？

答：应该没有，平时也是没时间看书，除了过年过节以外，就下地劳动，回来也就是看看电视、喂猪、喂鱼就过去了。

问：你觉得你们的传统文化还保留多少？

答：传统的东西，有些保留，有些没有了。我爸妈那一代会吹芦笙，会弹口弦。像我就没好好学过，家里也没教，以前觉得那有什么重要的，现在想起来还是挺后悔的。我特别想学，但现在没人教了。拉祜族传统的故事我听过一点，但是更多的就不知道了。

问：我看到村委会黑板上有一首《快乐拉祜》的歌词，是汉语写的，那是做什么用的？

答：那是我们村的文化活动室，那歌是给村民们娱乐活动时用的，有时间的话大家就一起唱唱。

问：平时举办的娱乐活动多吗？

问：不多，过节的时候才有吧。开会的时候也会在那儿集中。

问：开会时用什么语言？

答：开会时都用拉祜语，像讨论说话什么都是拉祜语，只是念文件时用汉语。

问：作为村干部，你都做哪些工作？

答：我爸在这个队也是老党员、老干部了，我是接过我爸的责任，跟在他的后面，我爸怎么做我就学着怎么做。领着村民们修路、挖沟引水。还有老百姓生活上有什么困难就帮忙解决，解决不了的困难向上面反映。

问：村干部都是年轻人？

答：对，还是要感谢老一代，是他们打好了基础，留下一些传统，我们都是跟着他们学。

问：村民看病和医疗卫生怎么样呢？

答：医疗卫生还好的！我们有村医。

问：你们孩子上学的状况怎么样？

答:现在村民对教育问题很重视,大家都让孩子去上学。因为农民也必须有点文化,要不然没办法用农药、干活的。基本上都到初中毕业就出去外面打工,很少读到大学。因为村民认为读书再高,也会找不到工作的,读会一点就可以了。

问:您学过拉祜文吗?村民有没有人会拉祜文呢?

答:我会一点,村民有些人也会一点。我小学毕业后,政府给我们办了夜校,专门学拉祜文。那时候特别热闹,很多小伙子小姑娘。没有电点蜡烛来读书。不过学完了也是没有用,不读书都忘了。现在电也有了,路也通了,学习的人倒少了。

问:您觉得村民的汉语能力怎么样?

答:对老百姓来说,基本上跟外面的人沟通比较少,都是下地种地,不怎么外出,在家守家。有些做生意的送货上门。他们认为汉语不是很重要,只是懂一点就可以了。但是年轻这一代必须要学习汉语,多跟外面交流,才能发展经济。

问:那您希望您的孩子上双语的学校吗?

答:我希望孩子读双语,拉祜语也会,汉语也会。但是现在年轻人对拉祜族语言和文化都不感兴趣,他们都喜欢跳现代舞、唱现代歌,不会跳拉祜族的传统舞蹈。我本人也很担心拉祜文化传承的问题。有的人去外面打工回来,不想说拉祜语了,我很反感这些人。我也很担心过三、五十年后,我们拉祜子孙不会说拉祜语,拉祜语会消失的。

第四节 竹塘乡茨竹河村委会达的村拉祜族语言使用现状个案调查

一 竹塘乡社会基本情况

竹塘乡位于澜沧县城的西北部,东接南岭乡,南靠拉巴乡,西与西盟县交界,北与富帮、木嘎乡接壤。面积636平方公里。乡政府驻地募乃村是一个四面环山的小坝子,海拔1457米,距县城27公里,周围石灰岩峰林立,溶洞、暗河较多,气候温和。

竹塘乡在清代属贤官募乃土把总管辖。民国二十九年(1940年)前属县第七区,同年废区改为竹塘乡。1949年解放时建立竹塘区。1950年,澜沧县人民政府在募乃村成立。1953年4月,在募乃村召开澜沧拉祜族自治区首届第一次各族各界人民代表会议,成立澜沧拉祜族自治区(县级)人民政府。1953年12月至1954年1月,县政府及其所属机关搬迁至勐朗坝(现澜沧县城)。1969年改为前进公社,1971年改为竹塘公社,1984年恢复为竹塘区,1988年改为竹塘乡,下辖募乃、东主、攀枝花、云山、老炭山、大塘子、战马坡、南本、茨竹河、甘河、军勐11个行政村。

2000年改行政村公所为村民委员会,现辖11个村民委员会,175个自然村,203个村民小组。2008年末,全乡有7939户,30,735人。境内有拉祜、哈尼等10多种少数民族聚居,少数民族人口占总人口的 87%;其中拉祜族人口占总人口的 80%。竹塘乡是一个以拉祜族为主体的多民族乡,有拉祜、汉、哈尼、佤、彝、傣、布朗、回、白、瑶等民族。乡内人口最多的是拉祜族,其次是汉族,哈尼族为第三位①。

该乡以种植水稻、陆(旱)稻、玉米为主,兼种小麦、荞子、豆类等农作物;经济作物有茶叶、甘蔗、核桃、板栗、咖啡等。人均年收入 695 元。乡内有募乃老厂、万向建材有限责任公司、募乃水泥厂等乡镇企业。

竹塘乡 11 个村委会的人口统计表(2008)见下表。

1. 茨竹河村委会

表 2—46

序号	村寨名称	总户数	总人口	民 族			
				拉祜族	哈尼族	汉族	其他
1	达的(1.2.3.4 组)	171	743	740			3
2	麻的 1 组	38	151	151			
3	麻的 2 组	36	156	156			
4	骂灯地	70	300	300			
5	石山 1 组	43	185	185			
6	石山 2 组	20	93	93			
7	坝子社	16	65	65			
8	哈哭	14	65	65			
9	哈嘎 2 组	23	66	66			
10	哈嘎 2 组	16	64	64			
11	冬瓜林	52	223	223			
12	迷谷吗 1 组	31	141	141			
13	迷谷吗 2 组	25	97	97			
14	康的	27	97	97			
	合计	582	2446	2443	0	0	3

2. 攀枝花村委会

表 2—47

序号	村寨名称	总户数	总人口	民 族			
				拉祜族	哈尼族	汉族	其他
1	大寨	87	304	3	300		1
2	遥边	47	189	62		127	
3	雅口寨	21	59	31		28	
4	雅口新寨	50	174	174			
5	中寨	27	106	106			

---

① 本文中引用的数据均由竹塘乡政府提供,谨此致谢。

续表

6	扎倮	12	39	39			
7	张冲	43	165		165		
8	云南城1组	76	303		303		
9	云南城2组	33	138		138		
10	云南城3组	21	85		85		
11	俄伲八	47	165		165		
12	小寨1组	55	211		211		
13	小寨2组	24	97		97		
14	老高寨	38	152		152		
	合计	581	2187	415	1616	155	1

3. 东主村委会

表 2—48

序号	村寨名称	总户数	总人口	民族			
				拉祜族	哈尼族	佤族	其他
1	东主	144	587	206	37	28	316
2	半坡	38	117	117			
3	田坝	94	394	87	13		294
4	老缅大寨①	62	252	252			
5	老缅新寨②	20	89	89			
6	河边③	28	132	132			
7	帮灯	52	184		184		
8	大付各	41	147	147			
9	小付各	32	111	111			
10	阿德	52	196	196			
11	白塔	40	152	152			
12	张干	57	195	195			
13	佛堂	29	102	102			
	合计	689	2658	1786	234	28	610

4. 募乃村委会

表 2—49

序号	村寨名称	总户数	总人口	民族			
				拉祜族	汉族	佤族	其他
1	坝子社	85	273	12	260	1	
2	学堂大寨	56	214	10	202	2	

---

①②③ 1990年毕苏人(老缅人)划归拉祜族。

续表

3	学堂小寨	40	163	18	144	1	
4	老寨	90	335	40	252		43
5	龙洞1.2.3组	51	203	203			
6	龙洞4队	42	176	176			
7	龙洞5队	21	100	100			
8	龙洞6队	21	82	82			
9	龙洞7队	20	78	78			
10	阿云1队	26	97	97			
11	阿云2.3队	42	141	141			
12	南京洼1.2队	45	162	10	152		
13	南京洼3队	28	155	15	140		
14	南京洼4队	33	167	147	20		
15	上南京洼	21	93		93		
16	小新寨	29	92		92		
17	小广扎	40	145	145			
18	朱石长	50	224	11	123		90
19	迷追1队	29	141	141			
20	迷追2队	22	86	86			
21	广面1队	75	257	257			
22	广面2队	42	156	156			
23	老平掌	45	156	156			
24	娜诺科	83	327	327			
25	大广扎	93	385	385			
26	诺国一队	30	114	114			
27	诺国二队	29	104	104			
	合计	1188	4626	3011	1478	4	133

5．云山村委会

表2—50

序号	村寨名称	总户数	总人口	民　　族			
				拉祜族	汉族	佤族	其他
1	云山寨	184	744	736	7	1	
2	山岔河小寨	38	230	230			
3	山岔河大寨	54	213	213			
4	丕谷	13	42	42			
5	下云山	43	170	169	1		
6	白石山1组	60	266	265			1
7	白石山2组	49	204	204			
8	复兴1组	36	158	152	6		
9	复兴2组	35	145	141	4		
10	蒿枝坝1组	58	228	218	10		

11	蒿枝坝2组	52	168	168			
12	蒿枝坝3组	22	95	95			
	合计	644	2663	2633	28	1	1

6. 老炭山村委会

表2—51

序号	村寨名称	总户数	总人口	民　　族			
				拉祜族	汉族	哈尼	其他
1	老章寨	26	106	104			2
2	勐炳一组	75	265	251	14		
3	勐炳二组	27	92	88	4		
4	勐炳三组	22	69	25	44		
5	袜谷一组	42	139	60	79		
6	袜谷二组	35	137			137	
7	袜谷三组	37	138	89	49		
8	黑山一组	27	108	108			
9	黑山二组	35	136	136			
10	学堂社	25	95	22	66	5	2
11	上寨	13	50		50		
12	下寨	20	100	5	95		
13	老缅寨①	34	143	143			
14	帮婆	43	168	168			
15	百长一组	30	116	116			
16	百长二组	25	94	94			
17	百长三组	21	77	77			
18	哈果吗一组	31	120	120			
19	哈果吗二组	10	33	33			
20	哈果吗三组	11	44	44			
21	哈果吗四组	23	87	87			
22	阿卡八	19	84	77	7		
	合计	631	2401	1847	408	142	4

7. 大塘子村委会

表2—52

序号	村寨名称	总户数	总人口	民　　族			
				拉祜族	汉族	佤族	其他
1	下扎二	25	89	89			

---

① 1990年毕苏人(老缅人)划归拉祜族。

续表

2	上扎二	42	153	153			
3	下寨	41	170	165	5		
4	老寨	23	126	17	107		2
5	卡必科	11	36	33	3		
6	大沟	9	34	33			1
7	新寨	52	195	195			
8	联合社	42	156	53	77	26	
9	老达寨	44	167	160	7		
10	玉保	25	73	73			
11	啊里	26	101	61	40		
12	扎戈嘿	101	366	333	33		
13	翁拐下寨	32	134	134			
14	翁拐新寨	37	157	157			
15	翁拐老寨	61	248	248			
16	扎地水	32	111	111			
	合计	603	2316	2015	272	26	3

8. 战马坡村委会

表 2—53

序号	村寨名称	总户数	总人口	民 族			
				拉祜族	汉族	佤族	其他
1	彭金二组	94	374	339	35		
2	白水井	74	268	268			
3	阿给	48	194	194			
4	阿卡白	48	200	200			
5	彭金一组	53	205	205			
6	扎拉八	76	268	268			
7	石展云一组	65	248	248			
8	石展云二、三组	72	300	174	126		
9	哈卜吗一、二、三组	138	528	528			
10	上哈卜吗	82	347	347			
11	那别烈	74	295	295			
12	八别	49	191	191			
13	左谷	17	64	64			
14	小哈嘎别	35	124	124			
15	大哈嘎别	33	118	118			
16	扎甫	44	172	172			
17	扎路	59	217	217			
	合计	1061	4113	3952	161	0	0

9. 南本村委会

表 2—54

序号	村寨名称	总户数	总人口	民族			
				拉祜族	汉族	佤族	其他
1	汉族新寨	36	126	114	11	1	
2	汉族老寨	52	204	189	14		1
3	阿布国	36	171	171			
4	揩科塔	17	70	70			
5	鲁巴	26	117	117			
6	五六一组	29	113	113			
7	五六二组	18	82	82			
8	河边一组	32	109	109			
9	河边二组	49	190	190			
10	拉祜老寨	43	147	147			
11	扎拉寨	48	167	167			
12	太叶	40	157	157			
13	新贵	69	260	260			
14	羊各	64	256	256			
15	哈谷吗老寨	40	164	164			
16	哈谷吗新寨	20	61	61			
17	扎迪八	36	149	149			
18	豹子洞	9	42	42			
	合计	644	2585	2558	25	1	1

10. 甘河村委会

表 2—55

序号	村寨名称	总户数	总人口	民族			
				拉祜族	汉族	佤族	其他
1	骂拉的	60	250	250			
2	取那的	64	250	250			
3	大甘河	34	135	135			
4	八拐	25	100	100			
5	哈尼吗	26	101	101			
6	老三寨	23	100	100			
7	芭蕉塘	77	301	301			
8	袜得的下寨	44	177	177			
9	袜得的上寨	31	118	118			
10	小甘河	13	59	13	43	3	
11	小拉巴	25	97	97			
12	帮歪	32	120	120			
13	东赛	84	351	351			

续表

14	东务	100	413	413			
15	迷细丕	43	158	158			
	合计	681	2730	2684	43	3	0

11. 军勐村委会

表 2—56

序号	村寨名称	总户数	总人口	民族			
				拉祜族	汉族	傣族	其他
1	上寨	33	106	106			
2	中寨	50	172	172			
3	下寨	49	160	160			
4	务体	14	47	47			
5	独井	14	71	22	40	9	
	合计	160	556	507	40	9	0

澜沧的拉祜族有四大支系：拉祜纳（黑拉祜）、拉祜熙（黄拉祜）、毕苏人（老缅人）和苦聪人。其中毕苏人（老缅人）和苦聪人是20世纪90年代后归入拉祜族的。

竹塘乡的拉祜族人口主要集中在东主、募乃、云山、老炭山、大塘子、战马坡、南本、茨竹河、甘河村，人口都在1000—4055人之间。其余军勐、攀枝花村两个村的拉祜族人口有500人左右。东主村的三个寨都是毕苏人（当地人称为老缅人）。其中老缅大寨有252人，老缅新寨有89人、河边寨有132人。另外老炭山村的老缅寨有143人，也是毕苏人（老缅人）。1990年他们都划入拉祜族。但他们有自己的语言毕苏语（当地人称为老缅话），与拉祜语不相通。不过，由于受周边拉祜族和汉族的影响，大部分毕苏人都是毕苏语、汉语、拉祜语三语人（徐世璇，2005）。

在文化方面，1974年前竹塘乡电影放映由县电影队负责，1月可以看到3—4次电影。1980年竹塘乡成立电影队，由电影队负责管理。1982年乡政府贷款并自筹资金，建盖了电影院，全年放映360—500场。1982年建立了竹塘乡文化站，陆续配备了彩色电视机、放像机、发电机、照像机、收录机书柜、图书阅览室等，开展全乡文化生活宣传、文艺节目活动。

1971年1月建竹塘区广播站，配有三叉机5瓦高音广播，后配300瓦有线广播扩音机1台（1971年出的设备）。全年开机1350小时，每天用汉语播放两次广播节目；逢赶集日则用拉祜语播音，宣传上级政策及文件精神，好人好事等。1984年筹建竹塘区地面差转站，1988年12月建成地面卫星接收站，乡级机关干部职工及周边部分群众可收看到各种电视节目。1997年开通闭路电视，全乡拥有各种电视5000台，其中闭路电视700台。

近年来，澜沧县委、县政府提出了"拉祜文化兴县"的口号，民族文化，特别是拉祜文化得到了前所未有的重视。传统文化、民间文化、历史传说、神话故事、民歌民乐、寓言谚语、诗歌叙事等民族文化的精华，如《索逮噜逮》、《牡帕密帕》、芦笙舞、口弦等正在不断开发。1982年起曾断断续续在乡境内拉祜族较为集中的村寨,开展过拉祜语字的扫盲,村小学开设过拉祜语、汉语双语教学,汉字的识字能力得到了提高。有的还用拉祜文字编成诗歌,促进拉祜文化的传承与发展。每逢春节,澜沧县都要举行盛大的芦笙舞会,以此推动全县的民族文化艺术的发展。

竹塘乡有一所中心完小,始建于1951年3月,原为募乃小学(学堂),后为竹塘公社小学,1985年更名为竹塘乡中心完小。2005年,全乡有小学校点41个,年内收缩校点33个。2007年,为实现"收缩校点,集中办学,提高办学质量"的目标,全乡校点收缩为17个。现有在校学生3229人,教职工195人。

竹塘乡中学,始建于1969年,是一所小学附设初中班的中学。当时是在"读小学不出村,读初中不出大队,读高中不出公社"的口号影响下建立的。1996年校址搬迁至仙人洞姨妹岩角,办学条件有了一定的改善。现有教职工45人,在校学生492人。

值得一提的是,由于"收缩校点,集中办学",拉祜族地区出现了新的上学难问题。2007年收缩校点后,有的拉祜族寨子就没有学校了,住校的拉祜族孩子大部分需步行3—5公里到村完小上学。一年级7岁的孩子,一般生活没有自理能力,也不能步行3—5公里到校学习。因此,刚开始时,很多家长被卷入孩子上学的事务之中,严重地耽误了日常的农活。天长日久,为了现实的生存,部分家长不得不放弃孩子受学校教育的机会,辍学现象日渐增多。

在医疗卫生方面,1953年4月建立了竹塘乡中心卫生院,1956年建立了竹塘区卫生所,1979年更名为竹塘公社卫生院,1989年4月又扩大为竹塘乡中心卫生院。该院2006年有职工19人(其中主治医师1人,医师3人),病床33张,院内设有综合门诊部。现有香港援建的一栋门诊楼和一栋上海援建的综合门诊楼,面积350平方米。主要承担乡境内11个村民委员会、203个村民小组村民及附近厂矿企业单位职工的看病和治疗。

2005年开始实施农村新型医疗合作体制,组建了竹塘乡新型农村合作医疗管理机构,实行中心卫生院、乡村两级负责制。农民用"医疗卡"可到村卫生室、乡中心卫生院、县人民医院看病就诊,按规定的比例和标准核销医疗费,这就解决了农民群众看病难、看病贵的问题。2006年,全乡有11个村民委员会卫生室,村寨有民间草医、卫生员、接生员,其中卫生员22人。

在宗教信仰方面,拉祜人主要信仰"厄萨",认为是最大的神,是万物的缔造者,主宰万物,执掌着人们的凶吉祸福。有一部分拉祜族信奉基督教、天主教和佛教。宗教信仰者无论是自然崇拜,还是信奉基督教、天主教、佛教,都不互相排斥和歧视,尊重各自的教规教义。目前,乡内有云山村蒿枝坎基督教堂和募乃村阿云寨基督教堂,每逢星期六、星期日教徒都会集中到教堂学习《圣经》,唱赞美诗。

根据对以上乡情的了解,我们挑选拉祜族聚居、位于山区的茨竹河村达的四组作为拉祜语言使用情况的个案调查点,并对其语言情况进行了穷尽式的入户调查。

二 茨竹河村达的四组语言使用情况

由于不同年龄段的特点存在差异,我们将该村的拉祜人分为4个年龄段进行统计分析。

这四个年龄段是:6—19岁、20—39岁、40—59岁和60岁以上。对不同年龄段之间的语言使用状况进行对比研究,对于观察语言的活力或衰退有着重要意义。青少年处于家庭语言学习的阶段,是本族语的继承者,认识本族语能否继承和延续他们是一个重要标志,所以研究他们的语言使用现状非常必要。青壮年处于受教育和接触社会的最佳时期,是接受主流文化和异质文化的主力,面临着各种语言的选择。其语言特点对下一代语言传承有着重要的影响。

(一) 拉祜语使用情况

1. 母语——拉祜语是达的四组的通用语。

拉祜族社区通用拉祜语,大多数拉祜族是母语单语人。为准确评估其语言能力,课题组参照语言口语"听"、"说"技能,把语言能力划分为"熟练"、"略懂"和"不会"3个等级。根据上述划分的级别,我们将达的四组的拉祜语使用情况分析统计如下表2—57。

表2—57

年龄段(岁)	调查人口	熟练		略懂		不会	
		人数	百分比	人数	百分比	人数	百分比
6—19	37	37	100	0	0	0	0
20—39	85	85	100	0	0	0	0
40—59	63	63	100	0	0	0	0
60以上	24	24	100	0	0	0	0

上表显示,达的四组的拉祜族从青少年到老年人都能熟练使用母语,说明母语活力,保存完好,而且传承链条衔接好,未出现语言代际传承递减或脱节的现象。

2. 达的四组拉祜族保留母语的原因

达的四组拉祜族保留母语的原因有多种,主要有以下几点:

一是高度聚居。竹塘乡的拉祜族人口占全乡人口的80%,茨竹河村的拉祜族人口占全村人口的99.7%。村寨与村寨之间鸡犬相闻,最近的寨子只有几百米,最远的寨子约5公里。在一个方圆5公里的拉祜族聚居区域,拉祜族人口密度大,拉祜语的使用频率高,语言生态环境好,拉祜语作为族内交际语,使用频率高,实用性强,容易保持。

二是族内通婚。在家庭内部,无论是长辈与晚辈(祖父母辈与父母辈、父母辈与子女辈以及祖父辈与孙子女辈等)之间的交流或不同辈分寨人之间的对话(祖父母之间、父母之间以及子女之间)都使用拉祜语;在社区、生产生活场所,长辈在给晚辈传授生产经验、生活常识时也使用拉祜语;家人、伙伴聊天,家庭解决家庭事务,寨与寨之间的沟通和交流,也使用拉祜语。拉祜语作为村寨及家庭内部交际语,交际性强,容易维持。

三是教育落后。拉祜族地处偏僻边远、经济落后的山区,绝大多数拉祜族家庭都供不起孩子上学。有相当一部分人是文盲。30岁以上的大部分拉祜族不会汉语,他们只能用母语与本族人及其他民族交流。因为不懂汉语,拉祜语是他们唯一的语言工具,这有助于母语的保留。

四是交通闭塞。虽然解放60年,乡乡通公路,村村有土路,交通有了很大的改善。但是,还有许多小寨没通公路。外面的人进不去,里面的人出不来,与外界的接触非常少。异质文化,特别是汉文化对拉祜族地区的干扰和冲击很小。有的家庭祖祖辈辈都是单语人。小农意识根深蒂固,思乡恋土突出。族群社区本族人之间见面打招呼、聊天、生产劳动、节日、集会、婚嫁、丧葬活动等只使用拉祜语,即便有汉族、彝族、佤族等参加也不例外。

3. 拉祜语400词测试

为进一步了解不同年龄段对拉祜语词汇的认知能力,我们从每个年龄段随机抽样2人,进行拉祜语400词测试。测试结果对比分析见表2—58。

表2—58

序号	家庭编号	姓名	年龄	拉祜族母语400词测试结果						母语能力等级
				A+B	百分比	D	百分比	C	百分比	
1	18	李扎迫	16	367	91.75	7	1.75	26	6.5	优秀
2	40	洪扎思	17	384	96	7	1.8	9	2.2	优秀
3	30	李扎努	23	389	97.3	6	1.5	5	1.2	优秀
4	见下注	李保	26	353	88.3	25	6.2	22	5.5	优秀
5	41	李娜米	41	362	90.5	15	3.8	23	5.7	优秀
6	44	李扎克	44	385	96.2	5	1.3	10	2.5	优秀
7	3	石扎倮	61	395	98.7	5	1.3			优秀
8	45	李扎嘎	67	395	98.7	5	1.3			优秀

注:李保,户籍在募乃村,因父亲一直在茨竹河达的村委工作,他从小随父母到达的村,高中毕业,现在家待业。

上表显示,各年龄段母语词汇掌握能力相差不大,都在"优秀"级水平。但是不同人的D级词,即"不会"的词汇却有一些细微的差别。李保"不会"的词汇最高,达25个,其中有7个用汉语借词替代,这与他今年高中毕业汉语较好有关。

其余被测试者"不会"的词集中在"铜、炭、桥、水獭、豪猪、麻雀、茅草、窗子、剪子、伞、锯子、歌、锋利、涩、舂(米)、打(嗝儿)、打(鼾)、叠(被子)"等词上。对少部分常用的名词和动词,不同年龄段熟练程度不同。有的通过提示才能说得出来,有的提示后还说不出。说不出的词,主要有以下两个原因:

(1)许多人不知道"水獭、豪猪、麻雀"等词。个别人经过提示才能说出来。这是因为这些动物逐渐消失,平时不常用而逐渐淡忘。

(2)有些人由于受汉语教育时间较长,一些词用汉语借词代替本族语词。如"炭、桥、茅草、窗子、剪子、伞、锯子"等。

(二)汉语使用情况

为了解达的四组的汉语使用情况,我们进行了入户调查。测试结果见下表2—59。

表 2—59

年龄段（岁）	调查人口	熟练		略懂		不会	
		人数	百分比	人数	百分比	人数	百分比
6—19	37	8	21.6	22	59.5	7	18.9
20—39	85	5	7	64	74.4	16	18.6
40—59	63	0	0	29	46	34	54
60 以上	24	0	0	4	16.7	20	83.3

上表显示，达的四组拉祜族的汉语使用分为三个层次：一是青少年层，汉语"熟练"的占调查人数的 21.6％，"略懂"的占 59.5％，"不会"的占 18.9％。二是青壮年层，汉语"熟练"的占调查人数的 7％，"略懂"的占 74.4％，"不会"的占 18.6％，呈递减趋势。三是成年人和老年人层，其汉语"熟练"人数为 0，"略懂"的占 16.7％，"不会"的占 83.3％。

该地拉祜族汉语能力低的原因主要是：

1. 接受学校教育的比例小，时间短。对青少年而言，接受小学义务教育是他们学习汉语的主要途径。但在实行九年义务教育之前，拉祜族上学的比例相对偏低，许多人没有上学，也就没有获得在学校习得汉语的机会。而且，拉祜族学生辍学的多，学了几年后就回到家乡。原来学到的汉语就慢慢遗忘了。

2. 语言负担重。他们接触汉语是在教室里有老师教才慢慢学会的，但老师在课堂上讲的是普通话，而学生在课后说的是当地方言，二者相互干扰，增加语言习得负担。

3. 与汉族接触少。该地拉祜族高度集中，其他民族少，学习汉语的环境欠佳。本来他们的汉语水平就不高。在这样环境中就不敢开口，出现了汉语交际中的自卑感。汉语水平高的青壮年和中年人，大多是经常接触汉语的拉祜族。他们当中，有的当过兵，在部队待了 3—7 年。他们说，他们刚到部队时，汉语不流利，但不得不用，时间一长，听的多，用的多，退伍时就能熟练使用汉语了。有一部分人是上过小学的村干部。他们经常与乡、县干部接触。

4. 对老年人来说，他们成年累月住在山上，很少外出，没见过什么世面，没有接触汉语的机会。他们几乎都是文盲，除母语外不会汉语。

语言作为一种交际工具，首先要有一定的人群使用，这是语言存在的前提条件。澜沧拉祜族的拉祜语保存完好，是因为人口数量多、居住地域集中，形成一个强大的人口优势，母语通用范围广。

三　竹塘乡茨竹河达的四组家庭语言使用情况表

表 2—60

家庭编号	家庭关系	姓名	出生年份	民族	文化程度	第一语言及水平	第二语言及水平
1	户主	李扎母	1973	拉祜	小学	拉祜语,熟练	汉语,略懂
	妻子	李八妹	1975	拉祜	文盲	拉祜语,熟练	汉语,不会
	哥哥	李老东	1971	拉祜	小学	拉祜语,熟练	汉语,不会
	哥哥	李扎海	1966	拉祜	文盲	拉祜语,熟练	汉语,不会
	母亲	李娜丕	1938	拉祜	文盲	拉祜语,熟练	汉语,不会
	侄女	李　娜	2005	拉祜	学前		
2	户主	张老二	1959	拉祜	小学	拉祜语,熟练,	汉语,略懂
	妻子	李娜克	1960	拉祜	小学	拉祜语,熟练,	汉语,略懂
	长子	张扎丕	1979	拉祜	小学	拉祜语,熟练	汉语,略懂
	次子	张扎科	1983	拉祜	小学	拉祜语,熟练	汉语,略懂
3	户主	石扎倮	1949	拉祜	小学	拉祜语,熟练	汉语,略懂
	妻子	洪娜例	1955	拉祜	小学	拉祜语,熟练	汉语,不会
	儿子	石老八	1982	拉祜	小学	拉祜语,熟练	汉语,略懂
	儿媳	李娜思	1988	拉祜	小学	拉祜语,熟练	汉语,略懂
	孙子	石　平	2008	拉祜	学前	拉祜语,略懂	汉语,不会
4	户主	石扎丕	1978	拉祜	小学	拉祜语,熟练	汉语,略懂
	妻子	李娜克	1979	拉祜	小学	拉祜语,熟练	汉语,略懂
	长女	石妹	1997	拉祜	小学	拉祜语,熟练	汉语,略懂
	次女	石娜努	2002	拉祜	小一在读	拉祜语,熟练	汉语,不会
5	户主	张呀嘎	1935	拉祜	文盲	拉祜语,熟练	汉语,不会
	妻子	张娜代	1938	拉祜	文盲	拉祜语,熟练	汉语,不会
	长子	张扎发	1974	拉祜	小学	拉祜语,熟练	汉语,略懂
	儿媳	李娜妹	1975	拉祜	小学	拉祜语,熟练	汉语,不会
	长孙	张扎莫	1996	拉祜	初一	拉祜语,熟练	汉语,略懂
	次孙	张扎迫	2000	拉祜	小二在读	拉祜语,熟练	汉语,不会
6	户主	李老三	1953	拉祜	小学	拉祜语,熟练	汉语,不会
	妻子	张娜母	1958	拉祜	小学	拉祜语,熟练	汉语,不会
	长女	李娜所	1984	拉祜	小学	拉祜语,熟练	汉语,略懂
	女婿	黄　明	1980	汉族	小学	拉祜语,熟练	汉语,略懂
	孙子	黄扎啊	2007	拉祜	学前		
	次女	李娜思	1984	拉祜	小学	拉祜语,熟练	汉语,略懂
7	户主	李扎药	1969	拉祜	小学	拉祜语,熟练	汉语,略懂
	妻子	李娜妥	1973	拉祜	小学	拉祜语,熟练	汉语,不会
	长女	李娜发	1993	拉祜	小学	拉祜语,熟练	汉语,略懂

续表

8	户主	石娜体	1960	拉祜	小学	拉祜语,熟练	汉语,不会
	丈夫	李扎戈	1961	拉祜	小学	拉祜语,熟练	汉语,略懂
	长子	石扎倮	1981	拉祜	小学	拉祜语,熟练	汉语,略懂
	孙女	李娜阿	2002	拉祜	小一在读	拉祜语,熟练	汉语,不会
9	户主	李娜米	1947	拉祜	文盲	拉祜语,熟练	汉语,不会
	孙子	李扎丕	1980	拉祜	小学	拉祜语,熟练	汉语,略懂
10	户主	李扎体	1958	拉祜	小学	拉祜语,熟练	汉语,略懂
	妻子	李娜迫	1960	拉祜	小学	拉祜语,熟练	汉语,略懂
	长子	李扎袜	1985	拉祜	小学	拉祜语,熟练	汉语,略懂
11	户主	李扎嘿	1972	拉祜	小学	拉祜语,熟练	汉语,略懂
	妻子	李娜朵	1975	拉祜	小学	拉祜语,熟练	汉语,不会
	长子	李扎迫	1995	拉祜	初一在读	拉祜语,熟练	汉语,略懂
	长女	李娜母	2001	拉祜	小二在读	拉祜语,熟练	汉语,不会
12	户主	李娜母	1950	拉祜	小学	拉祜语,熟练	汉语,不会
	丈夫	李老三	1950	拉祜	文盲	拉祜语,熟练	汉语,不会
	长女	李娜啊	1988	拉祜	小学	拉祜语,熟练	汉语,略懂
	女婿	罗老东	1980	拉祜	小学	拉祜语,熟练	汉语,略懂
	孙子	李扎阿	2006	拉祜	学前		
13	户主	张扎六	1966	拉祜	小学	拉祜语,熟练	汉语,略懂
	妻子	李三妹	1969	拉祜	小学	拉祜语,熟练	汉语,不会
	长女	张娜母	1987	拉祜	小学	拉祜语,熟练	汉语,略懂
	长子	张扎倮	1989	拉祜	小学	拉祜语,熟练	汉语,略懂
	孙子	李扎莫	2008	拉祜	学前		
14	户主	李扎务	1954	拉祜	文盲	拉祜语,熟练	汉语,不会
	妻子	石娜莫	1958	拉祜	文盲	拉祜语,熟练	汉语,不会
	长子	李老三	1983	拉祜	小学	拉祜语,熟练	汉语,略懂
	儿媳	李娜妥	1984	拉祜	小学	拉祜语,熟练	汉语,略懂
15	户主	罗扎母	1957	拉祜	文盲	拉祜语,熟练	汉语,不会
	妻子	李娜袜	1959	拉祜	小学	拉祜语,熟练	汉语,不会
	长子	李扎药	1977	拉祜	小学	拉祜语,熟练	汉语,不会
	次子	李扎克	1990	拉祜	小学	拉祜语,熟练	汉语,略懂
	儿媳	李娜所	1988	拉祜	小学	拉祜语,熟练	汉语,不会
16	户主	李扎阿	1957	拉祜	小学	拉祜语,熟练	汉语,略懂
	妻子	李娜阿	1959	拉祜	小学	拉祜语,熟练	汉语,不会
	长女	李娜戈	1978	拉祜	小学	拉祜语,熟练	汉语,略懂
	女婿	李老伍	1975	拉祜	初中	拉祜语,熟练	汉语,略懂
	长子	李扎体	1980	拉祜	初中	拉祜语,熟练	汉语,略懂
	儿媳	李娜七	1989	拉祜	小学	拉祜语,熟练	汉语,熟练
	孙子	李 保	1997	拉祜	小六在读	拉祜语,熟练	汉语,略懂
17	户主	张扎体	1973	拉祜	文盲	拉祜语,熟练	汉语,略懂
	妻子	张娜列	1972	拉祜	文盲	拉祜语,熟练	汉语,不会
	长子	张扎思	1994	拉祜	初三在读	拉祜语,熟练	汉语,熟练
	长女	张娜妥	2004	拉祜	学前		

续表

18	户主	张扎嘿	1970	拉祜	小学	拉祜语,熟练	汉语,略懂
	妻子	李娜珍	1971	拉祜	小学	拉祜语,熟练	汉语,略懂
	长子	李扎迫	1994	拉祜	初三在读	拉祜语,熟练	汉语,熟练
	次子	李扎莫	1998	拉祜	小六在读	拉祜语,熟练	汉语,略懂
19	户主	李扎中	1960	拉祜	文盲	拉祜语,熟练	汉语,不会
	妻子	罗娜儿	1975	拉祜	小学	拉祜语,熟练	汉语,不会
20	户主	罗扎阿	1958	拉祜	小学	拉祜语,熟练	汉语,略懂
	妻子	张娜列	1958	拉祜	小学	拉祜语,熟练	汉语,不会
	长子	罗阿里	1980	拉祜	小学	拉祜语,熟练	汉语,略懂
	儿媳	李娜六	1986	拉祜	小学	拉祜语,熟练	汉语,略懂
	孙女	李娜真	2007	拉祜	学前		
21	户主	罗老三	1969	拉祜	小学	拉祜语,熟练	汉语,略懂
	妻子	李娜戈	1964	拉祜	小学	拉祜语,熟练	汉语,略懂
	母亲	石娜米	1938	拉祜	文盲	拉祜语,熟练	汉语,不会
	长子	罗 保	1993	拉祜	初三在读	拉祜语,熟练	汉语,熟练
	次子	罗扎迫	1997	拉祜	小六在读	拉祜语,熟练	汉语,略懂
22	户主	李亚八	1957	拉祜	文盲	拉祜语,熟练	汉语,不会
	妻子	李娜那	1960	拉祜	文盲	拉祜语,熟练	汉语,不会
	长子	李扎发	1982	拉祜	小学	拉祜语,熟练	汉语,略懂
23	户主	李扎体	1978	拉祜	小学	拉祜语,熟练	汉语,略懂
24	户主	罗老八	1933	拉祜	文盲	拉祜语,熟练	汉语,不会
	长子	罗扎路	1963	拉祜	小学	拉祜语,熟练	汉语,略懂
	儿媳	李娜发	1963	拉祜	小学	拉祜语,熟练	汉语,略懂
	孙子	罗扎拉	1984	拉祜	中专	拉祜语,熟练	汉语,熟练
	孙女	罗娜戈	1987	拉祜	小学	拉祜语,熟练	汉语,略懂
	次子	罗扎迫	1970	拉祜	小学	拉祜语,熟练	汉语,略懂
	儿媳	李娜戈	1981	拉祜	小学	拉祜语,熟练	汉语,略懂
	孙女	罗娜母	1997	拉祜	小六在读	拉祜语,熟练	汉语,略懂
	孙女	罗娜拉	2002	拉祜	小一在读	拉祜语,熟练	汉语,不会
25	户主	李扎母	1959	拉祜	小学	拉祜语,熟练	汉语,略懂
	妻子	李娜莫	1962	拉祜	小学	拉祜语,熟练	汉语,不会
	长子	李亚务	1987	拉祜	小学	拉祜语,熟练	汉语,略懂
26	户主	洪老东	1972	拉祜	小学	拉祜语,熟练	汉语,略懂
	弟弟	洪扎铁	1977	拉祜	小学	拉祜语,熟练	汉语,略懂
27	户主	石阿里	1949	拉祜	小学	拉祜语,熟练	汉语,略懂
	妻子	李娜努	1952	拉祜	文盲	拉祜语,熟练	汉语,不会
	长子	石扎保	1972	拉祜	小学	拉祜语,熟练	汉语,略懂
	儿媳	罗娜迫	1979	拉祜	小学	拉祜语,熟练	汉语,略懂
	次子	石亚迫	1986	拉祜	中专	拉祜语,熟练	汉语,熟练
	孙女	石妹	2007	拉祜	学前		

续表

28	户主	洪三保	1944	拉祜	文盲	拉祜语,熟练	汉语,不会
	妻子	李娜米	1946	拉祜	文盲	拉祜语,熟练	汉语,不会
	次子	洪扎海	1968	拉祜	小学	拉祜语,熟练	汉语,略懂
	儿媳	李娜妥	1969	拉祜	小学	拉祜语,熟练	汉语,略懂
	孙女	洪娜思	1993	拉祜	初三在读	拉祜语,熟练	汉语,熟练
	孙子	洪扎戈	2004	拉祜	学前		
	三子	洪李三	1976	拉祜	初中	拉祜语,熟练	汉语,熟练
29	户主	罗扎迫	1975	拉祜	小学	拉祜语,熟练	汉语,略懂
	妻子	李娜克	1977	拉祜	小学	拉祜语,熟练	汉语,略懂
	父亲	罗扎倮	1948	拉祜	文盲	拉祜语,熟练	汉语,不会
	三子	罗三保	1984	拉祜	小学	拉祜语,熟练	汉语,熟练
30	户主	李扎务	1979	拉祜	小学	拉祜语,熟练	汉语,略懂
	母亲	李娜米	1955	拉祜	文盲	拉祜语,熟练	汉语,不会
	二弟	李扎努	1987	拉祜	小学	拉祜语,熟练	汉语,略懂
	三弟	李扎迫	1990	拉祜	小学	拉祜语,熟练	汉语,略懂
	长女	李娜发	2000	拉祜	小三在读	拉祜语,熟练	汉语,不会
	叔父	李扎克	1960	拉祜	文盲	拉祜语,熟练	汉语,不会
31	户主	洪扎袜	1957	拉祜	小学	拉祜语,熟练	汉语,略懂
	妻子	李娜二	1959	拉祜	文盲	拉祜语,熟练	汉语,不会
	母亲	李娜克	1935	拉祜	文盲	拉祜语,熟练	汉语,不会
	长子	洪扎倮	1983	拉祜	文盲	拉祜语,熟练	汉语,略懂
	长女	李娜莫	1985	拉祜	文盲	拉祜语,熟练	汉语,略懂
	次子	洪扎药	1988	拉祜	小学	拉祜语,熟练	汉语,略懂
32	户主	李扎丕	1964	拉祜	小学	拉祜语,熟练	汉语,略懂
	妻子	罗娜努	1966	拉祜	小学	拉祜语,熟练	汉语,不会
	长子	李扎药	1987	拉祜	小学	拉祜语,熟练	汉语,略懂
	次子	李扎拉	1997	拉祜	小六在读	拉祜语,熟练	汉语,略懂
33	户主	李扎海	1965	拉祜	文盲	拉祜语,熟练	汉语,略懂
	妻子	李娜所	1972	拉祜	文盲	拉祜语,熟练	汉语,略懂
	长子	李扎务	1990	拉祜	小学	拉祜语,熟练	汉语,略懂
	长女	李娜思	2005	拉祜	学前		
34	户主	李娜必	1963	拉祜	小学	拉祜语,熟练	汉语,不会
	父亲	李扎妥	1957	拉祜	文盲	拉祜语,熟练	汉语,不会
	长子	石扎儿	1983	拉祜	小学	拉祜语,熟练	汉语,略懂
35	户主	李娜烈	1947	拉祜	文盲	拉祜语,熟练	汉语,不会
	丈夫	李扎克	1960	拉祜	小学	拉祜语,熟练	汉语,略懂
	长子	李扎努	1970	拉祜	小学	拉祜语,熟练	汉语,略懂
	儿媳	李娜拉	1972	拉祜	小学	拉祜语,熟练	汉语,不会
	孙子	李扎铁	1991	拉祜	小学	拉祜语,熟练	汉语,略懂
	次子	李胡	198	拉祜	小学	拉祜语,熟练	汉语,熟练
36	户主	罗扎阿	1975	拉祜	小学	拉祜语,熟练	汉语,略懂
	妻子	李娜时	1976	拉祜	文盲	拉祜语,熟练	汉语,不会
	长女	罗妹	2002	拉祜	小一在读	拉祜语,熟练	汉语,不会

续表

37	户主	洪扎药	1951	拉祜	文盲	拉祜语,熟练	汉语,不会
	妻子	张娜药	1959	拉祜	文盲	拉祜语,熟练	汉语,不会
	长子	洪扎妥	1980	拉祜	小学	拉祜语,熟练	汉语,略懂
	次子	洪李时	1988	拉祜	小学	拉祜语,熟练	汉语,略懂
38	户主	李扎莫	1976	拉祜	小学	拉祜语,熟练	汉语,略懂
	妻子	李娜丕	1977	拉祜	小学	拉祜语,熟练	汉语,略懂
	父亲	李扎发	1956	拉祜	文盲	拉祜语,熟练	汉语,不会
	长女	李娜务	2000	拉祜	小四在读	拉祜语,熟练	汉语,略懂
	弟弟	洪扎莫	1992	拉祜	小学	拉祜语,熟练	汉语,略懂
39	户主	李扎铁	1935	拉祜	文盲	拉祜语,熟练	汉语,不会
	妻子	李娜戈	1936	拉祜	文盲	拉祜语,熟练	汉语,不会
	长子	李扎克	1960	拉祜	小学	拉祜语,熟练	汉语,略懂
	儿媳	李娜母	1962	拉祜	小学	拉祜语,熟练	汉语,略懂
	孙子	李扎嘿	1987	拉祜	小学	拉祜语,熟练	汉语,略懂
40	户主	洪扎烈	1964	拉祜	文盲	拉祜语,熟练	汉语,略懂
	妻子	洪娜时	1965	拉祜	文盲	拉祜语,熟练	汉语,不会
	长子	洪扎思	1992	拉祜	初三	拉祜语,熟练	汉语,熟练
	长女	洪娜六	1996	拉祜	小六在读	拉祜语,熟练	汉语,略懂
	妹妹	李娜阿	1970	拉祜	文盲	拉祜语,熟练	汉语,不会
	妹婿	罗扎拉	1968	拉祜	小学	拉祜语,熟练	
41	户主	李娜朵	1949	拉祜	文盲	拉祜语,熟练	汉语,不会
	长女	李娜米	1969	拉祜	小学	拉祜语,熟练,	汉语,略懂
	女婿	洪扎给	1970	拉祜	小学	拉祜语,熟练	汉语,略懂
	孙女	洪娜站	1989	拉祜	小学	拉祜语,熟练	汉语,略懂
	孙子	洪老伍	1999	拉祜	小三在读	拉祜语,熟练	汉语,略懂
	女婿	李扎努	1978	拉祜	中专	拉祜语,熟练	汉语,熟练
	孙子	李扎丕	2008	拉祜	学前		
42	户主	李扎药	1944	拉祜	文盲	拉祜语,熟练	汉语,略懂
	妻子	李娜发	1945	拉祜	文盲	拉祜语,熟练	汉语,不会
	长子	李扎迫	1975	拉祜	小学	拉祜语,熟练	汉语,略懂
	次子	李扎六	1989	拉祜	小学	拉祜语,熟练	汉语,略懂
	孙子	李刘真	2009	拉祜	学前		
43	户主	石娜时	1942	拉祜	文盲	拉祜语,熟练	汉语,不会
	长女	石 云	1965	拉祜	文盲	拉祜语,熟练	汉语,熟练
	儿媳	李娜丕	1966	拉祜	文盲	拉祜语,熟练	汉语,不会
	孙女	石娜阿	1992	拉祜	初中	拉祜语,熟练	汉语,熟练
	孙子	石老伍	1996	拉祜	小六在读	拉祜语,熟练	汉语,略懂
	孙子	李扎体	1992	拉祜	小学	拉祜语,熟练	汉语,略懂
44	户主	李扎克	1966	拉祜	文盲	拉祜语,熟练	汉语,略懂
	妻子	李娜东	1968	拉祜	文盲	拉祜语,熟练	汉语,不会
	长子	李 发	1985	拉祜	初中	拉祜语,熟练	汉语,熟练
	儿媳	洪娜母	1989	拉祜	文盲	拉祜语,熟练	汉语,不会
	孙女	李燕飞	2009	拉祜	学前		

续表

45	户主	李娜米	1944	拉祜	文盲	拉祜语,熟练	汉语,不会
	丈夫	李扎嘎	1942	拉祜	文盲	拉祜语,熟练	汉语,不会
46	户主	罗岩火	1968	拉祜	小学	拉祜语,熟练	汉语,略懂
	妻子	李娜戈	1971	拉祜	小学	拉祜语,熟练	汉语,略懂
	母亲	李娜迫	1948	拉祜	文盲	拉祜语,熟练	汉语,不会
	长子	罗 时	1993	拉祜	初中	拉祜语,熟练	汉语,熟练
	长女	罗 妹	1997	拉祜	小六在读	拉祜语,熟练	汉语,略懂
	次女	李娜体	1998	拉祜	初一在读	拉祜语,熟练	汉语,略懂
	哥哥	罗扎体	1968	拉祜	文盲	拉祜语,熟练	汉语,略懂
47	户主	李扎克	1948	拉祜	文盲	拉祜语,熟练	汉语,略懂
	妻子	李娜务	1950	拉祜	文盲	拉祜语,熟练	汉语,不会
	三子	李扎迫	1989	拉祜	小学	拉祜语,熟练	汉语,略懂
48	户主	李自明	1956	拉祜	小学	拉祜语,熟练	汉语,不会
	妻子	李娜体	1958	拉祜	小学	拉祜语,熟练	汉语,不会
	长子	李娜坝	1987	拉祜	小学	拉祜语,熟练	汉语,略懂
	长女	李扎莫	1993	拉祜	初一	拉祜语,熟练	汉语,略懂
	女婿	李扎嘎	1987	拉祜	小学	拉祜语,熟练	汉语,略懂
	孙女	李院兰	2008	拉祜	学前		
49	户主	李扎妥	1973	拉祜	文盲	拉祜语,熟练	汉语,不会
	妻子	石娜体	1974	拉祜	小学	拉祜语,熟练	汉语,略懂
	长子	李扎朵	1998	拉祜	小六在读	拉祜语,熟练	汉语,略懂

附:村寨访谈录

一 澜沧竹塘乡茨竹河村支书访谈录

访谈对象:李扎阿,拉祜族,49 岁,男,澜沧竹塘乡茨竹河村支书

访谈时间:2010 年 1 月 10 日

访谈地点:李扎阿家门口

访谈人:许鲜明

问:支书,您好!听说您家是募乃村的,怎么到茨竹河达的村的呢?

答:我是 1972 年参军的,在昆明军区,1980 年退伍后分到茨竹河村当村干部,工作不方便,为了孩子读书,1984 年就搬到这里来了。

问:您能不能给我们介绍一下茨竹河达的村的基本情况,他们的生存现状如何?

答:茨竹河村委会位于山区和高寒山区,自然条件、基础条件差,农灌水少,品种老化,农业单产量低。经济发展又很不平衡,贫困面大,是县里、市里扶贫的对象。这里一排排的房子,社

会主义新农村,都是县民委补助农户盖的。茨竹河村是拉祜族聚居村,拉祜语100%精通。汉族可能有一两个。达的也是100%的拉祜族,他们的生活很贫困,年均收入是350元,主要是靠养点猪、鸡卖点钱。这里的茨竹很出名,采茨竹笋的时候,拉祜人会去山里采一点茨竹笋去街上卖。有时候,一天可以挣50—100元。年轻的男人会一点汉语,女人很少出门,都不会讲汉语。茨竹河村有1所完小,有180个学生,能够享受补贴的只有50人。还有一些学生因家庭困难而中途辍学。

问:达的和附近的拉祜族过哪些节日?

答:这里的拉祜族不过春节,最隆重的节日是农历八月"新米节"。其他节日还有二月的"播种节",五月冬五"吃南瓜尖",届时会邀请亲朋好友吃南瓜和南瓜尖,也会杀鸡庆祝庄稼茂盛,祈求丰收。另一个节日是"六月二十四",拉祜族会杀猪、鸡、烤酒和舂糯米粑粑。节日期间,有的娱乐,有的唱拉祜调,有的跳芦笙舞,还是很热闹的。

问:节日期间,来村子里的外来客人多不多?

答:不多。一般都是亲戚朋友在一起过。还有村子里关系比较好的人在一起喝酒、聊天。

问:村子里外出打工的多不多?

答:男人不多,女人多。只要读过点书,会讲一点汉语的女人都到外面打工去了。所以,现在村子里的男人多,女人少,好多人都找不到媳妇了,有的30多岁都还没有成家。

问:达的的拉祜族有哪些宗教信仰和禁忌?

答:宗教信仰不是很明显。禁忌就是拉祜族不吃狗肉,老人不吃牛肉,酒也喝得少。但是,现在的年轻人不管了,什么都吃。

问:达的离附近的拉祜族村寨最近的有多少公里,最远的有多少公里?

答:最近的有700米左右,最远的是哈嘎村,有5公里。大部分村就在2—3公里。还有5个寨子不通电,有1个寨还没有通路。

问:村民们的经济来源主要靠什么?

答:主要靠养殖业。靠养猪、鸡、黄牛、水牛等,有时上山采点茨竹笋、草药,如小兰花根、马蹄香、面布、药材等,拿到市场上去卖。去年,在县扶贫办的支持下,新开茶地1700亩。农作物主要是水稻、陆稻、杂交玉米、麦子、豌豆、荞等。

问:我看到达的的拉祜族,好多人骑着摩托车,他们的人均收入在350元左右,怎么买得起摩托车呢?

答:大部分人主要是靠家电下乡的补贴和分期付款。一部分人会做一点生意,再贷一点款,等赚了钱就去分期付款。由于我们村贫困面大,肥料、种子、维修公路、茅草房改造、茶苗、茶叶加工等,都靠省里、市里、县里民宗局、农牧办等对口单位的扶贫和支援。

问:村寨里小学毕业生、初中、高中毕业生多不多,有没有本村寨的大学生?

答:小学毕业生有几个,但可能没有全部都毕业。有的读到三年级,有的读到四、五年级。由于家里困难,只好辍学帮父母干农活去了。初中、高中毕业生就更少了,大学生一个都还没有。在我们村,当村干部有一个最重要的条件是要读过一点书,会说一点汉语,不然县、市、省里的领导下来,就无法交流沟通,就很难开展工作了。

问:你们村寨与附近寨子的关系怎样?民族之间有没有纠纷发生?

答:前几年,茨竹河拉祜族与西盟县的佤族会发生一些因争夺土地、水源、柴火等方面的纠纷。近5年来,由于领导重视,与他们会说拉祜语的佤族积极沟通、协调,做双边人民群众的工作,已经没有发生了。

问:您认为村里的拉祜人目前最缺或者说最需要的是什么?

答:(思考了片刻)我认为,他们最需要的是会说汉语,会读汉字。这样他们才能了解先进文化,学习先进技术,改变观念、发展生产、脱贫致富,像其他民族一样,早日进入小康的行列。

问:您认为拉祜人的未来生活将会怎样?

答:在党和政府的领导下,我对拉祜人未来的生活是充满信心的。由于社会历史发展的原因,我们的发展速度与发达开放地区相比很慢。但是,我们有全国老大哥先进民族的支持,我们的日子会一天比一天好的。

问:不好意思,耽误了您宝贵的时间了,非常感谢您的支持!

答:不客气,你们大老远来到拉祜族地方,帮助我们拉祜族,我们应该积极配合才是。

二 澜沧县竹塘乡茨竹河村委会文书罗扎拉访谈录

访谈对象:罗扎拉,男,拉祜纳,1985年6月7日出生于茨竹河达的四组。澜沧县职中毕业,2004年至今在该村委会当文书。拉祜语熟练,汉语熟练。

访谈时间:2010年1月10日上午

访谈地点:茨竹河村委会达的四组

访谈人:白碧波

问:请问罗扎拉文书您会几种语言和文字?

答:我会两种语言,拉祜语和汉语。我不会拉祜文。我是职业中学毕业的,只读过汉语文。

问:您的拉祜语和汉语是怎么学会的?

答:我从小在家里和寨子就学会了拉祜语。在家里,爸爸妈妈跟我们讲拉祜语,他们都只会说拉祜语,不会讲其他语言。在寨子里,小伙伴在一起玩耍的时候,到山里摘野菜、野果的时候,去抓小鸟的时候,我们都说拉祜语。汉语是在学校里跟着老师、在书本上学的。我7岁去上村里的小学之前不会说汉语。刚刚去上学的头一两年,我都听不懂多少汉语,到了三、四年级以后就听得懂很多了。一、二年级的时候,我不敢说汉语,怕说错,说不对,最怕别人在课堂上笑我。三、四年级的时候开始敢说汉语了。五、六年级就更熟练一些,到中学和职业学校,我的汉语文就熟练多了。

问:罗文书您能不能介绍一下茨竹河村的基本情况?

答:我们茨竹河村民委员会在竹塘乡西部,距县城53公里,距乡政府所在地有20公里。

从西盟国道16公里处岔入我们村委会,大约4公里。东与竹塘乡云山村相邻,南与竹塘乡甘河村接壤,西与西盟县中科乡勐梭村相连,北与竹塘乡大塘子村相连。国土面积54.83平方公里。

我们茨竹河村现在有14个自然寨子,分为19个村民小组,582户、2446人。有14个村民小组通了电,这些村子里少数老百姓有电视,自己购买安装卫星接收器,还有5个小组不通电。

问:罗文书您能不能介绍一下茨竹河村老百姓的经济和生活情况?

答:我们村2008年末,劳力1434人,农业人口582户,2471人。耕地面积9323亩,人均3.7亩;其中水田面积2251亩,人均0.9亩。

全村经济收入主要靠种植粮食、茶叶和家庭畜牧业养殖为主。到2008年全村粮食总产量110.7万公斤,农民人均有口粮304公斤;农村经济总收入209万元,人均纯收入583元。畜牧业养殖不断壮大,茶叶种植的科技含量不断提高,蚕桑产业的培植初见成效。畜牧业、茶叶生产逐渐成为全村的支柱产业。全村大牲畜存栏1789头,出栏186头;生猪存栏2085头,出栏165头;年末家禽饲养16429只,年内出售自宰12450只。

因为全村田少,而且干田多,水源不够,产量低,每年有不少农户缺2—3个月的粮食。

问:你们村出去打工的多吗?

答:外出打工的人很少。主要是汉文化水平不高,出去找不到事做。

问:村内主要是哪些民族?

答:辖区内居住有拉祜族、佤族、汉族等多种民族,以拉祜族居多,有2443人,占全村总人口的99.8%。

问:村内主要使用什么语言?

答:村内主要讲拉祜语,包括外边来这里工作的汉族老师和其他民族。他们到这里一段时间以后就学会了拉祜语。

问:村内的拉祜族是怎样学习汉语的?

答:我们村的拉祜族学汉语主要是在小学里跟老师学,在课堂上学。最近几年,学校和寨子里的少部分老百姓有了电视,听到汉语的机会就更多一些了。一些老百姓听得懂一些汉语,但是他们不会说,不好意思说。

问:你们村干部下乡到寨子里去讲什么语言?

答:我们到本村下属的寨子做计划生育宣传、上级政府文件宣传的时候,主要讲拉祜话。不讲拉祜话老百姓听不懂。我们村委会的人下去比较好办,因为我们都是拉祜族,会讲拉祜话。城里来的干部要去寨子里,就要带拉祜语翻译,事情才能好办。

问:您能不能讲一讲村里小学的一些情况?

答:我们茨竹河村委会现在有一所小学,是村完小,一年级到六年级,共6个班。学校有7个老师,6个是专职老师,有一个是炊事员。有学生187个,住校学生就有110多个。老师们都很忙很辛苦。有的学生很小,生活还不能自理。老师们不光要教课本上的知识,还要教生活常识,教他们一些好的生活习惯。早上要教孩子们洗漱,晚上要看他们睡觉,夜里要查夜。还要组织学生看电视,负责安全问题。煮饭的那个老师也很累,要负责买米买菜,煮好饭菜,让学生们吃饱饭。

问:学校老师有没有拉祜族老师?还有哪些民族的教师?

答:7个老师中有两个是拉祜族,一个是彝族,一个是佤族,别的是汉族。

问:老师们会说拉祜话吗?

答:7个老师都会说拉祜话,其中一个拉祜族老师还学过拉祜文。在我们村的小学里,老师必须学会拉祜语,不会拉祜语就很难教好拉祜族学生。

问:你们村的小学是哪一年建的?

答:我们现在的村小是1991年建的。原来的学校不在这里,在离这里有五百多米远的山脚下。那所学校是1957年就建的了,听说70年代还有附属初中和完小,现在拆迁到村委会这里,就只有小学了。初中生都集中到竹塘乡中学读书。

问:村寨离学校最远的有几公里?

答:我们村的部分农户还分散在西盟县中科乡,距离比较远,哈嘎一、二组差不多有7公里远,往返很不方便,那些寨子的学生都只好寄宿在学校里读书。

问:村小教不教拉祜文?

答:有一个老师懂拉祜文,但是不教拉祜文,只讲拉祜语。如果老师不讲拉祜语,学生听不懂,学习效果就不会好。学生学不会汉文,久而久之,学生就跑了。

问:如果有人教您学拉祜文,您愿意学吗?

答:我非常愿意学。我看见有一些拉祜族老师,还有一些拉祜族中老年人会读会写拉祜文,我非常羡慕。我非常敬佩那些上中央电视台唱拉祜族歌曲的人。

问:村小教拉祜文好吗?

答:很好啊!小学里应该教拉祜文,高年级的学生应该学一点拉祜文。寨子里的青少年也应该学。有老师有条件的话,我一定要学拉祜文。

问:村寨离学校最远的有几公里?

答:我们村的部分农户还分散在西盟县中科乡,距离比较远,哈嘎一、二组差不多有7公里,往返很不方便,那些寨子的学生都只好寄宿在学校里读书。

问:村委会有哪些机构人员?

答:我们村委会人员不多,只有4个人:村支书、主任、副主任和文书。现在增加了一个大学生村官,他是思茅师专毕业的。有一个医务室,有两个村卫生员,其中一个是我们拉祜女卫生员,她是自修自学成才的。另一个是汉族,是普洱卫校毕业的。农业局下属的农科员有一个,兼当兽医。有一个计划生育宣传员。

问:您能不能讲一讲你们的节日和习俗?

答:我们的传统节日跟其他地方的节日习俗差不多。主要有两个节日:一个大的节日是叫阔塔节(qho^{31}tha^{53})。跟汉族的春节同一个时间,初一到初九过年。另一个节日是新米节,农历的八月十五,过一天节日。

三 茨竹河村主任助理邓事伟访谈录

访谈对象:邓事伟,男,22岁,拉祜族,澜沧县竹塘乡茨竹河村主任助理
访谈地点:澜沧县竹塘乡茨竹河村村委会
访谈时间:2010年1月12日
访谈人:杨艳

问:请介绍一下您的基本情况。

答:我叫邓事伟,付班乡人,母亲是拉祜族,父亲是汉族。我们那儿是汉族寨子,所以我从小都说汉话。母亲也是付班人,她也不太会说拉祜话。我从小就到澜沧县城读书,一直到2008年从思茅师专毕业。2009年9月1日到茨竹河村,担任村主任助理,负责写材料,从中得到学习。现在大学生多,就业竞争大,村官职位的竞争也很大。我选择这个职业,想从基层做起。

问:您能介绍一下这个村子的基本情况吗?

答:我来到这里后就努力去了解情况。茨竹河村有19个村民小组。有8户汉族,其他全部是拉祜族。村民主要栽种田地。农作物有旱稻、水稻,玉米。他们还到山上采摘刺竹笋,价格还可以,但量不大。采后拿到家中晒干,有人会来他们家收购。

问:您除了写文件整理材料外,跟拉祜族村民有什么接触吗?

答:有很多工作要下去做,如发放农村低保,我们就到寨子里去。

问:寨子中的人会说汉语吗?您怎么跟他们交流?

答:在这个村子中,只有村委会周围寨子的人能说一些汉话。其他离村委会远的村寨的人都不会说。我下去时要找队长、会计,他们基本上会一点汉语。虽然他们会把句子说倒了,我也还是能听得懂,加上动作、手势,能够把意思猜出来。

问:会猜错吗?

答:有时也会猜错。我下去做工作一般都请队长或会计跟我一起去。他们接触的人更多一些,会说的汉语更多一点。不然我就没办法做工作了。如果他们不在,交流不通的时候就请旁边会说多一点的人来帮我翻译,语言有很大的障碍。

问:在不会说汉语的村民家里,他们上学的小孩会帮您翻译吗?

答:会的。他们学校就在村委会旁边,他们经常跟我玩。五六岁的小学生还不会说汉语,他们跟我说拉祜语,我听不懂,就用眼神、动作来交流。

问:村里年龄大一些的孩子汉话说得好吗?

答:说得差不多。因为现在实行九年制义务教育,小孩虽然成绩不是很优秀,基本上还是能说能听,能够进行交际。小孩小学毕业后,村上就要求他们到竹塘乡去上初中。

问:他们自己不想去上初中吗?

答:不想。一个原因是他们父母的意识跟不上,不知道读书能提高人的素质,觉得读书没有什么用,还是在家干活好。没有知识,他们遇到不会做的事情就来村上说,对村上的依赖性很大。

问:小孩自己也不想读吗?

答:小孩也不想读,因为读不上去。父母也不支持,没有积极性。所以想读就读,不想读就不读了。村上要求他们上学,他们只是去混,其实没学到什么,他们的意识跟不上。即使初中毕业了,也没学到什么。但是在学校中,老师跟他们说汉语,另外还有一些汉族学生,他们的汉语表达能力有所提高。

问:村里初中毕业后升高中的人数多不多?

答:经常为零。村里的高中生屈指可数。支书家有两个,汉族有几个。村里办茶场,我们送了7个初中毕业的工人到思茅农校学习,其他基本上就没有了。

问:村子里面出去打工的年轻人多不多?

答:多数到离村20来公里的铅矿上去做工,到别处打工的少。

问:小孩初中毕业以后主要做什么?

答:回家后,女孩到十七八岁基本上就结婚了。男孩在家里帮父母种地,少部分人有时出去打工。

四 竹塘乡茨竹河村村民李保访谈录

访谈对象:李保,男,26岁,拉祜族,澜沧县竹塘乡茨竹河村村民

访谈地点:澜沧县竹塘乡茨竹河村村委会

访谈时间:2010年1月12日

访谈人:杨艳

问:您能介绍一下这个村的情况吗?

答:这个村有2000多人。村民都是拉祜族,只有七八户汉族。他们汉话、拉祜话都会说。人们虽然都会讲一些汉语,但平时都讲拉祜语,除非外面有人进来。

问:请您介绍一下您个人的情况?

答:我叫李保,今年26岁,高中毕业。家里有5个人,我是老大,下面是一个妹妹和一个兄弟。父母都是拉祜族。原来我们都住在竹塘,父亲在茨竹河当支书。我原在竹塘上学,到三年级的时候,由于成绩不好,就到茨竹河读一年级,一直到四年级,然后考上了县城的澜沧民小(澜沧县民族小学)。

问:您在澜沧民小住校吗?当时有多少住校生?有哪些民族的学生?在宿舍里你们说什么话?

答:住校。80%都是住校生。因为学生大多是少数民族,家离学校都比较远。那时学校里

一个年级有4个班,每班有50多个学生。除拉祜族学生外,还有傣族、佤族、哈尼族。我们宿舍里住着10个人。在宿舍里我们拉祜族学生在一起说拉祜话,跟其他民族的学生交谈时就说我们这里的汉语,要不然沟通不来。后来在初中和高中也住校,但和同学说汉语的时候多一些。

问:老师用什么语言上课?

答:有的老师讲方言,有的老师讲普通话。因为还有其他像佤族、傣族这样的民族学生,不说汉话就听不懂,所以我们都说汉话。

问:老师用普通话上课你们能听懂吗?

答:一开始不太能听懂。后来慢慢地就适应了。

问:在课堂上您举手发言吗?用什么语言回答问题?

答:我经常举手回答老师的提问,但一般说方言。

问:您下课和同学在一块儿说什么话?

答:跟拉祜族学生在一起说拉祜语,跟其他民族的学生在一起说汉语,跟老师说话也说汉语。

问:您觉得拉祜语对您的汉语学习有影响吗?

答:有。会把句子说倒了。但只是在开始学的时候,学的时间长了就不会了。

问:您觉得语文学习难不难?

答:上小学的时候觉得很难。记不住汉字,课文不会读,课文的意思也不懂。所以老师一般都是先带我们读课文,然后解释词语和句子意思。到初中、高中以后,觉得作文很难写,写的句子有些是颠倒的。

问:您对语文感兴趣吗?

答:一般,但对数学更感兴趣。

问:您觉得学习语文有用吗?

答:很有用。在外面读书,不会汉话就听不懂老师讲课,就不能和其他民族的学生交流。在县城里,不会说汉话就不好办事。虽然现在我回来后汉语说得不多,但还是会用到。

问:您自己想过办法来提高自己的汉语水平吗?

答:我上学时每天都读课文,上街买东西的时候也是说汉语,感觉这样对汉语水平帮助还是比较大。我小的时候村里还没有通电,没有看过电影电视。2005年茨竹河通电以后,开始有了电视。家电下乡后,电视机增多了,虽然只是村公所周围几个寨子的一些人家有,但看电视多了也帮助我们学汉语。到外面学校读书以后,学校一个星期放一次电影,一开始看不懂,只看看画面。后来就能看懂了。另外,我还买汉语的流行歌曲来听,学着唱,感觉这样也很有用。

问:您觉得同以前相比,这里的语言使用有变化吗?

答:有的。九年(制)义务教育实施以后,小孩都读书,会讲汉语的多了。他们在一起玩的时候主要说拉祜语,有时也会说几句汉语。

五　竹塘乡茨竹河村完小校长王伟宏访谈录

访谈对象:王伟宏,男,37 岁,彝族,澜沧县竹塘乡茨竹河村完小校长

访谈地点:澜沧县竹塘乡茨竹河村村委会

访谈时间:2010 年 1 月 12 日

访谈人:杨艳、白碧波、刘艳

整理人:杨艳

问:王老师,您好!请您介绍一下茨竹河村小学的情况,好吗?

答:好的。这个小学 1957 年建校,是村上办得最早的小学,原来还设有附属初中。现在共有 172 个学生,男生 85 人,女生 87 人,几乎全部是拉祜族学生。共有 6 个班级,一个年级一个班,住校生 112 人。学生包括村委会 5 个组的孩子,最远的来自西盟中科乡。学生毕业后到乡上中学就读。

问:学校里的老师会说拉祜语吗?

答:学校里的老师都必须会拉祜语,因为学生上学前不会说汉语。现在我们有 7 个老师,他们中有汉族、彝族、佤族、拉祜族,都会说拉祜语。他们给一、二年级的学生上课必须使用拉祜语、汉语;中年级减少,高年级不用。2007 年 5 月通电后,学校配备了一台电视机,学生在午休时间和下晚自习后(7:00—8:00)可以看电视,学习普通话。

问:学生小学毕业时,汉语能达到一个什么样的水平?

答:到高年级时,老师教得好的班级五年级下学期就能脱离拉祜语。有的班级还需少量的拉祜语解释。学生在课堂上能用汉语回答问题,但表述不长。

问:学生课下用什么语言交流?

答:下课时,学生跟老师用汉语交流,学生之间则用本民族语交流;在宿舍里也说拉祜语。使用汉语的环境只有课堂、电视和与教师交流的时候。

问:学生学习汉语的态度怎么样?

答:学生对汉语学习的态度不排斥。村上的学生腼腆,虽然他能听得懂汉语,但却羞于表达。老师跟学生交流的时候,用汉语问他,他却用拉祜语回答。

问:茨竹河的村民汉语水平怎么样?

答:通过看电视,大部分人还是会听一些了,但在家都使用拉祜话。我们下去开家长会的时候都用拉祜语。如果用汉语,有的家长就听不明白。

问:在学校中开会用什么语言?

答:在学校开校会、班会都用汉语,但对新生要用拉祜语翻译。如果老师不会讲拉祜语,就无法教了。因为村里没有学前班,学生直接从家庭走入学校一年级,都还不会说汉语。

问:家长支持孩子上学吗?

答:近年来,家长对教育的支持还是比较大的。1999 年,我进寨子里去,家长不愿让小孩来上学,要留他们在家放牛、带小孩。实行两免一补后,即使学生跑回家去,家长也早早地把他们送回来。以前,每学期收一次书费,每人 83 元,但学生交不上,我都替他们交了 2000 多元了。现在开家长会轻松多了,发困难学生补助的时候,请家长来拿,同时就开会。2005 年集中办学后,还收学生的住校费,学生拿粮食来交,但四、五月时家里没粮了,因为品种不好,产量比较低,他们就得借钱买。

问:学校里的小孩语文学习的情况怎么样?

答:一年级时教看图学字,练习看图说话;二年级开始造句;三、四年级学写段落;五、六年级学写短文。但学生写作文很费力,能按要求写出作文的很少。学生经常受拉祜语思维的影响写出结构颠倒的句子,如他们把"我吃了饭"写成"我饭吃了"。

问:您能介绍一下您的情况吗?

答:我 1973 年出生。父亲是彝族,母亲是拉祜族,他们都是小学教师。母亲教数学,父亲 1964 年调入茨竹河,在那里教了 14 年语文。我出生时,父母在茨竹河小学教书,所以我的第一语言是拉祜语,不会讲彝语。小时候在茨竹河讲拉祜语。但我的汉语学得比较早,父母出去集中学习的时候都带着我,我跟其他小朋友玩的时候就学会了。在募乃村上小学后在家也讲汉语。因为募乃村是一个汉族寨子,在那里我接触汉语的机会较多。所以比我姐姐汉语学得早。有一次,父亲的朋友到家里玩,准备饭菜的时候,父亲用汉语说:"拿葱去",姐姐问:"爸爸,葱是什么?"那时她还不懂汉语。

小学毕业后,我到县一中上初中,然后考上县职中制糖专业。毕业后进了勐滨糖厂,待了 3 个月就辞职出来了。1994 年 9 月成为代课教师。之后,到县上教师进修学校参加教师培训,又参加了普师培训,后来考上了民代班。1999 年成为正式教师,调入茨竹河小学。担任过教导主任,2001 年 9 月被任命为校长,一直至今。

问:您的妻子是什么族?她能说些什么语言?

答:我的妻子是佤族,她会说佤语、拉祜语和汉语。我不会说佤语,在家里我们都说汉语。我的女儿 7 岁了,她的第一语言是汉语。她能说 60%—70% 的拉祜语,是在同小朋友玩耍的时候学会的。佤语只会数数。她在募乃村小学上学,只有周末的时候一家人才能聚在一起,所以我们也没有机会教她。

问:您会拉祜文吗?

答:我不会拉祜文。老师当中会拉祜文的人很少。全乡 171 个教师,认识拉祜文字的不超过 10 个。

问:您觉得小学中应教拉祜文吗?

答:现在小学三年级开始就教英语了。如果还教拉祜文,学生的负担就太重了。而且,在一、二年级时会同汉语拼音的学习相混淆。如果他们的汉语学不好,就可能会脱离汉族社会,长大后难以走入社会。但是到五、六年级,每个礼拜安排两个小时让他们学习的话,还是可以的。

问:您想学拉祜文吗?

答:想学的,以前扫盲时他们就教拉祜文。只要集中培训,两三个月也就能学会了。

第三章 澜沧县拉祜族使用母语的状况

本章主要使用调查组在澜沧拉祜族自治县4个拉祜村寨的实地调查材料,分析拉祜族母语的使用现状、语言活力、词汇认知能力,以及拉祜人对待语言的态度,并分析形成这种现状的条件和因素。

第一节 澜沧县拉祜族稳定使用自己的母语

根据澜沧拉祜族的地域分布特点,我们按城区、坝区、半山区、山区选了勐朗镇的唐胜拉祜新村、勐滨村松山林,竹塘乡茨竹河村达的四组,南岭乡的勐炳村龙塘寨4个寨子,作为本次拉祜语使用情况的调查点。共涉及3个乡(镇),4个村委会,人口分布情况见表3—1和表3—2。

表3—1

序号	乡(镇)	村委会	自然村(寨)	总人口	户数	拉祜族	百分比
1	勐朗镇	14	185	34482	10268	17621	51
2	竹塘乡	11	175	29575	7939	24307	82
3	南岭乡	8	120	22941	5825	12620	55
	合计	33	480	86998	24032	54548	62

上表显示,3个乡(镇)的拉祜族人口占总人口的50%以上,竹塘乡高达82%。下面表3—2是4个调查点的人口统计。

表3—2

序号	自然村组	调查户数	调查人口	拉祜族	汉族	其他
1	勐朗镇唐胜村拉祜新村	65	289	273	14	傣族2人
2	勐朗镇勐滨村松山林小组	115	491	482	9	
3	竹塘乡茨竹河村达的四组	49	224	223	1	
4	南岭乡勐炳村龙塘寨	145	515	515	0	
	合计	374	1520	1494	24	12

从上表可以看出,4个调查点的拉祜族人口比例都很高,聚居特点非常突出。我们根据

6—19岁、20—39岁、40—59岁、60岁以上4个年龄段,通过入户调查、问卷、访谈和拉祜语400词测试,从不同场合、不同对象,考察了拉祜语在家庭、村寨、族群内或族群外的使用情况。我们整理出拉祜族目前母语使用的几个特点:1. 拉祜语是拉祜族家庭、村寨、族群内或族群外的主要交际工具,语言保存好,活力强。2. 拉祜语在拉祜族聚居村寨、不同代际(年龄段)、不同场合的使用未出现代际传承递减或脱节的现象,母语传承链条衔接好。4个村寨的拉祜语使用情况简述如下:

一 4个村寨的拉祜语使用情况

唐胜拉祜新村、松山林、达的四组、龙塘4个村寨分别位于城区、坝区、半山区和山区,是拉祜族聚居的村寨。为准确评估其语言能力,课题组按"听"、"说"技能,把语言能力划分为:"熟练"、"略懂"和"不会"3个等级。

4个村寨的拉祜语使用情况见下表3—3。

表3—3

调查点	调查人口	熟练		略懂		不会	
		人数	百分比	人数	百分比	人数	百分比
唐胜拉祜新村	252	251	99.6	1	0.4	0	0
勐滨村松山林小组	452	452	100	0	0	0	0
茨竹河村达的四组	209	209	100	0	0	0	0
勐炳村龙塘寨	479	479	100	0	0	0	0
合计	1392	1391	99.9	0	0	0	0

上表显示,勐滨村松山林、茨竹河村达的四组、勐炳村龙塘寨的拉祜族母语100%的熟练。唐胜拉祜新村母语熟练的人也达到了99.6%。其中1人为"略懂"。据了解,此人长期出门在外,很少与拉祜人接触。因此,其拉祜语能力在渐渐减弱。但从现阶段整体情况上看,无论是城区、坝区、半山区,还是山区,拉祜语在拉祜族聚居区,仍然保持着强大的生命力,不同年龄段未出现母语减弱的迹象。下面按年龄段再进一步分析。

二 不同年龄段的拉祜语使用情况

不同年龄段的语言使用存在一定的差异。青少年正处于家庭语言学习的关键期,是母语继承的基础,是母语能否延续的一个重要标志。青壮年处于受教育和接触社会的最佳时期,是接受主流文化和异质文化,面临各种语言选择的重要阶段。其语言的使用特点对下一代语言传承有着重要影响。6—19岁拉祜语使用情况见下表3—4。

表 3—4

调查点	调查人口	熟练		略懂		不会	
		人数	百分比	人数	百分比	人数	百分比
唐胜拉祜新村	60	59	98.3	1	1.7	0	0
勐滨村松山林小组	114	114	100	0	0	0	0
茨竹河村达的四组	37	37	100	0	0	0	0
勐炳村龙塘寨	93	93	100	0	0	0	0
合计	304	303	99.7	1	0.3	0	0

20—39 岁拉祜语使用情况，见下表 3—5。

表 3—5

调查点	调查人口	熟练		略懂		不会	
		人数	百分比	人数	百分比	人数	百分比
唐胜拉祜新村	109	109	100	0	0	0	0
勐滨松山林小组	188	188	100	0	0	0	0
茨竹河村达的四组	85	85	100	0	0	0	0
勐炳村龙塘寨	177	177	100	0	0	0	0
合计	559	559	100	0	0	0	0

40—59 岁拉祜语使用情况见下表 3—6。

表 3—6

调查点	调查人口	熟练		略懂		不会	
		人数	百分比	人数	百分比	人数	百分比
唐胜拉祜新村	67	67	100	0	0	0	0
勐滨松山林小组	117	117	100	0	0	0	0
茨竹河村达的四组	63	63	100	0	0	0	0
勐炳村龙塘寨	134	134	100	0	0	0	0
合计	381	381	100	0	0	0	0

60 岁以上拉祜语使用情况，见下表 3—7。

表 3—7

调查点	调查人口	熟练		略懂		不会	
		人数	百分比	人数	百分比	人数	百分比
唐胜拉祜新村	16	16	100	0	0	0	0
勐滨松山林小组	33	33	100	0	0	0	0
茨竹河村达的四组	24	24	100	0	0	0	0
勐炳村龙塘寨	75	75	100	0	0	0	0
合计	148	148	100	0	0	0	0

4个村寨各年龄段母语使用情况汇总如下：

表3—8

调查点	调查人口	熟练		略懂		不会	
		人数	百分比	人数	百分比	人数	百分比
6—19岁	304	303	99.7	1	0.3	0	0
20—39岁	559	559	100	0	0	0	0
40—59岁	381	381	100	0	0	0	0
60岁以上	148	148	100	0	0	0	0
合计	1392	1391	99.9	1	0.1	0	0

以上数据表明，6—19岁年龄段的拉祜人中，除了唐胜拉祜新村有一位青少年拉祜语"略懂"外，其他年龄段的拉祜人，母语100%的熟练。这说明拉祜语在聚居区还保持旺盛的生命力，是拉祜人重要的交际工具。而且，拉祜语水平与区域分布，即城区、坝区、半山区、山区没有差异。据了解，拉祜语"略懂"的这位青少年，是因语言接触少，影响了她的拉祜语水平。其家庭情况及语言使用状况见下表3—9。

表3—9

家庭编号	家庭关系	姓名	出生年份	民族	文化程度	第一语言及水平	第二语言及水平	拉祜文
56	户主	石娜莫	1974	拉祜	小学	拉祜语，熟练	汉语，熟练	不会
	丈夫	刘培协	1967	汉	高中	汉语，熟练	拉祜语，不会	不会
	长女	刘丹娅	1995	拉祜	初二在读	汉语，熟练	拉祜语，略懂	不会

上表显示，这位拉祜语为"略懂"的青少年，来自汉—拉祜族际婚姻家庭。她父亲是汉族，来自宣威，到澜沧开矿，与拉祜族结婚。由于父亲不懂拉祜语，家庭语言是汉语。值得一提的是，她出生后就住在宣威奶奶家，一直在宣威上学，假期回村，与父母小住一段时间。她的家庭语言是汉语，正在接受汉语教育，接触汉语的时间多，接触拉祜语的时间少。因此，拉祜语在"略懂"水平，只能满足简单的交流。

三 拉祜语400词汇测试

为了解不同年龄段拉祜族的母语词汇掌握情况，准确评估其语言能力，我们在4个村寨，按4个年龄段，随机抽取了31位拉祜人进行400词测试。各年龄段测试结果见下表3—10。

表3—10

村寨	家庭编号	姓名	年龄	文化程度	400词测试结果及等级（6—19岁）						等级
					A+B		D		C		
					数量	百分比	数量	百分比	数量	百分比	
唐胜	49	石娜保	13	初二在读	372	93	11	2.75	17	4.25	优秀

续表

村寨	家庭编号	姓名	年龄	文化程度	400词测试结果及等级						等级
					A+B		D		C		
					数量	百分比	数量	百分比	数量	百分比	
松山林	17	李娜倮	9	小二	312	78	71	17.75	17	4.25	优秀
	80	王二妹	17	初中	332	83	15	3.75	53	13.25	优秀
达的	48	李扎莫	16	小学	367	91.75	7	1.75	26	6.5	优秀
	40	洪扎思	18	小学	384	96	7	1.75	9	2.25	优秀
龙塘	四组1	李老七	13	小六在读	378	94.5	5	1.25	17	4.25	优秀
	二组19	李娜迪	10	小三在读	370	92.5	5	1.25	25	6.25	优秀
	三组1	石娜莫	10	小三在读	348	87	29	7.25	23	5.75	良好

表 3—11

村寨	家庭编号	姓名	年龄	文化程度	400词测试结果及等级（20—39岁）						等级
					A+B		D		C		
					数量	百分比	数量	百分比	数量	百分比	
唐胜	1	李老二	27	初中	397	99.25	3	0.75	0	0	优秀
	49	石建华	37	初中	394	98.5	0	0	6	1.5	优秀
松山林	91	张志强	19	初中	389	97.25	11	2.75	0	0	优秀
	65	铁老三	37	小学	361	90.25	10	2.5	29	7.25	优秀
	15	陈老二	41	初中	366	91.5	9	2.25	25	6.25	优秀
达的	30	李扎努	22	小学	389	97.25	6	1.5	5	1.25	优秀
	24	罗扎拉	25	初中	371	92.75	12	3	17	4.25	优秀
	35	李胡	26	小学	353	88.25	25	6.25	22	5.5	优秀
龙塘	一组3	李老八	37	小四	364	91	12	3	24	6	优秀
	二组25	李娜朵	22	小学	394	98.5	1	0.25	5	1.25	优秀
	四组13	石扎阿	28	小四	366	91.5	7	1.75	27	6.75	优秀
	二组22	李六妹	21	小学	392	98	2	0.5	6	1.5	优秀

表 3—12

村寨	家庭编号	姓名	年龄	文化程度	400词测试结果及等级（40—59岁）						等级
					A+B		D		C		
					数量	百分比	数量	百分比	数量	百分比	
唐胜	23	张娜努	47	初中	341	85.25	2	0.5	57	14.25	良好
	30	张扎母	56	初小	392	98	2	0.5	6	1.5	优秀
松山林	30	罗扎儿	52	脱盲	370	92.5	14	3.5	16	4	优秀
达的	41	李娜米	40	小学	362	90.5	18	4.5	20	5	优秀
	44	李扎克	46	文盲	385	96.25	5	1.25	10	2.5	优秀
龙塘	8	李石保	52	小四	387	96.75	4	1	9	2.25	优秀

表 3—13

村寨	家庭编号	姓名	年龄	文化程度	400词测试结果及等级（60岁以上）						等级
					A+B		D		C		
					数量	百分比	数量	百分比	数量	百分比	
唐胜	1	李扎努	67	文盲	361	90.25	3	0.75	36	9	优秀

续表

松山林	107	黄扎那	62	文盲	396	99	4	1	0	0	优秀
	65	铁石妹	65	文盲	394	98.5	6	1.5	0	0	优秀
达的	3	石扎倮	61	小学	395	98.75	5	1.25	0	0	优秀
	45	李扎嘎	68	文盲	395	98.75	5	1.25	0	0	优秀

上表显示，接受测试的拉祜人，从青少年到老年人，拉祜语词汇认知都达到了一级水平。青壮年、中老年人的拉祜语词汇认知能力较为稳定，即词汇认知能力强，母语语言能力与词汇认知能力之间的差距很小。但是，年龄段之间不是没有差异的。其差异主要表现在三方面：

第一，6—19岁年龄段中，被测试者的词汇认知水平略低于成年人，熟练的词在312—384之间。主要原因是青少年接触本族语的语场少，语域小，词汇量少。但是，随着年龄的增长，拉祜族青少年词汇认知会越来越高。

第二，"不会"的词集中在少数接触少的动物、事物、现象或抽象概念上。如"松鼠、飞鼠、麂子、豪猪、松鼠、猫头鹰、蚂蟥、蝙蝠、井、酸角、锈、铜、厚、梦、溶化、弓、箭"等。拉祜族自脱离了游牧狩猎、采集业经济，转入山地农耕后，大多生活在山区、半山区。20世纪80年代以前，主要采取刀耕火种的耕种模式，大片的森林被砍伐，原来栖身于原始森林的动物，像"松鼠、飞鼠、麂子、豪猪、松鼠、猫头鹰、蚂蟥"等逐渐减少，有的甚至消失。而像"水獭"、"酸角"、"井"等事物，生活在山区的拉祜族不常见也不常用，久而久之就慢慢遗忘了。

第三，出现了一些解释性词汇，如"嫂子"拉祜语是"哥哥的媳妇"，"伯父"是"爸爸的哥哥"等。

第四，有些表示事物类别的名称，界限不清楚。如："布"和"衣服"不分，"苍蝇"和"蚊子"不分；"矮"、"短"和"近"不分，"黄牛"和"水牛"不分。

第五，语言接触后，青少年的固有词汇受到了不同程度的影响，出现了13个汉语借词，占400词中的3.25%，其借用人次见下表3—14。

表3—14

序号	汉义	拉祜语	借用人数
1	铜	kɯ^{53}	1
2	炭	ɕi^{35} ɣɤ^{31}	1
3	桥	tso^{31} ; o^{53} tso^{31}	1
4	木瓜	pho^{33} mɯ^{53} ɕi^{11}	1
5	棉花	sa^{33} la^{53}	1
6	土豆	ja^{31} ji^{53} ɕi^{11}	3
7	茅草	zɿ^{53} tɛ^{53} ma^{33}	1
8	窗子	je^{31} kho^{33} kui^{35}	3
9	剪子	mɛ^{35} nu^{53}	2
10	伞	tso^{31}	2
11	锯子	li^{35} lɤ^{33}	4

续表

| 12 | 书 | li^{31} | 2 |
| 13 | 歌 | li^{31} ŋɔ^{33} khɔ^{53} | 2 |

从上表可以看出,13个借词中,借用人次最多的是"锯子",其次是"窗子、土豆",再次是"剪子、伞、书、歌"。这些词都是整体借入。其中,汉语借词数量最多的是竹塘乡茨竹河村达的四组的1位刚刚高中毕业在家待业的拉祜族青年。他借用了7个汉语词替代,如铜、炭、桥、棉花、茅草、剪子、锯子。据了解,他7岁开始上学,上学前不懂汉语。上学后开始学习汉语拼音和汉字。刚入学时根本听不懂老师的讲解。懂拉祜语的老师就用拉祜语进行辅助性教学。到了三年级,学会了一些汉字和汉话,勉强可以听懂一些教学内容。到了小学五至六年级,大概能听得懂60%—70%,不懂的内容就靠猜了。上中学后,汉字积累比小学增多了。但是,在课堂上还是不敢回答老师的提问。他说因为他自己的汉语不好,不敢开口,生怕说错了被同学笑话。到了高中,一方面,拉祜族学生少了,讲拉祜语的机会也少了;另一方面,经常住校,学校的学习生活中与汉族学生的交往日渐增多,接触汉语的机会多,慢慢地汉语也说得流利起来。

此外,唐胜拉祜新村和勐滨村松山林的被测试者中也出现了相同的汉语借词,是汉语影响的结果。唐胜拉祜新村和勐滨村松山林属勐朗镇,距县城分别为3公里和10公里。由于离城近,交通便捷,文化生活丰富,汉语接触的机会比竹塘乡茨竹河村达的四组和南岭乡勐炳村龙塘寨的村民多得多。而且,唐胜新村附近有两个汉族聚居的寨子,汉语接触和浸润时间长,有的词拉祜人自然就习惯用汉语表达了。

由此可见,拉祜人使用汉语借词是汉语接触的结果。在拉—汉双语人中,汉语接触的主要渠道是接受汉语文教育。只要是受过正规学校教育的,汉语的听、说、读、写能力一般都较强。所以,具有双语能力的拉祜人中,当拉—汉两种语言并驾齐驱,其中一种语言受到瞬间的抑制时,另一种熟练的语言就会自动补上。这就是拉祜人使用汉语借词的过程。

从拉祜人整体借用的汉语借词看,似乎表现在语言的表层上。但仔细分析其构词理据,这些借词不仅受汉语的影响,而且还受周边傣语的影响。例词如下:

表3—15

词义	拉祜语词	傣语词	汉语词素+拉祜词素
土豆	ja^{31} ji^{35} ɕi^{11} 洋芋　果		je^{31} ji^{35} ɕi^{11} 洋芋　果
伞	tsɔ^{31} 伞	kop^{11} tsɔŋ^{11} 伞	
木瓜	pho^{33} mu^{53} ɕi^{11} 软的 家种的 果		

续表

窗子	je³¹ khɔ³³ kui³⁵ 或 房 洞 小而深 je³¹ mi³⁵ ɛ³⁵ 房 门 小		
锯子	li³⁵ lɣ³³ 锯子		

从以上的构词可以看出:"土豆",洋芋(汉语词素)+ 果(拉祜语词素),是受汉语影响后的汉语成分和拉祜语成分相互结合构词的混合词。"伞"经过了两次借用。因为年长者会用拉祜语说"伞"这个词。这说明拉祜人首先从傣语里将"伞"借入拉祜语,借入后因拉祜语没有鼻音结尾的词,鼻音自然脱落,渐渐地成为拉祜语的固有词。然后受过汉语教育的年轻人,语言接触多,影响大,丢失后直接借用汉语。

"窗子"是拉祜语仿汉新造词。随着社会的发展,拉祜族社会中出现越来越多的新事物和新概念。为方便交流,拉祜人在理解汉语词义的基础上,用本族语固有词素将新事物和新概念的汉语语义表达出来,形成仿汉新造的拉祜语词,使抽象概念趋于具体化,以达到通俗易懂的目的。如"窗子"一词,较早的拉祜族建盖房子时根本没有窗子。但是,随着拉祜人与汉族的接触,建筑风格也在改变,后来建房时也出现了窗子。拉祜人根据窗子的特点"墙上的洞(je³¹ khɔ³³ kui³⁵),或使用功能"房子的小门(je³¹ mi³⁵ ɛ³⁵)"用拉祜语创造了描述"窗子"的两个词。但是,经常接触汉语的人,一般不会将"窗子"说成"墙上的洞""房子的小门"的。因为在现代的建筑风格中,直接在墙上掏个"洞"的窗子已经消失。所以,接触汉语长的年轻人借用"窗子",丢失具有解释性的拉祜词也是正常的。

"木瓜"是热带水果,拉祜族村寨十分罕见。但是,为了描述这种水果,拉祜语就根据所见到的"木瓜"的性质,进行了解释性描述,即 phɔ³³ mɯ⁵³ ɕi¹¹(软的家种的果)。事实上,木瓜生时是很硬的。但是,大多数拉祜人很少出门到坝区,他们不知道木瓜的生长过程。因此,解释性描述时受认知水平的限制。

"锯子(li³⁵ lɣ³³)"是一个仿声新造词。锯子是近代传入拉祜族的生活工具。由于拉祜人不知道怎样表述,就干脆用拉锯子时发出的声音仿声新造了这个词。

从上述汉语借词的构词理据分析中可以看出,有的词属直接借用,有的则属间接借用;从构词方式看,有汉拉合璧混合词,也有以语义、性质描述为基础,对新事物和新概念进行说明、解释,使抽象的概念趋于具体化的仿汉新造词和仿声新造词。

四 不同对象、不同场合拉祜语使用情况

我们对 4 个村寨进行了拉祜人语言生活调查,了解拉祜人面对不同对象、不同场合的语言

使用特点。下面分述如下:

(一) 家庭内部语言使用情况

在调查的 4 个拉祜族村寨中,茨竹河达的四组和勐炳龙塘寨因离城较远,几乎没有拉—汉族际婚姻。30 岁以上的成年都不会汉语。因此,家庭语言全是拉祜语。而唐胜拉祜新村、勐滨松山林离县城较近,分别为 3 公里和 10 公里,与其他民族接触的机会多,因此,各有 8 户族际婚家庭。下面以这两个村为例分述族内和族际婚家庭的语言使用情况。

唐胜拉祜新村的调查对象是:

表 3—16

序号	家庭编号	姓 名	年 龄	文化程度
1	49	石娜俰	13 岁	初二在读
2	47	张丽莉	14 岁	初二在读
3	14	黄娜模	28 岁	小学
4	49	石建华	36 岁	初中
5	26	张扎莫	42 岁	小学
6	23	张娜努	46 岁	初中
7	14	石老大	59 岁	小学
8	30	张扎母	56 岁	小学

他们的家庭内部语言使用情况见下表 3—17。

表 3—17

	交际双方	1	2	3	4	5	6	7	8
长辈对晚辈	父母对子女	拉/汉语	拉/汉语语	拉祜语	拉祜语	拉祜语	拉祜语	拉祜语	拉祜语
	爷爷奶奶对孙女	拉祜语	拉/汉语	拉祜语	拉祜语	拉祜语	拉祜语	拉祜语	拉祜语
	公婆对儿媳	拉祜语	拉祜语	拉祜语	拉祜语	拉祜语	拉祜语	拉祜语	拉祜语
晚辈对长辈	子女对父母	拉/汉语	拉/汉语	拉祜语	拉祜语	拉祜语	拉祜语	拉祜语	拉祜语
	孙女对爷爷奶奶	拉祜语	拉/汉语	拉祜语	拉祜语	拉祜语	拉祜语	拉祜语	拉祜语
	儿媳对公婆	拉祜语	拉祜语	拉祜语	拉祜语	拉祜语	拉祜语	拉祜语	拉祜语
同辈之间	爷爷与奶奶	拉祜语	拉祜语	拉祜语	拉祜语	拉祜语	拉祜语	拉祜语	拉祜语
	父亲与母亲	拉祜语	拉祜语	拉祜语	拉祜语	拉祜语	拉祜语	拉祜语	拉祜语
	儿子与儿媳	拉祜语	拉祜语	拉祜语	拉祜语	拉祜语	拉祜语	拉祜语	拉祜语
	子女之间	拉/汉语	拉/汉语	拉祜语	拉祜语	拉祜语	拉祜语	拉祜语	拉祜语
主人对客人	对本族客人	拉祜语	拉祜语	拉祜语	拉祜语	拉祜语	拉祜语	拉祜语	拉祜语
	对本族干部	拉祜语	拉祜语	拉祜语	拉祜语	拉祜语	拉祜语	拉祜语	拉祜语
	对非本族干部	拉祜语	汉语	汉语	汉语	汉语	汉语	汉语	汉语
	对非本族客人	拉祜语	汉语	汉语	汉语	汉语	汉语	汉语	汉语
	对本族老师	拉祜语	拉/汉语	拉祜语	拉祜语	拉祜语	拉祜语	拉祜语	拉/汉语
	对非本族老师	拉祜语	汉语	汉语	汉语	汉语	汉语	汉语	汉语
	对陌生人	拉祜语	汉语	拉/汉语	汉语	汉语	汉语	汉语	拉/汉语

上表显示，唐胜拉祜新村被抽样调查的 8 户拉祜族家庭中，有 5 户的家庭语言是拉祜语，有 2 户兼用汉语。

唐胜新村形成以拉祜语为主并兼用汉语的语言生活主要受以下两方面的影响：一是唐胜拉祜新村 65 户被调查家庭中，除 8 户族际婚姻家庭，其余的都是族内婚姻家庭。拉祜族人口占 95%。该村的拉祜族以拉祜语为主要交流工具，拉祜语十分熟练，少数人会汉语。由于拉祜族人口占优势，少部分汉族也会拉祜语。二是特殊的地理位置。该村距离县城仅 3 公里，交通便捷，只需花 10 多分钟，村民们随时随地都可乘坐拖拉机、骑摩托车、出租车等进城。经济、文化、交通、教育等基础条件与其他坝区、半山区、山区较为优越，与汉文化接触的机会多，兼用汉语的人数相对比其他拉祜村寨多一些。因此，该村村民进城赶集、进行农产品交易、做小本买卖的人相对多一些。与汉文化接触多，思想观念更新一些。青少年接受学校教育的人也相对多。他们的汉语能力普遍高于青壮年和中老年人。

下面是松山林小组的家庭内部语言使用情况调查。调查对象如下。

表 3—18

序号	家庭编号	姓名	年龄	文化程度
1	80	王二妹	16 岁	高一在读
2	91	张志强	19 岁	初中
3	30	罗玉明	21 岁	小学
4	78	张娜俫	37 岁	小五
5	85	李扎俫	43 岁	初中
6	30	罗扎儿	56 岁	脱盲

调查结果见下表 3—19。

表 3—19

交际双方		调查对象					
		1	2	3	4	5	6
长辈对晚辈	父母对子女	拉祜语	拉祜语	拉祜语	拉祜语	拉祜语	拉祜语
	祖辈对孙辈	拉祜语	拉祜语	拉祜语	拉祜语	拉祜语	拉祜语
	公婆对儿媳	拉祜语	拉祜语	拉祜语	拉祜语	拉祜语	拉祜语
晚辈对长辈	子女对父母	拉祜语	拉祜语	拉祜语	拉祜语	拉祜语	拉祜语
	孙辈对祖辈	拉祜语	拉祜语	拉祜语	拉祜语	拉祜语	拉祜语
	儿媳对公婆	拉祜语	拉祜语	拉祜语	拉祜语	拉祜语	拉祜语
同辈之间	祖父母之间	拉祜语	拉祜语	拉祜语	拉祜语	拉祜语	拉祜语
	父母之间	拉祜语	拉祜语	拉祜语	拉祜语	拉祜语	拉祜语
	兄弟姐妹之间	拉祜语	拉祜语	拉祜语	拉祜语	拉祜语	拉祜语
	儿子与儿媳	拉祜语	拉祜语	拉祜语	拉祜语	拉祜语	拉祜语
主人对客人	对本族客人	拉祜语	拉祜语	拉祜语	拉祜语	拉祜语	拉祜语
	对非本族客人	拉/汉语	拉/汉语	拉/汉语	拉/汉语	拉/汉语	拉/汉语
	对陌生人	汉语	汉语	汉语	汉语	汉语	汉语

上表显示，6个家庭，无论是长辈对晚辈、晚辈对长辈还是同辈之间，在家庭内部都使用拉祜语，拉祜语是家庭语言生活中的主要交际用语。但是，主人与客人、陌生人之间，则兼用汉语。

总而言之，茨竹河村达的四组和勐炳村龙塘寨在家庭内部使用的语言均为拉祜语。拉祜族家庭无论是长辈与晚辈（祖父母辈与父母辈、父母辈与子女辈以及祖父辈与孙子女辈等）之间的交流或不同辈分人之间的对话（祖父母之间、父母之间以及子女之间）都是使用拉祜语。长辈在给晚辈传授生产经验、生活常识时也是用拉祜语；家里人聊天、解决家庭事务时也是使用拉祜语。一些拉祜族年轻人到外地打工或求学与家人打电话联系时也是使用拉祜语。长期在外地工作、生活的子女回家探亲，也是用拉祜语与父老乡亲们进行交谈。村里的拉祜人告诉我们：好多拉祜族只会拉祜语，不会汉语。无论是在学校住校，还是到城里打工，喜欢群居，不喜欢独来独往。因此，拉祜语是家庭、村寨的族群内部交际语。

（二）家庭外部语言使用情况

1. 村寨

澜沧拉祜族大部分人都住在偏僻的山区，交通闭塞，有的村寨还没有通电，更没有广播电视等现代媒体，现代化城市的主流文化、通用语对他们的影响不大。由于交通不便，汉语不通，很多拉祜人从未走出寨门，更不用说了解外面的世界了。中年以上的拉祜族人一般都不外出，他们年复一年地过着日出而耕、日落而歌的生活，生产生活中接触和交流的群体都是本族人。因此，30岁以上的大部分拉祜人是单语人，拉祜语是他们唯一的交流工具。他们在村寨与父母、哥姐、弟妹、同伴、同学、朋友的交流，只用拉祜语。他们面对不同民族、不同对象，在不同的场合也只能使用拉祜语。在大多数情况下，村寨里传达政府的政策、法律法规时都翻译为拉祜语。在采访村干部时，他们说：除了村干部会一点汉语外，其他人都不会汉语。因此，在选拔村干部时，他们有一个重要条件就是要会一点汉语。会汉语方便与上级领导沟通。在拉祜寨子里，如果不会拉祜语，也很难开展工作。

2. 学校

我们进行了走访、观察、交谈、问卷、400词测试，还和澜沧县第一中学、民族中学、金朗中学（普九）、民族小学、澜沧县第一小学等学校教学第一线的语文、数学、英语、美术、音乐、体育老师和班主任进行了座谈，收集了大量的第一手材料。综合这些材料后，我们了解到，大部分拉祜族学生，小学入学时，基本不会汉语。老师们告诉我们：为帮助学生更好地理解教学内容，低段教学的教师不得不用拉祜语进行"辅助性"教学。通常一至三年级是解决学生的语言障碍问题。由于学生的母语是拉祜语，课堂上学生学的是汉语普通话，课后学生与学生之间的交流基本是拉祜语。一位班主任告诉我们:拉祜族学生喜欢同族住一宿舍。老师想营造拉祜族学生的语言环境,有意安排拉祜族学生与他们民族生和汉族学生住在一起,让他们开口讲汉语。但是,拉祜族学生十分不乐意。甚至还出现因不同民族叉开住宿而发生退学的例子。其主要原因是他们用汉语交际有一定的自卑心理。高一的一位拉祜族学生告诉我们,进小学时,他不懂汉语。小学毕业后,他的汉语也不好。到了初中,老师讲的汉语并不是句句都懂,说就更难了。因此,在课堂上他一般保持沉默。课后也不想讲汉语与同学交流,生怕讲错后被同学耻笑。只要有拉祜族学生,无论是在校园里,还是在宿舍里,他们都讲拉祜语。

3. 不同对象与场合

个体的语言使用不可避免地受交流对象、使用语场和周围语言环境的影响。拉祜族聚居村,村民的活动场所主要在家庭内和村子内。家庭和社区语场是语言习得和语言使用的重要场所。为深入了解拉祜族在不同对象、不同场合使用语言的情况,我们在4个村寨调查了家庭外部的语言使用情况,以下以唐胜新村为例。我们随机抽取了4个年龄段的8位拉祜族村民进行了调查。调查结果如下表3—20所示:

表3—20

交际场合	对象	拉祜族人				外族人				既有拉祜族人又有外族人			
		1	2	3	4	1	2	3	4	1	2	3	4
见面打招呼		拉祜语	拉祜语	拉祜语	拉祜语	汉语	汉语	拉/汉语	汉语	汉语	拉/汉语	拉/汉语	拉/汉语
聊天		拉祜语	拉祜语	拉祜语	拉祜语	汉语	汉语	拉/汉语	汉语	汉语	拉/汉语	拉/汉语	拉/汉语
生产劳动		拉祜语	拉祜语	拉祜语	拉祜语	汉语	汉语	拉/汉语	汉语	汉语	拉/汉语	拉/汉语	拉/汉语
买卖		拉祜语	拉祜语	拉祜语	拉祜语	汉语	汉语	拉/汉语	汉语	汉语	拉/汉语	拉/汉语	拉/汉语
看病		汉语	拉祜语	拉祜语	拉祜语	汉语	汉语	拉/汉语	汉语	汉语	拉/汉语	拉/汉语	拉/汉语
开会	开场白	拉祜语	拉祜语	拉祜语	拉祜语	汉语	汉语	拉/汉语	汉语	汉语	拉/汉语	拉/汉语	拉/汉语
	传达上级指示	拉/汉语	拉/汉语	拉祜语	拉祜语	汉语	汉语	拉/汉语	汉语	汉语	拉/汉语	拉/汉语	拉/汉语
	讨论、发言	拉/汉语	拉祜语	拉祜语	拉祜语	汉语	汉语	拉/汉语	汉语	汉语	拉/汉语	拉/汉语	拉/汉语
公务用语		汉语	拉祜语	拉祜语	拉祜语	汉语	汉语	拉/汉语	汉语	汉语	拉/汉语	拉/汉语	拉/汉语
广播用语		拉/汉语	拉祜语	拉祜语	拉祜语	拉祜语	拉祜语	拉祜语	拉祜语	拉祜语	拉祜语	拉祜语	拉祜语
学校	课内	汉语	拉/汉语	拉/汉语	汉语	汉语	汉语	汉语	汉语	汉语	汉语	汉语	汉语
	课外	拉/汉语	拉/汉语	拉祜语	拉祜语	拉祜语	拉祜语	拉/汉语	拉/汉语	拉/汉语	拉/汉语	拉/汉语	拉/汉语
节日、集会		拉祜语	拉祜语	拉祜语	拉祜语	拉祜语	拉祜语	拉祜语	汉语	拉/汉语	拉/汉语	拉/汉语	拉/汉语
婚嫁		拉祜语	拉祜语	拉祜语	拉祜语	汉语	汉语	汉语	汉语	拉/汉语	拉/汉语	拉/汉语	拉/汉语
丧葬		拉祜语	拉祜语	拉祜语	拉祜语	汉语	汉语	汉语	汉语	拉/汉语	拉/汉语	拉/汉语	拉/汉语

调查结果显示，被调查者是根据不同场合、不同对象使用不同语言的。在日常生产生活、节庆、婚嫁、丧葬中，与本族人交流时使用拉祜语。与外族人交流时使用汉语，不会汉语的仍使用拉祜语。但是，需要有拉汉双语人翻译才能沟通。村里广播主要以拉祜语为主，有时兼用汉语。语言调查中我们也注意到，拉祜人之间，无论是在执行公务、开会、发言讨论等，都使用拉祜语。

（三）族际婚家庭的语言使用情况

唐胜拉祜新村是一个拉祜族聚居的村寨，非拉祜族人有 16 人，其中汉族 14 人，傣族 2 人。他们是外村嫁入的媳妇或上门的女婿。下面是族际婚家庭的语言使用情况。

唐胜拉祜新村族际婚配偶有 10 人，其中汉族 9 人，傣族 1 人。他们的语言使用情况见下表 3—21。

表 3—21

家庭编号	家庭关系	姓名	出生年份	民族	文化程度	第一语言及水平	第二语言及水平
4	户主	李扎妥	1962	拉祜	小学	拉祜语，熟练	汉语，熟练
	妻子	李卫芬	1963	拉祜	小学	拉祜语，熟练	汉语，略懂
	长子	李扎约	1983	拉祜	小学	拉祜语，熟练	汉语，熟练
	长媳	陈小芳	1983	汉	小学	汉语，熟练	拉祜语，略懂
	孙女	李 英	2009	拉祜	学前		
	长女	李二妹	1988	拉祜	小学	拉祜语，熟练	汉语，熟练
8	户主	周 三	1947	汉	文盲	汉语，熟练	拉祜语，熟练
	妻子	李 妹	1944	拉祜	文盲	拉祜语，熟练	汉语，熟练
	次子	周扎丕	1976	拉祜	小学	拉祜语，熟练	汉语，熟练
	次媳	李娜拉	1979	拉祜	小学	拉祜语，熟练	汉语，熟练
	孙女	周三妹	1996	拉祜	初一在读	拉祜语，熟练	汉语，熟练
	孙子	周 林	2001	拉祜	小二在读	拉祜语，熟练	汉语，熟练
11	户主	李娜丕	1962	拉祜	高小	拉祜语，熟练	汉语，熟练
	长子	李老二	1984	拉祜	初中	拉祜语，熟练	汉语，熟练
	长媳	熊会仙	1990	汉	初中	汉语，熟练	拉祜语，略懂
	长孙	李改平	2008	拉祜	学前		
13	户主	蒋娜倮	1960	拉祜	初中	拉祜语，熟练	汉语，熟练
	长子	张 华	1982	拉祜	初中	拉祜语，熟练	汉语，熟练
	次子	张 友	1984	拉祜	初中	拉祜语，熟练	汉语，熟练
	次媳	王 江	1985	汉	初中	汉语，熟练	拉祜语，不会
	孙子	张顺东	2009	拉祜	学前		

续表

18	户主	谢琼芳	1960	拉祜	初中	拉祜语,熟练	汉语,熟练
	父亲	谢洪安	1931	拉祜	高中	拉祜语,熟练	汉语,熟练
	长子	李东波	1980	拉祜	初中	拉祜语,熟练	汉语,熟练
	长媳	唐改英	1986	汉	高中	汉语,熟练	拉祜语,略懂
	长孙	李文高	2006	汉	学前		
	长女	李 燕	1984	拉祜	中专	拉祜语,熟练	汉语,熟练
32	户主	黄小海	1966	拉祜	小学	拉祜语,熟练	汉语,熟练
	妻子	李娜四	1967	拉祜	文盲	拉祜语,熟练	汉语,熟练
	母亲	李娜发	1922	拉祜	小学	拉祜语,熟练	汉语,不会
	长女	黄小翠	1986	拉祜	小学	拉祜语,熟练	汉语,熟练
	长女婿	肖会周	1975	汉	初中	汉语,熟练	拉祜语,不会
	外孙女	肖瑞润	2005	汉	学前		
40	户主	李金华	1953	拉祜	文盲	拉祜语,熟练	汉语,熟练
	妻子	李娜俄	1954	拉祜	文盲	拉祜语,熟练	汉语,熟练
	长女	李娜发	1974	拉祜	小学	拉祜语,熟练	汉语,熟练
	长女婿	肖明坤	1964	汉	高中	汉语,熟练	拉祜语,熟练
	孙子	肖 俊	1996	拉祜	初二在读	拉祜语,熟练	汉语,熟练
	孙女	肖 瑶	2001	拉祜	小三在读	拉祜语,熟练	汉语,熟练
	三女	李三妹	1980	拉祜	初中	拉祜语,熟练	汉语,熟练
	外孙女	石娜丕	2005	拉祜	学前	拉祜语,熟练	汉语,熟练
43	户主	张里大	1962	拉祜	小学	拉祜语,熟练	汉语,熟练
	妻子	张娜药	1964	拉祜	脱盲	拉祜语,熟练	汉语,熟练
	次女	张娜阿	1984	拉祜	初中	拉祜语,熟练	汉语,熟练
	次婿	陶文武	1984	傣	初中	傣语,略情	汉语,熟练
	外孙	陶扎儿	2006	傣	学前		
	二女	张娜母	1986	拉祜	初中	拉祜语,熟练	汉语,熟练
56	户主	石娜莫	1974	拉祜	小学	拉祜语,熟练	汉语,熟练
	丈夫	刘培协	1967	汉	高中	汉语,熟练	拉祜语,不会
	长女	刘丹娅	1995	拉祜	初二在读	汉语,熟练	拉祜语,略懂
59	户主	杨光照	1975	汉	初中	汉语,熟练	拉祜语,不会
	妻子	钟仙妹	1985	拉祜	初中	拉祜语,熟练	汉语,熟练
	母亲	张娜朵	1955	拉祜	文盲	拉祜语,熟练	汉语,熟练
	长子	钟进荣	1994	拉祜	初二在读	拉祜语,熟练	汉语,熟练
	长女	杨小艳	2001	拉祜	小三在读	拉祜语,熟练	汉语,熟练

从上表可以看出,绝大多数族际婚家庭,不仅夫妻可以学习对方的语言,而且孩子也可以学习父母的语言,成为熟练的双语人,来适应日常交际的需要。但是,不是所有的族际婚家庭都是拉—汉双语人。

如松山林小组有 9 名汉族,为入赘女婿。他们习得拉祜语的情况也不一样。其拉祜语使用情况见表 3—22。

表 3—22

家庭编号	家庭关系	姓名	出生年份	民族	文化程度	第一语言及水平	第二语言及水平
26	户主	郭章妹	1947	拉祜	文盲	拉祜语,熟练	汉语,略情
	丈夫	郭行贵	1940	拉祜	文盲	拉祜语,熟练	汉语,略懂
	长女	郭小五	1976	拉祜	小学	拉祜语,熟练	汉语,熟练
	女婿	郭志华	1991	汉	小学	汉语,熟练	拉祜语,熟练
	长孙	郭春梅	1992	拉祜	初中	拉祜语,熟练	汉语,熟练
	次孙	郭春讲	1994	拉祜	初中	拉祜语,熟练	汉语,熟练
35	户主	李娜发	1968	拉祜	小学	拉祜语,熟练	汉语,不会
	丈夫	李扎拉	1969	拉祜	小学	拉祜语,熟练	汉语,不会
	长子	李扎药	1991	拉祜	初中	拉祜语,熟练	汉语,熟练
	长女	李玉梅	2003	拉祜	学前	拉祜语,熟练	汉语,略懂
	妹妹	李娜倮	1982	拉祜	初中	拉祜语,熟练	汉语,熟练
	妹夫	董长波	1979	汉	初中	汉语,熟练	拉祜语,略懂
	外甥女	董瑞波	2005	拉祜	学前		
55	户主	李扎体	1967	拉祜	小学	拉祜语,熟练	汉语,略懂
	妻子	铁于妹	1968	拉祜	小学	拉祜语,熟练	汉语,略懂
	长女	李大妹	1987	拉祜	初中	拉祜语,熟练	汉语,熟练
	女婿	董兴华	1974	汉	高中	汉语,熟练	拉祜语,不会
	外孙	董 磊	2005		学前		
	长子	李扎莫	1989	拉祜	初中	拉祜语,熟练	汉语,熟练
82	户主	王娜袜	1978	拉祜	小学	拉祜语,熟练	汉语,熟练
	丈夫	杨巫平	1970	汉	小学	汉语,熟练	拉祜语,熟练
	父亲	王老六	1940	拉祜	文盲	拉祜语,熟练	汉语,不会
	母亲	王娜海	1946	拉祜	文盲	拉祜语,熟练	汉语,不会
	长女	杨 香	1998	拉祜	小六在读	拉祜语,熟练	汉语,熟练
	次女	杨改芳	2002	拉祜	小二在读	拉祜语,熟练	汉语,熟练
84	户主	于娜约	1974	拉祜	脱盲	拉祜语,熟练	汉语,熟练
	丈夫	杨石兵	1970	汉	小学	汉语,熟练	拉祜语,不会
	长女	杨 文	1995	拉祜	初三在读	拉祜语,熟练	汉语,熟练
94	户主	李娜莫	1964	拉祜	小学	拉祜语,熟练	汉语,略懂
	丈夫	李哑八	1966	拉祜	小学	拉祜语,熟练	汉语,略情
	三女	李娜妥	1986	拉祜	小学	拉祜语,熟练	汉语,熟练
	女婿	霍 俊	1980	汉	高中	汉语,熟练	拉祜语,不会
	外孙女	霍思思	2006	拉祜	学前		
102	户主	铁树英	1978	拉祜	小学	拉祜语,熟练	汉语,熟练
	丈夫	滕仕金	1977	汉	小学	汉语,熟练	拉祜语,不会
108	户主	李止忠	1966	汉	高中	汉语,熟练	拉祜语,熟练
114	户主	刘 勇	1973	汉	高中	汉语,熟练	拉祜语,熟练
	妻子	李三妹	1974	拉祜	小学	拉祜语,熟练	汉语,略懂
	长子	刘 冲	2000	拉祜	小四在读	拉祜语,熟练	汉语,略情

以上入赘汉族是因拉祜族有随妻而居的习俗,到拉祜村寨居住的。拉祜族女子结婚后,男方得上门到女方家生活3年后,方可按自己的意愿成立家庭,即婚后可续住,或带妻子回男方父母家,或夫妻另立门户。如果他们继续留在拉祜村,那么他们的拉祜语就越来越好。

总之,拉祜语在拉祜山寨使用非常广泛。无论在学校、社区,还是在公共场所;无论是在聊天、生产、生活、集市,还是在政府机关执行公务,拉祜语都是拉祜人主要的交流工具。他们认为,同族人之间不讲拉祜语,非常不习惯。

第二节　澜沧县拉祜族稳定使用自己母语的成因

在中国,许多少数民族语言在强势语言文化的冲击下,出现了不同程度的语言衰退,有的甚至面临濒危。但是,澜沧县的拉祜语从青少年到老年人都在稳定使用,而且语言活力强劲,发挥着重要的交际功能。本节将探讨拉祜语稳定使用的内在条件和客观因素。

一　母语认同感是拉祜语稳定使用的先决条件

人类自形成民族以后,民族语言就成为保持民族一体感和认同感的标志。在族际交往的环境中,语言的认同不仅表现在民族的共同文化和共同的心理素质上,而且还表现在对内认同、对外分界的功能上。调查中我们见证了这一事实:拉祜族的民族认同和分界首先是靠拉祜语识别的。澜沧拉祜人对母语具有深厚的、特殊的感情。在任何场所、任何时候,只要拉祜人在一起,他们都不讲汉语。他们认为讲拉祜语才能证明自己是真正的拉祜人,不是汉拉(出生于汉族和拉祜族婚姻家庭的人)或其他民族,相互之间容易拉近感情。即使在县政府、各部委局,县长、局长在办公室布置工作任务,或下级向上级汇报工作时都使用拉祜语,不使用汉语。民族宗教局局长告诉我们:"讲拉祜语,一是身份,二是习惯,三是方便"。他风趣地说:"下乡时大家都穿汉装,只有讲拉祜话才知道他是拉祜人。到拉祜族村子,会讲拉祜话,好多问题都很容易沟通。而且,讲拉祜语是从小养成的习惯。如果天天见面的熟人,突然改说汉语,双方都会觉得很别扭。再说,拉祜人之间用母语交流比汉语更方便,更容易表达自己的思想和情感"。因此,只要会说拉祜语,拉祜人之间都不说汉语。对母语的强烈认同和深厚感情是拉祜族稳定使用母语的先决条件。

二　高度聚居是拉祜语稳定使用的内在条件

语言作为通行于社会的最重要的交际工具,首先要有一定的人群使用,这是语言存在的内在条件和基础。澜沧拉祜族地区拉祜语保存完好的内在条件主要是人口多、密度大,集中居住,形成寨内集居、村外片居、乡内群居,以拉祜族为主体民族的地域性人口优势。澜沧拉祜族人口占全县总人口的42.7%。全县有多个以拉祜族为主要群体的乡镇和村委会,如:竹塘乡的拉祜族人口占全乡人口的80%,唐胜新村的拉祜族占全村人口的95%,茨竹河村的拉祜族占全村人口的99.7%。调查中能够明显看到,澜沧县拉祜族的不同寨子连成一片,成为左邻右寨。寨与寨之间最近的在500米左右,最远的在5公里左右。因此,即使没有现代交通工具,拉祜人之间的走访也不太困难。村干部告诉我们,拉祜集中居住的主要原因是语言相通,风俗相近,容易和睦相处。在拉祜山乡,很难找到拉祜族杂居于其他少数民族,如佤、汉、哈等民族的村寨。在这样一个高度聚居的地域里,外来人口、流动人口由于语言不通,很难融入拉祜人中。因此,无论是家庭内部日常生活交流,还是村里村外的走亲访友、红白喜事、节日庆典,拉祜语都是传递、沟通信息的主要交际用语,使用频率高,语言环境好。在这样的语言环境下,其他民族学拉祜语也很快。一位嫁入拉祜村寨的汉族妇女说:"我刚来时一句拉祜语都不会,长期听他们讲,就慢慢听懂了,后来我就和他们说拉祜语了。我的小孩都会拉祜语,他每天和拉祜族小孩玩耍,自然就会了。"因此,人口多、密度大,拉祜语使用频率高,是拉祜语得以稳定使用的内在条件。

三 闭塞的地理环境和经济环境是拉祜语稳定使用的客观因素

由于历史的原因,澜沧拉祜族的社会发展起点低、起步晚,社会事业发展滞后,经济发展与非"直过区"相比落后了很多。加上拉祜族地处边远山区、地广人稀、交通闭塞、信息不灵,与内地和城市地区交往的机会少,因此居住环境长期处于封闭状态,流通渠道不畅。解放60年来,澜沧拉祜族有20万人仍居住在山区和高寒山区,自然条件差,基础设施薄弱。大部分拉祜人以从事传统农业、养殖业为主,农灌水少,品种老化,农业单产量低。绝大多数家庭靠体力挣钱,生活极度贫困,人均年收入在350—500元,是集老、少、边、穷为一体的典型山区的少数民族之一。建国以来,虽然乡乡通公路,村村修土路,但有些寨子连公路都还没有。外面的人进不去,里面的人出不来,一方面制约着经济的发展,另一方面使得拉祜语得到较完整的保留。

拉祜人无论在家庭,还是寨里寨外,见面打招呼、聊天、生产、劳动、节日、集会、婚嫁、丧葬等活动都用拉祜语相互交流,即便有汉族、彝族、佤族等其他民族参加也不例外。因此,地理环境的闭塞和经济发展的制约造成了母语单语人多的现象。这是澜沧拉祜语稳定使用的一个客观因素。

四 族内通婚是拉祜语稳定使用的必要保证

家庭语言的使用,直接关系到下一代的语言选择和语言能力的形成。族际通婚的家庭,其家庭语言的选择不尽相同。但是,族内家庭的孩子通常习得拉祜族母语。在澜沧,绝大多数拉祜族都是族内通婚,如勐炳村龙塘寨共145户,全是族内婚姻;茨竹河村达的寨4组,共49户,其中只有1户族际婚;勐滨村松山林有126户,其中9户为族际婚;唐胜新村有65户,其中8户为族际婚。族内通婚的拉祜族家庭,其用语主要是拉祜语。因此,孩子呱呱坠地后听到的全是拉祜语;牙牙学语时学到的也是拉祜语;蹒跚学步时接触的也是拉祜语;与同伴玩耍时交流的也是拉祜语。拉祜语作为家庭内部重要的唯一的交际工具,日复一日,年复一年,在拉祜人的生存繁衍中发挥着重要作用。

五 滞后的教育和通信传媒是拉祜语稳定使用的重要原因

由于拉祜族地区贫困面大,绝大多数拉祜人无力供孩子上学。在9年义务教育中,拉祜族学生辍学的比例高于佤、哈尼、布朗族等其他民族。在拉祜族村寨,初中、高中生的比例很小,拉祜族的大学生更是寥寥无几。平均受教育程度低,文盲比例大。以松山林为例,拉祜人中的四分之一是文盲,二分之一是小学文化,六分之一的有初中文化。迄今为止,村内还没有一个高中毕业生。教育作为少数民族习得汉语的一个主要途径,在拉祜族地区出现了断层。

大众媒体是拉祜人接触汉语言的另一途径。在一些拉祜族山乡,有的村寨迄今还没有通电,有的1年前才通电。因此,对拉祜人来说,他们不知道电视、电影,更不知道现代网络。有的村寨,虽然通电了,但直到2008年末,他们还未享受到广播电视村村通工程。村民们看不到电影、电视,也接触不到汉语。30岁以上的拉祜人基本不会讲汉语,与外界沟通困难,吸收先进的东西就少,在市场经济体制下缺乏一定的竞争力。

第三节 拉祜语保存完好的意义

一 拉祜语保存好有利于保护文化的多样性

语言的多样性和物种的多样性同等重要。生物多样性是我们人类生存的必需品。语言文化的多样性使地球上不同的民族在物种多样性的环境中得以生存和繁衍。我们征服这个星球的原因常常被归结为我们能创造多样性的文化以适应不同的环境。因此,我们不能想象没有语言的世界和地球。

语言是一个符号系统,蕴藏着许多文化知识,是一座巨大的宝库。语言保存好,子孙后代可以从祖先的语言中汲取各种传统文化知识。因为不同的民族生存于不同的社会生态体系中,他们对周围的生存环境地理、气候以及与其共存的动植物都会有一些独特的经验和认识。这些独特经验和认识,在长期的生产生活实践中,日积月累,用语言编织成不同的模式,组成一个民族认识周围世界的知识宝库。如在缺医少药的时代,拉祜族祖先根据生活经验,总结出一些用动植物治疗常见疾病的药。他们把这些动植物名称都编织在语言中,代代相传。如果拉祜语言保存好,这些经验和认识就不会失传。也许将来有一天,这些动植物对研发新药品、绿色食物和材料具有科学、实用和经济价值。这对人类的生存与发展有着重要的意义。

语言是历史的栖身之处,保存着人类的历史记忆、文化创新、知识积累和思维的开发。拉祜族丰富多彩的历史史诗,如创世纪史诗《索逮噜逮》、《牡帕密帕》、《牡缅密缅》等,也是全人类共同的文化财富,承载着一个民族生存繁衍的历史,记录着一个民族在迁徙过程中的人文轶事,并编织于口头传承的拉祜语民间文学、历史神话、民歌民乐、寓言故事中。拉祜语保存好,这些珍贵的语言资源可以保留下来。这对保护语言文化的多样性,保护非物质文化遗产有着重要的意义。

二 拉祜语保存好有利于开发儿童的智力并发展教育

我们在调研中发现,澜沧县民语委和教育局曾做过拉祜语文和汉语文双语教学试验。在县教师进修学校与一线教师的座谈会上,老师们说,要教好拉祜族学生,得先开发拉祜族儿童的智力;要提高教育教学质量,就需要用拉祜语辅助教学。尤其是在小学低年级的教学中,得先用拉祜语教学,然后逐步导入汉语教学。因为拉祜族学生入学前,汉语几乎为零。听不懂汉语,汉语言文字的学习就很慢,时间长了就容易产生厌学情绪,渐渐地就出现辍学现象。黄黑娅老师(女,38岁,拉祜族,金朗中学语文教师)深有体会地说:"我在教拉祜族学生时发现,他们和别的民族在一起玩耍时,不活跃,话很少,不爱交流,不能与其他民族的同学打成一片。但是,拉祜族同学在一起玩时,讲起拉祜话就谈笑风生,滔滔不绝,像小鸟一样欢快。拉祜族学生不是不聪明,而是我的教学有问题。于是,我改变了教学方法,设计了开发幼儿智力的一些教学活动和教学内容,挖掘他们潜在的智力。我先用母语与他们交流并解释教学任务、教学内容,学生很快就能够理解。"李进梅老师(女,42岁,金朗中学政治教师)在谈到自己学习拉祜语文的体会时说:"我本人是拉祜族,虽然在汉族地方出生长大,但是,经常听拉祜语,会听也会说。在师范学校读书时,我学了拉祜文,毕业后分到东回乡小学教了五年语文。教学中,我用拉祜语文辅助汉语文教学。由于我的拉祜语文熟练,教学中得心应手。因此,教学中我先教拉祜文,然后再讲解汉语文,学生在理解教学内容的同时,智力也得到了开发,成绩提高。每一年我教的拉—汉双语文班,拉祜族学生的成绩都比其他班好。但现在不搞双语文教学了,成绩又下降了。"这些好的做法和实践经验值得很好的总结和思考。

毋庸置疑,拉祜语作为拉祜族世世代代传承下来的语言,像其他母语一样,无论是在家庭、村寨,还是在学校,仍然是知识传承、智力开发的工具。由于受教育条件的限制,拉祜族接受小学义务教育的比例相对偏低,许多拉祜族都是单语人。在家庭语言环境的影响下,拉祜族少年儿童上学时,汉语水平几乎为零。他们接触汉语是在教室里,在老师的指导下慢慢学习的。而且,老师在课堂上讲普通话,学生在课后还受当地方言的干扰。如果不采用拉祜语辅助教学,一步跨入汉语普通话教学,必然会增加少年儿童的语言学习负担。

因此,在少年儿童语言学习、智力发展的关键期——小学阶段开展双语教学,逐步从母语向通用语、外语过渡,是符合儿童语言发展和智力发展规律的。它有助于促进义务教育的实施,减少辍学率,提高少数民族的教学质量。

三 拉祜语保存好有利于增强民族凝聚力

民族是指历史上在一定地域内形成的,并且有语言、经济和文化等特点的稳定的群体。它是一群人共同生活的标志,也是一群人具有同一血缘关系的象征。在民族意识构成中,民族凝聚力居于核心地位。

民族凝聚力是指在共同地域、血缘亲情、共同经济与政治生活基础上形成的以民族精神为支柱、以民族情感为纽带的民族心态所表现出来的一种内聚力、亲和力、吸引力、向心力。它本身是一种无影无形而又无处不在起作用的巨大精神力量,是社会的有机构成要素的凝结物。民族的形成与发展取决于两个方面的因素,一是自然因素,二是社会因素。自然因素是一个民族形成的基本前提,包括血缘、亲缘和地缘因素。社会因素包括人类的一切活动,如人们的生活条件、居住环境、人口流动、风俗习惯、宗教信仰、社会动荡等。因此,民族在一定程度上容易保持一致性,如在民族共同利益、宗教信仰、民族语言、民族文化、民族传统、风俗习惯等,是民族凝聚力滋生的土壤。

澜沧县拉祜族地处祖国的南大门,社会发展属于"直过区"。在中国共产党的领导下,民族团结,社会稳定,政治巩固,经济发展,发生了许多变化。但是由于澜沧的社会形态是由封建领主制和奴隶制并存的社会形态直接过渡到社会主义社会,经济、教育、文化等方面极为落后。特别是"文化大革命"期间,一些少数民族群众在政治上受到严重打击、迫害,甚至因饥饿等原因而外流、外迁的现象时有发生。地处边境一线的拉祜族,从血缘、亲缘和地缘都与境外的拉祜族有着千丝万缕的联系。部分地区与境外毒品种植、加工地点相距不远。拉祜语言保存好,在世界禁毒战争中,有助于加强民族成员之间的联系、合作和互助。如信息沟通可使合作双方成员产生信任感、自尊感,从而消除误解与猜疑,增强亲和力。特别是在特殊的环境中,跨境拉祜族使用拉祜语,有助于提升族群的凝聚力,激发族内的合作动力,促进跨境民族关系。这对抵御境外民族分裂势力、分裂分子歪曲党的民族政策,挑拨、煽动民族矛盾,破坏民族团结以及敌对势力的长期渗透,有着重要的现实意义。

四 拉祜语保存好有利于促进跨境民族和谐

澜沧县地处祖国的南大门,南部糯福乡和西部雪林乡与缅甸接壤,边界线长 80 多公里。居住在澜沧的拉祜族属跨境民族,有四大支系:拉祜纳(黑拉祜)、拉祜熙(黄拉祜)、毕苏人(老缅人)、苦聪人。其中毕苏人(老缅人)、苦聪人是 20 世纪 90 年代后划归拉祜族的。中国拉祜族人口约 46% 聚居在澜沧,其余分布在缅甸(约 20 万人)、老挝(约 1 万人)、越南(约 1.5 万人)、泰国北部的清莱(约 2 万多人),美国也有几千人。

语言作为跨境拉祜族的族际交际语,对澜沧的拉祜族有着重要的意义。首先,缅甸拉祜族与中国澜沧南部糯福乡和西部雪林乡的拉祜族山水相连、血脉相通、语言相同、习俗相近。其同源特征,有利于澜沧拉祜族与缅甸拉祜族之间开展边贸活动,促进民族经济的共同发展。民族经济的共同发展有利于促进跨境民族关系的和谐。其次,拉祜族属跨境民族,分布于不同的国家。不同的国家有着不同的语言文化,而且,或多或少会受主流语言文化的影响并逐渐丢失。其中,文化丢失的速度比语言丢失的速度更快。语言丢失了,也许一两代后,族群的文化就融入主体民族之中。如果拉祜语保存得好,传统的文化、知识、经验就会随语言传承下来。第三,语言是一个民族重要的族群特征和特有的身份认同,是窥看文化的视窗,是一个民族创造、传承、发展文化的重要的交际工具。人类创造出多样的文化和语言,是为了适应各种不同的环境。如果拉祜语言保存好,生活在不同国度的拉祜族可以相互交流,取长补短。同时,也有助于民族平等、团结、互助的关系,促进不同国家的民族和谐。

第四节 拉祜人的语言态度

语言态度反映一个民族对语言地位、语言使用特点和语言演变规律的认识。人们的语言态度,必然会影响其语言学习的动机、结果[①]。族群对本族语的态度由族群的整体性格和语言观念等因素决定,对本民族的语言使用和传承有重要的影响。为了解拉祜人对母语、汉语以及其他语言的使用情况,我们随机抽了 32 人进行了问卷调查。调查问卷的结果统计如下:

拉祜族语言态度调查问卷

1. 您怎么看待拉祜人掌握汉语文的作用?
   A. 很有用   B. 有些用   C. 没有用
   测试结果:31 人选 A;1 人选 B;0 人选 C。
2. 您认为学好汉语的目的是什么?
   A. 找到好的工作,得到更多的收入   B. 升学的需要
   C. 便于与外族人交流   D. 了解汉族文化
   测试结果:14 人选 A;4 人选 B;13 人选 C;1 人选 D。
3. 您认为掌握拉祜语的目的是什么?
   A. 找到好的工作,得到更多的收入   B. 便于与本族人交流
   C. 了解和传承本族的历史传统文化
   测试结果:4 人选 A;10 人选 B;18 人选 C。
4. 您对拉祜人都成为"拉祜语——汉语"双语人的态度是什么?
   A. 迫切希望   B. 顺其自然   C. 无所谓   D. 不希望
   测试结果:21 人选 A;8 人选 B;1 人选 C;2 人选 D。
5. 如果拉祜人成为汉语单语人,您的态度是什么?
   A. 迫切希望   B. 顺其自然   C. 无所谓   D. 不希望

---

① Robert C. Gardner, 1991, Attitude and motivation in second language learning. (p.43-61)

测试结果：3 人选 A；5 人选 B；1 人选 C；23 人选 D。

6. 如果有人在外地学习或工作几年后回到家乡，不再说拉祜语，您如何看待？
  A.可以理解 B.反感 C.听着别扭 D.不习惯 E.无所谓

测试结果：11 人选 A；9 人选 B；5 人选 C；5 人选 D；2 人选 E。

7. 您希望子女最好会说什么语言？(多选)
  A.普通话 B.拉祜语 C.当地汉语方言 D.普通话和拉祜语 E.无所谓

测试结果：2 人选 A；4 人选 B；2 人选 C；23 人选 D；1 人选 E。

8. 您愿意把子女送到什么学校学习？
  A.用汉语授课的学校 B.用汉语和英语语授课的学校 C.用汉语和拉祜语授课的学校

测试结果：11 人选 A；2 人选 B；19 人选 C。

9. 您希望本地广播站、电视台使用什么语言播音？
  A.拉祜语 B.普通话 C.当地汉语方言 D.汉语和拉祜语 E.无所谓

测试结果：15 人选 A；4 人选 B；3 人选 C；10 人选 D；0 人选 E。

10. 您是否希望掌握拉祜语文字？
  A.希望 B.无所谓 C.不希望

测试结果：29 人选 A；1 人选 B；2 人选 C。

11. 您认为哪种语言最重要？
  A.汉语普通话 B.拉祜语 C.当地汉语方言 D.英语

测试结果：13 人选 A；16 人选 B；2 人选 C；1 人选 D。

12. 如果家里的孩子不会说拉祜语，您的态度是什么？
  A.赞成 B.无所谓 C.反对

测试结果：2 人选 A；2 人选 B；28 人选 C。

13. 您家的孩子学说话时，您最先教给他的是哪种语言？
  A.汉语普通话 B.拉祜语 C.当地汉语方言

测试结果：4 人选 A；27 人选 B；1 人选 C。

14. 干部在村里开会发言时，你希望他们说什么语言？
  A.汉语普通话 B.拉祜语 C.当地汉语方言

测试结果：9 人选 A；21 人选 B；2 人选 C。

以上的统计结果说明：

1. 拉祜族对本民族的语言、文字有深厚的感情，绝大部分村民对本民族语言文字具有较强的民族意识和民族感情，并有保护本民族语言、文字的愿望。具体表现在以下几个方面：

(1)认为拉祜族掌握拉祜语很重要。所有被调查者都一致认为，拉祜族掌握拉祜语很有用。对于学习拉祜语的目的,32 人中有 18 人选择"了解和传承本族的历史和传统文化",10 人认为学好拉祜语便于"与本族人交流"。在对语言的重要程度进行排序时,16 人把拉祜语排在最重要的位置。

(2) 29 人表示"希望学习拉祜语文字"。

(3)家庭习得语言主要是拉祜语。自己的孩子学说话时,有 27 人最先教的语言是"拉祜语"。

(4)社区语言的选择也以拉祜语为主。15 人希望本地广播站用拉祜语播音,并表示希望干部在开会发言时也使用拉祜语。

(5)不希望拉祜族成为汉语单语人。当问及如何看待拉祜人成为只会汉语的单语人时,有 23 人表示"不希望"。当问到"如果有人在外地学习或工作几年后回到家乡,不再说拉祜语"时,19 位被调查者表示会感到"反感"、"不习惯"或"听着别扭"。当问及如何看待自己的子女不会说拉祜语时,32 人无一例外地表示"反对"。

(6)具有强烈的民族使命感。当了解了我们的来意后,从政府到村委会,从官员到村民,都热情积极地协助调查,认为自己有责任为保护自己的民族语言做些事。如调查组向县文化局局长李扎迫要一些文件资料时,他说:"不是一些,我们有多少就给你们多少,毫不保留。"

2. 迫切希望掌握通用语汉语,对双语教育普遍表示支持。(1)在对待汉语的态度上,尽管并不希望拉祜人成为汉语单语人,但是出于交流、教育、就业和生存的需要,大部分村民表示学好汉语同样重要。当问到"学习汉语的目的"时,14 人认为是为了"找到好的工作,得到更多的收入";有 13 人认为,学好汉语便于和外族人交流。(2)在对待未成年人学习语言的态度上,对于汉语和汉—拉双语显现出相当程度的接纳和认同。调查显示,32 人中有 23 人希望自己的子女最好是拉祜语和普通话都学;19 人希望把子女送到用汉语和拉祜语授课的学校学习,有 10 人希望把孩子送到用汉语授课的学校。几位被调查的村民对子女的文化教育受汉语水平的制约感到担忧。他们认为,双语教育能够提高孩子掌握汉语的能力。他们不担忧母语的衰变和消亡,而是担心汉语水平太低而影响自身的发展。唐胜拉祜新村黄娜模说:"不敢说未来要让女儿找个好工作,但至少希望她上学以后,升学不受汉语的限制"。

通过以上的语言观念的调查,我们感到强烈的民族意识和民族感情对拉祜语的保存能起到积极的作用。他们对于本民族母语能力是否有可能减弱的问题,并没有表现出太多的担忧和警觉。

附录:

澜沧世居拉祜族胡开贵三代人语言使用特点及变化

家庭是语言使用的自然群体。家庭使用情况及其变迁,是整个语言使用的一部分。代际,是由有亲缘关系的不同辈分构成的。代际的语言使用特点是家庭语言使用的扩大和引申,代际语言的变化往往反映语言变化的短暂历史,所以从代际语言使用的特点和变化中能够看到一个语言的纵向变化。这里描述的是胡开贵三代人的语言使用特点及其变化,试图从中寻求语言使用特点的规律。

一 胡开贵夫妇的语言使用情况

胡开贵夫妇是澜沧的世居拉祜族,夫妻二人都是拉祜语、汉语双语人。其具体情况见下表3—23。

表3—23

家庭关系	姓名	出生年份	民族	文化程度	第一语言及水平	第二语言及水平	拉祜文水平
丈夫	胡开贵	1931	拉祜	高小	拉祜语,熟练	汉语,熟练	会
妻子	张秀凤	1940	拉祜	初小	拉祜语,熟练	汉语,熟练	会

上表中的胡开贵,1931年11月15日出生于大山乡南德坝帮过寨。当时的帮过寨70%—80%的人都是汉族,因此,胡开贵从小就会说汉语,而且比母语——拉祜语说得还要好。拉祜语真正熟练起来是在他到了富邦乡卡朗村之后。卡朗村是拉祜族聚居村,95%以上的人不会汉语。甚至和拉祜人住在一起的汉族也都说拉祜语,不会汉语。特殊的语言经历,使胡开贵在卡朗担任起汉语和拉祜语的教学工作。

妻子张秀凤,70岁,曾在卡朗和木嘎的学校读过初小。会拉祜文,也认识汉字,会写汉字繁体字,简体字会看、会读;常常帮村里人写信、读信。由于她汉语、拉祜语都熟练,常常代表村民与当时到卡朗的汉族工作组、工作队打交道,自然而然地为村民们担当起翻译的工作。

1980年,胡开贵调任澜沧县教育局工作,他的妻子和孩子们也随后来到县城。

二 胡开贵子女语言基本情况

胡开贵夫妇共有5个子女,他们也都是汉语、拉祜语双语人。具体情况见下表3—24。

表3—24

家庭关系	姓名	出生年份	民族	文化程度	第一语言及水平	第二语言及水平	拉祜文水平
长子	胡 明	1959	拉祜	大专	拉祜语,熟练	汉语,熟练	略懂
长女	胡玉英	1962	拉祜	大专	拉祜语,熟练	汉语,熟练	略懂
次子	胡 文	1965	拉祜	初中	拉祜语,熟练	汉语,熟练	略懂
次女	胡玉兰	1971	拉祜	大学	拉祜语,熟练	汉语,熟练	熟练
三子	胡小华	1974	拉祜	大专	拉祜语,熟练	汉语,熟练	略懂

胡开贵的这5个孩子都出生在富邦乡卡朗村,从小第一语言都是拉祜语。汉语是后期在读书、工作的过程中学会的。

长子胡明,现在是澜沧县民族中学的教师。1978年高中毕业后,开始在各村小当老师,

1985年到云南民族大学进修,毕业后到澜沧县民族中学工作。据他自己介绍,他感觉自己的汉语是在云南民大进修期间才真正熟练起来。

长女胡玉英,现在云南省广播电台拉祜语组工作。1975年被招入澜沧县革命文艺宣传队(后改名为澜沧县歌舞团)。她是5个孩子中最早来到县城的,也是最早接触汉语的一个。

次子胡文,现在澜沧县民族中学做后勤工作。他15岁到富邦附属初中食堂当工人,1992年调到澜沧县民族中学做后勤工作。是5个孩子当中最晚来勐朗镇的一个。他的汉语是在工作中熟练起来的。

次女胡玉兰,毕业于云南民族大学民语系拉祜语专业,现任澜沧县残联副理事长。她1980年小学二年级时来到勐朗镇。她说自己刚来的时候不会说汉语,二年级到三年级时就像半个哑巴,但是由于她从小就对文学感兴趣,爱看《连环画报》、《少年文艺》、《儿童文学》等,还喜欢写作文,所以,三年级以后汉语渐渐熟练起来了,在学校里语文成绩也一直很好。

三子胡小华,现在是澜沧县民族小学的音乐教师。由于父亲调到镇上工作,1980年6岁时随父母来到勐朗镇。从小学开始就在镇上读书,汉语表达十分流畅,和汉族没有差别。

他们在父母的影响下,都不同程度地学习并使用过拉祜文;但由于长期不使用,都已经不太会用了。只有次女胡玉兰由于大学读的是拉祜语专业,再加上本身对语言的喜好,所以现在还能够熟练使用拉祜文。

三 子女配偶语言情况

胡开贵的5个子女组成的5个家庭中有3个家庭是族际婚姻家庭,他们的具体情况见下表3—25。

表3—25

家庭关系	姓名	出生年份	民族	文化程度	第一语言及水平	第二语言及水平	备注
长子媳	张美芳	1959	拉祜	中专	拉祜语,熟练	汉语,熟练	
长女婿	谭学金	1964	傣	硕士	汉语,熟练	傣语,不懂	拉祜语,略懂
次子媳	陈玫	1965	汉	初中	汉语,熟练	拉祜语,略懂	
次女婿	周永生	1973	哈尼	大学	汉语,熟练	哈尼语,不懂	拉祜语,不懂
三子媳	罗慧琼	1975	拉祜	大学	汉语,熟练	拉祜语,不懂	

长子胡明的妻子张美芳是在富邦乡长大的拉祜族,拉祜语、汉语都熟练。长女婿谭学金是勐朗的傣族(父亲是汉族,母亲是傣族),从小在勐朗镇长大,只会说汉语,不会说傣语。现在也会说一些拉祜语。次子媳陈玫是勐朗的汉族,听得懂拉祜语,但不愿意学拉祜语,也不让自己的女儿说拉祜语。三子媳罗慧琼是勐朗镇上的拉祜族,从小不会说拉祜语,汉语已经成为她的第一语言。

四 第三代人语言使用基本情况

第三代的六个孩子当中,只有长子胡明的两个孩子会说拉祜语,其他的能听懂一些或完全不会说。见下表 3—26。

表 3—26

家庭关系	姓名	出生年份	民族	文化程度	第一语言及水平	第二语言及水平	拉祜名字
长孙	胡扎倮	1981	拉祜	高中	拉祜语,熟练	汉语,熟练	扎倮
孙女	胡娜发	1988	拉祜	中专	汉语,熟练	拉祜语,熟练	娜发
外孙女	谭新也	1990	拉祜	大一在读	汉语,熟练	拉祜语,不懂	娜努
孙女	胡晶娟	1987	拉祜	大专	汉语,熟练	拉祜语,不懂	娜姆
外孙女	周楠娜思	2003	拉祜	学前			娜思
孙子	胡博扎约	2005	拉祜	学前			扎约

长孙胡扎倮,1981 年出生在木嘎乡政府,那里是拉祜族的聚居地方,在那样的环境里,胡扎倮的第一语言自然是拉祜语。他 5 岁随父母来到勐朗镇时,还不会说汉语。刚上幼儿园时很孤独,也不跟别的小朋友说话。小学三、四年级开始,汉语熟练起来,又渐渐不愿意说拉祜语。他觉得拉祜语很麻烦,很多词都不会说,用拉祜语表达不清楚自己的意思。读初中和高中的时候,有时和拉祜族同学在一起就说拉祜语,为的是显示自己和别的同学不同。朋友间有一些小秘密不想让别人听到时,也用拉祜语说。和爷爷奶奶说话时,爷爷奶奶对他说拉祜语,他就用汉语和拉祜语混着回答,而且大部分说的是汉语。他现在已经觉得听汉语、说汉语更自然、舒服。他觉得虽然拉祜语很有用,但平常社交时很少用得到。他的爱人王青青是勐朗镇长大的拉祜族(父亲是拉祜族,母亲是汉族),不会说拉祜语,只会说汉语。因此,两个人的家庭用语就是汉语。

长孙女胡娜发是县城长大的拉祜族,拉祜语、汉语几乎是同时学的。小学和初中在县城,有时还会和拉祜族的同学说几句拉祜语,读中专时到了昆明,就完全没有机会说拉祜语了,只是放假回家的时候和爸爸妈妈说拉祜语。1999 年,曾代表过拉祜族儿童去北京参加中国少先队建队 50 周年"星星火炬"活动,中专毕业后又到厦门等地表演民族歌舞。这些经历使她对自己的民族有了一些特别的感受,她说"虽然自己拉祜语说得不太好了,但平时还是常听拉祜语歌曲,尽量多说拉祜语。"

外孙女谭新也,出生在勐朗镇,但很小的时候就随父母到了昆明。再加上父亲不是拉祜族,家庭语言是汉语,所以她从小就不会拉祜语,只会汉语。孙女胡晶娟,出生在拉祜族聚居的富邦乡卡朗村,但是由于母亲是汉族,并且极力反对女儿学习拉祜语,所以,胡晶娟的第一语言已转为汉语。外孙女周楠娜思,受母亲胡玉兰和外公、外婆的影响,从小学习拉祜语,但上幼儿园后,和小朋友交流只说汉语,拉祜语词汇已明显减少。胡博扎约生在勐朗镇,妈妈是拉祜族,但不会说拉祜语,所以小胡博扎约从学说话起就说汉语。

五 胡开贵三代人拉祜语使用出现代际差异

通过以上的分析描述,我们可以看到,胡开贵一家三代的拉祜语使用情况已经发生了较大的变化。主要的差异表现在第二、三代拉祜文的使用和第三代的拉祜语使用水平上。

1. 原因之一是城镇生活

胡开贵到澜沧县教育局工作后，专门研究编译拉祜文扫盲和汉拉双语文教材，同时还负责澜沧全县的扫盲工作。培训拉祜文师资12期，590人（其中一期在临沧市双江县，25个学员）。在此期间，还先后创建了10个拉祜文、佤文青少年无文盲单位，其中包括9个行政村和1个行政乡。多次被评为县级扫盲先进工作者和思茅地区先进工作者。还曾经编写过《拉汉双语文教科书》（试用本）第二、三册。他创作了11首拉祜歌曲，其中《拉祜字母歌》《拉祜文好》《这里是个好地方》等收录在拉祜文教材里，在澜沧和临沧的拉祜族聚居的地区广为传唱。

他民族自尊心强，热爱自己民族的语言和文化。他对孩子们说"子不嫌母丑"，拉祜族虽然相对落后、贫穷，但毕竟是自己的民族；是自己的民族就一定要学好自己的民族语言。因此，他的5个子女，个个拉祜语熟练，大女儿胡玉英长期从事拉祜语播音工作；长子胡明也由于语言能力强，常常会被借调到县里协助政府工作。

但是，繁忙的工作使胡开贵无暇过多顾及自己的子女，致使他们从小耳濡目染的拉祜文，由于长期不使用而淡忘。

2. 原因之二是族际婚姻

城镇生活使拉祜族传统上的族内通婚产生难度。胡开贵的子女也不可避免地选择了族际婚姻。与不同民族的配偶结婚，使家庭语言从拉祜语转变为汉语。因此，胡开贵的孙辈们，汉语能力增强，拉祜语水平出现下降趋势。

六 结语

从三代人语言使用情况变化中可以看到，第一代和第二代没有太大的变化，第三代变化比较大，其重要原因之一是生活在城镇中，缺少拉祜语的环境，还与族际婚姻家庭有关。

第四章 澜沧县拉祜族兼用汉语的现状及成因

从调查中得知,澜沧县拉祜人母语使用活力强劲。各个年龄段的拉祜族村民,不论男女、老少,都能熟练使用母语;不论住在城区还是住在偏僻深山的村民,在村寨内部和家庭内部都使用母语交流。拉祜语是拉祜人日常生活中必不可少的交际用语。而汉语,是我国各民族之间相互沟通、表情达意的工具,也是党和政府宣传国家政策,法律法规使用最多的语言,还是各民族接受教育,学习科学技术的桥梁。汉语在人们生活中起着重要作用。

新中国成立60年来,通过学校教育、不同民族之间的相互交流,拉祜族中已有不少人不同程度地掌握了汉语,特别是知识分子、干部都普遍兼用了汉语。这同新中国成立以前相比,是了不起的成绩。但调查数据表明,在澜沧县拉祜族村寨,拉祜人掌握汉语的比例不是太大,大部分人使用汉语的能力仅限于"略懂"阶段。这种反差,值得重视。

第一节 澜沧县拉祜族兼用汉语的现状

语言兼用,通常是指个人或语言(方言)集团除了使用自己的母语外,还能够使用另一种语言进行日常交际。人们的兼用语是在长期的民族接触、语言接触的过程中产生和发展的。澜沧拉祜人在日常生活中,学习、接触汉语的程度不同,掌握汉语的程度也不同。总的说来,大部分澜沧拉祜人兼用汉语的水平不高,存在着差异和矛盾。详述如下:

一 澜沧县拉祜族兼用汉语的水平相对偏低

为了获得对澜沧县拉祜人汉语使用能力的认识和了解,我们随机抽取了城区、半山区、山区四个拉祜族聚居村寨进行微观的调查。这些调查点是:勐朗镇的唐胜新村(离县城3公里)、勐滨村松山林小组(离县城10公里)、竹塘乡茨竹河村达的寨(距县城47公里),以及离县城70公里的南岭乡勐炳村龙塘寨。从对不同年龄段拉祜人的汉语使用能力的统计中,我们发现能熟练使用汉语的人数不多,多数人属于"略懂"或"不会"等级。下表4—1是四个寨子6岁以上拉祜人(除去聋哑、智残人)汉语语言能力统计结果:

表 4—1

年龄段(岁)	调查人口	熟练		略懂		不会	
		人数	百分比	人数	百分比	人数	百分比
6—19	304	149	49	139	45.7	16	5.3
20—39	559	205	36	265	48	89	16
40—59	381	94	24.7	126	33	161	42.3
60岁以上	148	10	6.8	24	16.2	114	77
合　计	1392	458	32.9	554	39.8	380	27.3

上表数据显示,在被调查的1392人中,只有458人能熟练使用汉语,只占32.9%,67.1%的人属于略懂和不会级。从四个年龄段掌握汉语的比例来看,熟练使用汉语的人数比例与年龄成反比。即年龄越大。能熟练使用汉语的比例越低;年龄越小,能熟练使用汉语的人数比例越大。如6—19岁年龄段的人有49%能熟练使用汉语。相反,不会使用汉语的人数比例与年龄成正比。即年龄越大,不会使用汉语的人数比例越大;年龄越小。不会使用汉语的人数比例越小。如60岁以上年龄段的人中,不会使用汉语的人数比例占77%,而6－19岁年龄段属于"不会"级的人数比例只占5.3%。这个统计数字与我们实地调查的情况相符。在南岭乡勐炳村龙塘寨做调查时,我们需要翻译才能与50岁以上的老人交流;三四十岁的人能跟我们讲的汉语也很少。如村民李扎发(男,47岁,文盲),我们想请他做400词测试,但需要翻译才能让他了解词汇的意思。他告诉翻译说,他不会说汉话,只会说拉祜话。县文体局副局长刘春云告诉我们,在拉祜山寨通行的语言是拉祜语,人们基本不讲汉语,一个原因是大多数人不会说,另外,会说汉语的人也喜欢讲拉祜语。县里有名的扫盲专家苏国文老师说,干部在村上开会,如果用汉语讲,村民们即使听懂了也印象不深。但如果在重点的地方用拉祜语讲,村民们就会理解得更好,照着去做,因为他们认为这样是比较有感情的。我们还注意到,在勐炳村拉祜族"牡帕密帕"传承基地,澜沧县的石县长跟村民们讲话时,也全部用拉祜语讲。我们遇到了好多拉祜族干部、教师,他们在一起时都说拉祜语。问他们为什么不说汉语,他们回答说"这样会怪怪的"。一位局长对我们说:"我向县长(拉祜族)汇报或请示工作时,也是用拉祜语。如果有许多人在场,特别是有外族人在场,那我就用汉语"。总之,澜沧拉祜族使用自己的母语非常普遍,而且频率非常高。下面具体分析一些典型的场合中语言使用的特点。

1. 家庭内部

拉祜族聚居区的婚姻以族内婚姻家庭为主,族际婚姻家庭较少。族内婚姻家庭基本上都使用拉祜语,少数使用汉语。以唐胜新村为例:该村离县城只有3公里,但家庭成员之间全部使用拉祜语的占四分之三。少数族际婚姻家庭,在家庭内部也主要用拉祜语交流,青少年之间偶尔也说汉语。松山林离县城10公里,所有被调查的人在家庭内部,不管是长辈对晚辈、晚辈对长辈还是同辈之间,都说拉祜语。茨竹河达的寨和勐炳村龙塘寨离城区较远,人们说汉语的场合就更少。茨竹河村主任助理邓事伟告诉我们说,村委会附近的村民能讲一些汉语,远处寨子的村民很少有人会讲汉语,他们在家都是用拉祜语交流。

2. 学校

我们调查了小学低年级使用双语教学的学校。唐胜村完小的老师李文新(男,54岁,汉族)说,这个学校的大部分学生是拉祜族,他们家住山区,离学校较远,5岁半就来住校上学前班,还不会说汉语,老师必须用拉祜话辅助教学,学生才能听懂。进入小学一年级,仍有一部分学生不懂汉语。所以,给一、二年级上课的老师必须会拉祜语。到了三、四年级,拉祜语的使用有所减少,汉语的使用增多。到五、六年级的时候,老师可以完全用汉语上课。

李老师是汉族,只会简单地听一点、说一点拉祜语。他主要给四、五、六年级的学生上《思品与社会》课,全部用汉语上课。勐炳村完小的李自安老师(男,38岁,南岭乡芒付村帮蚌寨人)也说,该校共有80个学生,全部是拉祜族,上一年级时只有少部分人会汉语,所以一、二年级时必须实行双语教学,三年级以后多用汉语,在高年级基本只用汉语。

在茨竹河村完小调查时,校长王伟宏(男,37岁,彝族)介绍说,学生上学前都不会汉语,一、二年级也使用双语教学,中年级减少,高年级力求不用汉语。但这也要看老师怎么教。他说,有的班级到五年级下学期才能完全脱离拉祜语,这算是好的。但有的班级的学生到小学毕业也需用拉祜语来辅助解释。2007年5月通电后,茨竹河村完小还安排学生看电视。中午13:00到14:00,下午20:00到21:00,使学生增强普通话语感,提高教学质量。

在课堂提问方面,被访问的老师们一致都说,要求学生用汉语发言。一般来说,学生们能给出恰当的回答,但回答很简单,表述不长,不能展开来讲。在课下,往往是老师跟学生说当地汉语,学生却用拉祜语来回答。拉祜族学生之间大多使用本民族语交谈。住校的时候,来自同一个村子的学生要求住在一起,平时都讲自己的母语,只有跟其他民族的学生交流时,才使用汉语。

3. 集市、买卖

每个星期天是澜沧县城赶集的日子。来自偏远山区的人们周六晚上就投亲靠友,来到了县城。在集市上,人头攒动,非常热闹。老乡们出售山上采摘的野菜、草果,自己种植的芭蕉、糯玉米、红薯等农作物,有的还出售自己蒸制好的当地小吃,如糯米饭、木薯、咸菜等。他们通常和同村的人在一起,用简单的当地汉语方言跟顾客讲价钱,用自己的母语互相交谈。而在离县城47公里的竹塘乡集市上,就很少能听到汉语。王伟宏校长说,在这里的集市上老乡都说拉祜语,外地人来这里赶集说拉祜语,从县里来卖年货的人也说拉祜语。

4. 其他场合

在拉祜族聚居区,人们在聊天、生产劳动、节日集会、婚丧嫁娶等场合都使用拉祜语,不说汉语。苏国文老师说,语言是一个民族的特征,不把这个特征反映出来,和老乡之间的感情就建立不了。苏老师能说布朗、汉、拉祜(懂拉祜文)和傣(懂傣文)四种语言,他每到一个民族的村寨扫盲,就跟他们说民族语言。老乡们把他当亲人看,在粮食紧缺的时期,他们也要请苏老师和他们一起吃饭。如果他说汉语的话,就不能建立起感情来,老乡们就不会信服。比如,如果他用汉语讲扫盲工作的重要性,学好汉语对村民的好处,有文化和没文化不一样,老乡是不会听的。但如果他用民族语言讲,村民们就很佩服,很相信。茨竹河村的村主任助理邓事伟说,他下去做工作时,一般都请会说一点汉语的队长或会计一起去。很多村民不会说汉语,如果他们不在,就很难跟村民们交流,工作很难做。李扎保(男,56岁)是南岭乡勐炳村龙塘寨一组的组长,他说平时都用拉祜话交流,不管是在家里还是公共场合、过节和开会的时候,除非乡政府的领导或外面的人来,他们才用汉语交流。但是用汉语的人也不是很多,村寨老人比较多,大多数还不太会说汉语。

二 澜沧县拉祜族兼用汉语的水平存在差异性

澜沧拉祜族兼用汉语的水平相对偏低,而且个体之间还存在差异。差异主要表现在:年轻人同老年人之间;居住在坝区与居住在山区的人们之间;文化程度高低不同的人群之间。此外,性别、年龄等因素也使得拉祜人的汉语水平能力各异。

(一)代际的差异

长期以来,澜沧县拉祜族生活在偏远的山区,公路不通,交通不便,信息闭塞,人们很少与外界接触和交流。2005年通了土公路,人们与外界的来往增多了。电网改造后拉祜人的生活中有了电,有的家庭有了电视,他们的生活方式和娱乐方式都有了一些改变。老一辈人的主要娱乐方式是唱歌、跳芦笙舞、打陀螺、射弩等,年轻人看电视、电影、打扑克、打麻将等。实施九年制义务教育之后,上学的小孩数量增多,在学校中能接受系统的教育。这些变化使得年轻人的汉语能力比老辈的人们要强。

上表4—1也显示出唐胜新村、松山林小组、茨竹河达的村和勐炳村龙塘寨这4个村子的拉祜人的汉语能力存在明显代际差异。汉语熟练的人数从老年人到年轻人顺次递增,不会的人从老年人到年轻人顺次递减。唐胜新村村长李顺荣(又名李石保,男,49岁,拉祜族)说,村里老年人一般不说汉语,如果有其他民族的客人来村子里,听不懂拉祜话,他们才说汉语。汉话主要是年轻人说得比较多,尤其是学生,在学校经常都讲汉语,回到村里除了拉祜语有时候也说汉语。石里文(男,65岁)通过翻译告诉我们,村里懂汉语的人不多,大概有一半懂。但是会说汉语的只有100人左右,一般是40岁以下的会一点。苏国文老师说,他1965年从学校毕业到战马坡村哈卜马寨教书的时候,村里没有一个人会说汉语,加上人们与外界接触少,很多东西没见过,如学"车",没人见过车,教"西瓜",老师本人也没吃过西瓜,所以教起来很费劲。但现在人们的生活发生了很大变化,小孩们接触的东西、见过的世面比老人多,他们学起汉语来就容易一些,汉语水平比老一辈好。在县城附近的村寨里,中青年和上过学的小孩或多或少能使用一些汉语进行交流。

(二)地域的差异

生活在坝区、半山区和山区的人们的汉语使用情况存在差异,是一个客观事实。所处的地域不同,村民的汉语使用情况不同,请看下表 4—2：

表 4—2

调查点	调查人口	熟练		略懂		不会	
		人数	百分比	人数	百分比	人数	百分比
唐胜新村	252	238	94.4	12	4.8	2	0.8
松山林	452	181	40	210	46.5	61	13.5
茨竹河达的	209	14	6.6	118	56.4	77	37
勐炳龙塘	479	25	5.2	214	44.7	240	50.1
合　　计	1392	458	32.9	554	39.8	380	27.3

上表显示,离县城越近,能熟练使用汉语的村民越多。唐胜新村处于坝区,能熟练使用汉语的人数比例达到了 94.4%。原因是这里的交通方便,经济、文化、教育等基础条件比山区的村寨好,有利于人们与汉语接触,促进了部分人兼用汉语。这里的村民们乘坐拖拉机、骑摩托车进城只需 10 多分钟。他们进城赶集、商品买卖等活动中都需用汉语进行交流。1992 年建新寨以来,该村已经逐步通电、通水、通路。1994 年前后,村里通了电视,部分家庭还安装了卫星电视接收器。村民几乎每家每户都有摩托车,村中有大小拖拉机 10 多台,主要用于农耕和运输。在学校教育方面,唐胜村完小得到当地政府和上海普陀区教委及师生的捐助,基本教学设施配备齐全,现有教师 45 人。而离县城 70 公里的勐炳村龙塘寨村民中,能熟练使用汉语的村民比例只占 5.2%。这个寨子 2005 年以后才有了土公路;2007 年、2008 年茅草房改造工程开始后,村民搬迁到离老寨一公里左右的新村,开始有了电,一部分人家有了电视,但是没有广播。村民石里文(男,65 岁)说,电视里都讲汉语,看不懂,平时也不看。他从没有出去过,只在寨子里生活。最多到南岭乡去买点衣服、盐、油这些东西在寨子里就能买到,不需要出去买。赶集的地点在离寨子 22 公里的乡政府所在地,村民们在集市上也说拉祜语,连外面进去做生意的人都说拉祜语,接触汉语的机会很少。教育方面,勐炳村完小一共有 80 个学生,每个年级一个班,隔年招生,包括校长一共有 6 个老师,教学条件比较艰苦。石文周(男,18 岁,竹塘乡云山村人,现在民族中学上高三)告诉我们,山里的小孩学习成绩差有三个原因,最主要的是人们的思想意识问题。这里传统的观念就是初中毕业了就应该出去做事挣钱。另外两个原因,除一个经济条件限制外,还有一个是学生上小学时,有些学校老师不会拉祜语,用汉语讲课。学生听不懂,影响了课堂学习,成绩不好,最终对学习失去了兴趣。但是在城里就不同。首先,家长都希望小孩上大学,在思想上和山里的村民截然不同。其次,城里的家庭经济条件相对要好,能提供学生学习需要的学习用具、参考材料;而山里的学生除教材外,没有任何其他的学习材料。三是城里的学校教学设施、师资比山区学校强。基于以上原因,人们居住环境的差异明显地影响了教育质量,自然也影响了学生的汉语使用能力。

另外两个寨子,松山林距离县城 10 公里,茨竹河村达的寨离县城 47 公里,也反映了汉语使用情况的差异,如松山林能熟练使用汉语的比例是 40%,低于唐胜新村,高于茨竹河村达的寨和勐炳村龙塘寨;达的寨熟练掌握汉语的人数比例为6.6%,比龙塘寨高1.4%。

(三) 文化程度的差异

澜沧县拉祜人的汉语能力主要从学校教育获得。村民的文化程度不同,使用汉语的能力也不一样。我们统计了唐胜新村、松山林、茨竹河达的寨和勐炳村龙塘寨4个村子的文盲、脱盲人数,以及小学、初中、高中和中专毕业生人数(在读生没有统计在内)和他们的汉语使用情况。结果如下表4—3:

表4—3

文化程度	调查人口	熟练		略懂		不会	
		人数	百分比	人数	百分比	人数	百分比
文盲	237	21	8.9	28	11.8	188	79.3
脱盲	210	18	8.6	43	20.4	149	71
小学	494	167	33.8	309	62.6	18	3.6
初中	143	140	97.9	3	2.1	0	0
高中	3	3	100	0	0	0	0
中专	4	4	100	0	0	0	0
合计	1091	353	32.4	383	35.1	355	32.5

数据显示,四个村寨中文盲和脱盲的人所占的人口比例比较高,共有447人,但能熟练使用汉语的比率却很低,分别只占8.9%和8.6%。文化程度越高,汉语熟练的比率越高。四个村子只有3个高中生,4个中专生,45.3%的人是小学毕业。为什么脱盲阶段能熟练使用汉语的人数比例比文盲阶段高?为什么小学毕业了的人能熟练使用汉语的只占33.8%?文化程度高的人为什么这么少?经过调查,我们了解到下面一些原因:

1. 思想意识

澜沧县拉祜人文化程度偏低有其历史原因。解放前,拉祜族多数处于原始半原始阶段;解放后,他们直接进入到社会主义社会,积极投身于保卫祖国、进行社会主义建设的伟大事业中。但很多人的思想意识并没有跟进,认为千百年来他们不会说汉话也不认识汉字,一样能过日子,学与不学都一个样。老百姓还没有意识到提高素质的问题,还不清楚为什么要接受教育。对于脱盲后复盲的人,老师们认为,在扫盲的时候,有一部分人没有严肃对待,只是抱着敷衍的态度。另一部分人是脱盲以后,没有讲汉语的环境,自己也没有继续学习而复盲。

2. 教学方法

苏国文老师以他自身的教学经历告诉我们,好的教学方式和方法在拉祜族教育中起着重要的作用。1965年,他到战马坡村哈卜马寨建起了小学,并担任第一任教师。当地的村民都很高兴,积极地帮助他筹建校舍,并招收到了50个学生。但是,两个月后,只剩下七八个学生了,其他的学生都跑回家去了。苏老师陷入了痛苦的思索之中,这是为什么?他认真工作,认真备课,把全副精力都投入到教学之中,为什么是这样的结果?后来,他得出了答案:自己不会拉祜语,上课的时候用汉语,学生是难以接受的。那一届学生,只培养了两个人,在村上担任了会计工作。在后来的教学工作中,苏老师摸索出了双语教学的方法。他学习了拉祜语,在低年级的教学中进行双语教学,到了三、四年级,拉祜语辅助逐渐减少。1978 年,他在那乃科小学的教学中获得了成功。班上 27 名学生,有 21 名考上了初中,没考上的 6 名分数也接近录取线,证明了双语教学的方法在少数民族地区的教学中是可行的,是有效的。对此,县上已经有了深刻的认识。在访谈中,县教育局局长李天宏说,孩子厌学,感到读书很乏味,一个原因是听不懂,所以学习基础比较薄弱。对此,2009 年,由地方政府出钱,录招了 18 位特岗教师,要求他们都要懂一门少数民族语言,到少数民族地区进行双语教育,提高山区少数民族学生的教学质量。

3. 教育的投入与回报

近年来,随着职业竞争的加剧,很多学生毕业以后找不到工作,降低了学生学习的积极性。李天宏局长介绍说,2005 年以前,凡是本科毕业生都能找到工作。从 2006 年开始,毕业生回来都需参加就业考试。中专毕业生已难以找到工作。从投入上看,一个小孩上完大学至少需要 6 万元。在农村,这需要三个家庭多年的积蓄。这是村民们所无法接受的。所以他们宁愿小孩到能做事的年纪就回家,帮着父母放牛放猪,做农活,或者出去打工,增加家庭的收入,这样辍学的孩子就比较多。学校是学生接触汉语的主要场所,离开了学校,回到家中,他们又浸泡在母语环境中,汉语使用能力就下降了。

(四)性别差异

澜沧县拉祜人的汉语使用能力还存在着男、女性别的差异。请看下表 4—4:

表 4—4

性别	调查人口	熟练		略懂		不会	
		人数	百分比	人数	百分比	人数	百分比
男	748	246	33	326	43.5	176	23.5
女	644	201	31	245	38	198	31
合计	1392	447	32	571	41	374	27

数据显示,能熟练使用汉语的人中,男性的比率比女性高 2%,略懂级的男性比率比女性高 5.5%。相反,女性不会的比率比男性高 7.5%。能使用汉语的女性人数明显比男性少。其主要原因有二:一是传统的男主外、女主内的思想及生活习惯;二是男性受教育的人数比女性多。对于男主外、女主内的思想及生活习惯,勐炳村龙塘寨的刘忠林在访谈中告诉我们,他读过五年级,从 1968 年开始当村里的会计,后来又当队长。以前还做过木耳、水晶石、牛等生意。他做生意时用汉语方言,回到寨子就用拉祜语。两种语言都说得很好。妻子叫李娜朵,是拉祜族,只懂拉祜语,汉语只会听一点。今年 61 岁,一直在家务农,也没去过什么地方,最远也只去

过澜沧县城。在拉祜族中,这样的家庭结构是很普遍的。

澜沧拉祜人男性受教育的人数比女性多。我们统计了从 6 岁到 60 岁以上,唐胜新村、松山林、茨竹河达的、勐炳龙塘四个村寨小学、初中、高中三个阶段已经毕业的村民(在读生除外),统计表如下:

表 4—5

文化程度	调查人口	性别人数与百分比		性别人数与百分比	
		男子人数	百分比	女子人数	百分比
文 盲	237	108	45.6	129	54.4
脱 盲	210	100	47.6	110	52.4
小 学	494	281	56.9	213	43.1
初 中	143	85	59.4	58	40.6
高 中	3	3	100	0	0
中 专	4	2	50	2	50
合 计	1091	579	53.1	512	46.9

数据显示,女性文盲、脱盲的人数比男性多,到了小学、初中阶段,入学的男性就比女性多了。上高中的三人全部是男子,因为初中毕业后,很多女性就出嫁了,没有机会进一步学习。

在 20 世纪 70 年代,澜沧县适龄儿童的入学率只有 60%。20 世纪 80 年代开展双语教育后,适龄儿童的入学率逐年上升,达到了 90%。国家实行九年制义务教育后,村里要求适龄儿童都必须上学,读完九年。另外,随着道路、水电、经济情况、家电设施的普及和改善,人们与外界的接触、交流必将加强,因此将来的汉语使用程度差异将会缩小。

三 澜沧县拉祜族兼用汉语存在的矛盾

澜沧县拉祜人在学习和使用汉语的过程中,主要存在三对矛盾关系,即听和说的矛盾、汉语和汉文的矛盾,以及学和用的矛盾,分述如下:

(一)听和说的矛盾

听和说的矛盾主要表现在村民在用汉语进行交际的过程中,能听懂的多,能说的少。勐炳村龙塘寨的村主任李良平说,一般村民在用当地汉语方言进行交际的过程中,能听懂的约占 50%,自己能说的只有 20% 左右。苏国文老师在扫盲的过程中对此有极深的感受,他说与老师或外来人进行一般生活中的对话,村民都能听得懂,但如果要他们说多一点,或谈感想、感受是很困难的事。在进行 400 词测试时,我们也有同样的感受。如测拉祜语的时候,我们念出汉语,请村民们说出相应的拉祜语,所有村民都能很快说出,他们 A 级词汇和 B 级词汇相加数量的百分比都在 89% 以上。但用相同的 400 个词请当地拉祜人读出拉祜语,再让他们说汉语,有的人就出现困难。我们随机测试了以下几位拉祜人的汉语 400 词,结果如下:

表 4—6

姓名	年龄（岁）	文化程度	测试等级及比例							
			A		B		C		D	
			数量	百分比	数量	百分比	数量	百分比	数量	百分比
石文周	18	高三在读	396	99	4	1	0	0	0	0
李扎克	46	小学	157	39.3	2	0.5	0	0	241	60.2
李扎倮	20	小学	374	93.5	8	2	4	1	14	3.5
张娜思	24	小学	382	95.5	11	2.75	3	0.75	4	1
李庆芳	9	小四在读	244	61	11	2.8	16	4	129	32.2
张丽莉	14	初二在读	345	86.3	32	8	18	4.5	5	1.2
杨显艳	8	小三在读	266	66.5	41	10.2	85	21.3	8	2

以上数据显示，有的人能说出的汉语较多，有的说出的较少。下面分析上表中5个被测试者的情况：

1. 石文周，竹塘乡云山村人，现在民族中学上高三。除了4个词他需要想一想外，能说出所有的汉语词汇。这是因为他还在上学，接触汉语的机会较多，对汉语比较熟悉。

2. 李扎克是唐胜新村人。唐胜新村虽然离县城不远，但李扎克平时都说拉祜语，很少说汉语。能说的汉语也只是进行简单的日常交流。离开了语境，让他说出单个的词或词汇是困难的事。他的A级词汇只达到39.3%，D级词汇占60.2%。

3. 李扎倮是酒井乡勐根村老达保寨人，现在是县府招待所服务员。他在县城打工的时间较长，接触的人较多，使用汉语的机会也相对较多，汉语比较熟练。

4. 张娜思是酒井乡勐根村老达保寨人。她常常随家乡表演团队外出表演，汉语熟练。

5. 李庆芳是勐朗镇小学四年级在读学生。她的拉祜语比较熟练，但说出相应的汉语词汇时有困难。她的A级词汇占61%，D级词汇占32.2%。有的词属概念混淆，有的不知如何表达。她混淆的10个词为：

银子→钱包　　　　　　　坟墓→埋伏

脑髓→头脑　　　　　　　孙子→孩子

丈夫→爹　　　　　　　　妻子→妈妈

老虎→猎豹　　　　　　　苍蝇→蚊子

穗→知道意思但不知如何表达　　打瞌睡→张嘴

从以上分析来看，拉祜人掌握汉语的程度与他们接触汉语的多少有关。接触的多，能听、能说的就多，接触的少，能听的多一些，但能说出的就少。另外，认识方式的差异也会导致语言障碍。如苏国文老师说，他1965年在哈卜马寨教学生1+1=2，教学道具是木棍和石头。他认真地备课，认真地讲，但收上来的作业中，学生的答案普遍是1+1=6。他百思不得其解。

最终发现,学生把1、加号、等号都看作是一根一根的木棍,"1+1="就是6根木棍。因此,他认为在教少数民族学生的时候,一定要注意学生思维的方式,如果不注意这一点,即使学生上了大学,仍然存在语言障碍,高端的东西能够听得懂,但要清楚地解释出来,就是困难的事了。

(二)汉语和汉文的矛盾

澜沧拉祜人通过上学、参加扫盲班,以及与外界的接触和交流,一部分人能熟练地使用汉语工作、做生意,一部分人能进行简单的日常交流。但他们从学校毕业、扫盲班结业回家后,不再阅读教材,更不看书读报,在识字方面存在困难。另外,村里的读本、报刊极少或根本没有,有的村寨连广播都没有,人们听不到、读不着或不去读。县文体局副局长刘春云说,近几年,在政府的支持下,由县文化馆主管,开展送书下乡活动,在每个村都建了一个乡村图书室。书籍内容包括农业知识、种植技术、摩托车修理、拖拉机修理等。县城附近的村民去阅读的多一些,山里就没多少人去读。前几年,到拉祜山寨放映的电影,虽然有中文字幕,但村民读不懂,所以都需要翻译,然后由县歌舞团的演员用拉祜语配音后才播放。走访中,我们在村民家中看不到任何书本、杂志或报纸;在门框上看不到汉文对联。在唐胜新村,我们想看一看小孩的作业本,但只有两位小孩送来,其他的说他们没有保存自己的作业本。

为了进一步了解拉祜人汉语的使用和阅读能力,我们随机测试了8位拉祜人的汉语口头表达、听力理解和阅读的情况。测试过程和测试内容如下:

1.日常对话。简单的自我介绍。

2.听力测试。听力内容为随机抽取的一段短文(见本章附录),并根据文章内容设置了四个问题,请被测试者回答。问题为:

(1)在旅游点上厕所至少多少钱?

(2)在公共厕所旁,有两个妇女站着收费,一人收多少钱?

(3)厕所里面干不干净?

(4)厕所里的设施怎么样?

3.阅读测试。阅读内容仍为随机抽取的一段短文(见附录),其难度与听力测试内容相当。这里简单地分析唐胜新村的石惠琳、张丽莉、勐朗镇小学的李庆芳、县政府招待所"扎娜惬阁"服务员李娜思和李娜儿以及高三学生石文周的测试结果。

(1)石惠琳,女,13岁,唐胜新村人,初二在读。她能较流畅地进行简单的自我介绍,与我们的口头交流无障碍。听力测试问题回答完全正确。阅读课文较流畅,断句清楚,无错误,在测试中属于阅读较好的。

(2)张丽莉,女,14岁,唐胜新村人,初二在读。她的口头交流无障碍,听力测试问题回答正确。能阅读全文,无错字,但断句不恰当,说明在文章理解上还存在问题。

(3)李庆芳,女,9岁,家住上南盆一队,从5岁半时上学前班,开始住校,现在是勐朗镇小学四年级在读学生。她在与我们的交谈中,表达清楚,听力测试问题回答正确。但在阅读时出现了问题。首先,她把"限时站"读作"垠时站",把"内"读作"肉",遇到"罚款"这个词时,不会读"款"字;把"导游"读作"异游"。其次,断句也出现了问题。问她文章里有没有错字,她没有发现"哪怕"被错写成了"那怕",但能主动读作"哪怕"。

(4)李娜儿,女,19岁,初一,酒井乡老达保人。她告诉我们,她上学到初一后,自己不喜欢,就辍学回家。在学校中老师要求讲普通话,但她们喜欢讲拉祜话。领导们到村子中去,村民们虽然会讲汉话,但因为害羞,不主动跟领导打招呼。小孩子见到汉人来,就跑到一边去了。现在自己从事服务员的职业,觉得学习很重要,很想回到学校去。她的听力测试回答完全正确,但断句不正确,如她把"西藏对长途车行驶进行限速"读作"西藏对长途车行驶进,行限速"。

(5)李娜思,女,21岁,小学四年级毕业,酒井乡老达保人。她在平时工作中,跟拉祜人讲拉祜话,跟其他民族讲汉话。她说,我们一般讲拉祜话,因为要是我们总讲汉话,拉祜族的同乡会说我们太假(虚伪)了。但领导要求我们讲普通话。她的听力测试第一道题回答错误,答作"两元"。阅读中,她不会读"驾驶",把"惹"读作"若","限时站"读作"超时站","限速"读作"超速",不会读"罚款","不仅"读作"不用"。

(6)石文周,男,18岁,竹塘乡云山村人,现在民族中学上高三。会拉祜语和汉语。听力测试结果:能够听懂文章,提出的四个问题全都能准确回答。阅读:能够流畅读下来;没有读错字的现象。对文中出现的错别字,能够自动改变声调去读,但是让他找出错别字时,没有找到,经提示后才知道应该是"哪"。

从以上案例分析可以看出,澜沧一部分拉祜人在日常交流上没有障碍,但在文字阅读方面存在问题。

(三)汉语学习和使用的矛盾

许多村民存在脱盲后又复盲,从学校毕业后又回生的现象。如勐炳村龙塘寨6岁以上的村民除了97人是文盲外,其他人都是脱盲以上文化程度,但只有25人能熟练使用汉语,50.1%的人属"不会"等级。苏国文老师介绍:"扫盲班每一期的学习时间为8个月到一年。在此期间,农忙时一个星期三个晚上,农闲时一个星期五个晚上,每晚两个小时。学员在学习期间能用拉祜语来交流、谈恋爱、请假。学完后由县教育局统一命题考试。考试内容包括口试(读字、词)、听写词语,用所给字词造句,写应用文(如写信、写假条),写家乡的变化、上扫盲班的感受等。考试及格统一发给学员脱盲证。"但脱盲后,人们不再继续使用汉语,也不再继续学习,加之他们居住的地方比较偏僻,与外界接触少,有的人复又变成文盲,生活中只能简单地说几句汉语,语言熟练等级从"熟练"或"一般"降为"略懂"或"不会"。

可以看出,拉祜人的汉语学习和使用存在着矛盾。如何解决这一矛盾,加强汉语学习,提高汉语使用水平?相信随着社会的发展,人们意识的改变,社会的需求,以及拉祜人与外界接触的增多,他们的汉语学习与使用会协调发展。

第二节 澜沧县拉祜族汉语水平偏低的成因分析

从我们选取的南岭乡勐炳村龙塘寨、勐朗镇唐胜拉祜新村、勐朗镇勐滨村松山林小组、竹塘乡茨竹河村委会达的寨这四个村寨的入户调查材料中,我们得到一个深刻的印象,就是这些地方拉祜族汉语水平普遍偏低。他们能熟练使用汉语的仅占 32.9%,略懂的为 39.8%,不懂的占 27.3%。近几年,我们到过南方的基诺族、阿昌族、哈尼族、景颇族、彝族等地区做过汉语水平调查,相比之下,澜沧县拉祜族的汉语水平偏低,而且,不会汉语的人比例较大。这是为什么?其内部原因和外部原因有哪些?这是本节所要分析的问题。

一 社会经济因素对汉语学习、使用的制约

(一)聚居分布,不利于拉祜人学习、使用汉语。

在我国的民族地区,汉语学习水平因分布的聚居或杂居而异。凡是杂居的地方,通用语的水平都比较好。这是因为通用语是不同民族的交际语言。而聚居的地方,由于大家都使用自己的母语,使用通用语的机会较少,所以通用语的水平不如杂居区。澜沧地区也不例外。

澜沧县是我国唯一的拉祜族自治县。据第五次人口普查统计,截止到 2000 年末,澜沧县人口总数为 464630。分布有 20 多个民族,其中拉祜族人口总数为 198554,占全县总人口的 42.73%;汉族人口总数为 105715,占全县总人口的 22.75%;其他各民族人口总数为 160361,占全县总人口的 34.51%。境内拉祜族分布的一个显著特点是:多数聚居,少数杂居。拉祜族人口占万人以上的乡有 6 个:竹塘、富邦、木戛、南岭、糯福、新城,5000 以上至万人的乡有 12 个。上述四个调查点,都是拉祜族聚居的村寨,拉祜族人口所占比例均在 90% 以上。具体情况见下表 4—7:

表 4—7

村寨	总人口	拉祜族人口	百分比
南岭乡勐炳村龙塘寨	515	515	100
勐朗镇唐胜拉祜新村	295	273	92.5
勐朗镇勐滨村松山林小组	495	483	97.6
竹塘乡茨竹河村委会达的寨	743	740	99.6
合计	2048	2011	98.2

民族群体高度聚居分布有两面性：有利的一面是，有利于母语的保护、传承；不利的一面是，不利于学习、使用其他民族的语言，包括不利于学习国家通用语。我们在田野调查中看到，由于村寨内拉祜族高度集中，人们日常生活中使用拉祜语就能满足一般的交际需要，没有使用别的语言的必要性。他们每天听的、说的都是拉祜语，很少有机会去说别的语言。天长日久，他们的母语很熟练，但通用语就会相对较弱。出外学习的学生和打工的村民虽然在学校和外地学到了不同程度的汉语，但回到这个充满拉祜语的环境中，原有的汉语水平不但不能提高，而且还有逐渐降低的可能。

我们所做的问卷调查也证实了这一点。拉祜族在家庭内部，都是用母语交流，不管是长辈对晚辈、晚辈对长辈还是同辈之间，拉祜语是他们生活中最重要的，甚至是唯一的交际用语。以龙塘寨为例，我们随机抽样调查了龙塘寨的9名村民，了解他们在家庭内部的语言使用情况，他们是：李娜朵、李娜嘿、刘娜发、李小陆、李娜拉1、李娜拉2、李学文、胡扎克、李四妹。调查结果显示，在家庭成员之间，除李小陆与身为龙塘寨组长的儿子偶尔使用当地汉语方言外，其余8人不管是晚辈对长辈、长辈对晚辈，还是平辈之间，均使用拉祜语。在家庭外部的不同场合，拉祜语也得到了广泛的使用。一般情况下，若交际对象是拉祜族，则使用拉祜语；若交际对象不是拉祜族，懂汉语的拉祜族多使用汉语，不懂汉语的就有可能无法完成交际活动。

高度聚居分布，使得拉祜族没有条件使用通用语与外族交流、沟通。在我们的四个调查点里，非拉祜族的比例仅占1.8%。村民日常的生产、生活中所接触的都是拉祜族，缺少与外族人交流、沟通的机会。据了解，许多村民从没有离开过自己所居住、生活的村寨，没有长时间接触汉族、汉语的机会。龙塘寨65岁的石里文告诉我们："我从来没出去过，只在寨子里生活。最多到南岭乡去买点衣服，盐、油这些东西在寨子里就能买到，不需要出去买。"

（二）交通不便、居地封闭，不利于拉祜人学习、使用汉语。

澜沧县境内多属山区，海拔2000米以上的山脉有150多座。山区、半山区占总面积的98.8%。交通主要是公路。近年来，尽管全县加大了对交通基础设施的建设投资，实现了"村村通公路"。但是，公路路况整体水平不高。全县2000多公里公路，只有思澜路是三级路，且柏油路仅40公里，其余均为弹石路或土路。另外，还有许多小寨没通公路。我们到南岭乡勐炳村龙塘寨调查，就体会到了拉祜族村寨交通不便的艰辛。该寨距离县城仅50余公里，但因路况很差，大部分路段是弹石路和土路，我们坐的小车整整走了近3个小时。如果是乘坐客车，则只能到达南岭乡政府，再从乡政府到龙塘寨就不通公交车了。旱季还算好，如果是雨季，就更艰难了。"晴通雨阻"，是对当地公路的真实描述。虽然路况不好，但和过去公路不通时"交通基本靠走"的情况相比，已经有了很大的改观。交通方面的瓶颈，制约了边远山区的拉祜族走出大山，形成了他们封闭的社会生活形态。外面的人进不去，里面的人出不来，与外界的接触非常少。

（三）经济发展滞后,制约了教育的发展,而学校教育是汉语学习的主要途径。

由于历史原因和自然条件的制约,澜沧县的经济发展较为缓慢,其工农业生产、社会发展和人民生活水平大大低于全国平均水平。2000 年,澜沧县尚有 24.7 万人未解决温饱问题,人均经济纯收入为 544 元,人均粮食 290 公斤,被列为国家级特困县。

澜沧县的农业产值不高,原因是农田以山地为主,水田较少。再加上农业生产的基础设施不完善,农业生产以传统的农业项目,即以初级的种植业和养殖业为主,农业产业化尚未形成,因而农业产值偏低。交通不便,影响了农产品的运输、流通。由于地处偏远,农民对先进的农业技术接触较少,生产方式比较落后,在不少地方,还停留在自给自足的传统生产模式上。

澜沧的工业起点低,基础薄弱。工业以采掘冶炼业、建材业和食品加工业三大企业为主。工业在资金、技术、设备等方面均存在困难,导致工业发展跟不上市场经济的节奏。

澜沧县的第三产业从总体上讲,尚处于初级发展阶段,相对滞后。现在,澜沧县提出了"拉祜文化兴县"的口号,打造拉祜文化中心,以此带动社会经济的发展。但这一发展规划刚刚起步,对经济的拉动作用还有待时日。

教育的发展,在很大程度上取决于经济实力。上述澜沧县经济落后的状况,严重阻碍了该县的教育发展。表现在：

1. 教育基础设施不完善。经济的落后,导致县财政实力薄弱,从而在教育基础设施上的经费投入不足,满足不了办学需要。如城区学校占地面积不足,教室不够,学生活动场地远未达标,教学设备老化。另外,对上级要求的学校建设配套资金,地方财力也无法解决,导致项目无法启动。如县职高的学生食堂,预算资金 142 万元,上级要求县级财政配套 132 万元,县财力无法解决。

2. 师资力量薄弱,教师留不住。因为贫困、落后,澜沧县缺乏吸引人才、留住人才的竞争力。现有教师队伍也难以稳定。仅 2009 年,县一中、民族中学的高中骨干教师调往思茅任教的就有 14 名,加剧了澜沧县高中专业教师紧缺的问题。本地出生的学生从外地学校毕业后,也很少返回家乡任教或从事别的工作。

3. 受教育程度普遍偏低。经济发展滞后,群众生活贫困,从而导致没钱入学或中途辍学的现象。国家实施九年义务教育政策后,小学 6 年、初中 3 年的学习实行"两免一补"政策,即免学杂费、书本费,寄宿制学生补贴生活费。这一政策的实施,大大提高了澜沧县的整体受教育水平。2009 年,澜沧县小学阶段入学率为 99.37%,年辍学率 0.24%;初中阶段毛入学率 97%,年辍学率 2.44%;但到了高中阶段,毛入学率只有 25.7%,年辍学率为 3.73%。相对而言,拉祜族的受教育水平要低于全县的平均水平。据统计,全县人均受教育的年限为 4.26 年,拉祜族仅 3.52 年。

受教育程度偏低,直接影响到拉祜族汉语的学习。因为大多数拉祜族学习汉语的途径是通过学校教育。据调查,拉祜族聚居的乡镇,特别是乡以下的拉祜族聚居的学校,初入学的拉祜族儿童基本上不会说汉语。多数拉祜族都是上小学后才开始接触汉语、学习汉语。通过对四个点的入户调查,我们发现,拉祜族汉语水平的高低与受教育程度有密切关系。文化程度越高,汉语能力越高,反之亦然。以松山林为例,该社初中及中专文化程度的汉语水平普遍比文盲、半文盲的高。在 93 名初中及中专学历的调查对象中,汉语使用"熟练"的为 92 人,占 99%;仅 1 人汉语水平为"略懂",占 1%。在 107 名文盲、半文盲中,汉语"熟练"的仅为 10 人,占 9.35%;"略懂"的为 51 人,占 47.66%;"不会"的为 46 人,占 42.99%。见下表 4—8:

表 4—8

汉语水平	初中及中专(共 93 人)		文盲、半文盲(共 107 人)	
	人数	比例	人数	比例
熟练	92	99	10	9.35
略懂	1	1	51	47.66
不会	0	0	46	42.99

二 民族特性中的消极成分对汉语学习、使用的制约

拉祜族有其独特的发展道路。在漫长的历史进程中,拉祜族曾不断遭到阶级压迫和民族压迫,不断有过反抗的斗争。但在每一次反抗、起义失败后,拉祜族就做一次大的迁徙。澜沧的拉祜族约在 13 世纪由大理、临沧一带陆续迁入。拉祜族是一个游猎民族,主要从事采集业和狩猎业。解放前,拉祜族生产水平低下,生产技术落后,长期以原始的刀耕火种为主。

长期的民族经历和生存条件,积淀和铸造了拉祜族的素质和特性,并形成了拉祜族自身独特的民族心理和传统观念。纯朴温善、坚忍不拔、勤劳勇敢是其典型的民族性格;知足常乐、集团意识、平均主义是其传统的思想观念。拉祜族所特有的、难以改变的这些民族性格和思想观念,既成为他们千百年来生存、发展的保证,也在一定程度上阻碍了他们的进一步发展壮大。

在我们对澜沧县各界人士的访谈中,不少受访者都认识到民族特性给拉祜族的学习,包括汉语学习所带来的不利影响。其中,有些受访者就是拉祜族,他们毫不避讳地谈到自己民族中存在的落后的思想观念和民族性格中的弱点。如:

芹菜塘小学特岗教师李剑中(拉祜族)在谈到拉祜族孩子学汉语时说:"跟汉族人交流时还不行,不敢说,胆子不大,思想不开放。"

民族中学教师胡明(拉祜族)说:"我们拉祜孩子有自卑心理,遇到生人不敢开口,怕被取笑,这也是造成学习水平低的原因之一。"

澜沧民族小学教师李天龙(拉祜族):"拉祜族的孩子不乐于交往,比较自卑,不喜欢和其他同学交往。拉祜族同学之间很容易成为好朋友,和其他民族的同学却不容易打成一片。"

澜沧民族中学高三学生石文周(拉祜族)在谈到拉祜族孩子受教育程度偏低的原因时说:"最主要是思想意识的问题。我们这里传统的观念就是初中毕业了就应该出去做事挣钱。有些出去打工,有些留在家里。"

多年从事"拉祜语—汉语"双语教学的澜沧县教育局退休干部、扫盲专家苏国文(布朗族)

在谈到拉祜族学生学习上存在的问题时说:"多数拉祜族学生的上进心不太强,不会自学,只把书上的学完就行了。"

金朗中学政治教师李进梅(拉祜族):"拉祜族学生语言表达不是很通顺,思维不够敏捷。我们那里的拉祜族学生不爱学习,经常逃课什么的,家长不重视,不支持孩子上学。普九以来还好一些。学习积极性不高,不爱读书。"

澜沧民族中学美术教师曾文祥(拉祜族):"部分拉祜族学生还是很优秀的。但大多数拉祜族孩子还存在一些问题:第一,性格内向,保守,自尊心较强,课堂上批评之后还要认真地给他解释。第二,怕跟外人、老师交流,自卑。第三,缺乏创新。"

家长对教育的重要性认识还不够,送孩子去上学在一定程度上是因为国家"普九"政策的强制性要求。至于孩子学得好不好,孩子今后的人生道路应该怎么走,这些问题很少有人去考虑。

因此,发扬拉祜民族性格中的积极因素,改变其消极因素,应该成为提高拉祜族教育水平包括汉语水平的一个重要突破口。

三 教学条件对汉语学习、使用的制约

由于学校教育是澜沧拉祜族学习汉语的最主要的途径,因此,学校教学条件在很大程度上决定了学生汉语水平的高低。通过调查,我们看到,澜沧拉祜族的教育水平,包括汉语文水平偏低,与教学条件差有密切的关系。

(一)双语教师不足,难以提高教学质量。

教师的语言素质,直接关系到孩子汉语习得的水平,直接关系到学生的学业成绩,并影响到学生思维的发展。据了解,现在澜沧县80%的学校,三年级以下的需要开展双语教学。但是能够采用双语教学的老师比例偏小,满足不了教学的需要。

据县文体局副局长刘春云介绍,他上学那个时候,龙塘寨小学的老师是拉祜族,也会汉语。老师上课时,用汉语朗读课文,然后用拉祜语讲解。那个时候,学生的学习成绩普遍比较好,基本上都能考八九十分。大概是1995年到2005年这一段时间,该校的老师换成了不会讲拉祜语的老师,只能讲汉语,学生听不懂。那一时期,学生的成绩比较差,一般只能考三四十分。有一年最差,一个班9个学生,语文、数学考试成绩加起来才8分,多数学生都是零分。这一现象在少数民族聚居的乡镇学校具有普遍性。

(二)双语教材跟不上,造成教学上的困难。

在已开展双语教学的学校里,目前只使用汉语教材。小学阶段使用的是人教版的教材,此外,教师还有一本澜沧县教育局编的《拉祜语基础教程》。该教材内容为简单的日常生活用语,体例是:上面一行是拉祜文,下面一行用汉文译注。这本教材2009年刚开发出来,主要使用对

象是二年级以上的学生,所以现在还没发给学生。

(三) 双语教学在许多地区还未得到应有的重视。

由于双语教学的重要性在许多地区未被充分认识,所以未能得到较好的实施。有许多学校采取的是汉语或拉祜语单语授课的教学方式。汉语授课对于此前从未接触过汉语、不懂汉语的小学生来说,有着很大的困难,它会影响孩子的学习兴趣,造成孩子学习成绩上不去,无法进入更高阶段的学习。拉祜语授课,虽然学生能够听懂教学内容,但是无法学习汉语。这两种单一语言授课的模式在拉祜族聚居的农村中小学中都存在。

在我们的四个调查点中,不乏读过小学、初中,汉语水平还只是"略懂",甚至"不会"的情况。如松山林,在受过学校教育的355人中,汉语水平仅为"略懂"和"不会"等级的就有174人,占这一类人群的49%,接近一半。

澜沧县的双语教学应该说还是开展得比较早的。据教育局退休干部、扫盲专家苏国文回忆,他1965年参加工作,走上教师岗位的时候,就发现在民族聚居区实施双语教学的重要性。他告诉我们,1965年,他被调到战马坡哈卜马寨创办小学,就发现教学工作无法开展。因为不管小孩还是大人都只会拉祜语。而他那时候不懂拉祜语。学校建好后,来了50几个学生。两个月后,学生一个个地流失了,因为学生听不懂他上课。从那以后,苏国文就致力于双语教学的研究与实践。在他的带动下,澜沧的双语教学得到了很大的发展。但是,由于思想认识上的偏差,有一个时期,双语教学没有得到应有的重视。现在,县领导认识到语言障碍是澜沧教育上不去的一个重要原因,开始在全县推广双语教学。2009年,通过公开招考,聘请了18位懂双语的特岗教师,分配到边远山区民族聚居区的小学,从事教学工作。

四 语言因素对汉语学习、使用的制约

拉祜语属汉藏语系藏缅语族彝语支,与汉语有很大的差异。在语法上,拉祜语是S-O-V型语言,句子成分按照主语—宾语—谓语的顺序组合;而汉语是S-V-O型语言,语序是主语—谓语—宾语。此外,在语音上也存在较大差异,如:在声母上,拉祜语的舌尖音只有舌尖前音一套,没有普通话的舌面音、舌尖后音,所以,拉祜族说普通话时,舌尖后音最困难,都把普通话的舌尖后音发成舌尖前音。舌面音因为有变体,还能够发出来。韵母差别比较大,主要是拉祜语缺少鼻音尾韵母,汉语的带鼻音尾韵母在拉祜语里都念为无鼻音尾的韵母。

拉祜语与汉语之间的这些差异,给拉祜族学习汉语造成了一定的困难,使他们在汉语学习过程中,出现了一些偏误。为了解拉祜族学习汉语的情况,我们抽样调查、测试了几名拉祜族的汉语水平。测试分为两项内容:汉语400词测试和35个语法例句测试。测试结果显示以下的偏误:

(一) 语法偏误

在我们所做的语法测试中,涉及的语法点主要有:把字句、被字句、差比句、复句、存现句、

动宾结构、介词的使用等。从测试结果来看,被字句、存现句、动宾结构的使用没有出现偏误,其余几个语法点都存在不同程度的偏误。具体分析如下:

1. 把字句

在 10 名受测人中,不会使用"把"字句的仅张扎迫一人。他是澜沧县酒井乡老达保寨人,扎娜惬阁服务员,"达保五兄弟"成员之一。汉语水平较差,在访谈中,有时需要翻译才能沟通。在 35 个语法例句中,有 7 个"把"字句。张扎迫说"把"字句的情况如下(箭头后是受测人说出的句子,加 * 的是偏误句。下同):

(1)他把凳子坐坏了。→ * 他凳子坐坏了。

(2)我把绳子割断了。→ * 我绳子割断了。

(3)他把辣椒舂碎了。→ * 他辣椒舂碎了。

(4)我把枕头睡扁了。→ * 我枕头睡扁了。

(5)雨把衣服淋湿了。→ * 下雨,湿衣服。

(6)我妹妹把花瓶打碎了。→ * 妹妹花瓶打碎了。

(7)他把饭吃完了。→他饭吃完了。

分析:1)"把"字句使用上存在的偏误主要是不会使用介词"把"。上述例句除例(5)之外,张扎迫在使用时,全是在施事主语后直接带受事宾语,没有使用"把"字句的语法标志。这种偏误明显受到母语的干扰。拉祜语是 S-O-V 型语言,其语序是主语-宾语-谓语。不使用"把"字,与拉祜语的基本语序正好一致。例(5)说成"下雨,湿衣服。"除了母语语序的干扰外,还受到母语动词的自动态和使动态特点的干扰。2)另外 9 位受测人在"把"字句的使用上没有出现类似偏误。但是有 5 位受测人把个别"把"字句说成一般的主谓谓语句。如:

他把凳子坐坏了。→他坐坏了凳子。

我把绳子割断了。→我割断了绳子。

2. 差比句

差比句分为肯定式和否定式两种。从测试结果来看,10 名受测人对差比句的肯定式都掌握得较好,没有出现语法偏误;但是差比句的否定式出现了比较普遍的错误。以下是出现偏误的受测人说差比句否定式的测试结果:

他没你跑得快。

李娜思:* 他没有比我跑得快。

李娜儿:* 他不比你跑得快。

李扎妥:* 他没有跑得比你快。

张扎迫:* 他你一样不跑快。

差比句否定式的偏误主要是否定词的位置出现了偏差。上述 4 名受测人在差比句中所用的否定词要么在动词"跑"之前,要么在比较标记"比"之前,都没有放在比较基准"你"的前面。

3. 复句

汉语有丰富的关联词，能用复句表达复杂的语义关系。而拉祜语的关联词比较少。在表达复杂的语义关系时常会出现偏误。复句是他们学习汉语的一个难点。通过对10名受测人的测试结果的分析，发现在复句表达上，经常出现的偏误主要是不会使用关联词。

我们在语法测试例句中，选用了并列、承接、递进、选择、转折、假设、因果、条件等关系的复句。对10名受测人的测试结果显示，文化程度比较高的高三学生石文周的关联词使用得最好，各种关联词都能够正确使用；其次是三名初中学生许印芳（初三）、李娜阿（初二）、张丽莉（初二），她们除了不会使用"否则"之外，其余的关联词都能准确使用。另外几名受测人一般只能正确使用并列、承接、递进、选择、转折、因果等关系的关联词"也"、"就"、"不但……而且……"、"还是……"、"但是……"、"因为……"；不会使用选择、假设、条件等关系的"要么……要么……"、"宁可……也不……"、"如果……那么……"、"即使……也……"、"否则……"、"无论……都……"等关联词。下面列举几名受测人说这几种关系复句的情况：

(1) 我宁可饿死，也不向你讨饭吃。

→我怎么饿也不来跟你讨吃。（李娜思）

→我饿死也不跟你讨饭吃。（李娜儿、张扎迫）

→我饿死也可以，但是我不会跟你要饭。（李扎妥）

→我饿死都不会跟你要饭吃。（李庆芳）

→就算我饿死，也不跟你讨饭。（杨显艳）

(2) 要么你去说，要么我去说。

→ *要不你去还是我去。（李娜思）

→ *那么你去说还是我去说？（李娜儿）

→你去说得，我去说得。（李庆芳）

→你去说也行，我去说也行。（李扎妥、张扎迫）

→ *那么你去说，那么我去说。（杨显艳）

(3) 即使不下雨，我也不去。

→不下雨我不去。（李娜思）

→雨不下，我也不去。（李娜儿）

→ *雨不来，我不去。（李庆芳）

→ *不下雨，我都不去。（李扎妥）

→ *就算雨不下，我都不去。（杨显艳）

→ *没下雨，我也不去。（张扎迫）

(4) 快努力，否则你们要落后的。

→赶快学，不学就赶不上人家了。（李娜思）

→快学，不学的话要落后了。（李娜儿）

→快点努力,要不然你追不上别人了。(李庆芳)

→快点做,你做不快就跟不上人家。(李扎妥)

→好好努力吧,＊好好不努力就跟不上人家。(张扎迫)

(5)无论谁家有困难,寨子里的人都会帮忙。

→＊每家怎么穷也是,寨子人会帮助我们的。(李娜思)

→＊哪家穷,寨子里的就会帮。(李娜儿)

→谁有困难,村子里的人都会帮忙。(李庆芳)

→寨子里有些人困难,寨子里的人会帮忙的。(张扎迫)

4. 介词

拉祜语没有介词,与汉语相对应的介词一般用方位词或指示代词来表示。从语法测试的结果来看,少数人对介词的使用存在偏误。举例如下:

我们从澜沧来到昆明。

→＊我们这里澜沧来到昆明了。(李娜思)

→＊我们澜沧出发到昆明。(李庆芳)

→＊我们这里澜沧来昆明到了。(杨显艳)

(二)语音偏误

通过对汉语400词的测试,我们发现拉祜族学汉语普通话存在的语音偏误主要有:

1. 声母偏误:拉祜人说普通话的舌尖后音,都用舌尖前音来代替。例如:扎 $tʂa^{55} \sim tsa^{213}$;查 $tʂha^{35} \sim tsha^{213}$;沙 $ʂa^{55} \sim sa^{44}$;人 $ʐu^{53} \sim zu^{42}$。

2. 韵母偏误:普通话的前、后鼻音韵尾在拉祜人的普通话里,大多读为鼻化元音或开口元音。例如:安 $an^{55} \sim \tilde{a}^{44}$ 或 a^{44};民 $min^{35} \sim m\tilde{i}^{24}$ 或 mi^{24};汪 $uaŋ^{55} \sim u\tilde{a}^{44}$ 或 ua^{44};龙 $loŋ^{35} \sim l\tilde{o}^{24}$ 或 lo^{24}。

3. 声调偏误:拉祜人说普通话,声调的调值与普通话标准音略有不同。容易出现的偏误是:普通话的阴平55易读成44,阳平35易读成24,上声214易读成212,去声51易读成42。例如:妈 $ma^{55} \sim ma^{44}$、麻 $ma^{35} \sim ma^{24}$、马 $ma^{214} \sim ma^{212}$、骂 $ma^{51} \sim ma^{42}$。

第三节 汉语水平偏低带来的诸多问题

汉语是我国的通用语,说不同语言的各个民族可以通过汉语进行交流,促进相互的学习、交往。汉语水平的高低从一个侧面反映了一个民族的开放程度和发展程度。通过对澜沧县拉祜族汉语使用情况的调查我们看到,拉祜族汉语水平偏低的现状给拉祜族带来了诸多问题,不利于拉祜族的进一步发展。

一 阻碍经济发展

澜沧县经济发展滞后,是国家级特困县,这其中主要是历史的原因和自然条件的限制,但是汉语水平偏低也在一定程度上阻碍了澜沧经济的发展。在现代化建设迅速发展的大背景下,我国的少数民族必须加强与不同民族、不同地区的联系,要学习先进的文化技术,而汉语是沟通不同民族之间的感情和学习科学文化知识的桥梁。在我国,新思想、新观念、新科技、新文化的出现,首先是用汉语、汉字来传播的。拉祜族由于汉语水平偏低,看不懂汉语的书籍、电视,严重影响了他们接受新事物。

澜沧县民族中学教师胡明告诉我们,农村地区中年以上的拉祜族尽管看电视,也不大看得懂内容,他们只看看动作片,对其他节目不感兴趣,电视没有起到沟通外界的渠道作用。

澜沧县文体局副局长刘春云说:"我们很注意普及汉语,因为汉语是通用语,一定要学会的。我们的一个艺术指导只会汉语,歌舞团的许多演员只会拉祜语,在指导时效率就很低。我们就派了个懂拉祜语的做翻译,在这个过程中,演员和艺术指导互相学习另一种语言。最好是拉祜语、汉语两种语言都会。"

由于汉语水平偏低,一些农村剩余劳动力不敢走出家门打工,无法接触外面的世界,无法学习先进的科学技术,来改变落后的生产方式。所以至今澜沧拉祜族出外打工的人比例偏低,不仅影响他们与外界的接触,而且还影响了当地的经济收入。

在访谈中,澜沧县县长石春云对拉祜族的汉语水平非常担忧,他说:"30岁以上的拉祜人基本不会讲汉话,与外界沟通困难,吸收先进的东西也就少。""我担心的是他们不会汉语,不能走出家门,到外地打工,学习新技术,接受新思想新观念。我并不担心他们会被其他民族同化。我担心的是他们当中的大多数人不通汉语,与外界沟通困难,走不出去,制约拉祜社会的发展。"

随着我国经济建设的发展,不同地区、不同民族之间的交往日益频繁。掌握好汉语这一重要的交际工具,拉祜族才有可能走出拉祜山寨,学习、借鉴其他民族的先进经验和技术,增进与别的民族交往,发展本民族的社会经济。

二 教育上不去

澜沧教育发展滞后的原因之一是语言障碍。聚居区的学龄儿童在入学前基本不懂汉语。澜沧县双语教师很少,上课只能用汉语或拉祜语进行单语教学。用汉语教学的,学生听不懂;用拉祜语授课的,学生无法学习汉语。学不会汉语,就难以进入更高阶段的文化科学的学习。芹菜塘小学特岗教师李剑中谈到他刚开始给学生用汉语上课的情况时说,"刚开始我用汉语讲课的时候,学生不知道我在说什么,就在下面笑。现在一学期结束了,他们大体上知道汉语是怎么回事,读课文是怎么回事,就不笑了。"澜沧县民族中学高三学生石文周在谈到自己上学的经历时说,"小学的时候,我的汉语水平很差,上课听不懂,但是我还是坚持下来了。现在学习上没有语言障碍了。"澜沧民族中学数学教师刘俊(拉祜族):"我发现拉祜孩子对新事物,比如股票、电脑等,听不太懂。简单的数字计算会,加上这些新词的应用题就不会。"

澜沧县教育局局长李天宏在访谈中说,"在发展中,我们感觉非常大的一个障碍是语言问题。由于语言的障碍,老师讲普通话,孩子有的听不懂,有的一知半解。这样就使学生的学习产生困难,从而造成孩子辍学的问题。"语言障碍一定程度上造成了澜沧教育发展水平低于全省平均水平,目前,澜沧县是思茅市"普九"攻坚的最后一个县。

三　影响大批高层次人才的造就

新中国建立60周年以来,虽然国家已为拉祜族培养了一大批干部和知识分子,但是相比而言,高层次人才比例偏低,特别是科技人才比例小。其原因是多方面的,但与他们的汉语文水平偏低有一定关系。由于汉语文水平偏低,影响了他们学习数、理、化和外语等科目。拉祜族能考上研究生的也很少。

四　影响干群沟通,不利于政策的实施

在民族地区,语言障碍会影响到不同民族干部与群众之间感情的沟通,并影响到政策的执行。现在一般提倡汉族干部学习少数民族语言,用少数民族语言来做群众工作。从另一个角度看,干部、群众如果都懂汉语,同样能起到沟通感情的作用。勐朗镇副镇长魏晓军告诉我们,村干部的选举和任命,其中重要的一条就是具有一定的汉语识字和听说能力。这说明当地领导干部已经认识到掌握汉语对做好农村基层工作的作用。

第四节　如何提高拉祜族汉语水平的建议

由于地理位置偏僻,意识观念落后、经济发展滞后、文化教育欠缺等因素的影响,澜沧县拉祜族的汉语水平偏低。如何提高人们的汉语水平?课题组在细致地调查了该县拉祜族汉语使用情况后,认为应该采取措施,切实普遍地提高拉祜人民的汉语水平。

一　加大资金投入,培养人才

澜沧县教育局长李天宏说,拉祜族目前在56个民族中处于落后地位,是需要扶贫、扶持的一个民族,也是一个发展中的民族。解放前,人们生活处于原始、半原始状态,住在搭建的草棚里面。在发展过程中,由于拉祜人身居深山,与外界接触少,社会经济发展滞后。作为澜沧县的主体民族,拉祜人的文化、技术水平应得到提高。为此,国家应给予资金注入,大力扶持,为澜沧拉祜人培养大批包括语文专业等各方面的人才,使他们成为建设澜沧社会、经济的生力军,促进社会和谐发展。

二 加大集中办学的投入

澜沧县从2001年起实行拆点并校政策,把以前859户自然村的学校并到567户。拆点并校的政策可以共享教育资源,节约教育成本,学生集中起来也便于提高教学质量。但是在拆并中也出现了一些问题。在访谈中教育局长李天宏说,关于集中办学,我们强烈要求不搞一刀切。按照相关要求,现在还有41个校点要拆并,但是能够拆并的只有8个校点。拆并后出现的问题,第一就是交通问题。孩子小学从寨子到村上上学,初中到乡上上学,由于道路崎岖,交通不便,一年就需1600万元的交通费。二是在短期内把校点合并到村小一级,需要增加校舍、活动场地,还需4个亿才能完成筹并。把高中、优质初中合并到城里,还需3个亿。在硬件上要满足孩子的要求,让教育达标,至少需要7个亿。第三,校点拆并后,有些村寨的学生必须寄宿。但寄宿制也带来一些问题,如学生寄宿时间太早。唐胜村完小的刘琼(女,38岁,拉祜族)老师说,学生5岁半左右就来寄宿上学前班,生活还不能自理,有的需要父母来陪着睡,耽误了农活。有的晚上不敢上厕所,就在宿舍里解决。生病的时候,老师也需照管。所以这里的老师具有多重身份,是老师、是父母、还是保姆。如何解决以上问题,以及并校后带来的一系列问题,是值得思考的难题,也是急需资金投入才能解决的问题。

三 教师培训

澜沧县拉祜族汉语水平偏低,众多偏远村寨的小孩在入学前不会讲汉语,如果教师完全用汉语教学,小孩听不懂,学习成绩上不去,就对学习失去兴趣,使得辍学率增高。在少数民族地区实行双语教学,是苏国文老师在长期的山村小学教学工作中摸索、总结出来的宝贵经验。事实证明,他实行双语教学的班级,学生学习成绩普遍较好。完全用汉语授课的班级,学生听不懂,学习成绩较差。澜沧县文体局的副局长刘春云说,他上学时使用双语教学,学生成绩普遍较好,90分以上的人数多,最低的也有60多分。完全用汉语授课的班级,好的也就60来分,学生普遍只能考到三四十分。曾经有一个班,全班9个学生的语文、数学两科成绩加起来共8分。

目前,双语教学方法得到了县委、教育局的重视,采取了一些措施。如在边远山区,尽量选用能讲少数民族语言的教师任教。在国家要求大专毕业生任教的情况下,由县政府出资,与云南民族大学合作,录取会少数民族语言的孩子上大学,毕业后到少数民族村寨进行教学工作。

另外,澜沧县还通过教师进修学校对教师进行培训、引入了艾伦博士的"2+2"培训模式,开展联合国UNDP403培训项目,通过远程的形式来完成对少数民族教师、女性教师、代课教师的培训。但在有的乡村电力不足,或教师不会操作电脑,或缺少电脑而使这种方式在推广上有困难,个别学校虽然拥有较为先进的设备,但利用率不高。

教师是教育事业中的关键一环。澜沧县对教师培训工作做出了一些努力,但还存在许多问题,需要全社会的关心和帮助。

四 教学设备

澜沧县区域较广,偏远山区多。这些山区学校的校舍条件极差,有的学校简陋得教室里没有桌椅板凳。在条件较好的小学,有一台电脑和一台打印机。县城的学校,每班有一台电脑。县进修学校有两个多媒体教室。乡一级中学有一间多媒体教室。茨竹河村完小有一台电视机,学生每天中午、晚饭后分别看一小时,学习普通话。开展联合国 UNDP403 培训项目的学校有一些电脑,但教师缺少电脑知识,操作不了;或上不了网,致使昂贵的电脑成了摆设。

总的说来,乡村学校的硬件设施普遍较差。从教育平等的角度来说,这些学校还需得到更大的投入和大力的建设。

附录:

1. 阅读材料

驾驶员不敢"惹"的限时站

西藏没有内地常见的公路收费站,却有着内地没有的限时站。限时,其实是限速。为了行车安全,西藏对长途车行驶进行限速。每隔一段路,路边便设有一个限时站,不论大车、小车,驾驶员都要下车交上段路的限时单,领取下段路的限时单。限时单规定:11 点从此地出发,50 公里路程,12 点 30 分到达下一站,如果提前到达,交罚款 200 元。导游说,车辆只能在规定时间内到达规定地点,不能提前,只能迟到,提前那怕一分钟,都要交 200 元罚款。所以,不仅在西藏车速一般不太快,就是快了,要到下一站前,只有远远地停下休息,等待时间到点,才能继续前进。

2. 听力材料

全国最贵的厕所

西藏的厕所也许是全国最"昂贵"的了。沿途上厕所,少了一元,你别想上。而厕所都很简陋,基本是聪明的藏民自家建盖的土基房。没旅游车时,远远地聚在别处聊天吹牛,等你上完厕所走人时,便会有小孩、大人跑过来,让你交钱。而在景点景区,往往收费二元,你不交,那你就憋着好了。岗巴拉山口公共厕所外观不错,好像是公家投资建盖的旅游厕所,两个藏族妇女守在门口收费,一人二块。厕所内却脏得无法下脚。

结　　语

通过澜沧拉祜族语言国情的调查和分析,课题组对澜沧拉祜族及其语言生活有如下几点初步的认识:

一　澜沧拉祜族自治县是研究拉祜族的一部百科全书

澜沧县是全国唯一的拉祜族自治县,拉祜族人口有 21.4 万人(2008),占全国拉祜族总人口的 46%。从族群的迁徙历史来看,澜沧是拉祜族早期的一个聚居地,其他地区的拉祜族,包括国外的缅甸、泰国、老挝等地的拉祜族,有不少是由此地迁移而去的。这就是说,它曾是历史上不同时期各地拉祜族的发源地之一。澜沧,保留了拉祜族大量的语言文化资源和遗产,以及拉祜族各种社会人文特征,是研究拉祜族取之不尽的源泉。

所以,研究拉祜族的语言文化,必须到澜沧。澜沧是研究语言文化的宝地,遍地是金。澜沧的语言文化资源有待于进一步保护、开发和利用。不研究澜沧的拉祜族,就不可能真正认识、了解拉祜族。

二　澜沧拉祜族较好地保存了自己的母语

我国少数民族母语的保存大致可分为以下几种类型:1. 母语全民稳固保存型;2. 母语大部保留型;3. 母语局部保留型;4. 母语濒危型。通过实地微观的调查,我们看到澜沧拉祜族较好地保存了自己的母语,在类型上属于"母语全民稳固保存型"。

澜沧拉祜族母语全民保持的特征主要是:在聚居村寨,99.9% 的拉祜人都稳固地使用自己的母语,最低的也达到 99.6%;拉祜人的语言生活,绝大部分都靠拉祜语来维系;代际之间、不同年龄之间、不同职业之间,母语能力虽有差异,但差异不大;青少年除了城区的以外,没有出现明显的母语能力下降;拉祜人对自己母语有很深的感情,对母语的保存充满信心。

一个只有 40 多万人口的小民族,在不同民族的接触、交流不断扩大的今天,在国家通用语——汉语在拉祜人中不断普及的条件下,其母语还能保存得如此完好,确属奇迹! 这是我们课题组在调查之前所没有预料到的。是什么原因使得澜沧拉祜族能够如此完好地保存自己的母语? 我们认为,高度聚居、保持族内通婚、居住封闭、母语认同是主要的原因。

应该怎样看待澜沧拉祜族的语言生活?

人口少的民族,在全球现代化进程迅速发展和全球经济一体化快速进展的今天,都会不同程度地受到冲击,面临着母语功能下降的威胁。这是当代社会的一个突出的社会问题和语言问题,已经引起联合国和各国的重视。多年来,联合国曾不断呼吁要重视母语的保存,要抢救濒危语言。一些国家还组织了专门委员会支持对濒危语言的记录和抢救。这股热潮来得很猛,也传入我国。但母语的保存与抢救濒危语言,涉及方方面面,与此相关的一些理论问题并未能得到科学的认识。

理论问题之一是,怎样科学地、实事求是地看待和估计使用人口少的语言(也称"小语种")在现代化进程中的作用及其功能衰退。

人类社会在经济发展较快的阶段,由于不同群体交流增多,人口流动性加大,语种的使用也会因此由多变少,由分歧到统一,朝一体化的方向发展。这是社会、经济发展的需要,是人类进步的表现,也是符合语言演变规律和语言使用的经济原则的。但任何事物都有两面性。语言使用的这种发展,也有两面性。即它既有进步的一面,又有消极的一面。消极的一面是指它破坏了民族的传统文化——语言,使得经过人类长期创造的、成为文化载体的语言,出现濒危或消失掉。虽然换取来的不同民族共同使用一种统一的语言,带来了方便。正如现代化的发展改变了生态环境,使得某些物种出现濒危或消失一样。在这个问题上,人类面临着"两难":既要发展经济,又要保存传统文化。两者都要做,但当中确实存在矛盾。因为现代化进程进入一定的时期,人们会自觉或不自觉地转用在功能上、价值上更大的语言,至于保护本族的传统文化遗产,当人们一心投入现代化建设的热潮时,绝大多数人是不会多考虑到如何保护自己的文化遗产的。传统文化的丢失,人类往往是在出现问题后才引起重视的。现在许多人已逐渐认识到,人类自己经过长期创造的非物质财富,无论如何也不能让其消失。消失了,还要后人花费大量的人力、财力去考证,而且未必就能考证好。这是理性的科学认识。正是出于这种认识,拉祜语如今得以全民保存值得庆幸。

但是,在现代化浪潮的不断冲击下,支撑拉祜族母语保存的因素也会发生变化,其中有的因素将会随着拉祜族社会的发展而发生变化。比如,"居住封闭"固然有助于拉祜语的保存,由于封闭,村子里的人不出去,外面的人不进来,显然是母语保存的有利环境。但如果经济文化的发展一旦打破了封闭的状态,人们与外界接触多了,语言兼用现象也会随之不断增多,就会改变母语的生存条件。又如,"族内通婚"有助于母语的保存,但拉祜人并不反对族际婚姻,而且从现在的发展势头看,族际婚姻有逐渐增多的趋势。这种趋势必然会使一部分族际婚姻家庭的子女改变使用别的语言,缩小了母语的使用范围。当然,"分布聚居"是拉祜语保存的一个非常重要的条件,而这一特点在短时间内不会改变,也不易改变。

问题是怎样把社会发展与母语保留统一起来,即拉祜族社会既要改革开放,又要有更多的人走出拉祜山村,还要有更多的外族人进入拉祜山村。拉祜人的文化教育需要得到不断的发展,跻身于汉族和其他民族的先进行列;拉祜族需要大批的、有高水平、高文化的干部、知识分子。这就需要把不利的因素转化为有利的因素,把矛盾转化为和谐。构建拉祜人和谐的语言生活既有助于拉祜族的发展,又有助于拉祜族语言文化的保存。

小语种的生命力会不会像有些人所估计的那样,在这一世纪内要消失 80%。拉祜语保存较好的事实,说明不同民族融合度不断增强的今天,小语种并不会完全失去作用,而沦为濒危语言。

三 拉祜人的兼语现象比例偏低,有待发展

新中国成立 60 年来,拉祜族地区的社会经济文化都有了巨大的发展,这是不争的事实。但是与有些民族相比拉祜族地区的发展还处于滞后的状态,这是必须面对的事实。拿文化教育发展来说,拉祜族地区文化比较落后,高中以上文化程度的人很少,文盲比例偏大,许多人不会说汉语,这是我们很不愿意看到的。

在一个多民族国家,必然会有一个民族为主体民族,其使用的语言为国家通用语,而其他民族为少数民族,其使用的语言为少数民族母语。但少数民族为了自身的生存和发展,必须学习通用语。所以,在少数民族的语言生活中,通用语和少数民族母语构成一个语言关系系统。在这个系统内,通用语和母语在功能上相互补足,互相补充,形成一定的比例。比例的多少不是随意的,而是要根据国家、民族、地区的特点而确定其合理比例。比如一个文化教育比较发达的民族,其兼用语的比例相对会高些;反之亦然。恰当的比例,对一个民族的发展是有利的,能够推动这个民族在已有的基础上向更高的方向发展;如果比例失调,兼用语过小或过大,都会对民族的发展或母语的生存起到不利的作用。这里存在一个"合理的度",超过和不及应有的"度",都会影响文化教育的正常发展,甚至会出现非良性循环。掌握这个"度",不能光凭个人感情、民族感情,要从民族实际出发,从国家大局、民族的前途着想。

澜沧县拉祜族的母语与兼用语的比例存在不和谐的状况。掌握母语的人占全部人口的 99%以上,属于全民母语型;但兼用语的比例偏低,能熟练使用汉语的仅 30%左右,在农村,懂汉语的人很少。不懂汉语的人到了拉祜族村寨,如果不带翻译,事情就办不了。我们去过南方许多少数民族地区,如基诺、阿昌、彝、哈尼、景颇等民族地区,相比之下,明显感到拉祜族懂汉语的比例偏低。

母语和兼用语的比例失调,严重影响拉祜族的文化教育建设,也阻碍了拉祜族地区的经济建设。澜沧县县长、全国人大代表石春云忧虑地对我们说:"我不担心拉祜族不会拉祜语,而是担心拉祜族不会汉语。"教育局局长李天宏明确地说:"阻碍拉祜族教育发展的一个重要因素是语言障碍。"拉祜族高层人才比例偏低,是与全民汉语掌握状况相关的。新中国建立已经 60 年了,拉祜族掌握汉语的状况应该比现在好得多!

造成拉祜族兼用语水平偏低的因素,既有内部的,也有外部的。应当组织力量认真研究拉祜族的教育发展问题。当务之急是,国家及地方政府要加大双语教育的投入,予以特殊倾斜,并根据澜沧拉祜族的具体特点制定对策,尽快改变澜沧拉祜族的教育面貌。

ns

附 录

一 澜沧县拉祜语语音系统

(一) 云南省澜沧县富邦区拉祜语语音系统

拉祜语属汉藏语系藏缅语族彝语支。拉祜语分拉祜纳（la⁵³xo³¹na̠⁵³）和拉祜熙（la⁵³xo³¹ɕi³³）两种方言。操拉祜纳方言的人口占全族人口的80%以上。这两种方言差别不大。在拉祜熙方言中自称 la⁵³xo³¹ɕɛ³³ "拉祜些"、qhɔ³³tshɔ³³ "锅错（苦聪）" 和 lɔ⁵³mɛ³⁵ "老缅" 的拉祜人所说的话与拉祜纳差别较大。

这个音系以澜沧拉祜族自治县富邦区卡朗、克朵一带的拉祜纳为依据。

声母

拉祜语声母共有31个。其中，辅音30个，半元音1个。列表如下：

发音方法		发音部位	双唇	舌尖前	舌面	舌尖中	舌根	小舌
塞音	清	不送气	p			t	k	q
		送气	ph			th	kh	qh
	浊		b			d	g	
塞擦音	清	不送气		ts	tɕ			
		送气		tsh	tɕh			
	浊			dz	dʑ			
鼻音	浊		m		ȵ	n	ŋ	
边音	浊					l		
擦音	清		f	s	ɕ		x	
	浊		v	z	j		ɣ	
半元音			w					

1. 声母说明

（1）舌面音 tɕ、tɕh、dʑ、ɲ、ɕ 只与 i、e、ɛ、a 结合。如：tɕi³³"酸"、ɲi³³"天"、tɕe³³"掉"、dʑɛ³¹"商量"、tɕa⁵³"吃"。与舌尖前音构成互补。由于音质相差较大，加上舌面音还用于拼读舌面音的汉语借词，所以音位系统中分为两套。

（2）ts、tsh、dz、s 与 o、ɔ、u、ɯ、ɤ 结合时读为舌叶音 tʃ、tʃh、dʒ、ʃ。如：tʃo³³"辈"、tʃhu³³"人"、dʒu⁵³"戳"、ʃu³³"别人"。但两者音质比较接近，且不构成音位对立，所以仍标为舌尖音。

（3）半元音 w 只出现在汉语借词上。如：thai³¹wa³³"台湾"、xai⁵³wa³³"海湾"、wa⁵³pa³³"网吧"。

（4）x 的实际音值是 [h]。如：xa³¹[ha³¹]"穷"、xu³³[hu³³]"养"、xa³³[ha³³]pa³³"月亮"。

2. 声母例词

声母	例词	汉义	例词	汉义
p	pa³³	交换	pɔ³³	生（孩子）
ph	pha³³	布	phɔ³³	跑
b	ba³³	亮	bɔ³³	锣
m	ma³³	阴性	ma³⁵	女婿
f	fa³¹	爱	fa³⁵	藏（东西）
v	va³³	扣子	va⁵³	竹
t	ta³³	哒声（象声）	ta⁵³	别（做）
th	tha³³	扇（耳光）	tha⁵³	时候
d	da³¹	好	da³¹	厥
n	na³³	听	na⁵³	（蠕）动
l	la⁵³	虎	la³¹	来
ts	tsɿ³³	集市	tsɿ⁵³	凿子
tsh	tshɿ³³	麂子	tshɿ⁵³	洗
dz	dzɿ³³	树梢	dzɿ⁵³	尿
s	sɿ³³	死	sɿ³⁵	扭
z	zɿ³³	麦子	zɿ⁵³	草
tɕ	tɕa³³	找	tɕa⁵³	吃
tɕh	tɕha³³	女阴	tɕha³¹	脏
dʑ	dʑa³¹（mɤ⁵³）	麻雀	dʑa⁵³	很
ɲ	ɲi³³	看	ɲi³³	天
ɕ	ɕi³³	金子	ɕa³³	舒服
j	ja³³	撒娇	ja⁵³	孩子
k	ka³³	带	ka⁵³	听到
kh	kha³³	阻拦	kha⁵³	惊吓
g	ga³³	帮	ga³¹	到达
ŋ	ŋa³³	鱼	ŋa³⁵	睁开
x	xa³³	高兴	xa³⁵	留宿
ɣ	ɣa³³	得到	ɣa⁵³	赢
q	qa³³	唱	qa⁵³	安静
qh	qha³³	粒	qha⁵³	苦

韵母

拉祜语的韵母共有32个,分单元音韵母和复合元音韵母两类,其中单元音韵母20个,分松元音韵母和紧元音韵母两套。

1. 单元音松韵母10个:ɿ i e ɛ a ɔ o u ɯ ɤ
2. 单元音紧韵母10个:ɿ̱ i̱ e̱ ɛ̱ a̱ ɔ̱ o̱ u̱ ɯ̱ ɤ̱

举例词:

韵母	例词	汉义	例词	汉义
ɿ — ɿ̱	dzɿ⁵³	尿	dzɿ̱⁵³	痒
i — i̱	ti³³	栽	ti̱³¹	活(栽)
e — e̱	pe³¹	旧	pe̱³¹	崩开
ɛ — ɛ̱	bɛ⁵³	嚼	bɛ̱⁵³	使嚼
a — a̱	ɤa⁵³	荞	ɤa̱⁵³	鸡
ɔ — ɔ̱	khɔ³¹	掺入	khɔ̱³¹	六
o — o̱	po³¹	飞	po̱³¹	炸
u — u̱	ku³¹	叫	ku̱³¹	使叫
ɯ — ɯ̱	ɤɯ³¹	河	ɤɯ̱³¹	割(草)
ɤ — ɤ̱	pɤ⁵³	雨停	pɤ̱⁵³	剁

3. 复合韵母12个。其中:二合元音10个:iɛ、iu、ia、ei、ai、au、ɤu、ui、uɛ、ua。三合元音2个:iau、uai。

举例如下:

韵母	例词	汉义	例词	汉义
iɛ	tiɛ³³	爹	tiɛ³¹	铁
iu	ȵiu³¹sɿ̱⁵³	攀枝花	tɕiu⁵³je³³xa³³pa³³	九月
ia	kɔ̱³¹tsia³³	国家	tsia³³fa³¹	加法
ei	fei³³	飞	ɤ³⁵mei³⁵	二妹
ai	ŋai³³	容易	lai³⁵tsɯ³¹	各种
au	tau³¹qu³⁵	乌龟	lau⁵³sɿ³³	老师
ɤu	ɤu⁵³phu³³	藕	tsɿ³⁵sɿ³⁵tsɤu³³	自治州
ui	kui³¹phu³³	床	pa³¹wui⁵³	班委
ua	kua⁵³tsa⁵³	馆长	tsu³³xua³¹	中华
uɛ	kuɛ³⁵	怪	xuɛ³⁵	坏
iau	piau³¹tsha³³	幸福	ŋa³¹·thiau³¹	借条
uai	luai⁵³	游(泳)	ɔ³¹xuai³¹	孙子

说明:1. 复合元音韵母大多出现在汉语借词中。
2. 拉祜人说当地汉语时,增加了一些鼻韵尾。(参看音位系统附录二)

声调

拉祜语有 5 个声调。中平(33)、中降(31)、中升(35)、高降(53)、低平(11)。例如：

声调	例词	汉语	例词	汉义	例词	汉义
中平	ma^{33}	阴性	ɲi^{33}	看	nɔ^{33}	绿
中降	ma^{31}	个	ɲi^{31}	男阴	nɔ^{31}	你
中升	ma^{35}	女婿	ɲi^{35}	红色	nɔ^{35}	垫子
高降	ma^{53}	多	ɲi^{53}	二	nɔ^{53}	醒
低平	nɔ^{11}	芦笙	ɕi^{11}	果实	pa^{11}	阳性

说明：

1. 在 53 调上，紧元音音节读为 54 调；在 31 调上，紧元音音节读为 32 调，例如：

松元音音节		紧元音音节	
例词	汉义	例词	汉义
ma^{53}	多	m̱a^{53}	战争
na^{53}	蠕动	ṉa^{53}	黑
tsa^{53}	吃	ṯsa^{53}	绳子
ma^{31}	个	m̱a^{31}	士兵
la^{31}	来	ḻa^{31}	手
mɔ^{31}	见	m̱ɔ^{31}	猴子
khɔ^{31}	掺入	ḵhɔ^{31}	六

2. 过去的研究多把松紧元音音节分为不同的调，所以多了两个调，现合并为一个调，在元音上分松紧。

音节结构类型

序号	音节结构类型	例词	汉义	例词	汉义
1	元音	i^{33}	小	ɣ^{31}	大
2	辅音＋元音	ti^{33}	栽	tɕa^{53}	吃
3	辅音＋元音＋元音	ŋai^{33}	容易	kui^{31}	床
4	辅音＋元音＋元音＋元音	piau^{31}	幸福	thiau^{31}	借

说明：出现频率最高的类型是第 1、2 种；第 3、4 种类型出现频率低。

（二）拉祜人说当地汉语方言的语音系统

拉祜人在与当地汉族接触的过程中，尤其是上了学接受了汉语文化教育之后，许多人掌握了当地的汉语方言。当地汉语方言澜沧话属西南官话。拉祜人说的当地汉话，与当地汉族说

的有一些差别,但差别不大。现将拉祜人说当地汉语方言的语音系统归纳如下:①

声母
拉祜人说的当地汉语方言共有声母 21 个。如下表:

p	ph	m	f	w
t	th	n	l	
ts	tsh	s	z	
k	kh	x		
tɕ	tɕh	ɲ	ɕ	

声母及例词排列如下:

p	po³³	波	pa³³	爸
ph	pho³³	坡	pha³⁵	怕
m	mo³³	摸	ma³⁵	骂
f	fei³³	飞	fa³¹	发
w	wa⁵³	瓦	wa³¹	王
t	tau³⁵	到	ta³⁵	大
th	tho³³	拖	thui³³	推
n	nau³⁵	闹	na³¹	拿
l	lau³³	老	li³¹	立
ts	tsau⁵³	早	tsui³⁵	最
tsh	tshɔ⁵³	草	tshui³⁵	脆
s	sau⁵³	少	sui³⁵	碎
z	zau³⁵	绕	zu³¹	如
k	kau³³	高	kui³⁵	贵
kh	tɕhɔ³³	敲	kho³¹	渴
x	xau⁵³	好	xui³⁵	会
tɕ	tɕo³³	教	tɕo³¹	脚
tɕh	tɕhɔ³⁵	翘	tɕho³¹	雀
ɲ	ɲa³⁵	腻	ɲu³¹	牛
ɕ	ɕo⁵³	小	ɕo³¹	学
j	jo³³	有	jɛ³¹	盐

韵母
拉祜人说的当地汉话韵母共有 25 个。分单元音韵母、复合元音韵母两套。这两套韵母的

---

① 张扎母,男,拉祜族。1972 年 7 月生于澜沧拉祜族自治县木戛乡哈卜吗村下达的寨。木戛乡完小毕业后,继续升入该校初中,1989 年初中毕业。父母都是拉祜族。自幼在木戛乡哈卜吗村下达的寨子长大,1994 年至 1998 年在澜沧县沧佤卷烟厂工作,2004 年至今在澜沧县民宗局工作。他的拉祜语熟练,为第一语言,七岁开始学汉语,现当地汉语方言熟练。该音系是根据张扎母的发音整理而成的。

内部还分鼻化和非鼻化两套。共计：单元音韵母 11 个，其中非鼻化韵母 8 个，鼻化韵母 3 个，复合元音韵母 13 个，其中非鼻化韵母 10 个，鼻化韵母 3 个。列表如下：

ɿ	i	ɤ	e	a	u	o	ɔ	ĩ	ã	õ/oŋ
ai	iɛ	ia	iu	ɤu	ui	ua	uɛ	au	iau	
ĩã	ĩẽ	ũã								

韵母及例词排列如下表：

ɿ	tshɿ³¹	吃	sɿ⁵³	死
i	mi⁵³	米	li⁵³	里（程）
ɤ	khɤ³⁵	去	ɤ⁵³	耳
e	ke⁵³	给	me³¹	煤
a	la³¹	辣	la³³	拉
u	ku³⁵	顾	pu³⁵	布
o	xo³¹	和	ko³¹	（牛）角
ɔ	tɕɔ³⁵	叫	tɕɔ⁵³	搅
ĩ	tɕĩ³³	金	tɕhĩ³³	清
ã	ã³³	安	sã³³	山
õ	tõ³³	东	thõ⁵³	桶
ai	kai⁵³	解（开）	ai³⁵	爱
ɤu	kɤu⁵³	狗	kɤu³⁵	够
iɛ	tiɛ³³	爹	thiɛ³¹	铁
ia	lia³¹	粮	lia³⁵	亮
iu	tiu³³	丢（扔）	liu³¹	刘
ui	lui³¹	雷	kui³⁵	贵
ua	kua³³	瓜	xua³³	花
uɛ	kuɛ³⁵	怪	xuɛ³⁵	坏
au	pau⁵³	保	phau⁵³	跑
iɔ	thiɔ³¹	条	tiɔ³⁵	掉（落）
ĩã	lĩã³¹	量	tɕĩã³³	江
ĩẽ	tĩẽ³⁵	电	thĩẽ³¹	田
ũã	thũã³¹	团	kũã³³	官

韵母说明：

1. 鼻化元音韵母，有时读为带 ŋ 的韵母。
2. õ 韵母均读为 oŋ。如 koŋ³¹ "共"。

声调

拉祜人讲汉语当地话声调共有 4 个，与普通话的声调比较及例词排列如下：

普通话声调	拉祜汉话声调	例词				例词
阴平 55	阴平 33	妈	ma³³	芭	pha³³	天、千、刀、灯、高

阳平 35	阳平 31	麻	ma³¹	爬	pha³¹	门、堂、平、茶、民
上声 214	上声 53	马	ma⁵³	把	pa⁵³	碗、纸、扁、老、点
去声 53	去声 35	骂	ma³⁵	怕	pha³⁵	垫、背、税、万、味

（三）拉祜人说普通话的语音系统

拉祜人学习汉语普通话主要是通过学校教育来实现的。澜沧县各村寨的学校，从小学至初级中学、高级中学和教师进修学校，都要求使用普通话教学。有许多拉祜人通过学校教育不同程度地学会了普通话。在社会上，县广播站除了拉祜语节目外还有普通话广播节目，各个乡村都能接收到中央电视台广播的节目。这也为拉祜人学习普通话提供了条件。目前，30岁以下上过学的拉祜人都能不同程度地说一些普通话。

下面通过普通话和拉祜人说普通话的语音进行比较，分析、归纳拉祜人说普通话的语音系统。普通话用汉语拼音方案标注，拉祜人普通话读音用国际音标标注。①

声母

普通话有21个声母，拉祜人说普通话时，用18个声母与之对应。其差异主要是，汉语拼音方案的舌尖后声母拉祜人都用舌尖前声母与之对应。对应情况如下表：

普通话声母	b	p	m	f	
拉祜人读音	p	ph	m	f	
普通话声母	d	t	n	l	
拉祜人读音	t	th	n	l	
普通话声母	g	k	h		
拉祜人读音	k	kh	x		
普通话声母	j	q	x		
拉祜人读音	tɕ	tɕh	ɕ		
普通话声母	z	c	s		
拉祜人读音	ts	tsh	s		
普通话声母	zh	ch	sh	r	
拉祜人读音	ts	tsh	s	z	

读音对应例词如下表：

普通话与拉祜汉话声母对应		普通话	拉祜汉话读音	例字
普通话	拉祜汉话			
b	p	bā	pa³³	八
p	ph	pá	pha²⁴	爬

---

① 发音人张扎母（详细情况见前一脚注）。七岁上小学学习了普通话。能用普通话进行一般交谈。

续表

m	m	mā	ma^{33}	妈
f	f	fǎ	fa^{214}	法
d	t	dā	ta^{33}	搭
t	th	tā	tha^{33}	他
n	n	nà	na^{53}	纳
l	l	lā	la^{33}	拉
g	k	gē	kɤ^{33}	哥
k	kh	kě	khɤ^{24}	可
h	x	hē	xɤ^{33}	喝
j	tɕ	jī	tɕi^{33}	基
q	tɕh	qǐ	tɕhi^{214}	起
x	ɕ	xī	ɕi^{33}	西
z	ts	zá	tsa^{24}	杂
c	tsh	cā	tsha^{33}	擦
s	s	sǎ	sa^{214}	洒
zh	ts	zhā	tsa^{33}	扎
ch	tsh	chá	tsha^{24}	查
sh	s	shā	sa^{33}	沙
r	z	rù	zu^{53}	人

韵母

拉祜人说的普通话韵母有 30 个，与普通话的韵母对应如下：

普通话	a	o	e	i	u	ü			
拉祜读音	a	o	ɤ	i / y	u	y			
普通话	ai	ao	ou	ei	ia	ie	ua	uo	üe
拉祜读音	ai	au	ɤu	ei / ɤ	ia	iɛ	ua	o	yɛ
普通话	en	an	in	ün	eng	ang	ong	iao	ian	ing
拉祜读音	ɤ̄	ā	ī	y	ɤ̄	ā	ō	iɔ	iɛ	ī
普通话	iou	uai	uan	uei	uen	üan	iang	iong	uang	ueng
拉祜读音	iu	uɛi	uā	uei	uɛ	yɛ	iā	iō	uā	ō

韵母例字：

序号	普通话	拉祜读音	例字
1	ā	a^{33}	啊
2	ài	ai^{53}	爱
3	bāo	pau^{33}	包
4	ān	ā^{33}	安
5	bāng	pā^{33}	帮
6	bō	po^{33}	波
7	tōu	thɤu^{33}	偷

续表

8	chōng	tsho̵³³	冲
9	è	ɤ⁵³	饿
10	měi	mei²¹⁴	美
11	bèn	pɤ⁵³	笨
12	bèng	tɤ̵³³	灯
13	yī	i³³ / y³³	一
14	yà	ia³³	压
15	piāo	phiɔ³³	漂
16	biān	piɛ̵³³	边
17	yàng	ia̵⁵³	样
18	yòu	iu⁵³	又
19	yòng	io̵²¹⁴	勇
20	tiē	thiɛ³³	贴
21	pīn	phĩ³³	拼
22	tíng	thĩ²¹⁴	停
23	tǔ	thu²¹⁴	土
24	guā	kua³³	刮
25	huài	xuai⁵³	坏
26	chuān	tshua̵³³	穿
27	guǎng	kua̵²¹⁴	广
28	wēi	ui³³	危
29	wén	uɛ̵³³	温
30	wēng	õ³³	嗡
31	huǒ	xo²¹⁴	火
32	jú	tɕy²⁴	局
33	juān	tɕy̵³³	捐
34	yuè	yɛ⁵³	月
35	jūn	tɕyɛ̵³³	军

韵母说明：

1. 普通话的 i，读为[y]。这可能是受当地汉语语音特点的影响。

2. 普通话带前、后鼻音韵尾的韵母大多都读为鼻化韵母。只有普通话的 eng 和 ong 读为带鼻音尾韵母。

声调

拉祜人说普通话的也有四个声调，与普通话的对应如下：

对应	例字	拉祜读音	例字	拉祜读音	例字	拉祜读音
55 调～33 调	妈	ma³³	诗	sʅ³³	飞	fei³³
35 调～24 调	麻	ma²⁴	时	sʅ²⁴	梅	mei²⁴

续表

214 调～213 调	马	ma²¹⁴	使	sɿ²¹⁴	美	mei²¹⁴
51 调～42 调	骂	ma⁵³	是	sɿ⁵³	费	fei⁵³

（四）澜沧汉语方言的语音系统

澜沧汉语方言（以下简称"澜沧话"）话是澜沧县汉族使用的汉语方言，也是各民族学习使用、相互交流的汉语方言。澜沧话属汉语方言西南官话。这里归纳的是澜沧县城区汉族说的汉语方言。发音人是叶迎庆。① 澜沧汉语方言的语音系统如下：

声母

澜沧话共有声母 21 个。如下表：

p	ph	m	f	w
t	th	n	l	
ts	tsh	s	z	
k	kh	x		
tɕ	tɕh	ȵ	ɕ	j

声母及例词排列如下：

p	po³³	波	pa³¹	八
ph	pho³³	坡	pha³⁵	怕
m	mo³³	摸	ma³⁵	骂
f	fei³³	飞	fa³¹	发
w	wa⁵³	瓦	wa³¹	王
t	tau³⁵	到	ta³⁵	大
th	tho³³	拖	thy³³	推
n	nau³⁵	闹	na³¹	拿
l	lau⁵³	老	lɿ²⁴	立
ts	tsau⁵³	早	tsy³⁵	最
tsh	tshɔ⁵³	草	tshy³⁵	脆
s	sau⁵³	少	sy³⁵	碎
z	zɿ³¹	盐	zv³¹	如
k	kau³³	高	kui³⁵	贵
kh	khau³³	敲	kho³¹	渴
x	xau⁵³	好	xui³⁵	会

---

① 叶迎庆，女，汉族。1991年2月生于澜沧拉祜族自治县勐朗镇热水塘村热水塘寨。2007年至今在澜沧县小康宾馆工作。她父母是澜沧汉族，自幼在汉语家庭环境中长大，汉语为第一语言。七岁开始上学，在学校又学会了普通话而且比较熟练，能用普通话交流。该音系是根据叶迎庆的发音整理而成的。

				续表
tɕ	tɕɔ³³	教	tɕo³¹	脚
tɕh	tɕhɔ³⁵	翘	tɕho³¹	雀
ȵ	ȵa³⁵	腻	ȵy³¹	牛
ɕ	ɕɔ⁵³	小	ɕo³¹	学
j	jy³³	有	jy³¹	油

韵母

澜沧话共有 24 个韵母。分单元音韵母、复合元音韵母两套。这两套韵母的内部还分鼻化和非鼻化两套。共计：单元音韵母 11 个，其中非鼻化韵母 7 个，鼻化韵母 4 个；复合元音韵母 13 个，其中非鼻化韵母 10 个，鼻化韵母 3 个。列表如下：

ɿ/i	e	a	ɤ	v	y	o	ɿ̃/ĩ	ã	ɤ̃	õ	
ei	ai	iɛ	ia	ye	ui	ua	uɛ	au	iau	ĩã	ĩɛ̃	ũã

韵母及例词排列如下表：

ɿ/i	tshɿ³¹	吃	lɿ⁵³	里（程）
	di³⁵	地	tɕi³³	鸡
e	ke⁵³	给	me³¹	煤
a	la³¹	辣	la³³	拉
ɤ	khɤ³⁵	去	ɤ⁵³	耳
v	kv³⁵	顾	pv³⁵	布
y	ty³³	丢（扔）	ly³¹	刘、雷
o	xo³¹	和	ko³¹	（牛）角
ɿ̃/ĩ	zɿ̃³¹	盐	lɿ̃⁵³	林
	tɕĩ³³	金	tɕhĩ³³	清
ã	ã³³	安	sã³³	山
ɤ̃	tɤ̃³³	灯	mɤ̃³¹	门
õ	tõ³³	东	thõ³³	桶
ei	kei⁵³	狗	fei³³	飞
	ei⁵³	莲藕	khei³⁵	扣
ai	kai⁵³	解（开）	ai³⁵	爱
iɛ	tiɛ³³	爹	thiɛ³¹	铁
ia	lia³¹	粮	lia³⁵	亮
ye	jye⁵³	酒	jye³³	优
ui	xui³⁵	会	kui³⁵	贵
ua	kua³³	瓜	xua³³	花
uɛ	kuɛ³³	怪	xuɛ³³	坏
au	pau⁵³	保	phau⁵³	跑
iau	thiau³¹	条	tiau³⁵	掉（落）
	tɕiau³⁵	叫	tɕiau⁵³	搅

续表

ia	lia^{31}	量	tɕia^{33}	江
iɛ	piɛ^{33}	边	tiɛ^{35}	垫
ua	thua^{31}	团	kua^{33}	官

韵母说明：
澜沧话中元音 i 和 i 各有两个变体，即 ɿ、i 和 ʅ、i，该音系归纳为 i 和 i 对立。

声调
澜沧话声调共有 4 个，例词如下：

澜沧话声调	例 词					
阴平 33	妈	ma^{33}	琶	pha^{33}	诗	sɿ^{33}
阳平 31	麻	ma^{31}	爬	pha^{31}	时	sɿ^{31}
上声 53	马	ma^{53}	把	pa^{53}	使	sɿ^{53}
去声 35	骂	ma^{35}	怕	pha^{35}	是	sɿ^{35}

二　澜沧县拉祜语 2000 常用词

序号	汉义	拉祜语	英语
*1	天	mu^{53} ; mu^{53} qɔ^{33} ma^{33}	sky
*2	太阳	mu^{53} ȵi^{33}	sun
*3	月亮	xa^{33} pa^{33}	moon
*4	星星	mɯ^{31} kɤ^{33} ɕi^{11}	star
5	北斗星	mɯ^{33} kɤ^{33} sɔ^{33} lɔ^{53}	the Big Dipper
6	流星	mɯ^{33} kɤ^{33} qhɛ^{53}	meteor
7	云	mo^{31}	cloud
*8	雾	mo^{31} ; mo^{31} fi^{53}	fog
9	雷	mu^{53} tɔ^{11}	thunder
*10	风	mu^{53} xɔ^{33}	wind
11	旋风	mu^{53} xɔ^{33} khɤ^{33} tsu^{33} ȵi^{33}	whirl
*12	雨	mu^{53} ji^{31}	rain
13	小雨	mu^{53} ji^{31} e^{35}	drizzle
14	闪电	mu^{53} pɔ^{31} ; mu^{53} ti^{35} pɔ^{31}	lightening
*15	虹	a^{33} mu^{53} la^{31} ɕi^{35} dzɔ^{33}	rainbow
16	雪	va^{53} mei^{33}	snow
17	霜	a^{33} ŋu^{33}	frost
18	冰雹	va^{53} ɕi^{11}	hail
19	露水	tɕi^{31} ɣɯ^{31}	dew
20	火	a^{31} mi^{31}	fire
21	火焰	a^{31} mi^{31} xa^{33}	flame
22	火星	a^{31} mi^{31} pe^{53} ; a^{31} mi^{31} dzɿ^{33}	spark
23	火炭	ɕi^{35} ɣɯ^{31}	burning coals; charcoal
24	（炊）烟	mu^{53} qhɔ^{53}	smoke(from kitchen)
25	气	ɕa^{35} ; ɔ^{31} ɕa^{35}	gas

续表

26	蒸汽	ɔ³¹ ɕa³⁵	steam
27	地	mi³¹	ground; earth
*28	山	qhɔ³³	mountain
29	（上）坡	ga³¹ ta̠⁵³ (ta̠⁵³)	uphill path
30	（下）坡	ga³¹ ta̠⁵³ (ja̠³¹)	downhill path
31	山顶	qhɔ³³ tsu³³ ȵi³³	hill top
32	山洼	lɔ³¹ qho̠³¹	valley
33	高山	qhɔ³³ lo³⁵	high mountain
34	山脚	qhɔ³³ xɔ³⁵	mountain foot
35	山背后	qhɔ³³ ba³¹	shady mountain; back of a mountain
36	岩洞	xa³⁵ qo¹¹	rock hole; grotto
37	土洞	mi³¹ qo¹¹	cave
*38	洞	qo¹¹	hole
*39	河	ɣɯ³¹；lɔ³¹	river
40	小溪	lɔ³¹ jɛ⁵³	brook
41	水库	ɣɯ³¹ po³³	reservoir
42	池塘	ɣɯ³¹ po³³	pool
43	沟	ɣɯ³¹ qha⁵³	ditch
*44	井	na³¹ bo¹¹（傣）	well
45	坑	ɔ³¹ qo¹¹；(mi³¹) qo¹¹	hole
46	路	ja³¹ qɔ³³	road
47	路边	ja³¹ qɔ³³ pa⁵³	wayside
48	公路	lɔ³¹ li³¹ ja³¹ qɔ³³；ka⁵³ ja³¹ qɔ³³	highway
49	小路	ja³¹ qɔ³³ jɛ⁵³	path
50	岔路	ja³¹ qɔ³³ qa³³	forked road
51	大路	ja³¹ qɔ³³ lo³⁵	highroad
52	土	mi³¹；dʐi³¹	soil
53	红土	dʐi³¹ ȵi³⁵	red clays
54	沙土	ɕɛ⁵³ mi³¹	sandy soil
55	山地	xɛ³³	dry field
*56	水田	ti³³ mi³³	paddy field
57	茶园	la³³ mi³¹	tea plantation
58	田埂	ti³³ mi³³ pu³¹；ti³³ mi³³ pu³¹ tɛ⁵³	ridge
59	荒地	xɛ³³ ɣo⁵³	wasted field
60	深山老林	jɛ⁵³ qhɔ³³ jɛ⁵³ na̠⁵³；xɛ⁵³ pɯ³⁵ qhɔ³³ lo³⁵	dense forests
*61	石头	xa³⁵ pɤ³³；xa³⁵ pɤ³³ ɕi¹¹	stone
62	鹅卵石	xa³⁵ pɤ³³ ɕi¹¹	cobble
*63	沙子	ɕɛ⁵³ ɕi¹¹	sand
64	尘土	dʐi³¹ mei³³；a³⁵ dʐi³¹ mei³³	dust
65	泥巴	mɛ³¹ ɣɯ³¹	mud
66	土块	dʐi³¹ khɔ³³；a³⁵ dʐi³¹ khɔ³³	clod
*67	水	i³⁵ ka̠⁵³	water

续表

68	泡沫	ɔ³¹ fu⁵³	foam
69	水滴	ɣɯ³¹ dza̠⁵³	water drop
70	泉水	qhɔ³³ qha⁵³ i³⁵ ka̠⁵³	spring
71	温泉	pu³³ ɣɯ³¹	hot spring
72	漩涡	ɣɯ³¹ tsɔ³³ lɔ³³ ; ɣɯ³¹ vɔ⁵³ ɣɯ³¹ tsɔ³³ ; i³⁵ ka̠⁵³ ɣɔ³³ tshɔ̠³¹	whirlpool
73	激流	ɣɯ³¹ tɕi³³ ko³³	torrent
74	瀑布	ɣɯ³¹ bu³¹ ma³³ ; ɣɯ³¹ tɕe³³	waterfall
75	森林	sɿ̠⁵³ tshɿ³³	forest
*76	金子	ɕi³³	gold
*77	银子	phu³³	silver
*78	铜	kɯ⁵³	bronze
*79	铁	so³³	iron
*80	锈	jɔ⁵³	rust
81	铝	la̠⁵³	aluminum
*82	炭	ɕi³⁵ ɣɤ³¹	charcoal
83	灶灰	qhɔ̠⁵³ la³⁵	ash
84	地方	mu̠⁵³ mi³¹	place
85	集市	tsɿ³³ qhɔ³³	market
86	村寨	qha̠⁵³ ; qha̠⁵³ qhɔ³³	village
87	家庭	te⁵³ tɕa³³ ; te³³ je³¹ ; je³¹ qhɔ³³ ; a³⁵ qhɔ³³	family; home
88	学校	li̠³¹ xe⁵³ je³¹ ; tsɔ⁵³ je³¹	school
*89	桥	tso³¹	bridge
90	棺材	qɔ⁵³	coffin
*91	坟墓	tu³¹ phu³³	tomb
92	身体	ɔ³¹ to³³	body
*93	头	u³⁵ qo¹¹	head
94	头皮	u³⁵ qo¹¹ gɯ³¹	scalp
95	头发	u³⁵ qo¹¹ mu³³ u³⁵ khɛ³³ mu³³	hair
96	头旋	u³⁵ qo¹¹ mɤ³¹	crown of head; pate
97	辫子	u³⁵ mu³³ phe⁵³	plait
98	秃头	u³⁵ qo¹¹ ɣɯ³⁵	baldhead
99	头皮屑	ɣa̠⁵³ ɣo³³	scurf; dandruff
100	额头	na³¹ qa̠³¹ pɤ³³	forehead
101	眉毛	mɛ̠⁵³ qu³⁵ mu³³	eyebrow
102	睫毛	mɛ̠⁵³ mu³³	eyelash
*103	眼睛	mɛ̠⁵³ ɕi¹¹	eye
104	眼珠	mɛ̠⁵³ qha³³	eyeball
105	眼白	mɛ̠⁵³ qha³³ phu³³	white of the eye; sclera
106	眼皮	mɛ̠⁵³ qu³⁵	eyelid
*107	眼泪	mɛ̠⁵³ ɣɯ³¹	tear

续表

*108	鼻子	na^{31} qhɔ^{53}		nose
109	鼻孔	na^{31} qhɔ^{53} qhɔ^{33}		nostril
*110	耳朵	na^{31} pɔ^{33}		ear
111	耳屎	na^{31} pɔ^{33} qhɛ^{53}		cerumen; earwax
112	耳廓	na^{31} pɔ^{33}		pinna
113	耳孔	na^{31} pɔ^{33} qhɔ^{33}		ear hole
114	耳脓	na^{31} pɔ^{33} bɛ^{31}		ear furuncle
115	耳眼	na^{31} pɔ^{33} qhuɛ^{35}		inner ear
116	脸	mɛ^{53} phu^{53}		face
117	面颊	mɛ^{53} phu^{53} di^{31}		cheek
118	嘴	m̩^{31} qɔ^{33}		mouth
119	嘴唇	mɤ^{53} gɯ^{31}		lips
120	胡子	pa^{53} tsɿ^{53}		beard
121	连鬓胡	pa^{53} tsɿ^{53} pɤ^{31}		sideburns
122	汗毛	mu^{33} thɔ^{53} xa^{33} ; ɔ^{33} mu^{33} ɛ̃^{35}		fine hair
123	下巴	pa^{53} pi^{31} ku^{33}		chin
*124	脖子	qɔ^{33} pe^{31}		neck
*125	肩膀	la̠^{31} qa^{35}		shoulder
126	背	qhɔ^{53} nɔ^{35}		back
127	腋	la̠^{31} ti^{31} qa^{35} xɔ^{35}		maxilla
128	胸	pɯ^{31} pɯ^{33}		bosom
129	乳房	tsu^{35}		breast
130	奶汁	tsu^{35} ɣɯ^{31}		milk
131	肚子	ɣu^{53} pi^{31}		belly
132	肚脐	ɣu^{53} tu^{33} ɕi^{11}		navel
133	腰	tsɔ^{31}		waist
134	屁股	qhɛ^{53} mɤ^{53} ; qhɛ^{53} pi^{35}		buttocks
135	腿	pu^{31} tɛ^{35}		leg
136	大腿	pu^{31} tɛ^{35} qu^{33}		thigh
137	膝盖	khɤ^{33} tsɿ^{35}		knee
138	小腿	khɤ^{33} pɛ^{31} qu^{33}		lower leg
139	小腿面	na^{31} khe^{31}		lower leg
*140	脚	khɤ^{33} ɕɛ^{33}		foot
141	脚后跟	khɤ^{33} mɛ^{31} tsu^{33} ; khɯ^{33} tsu^{33} ɲi^{33}		sole of foot
142	脚踝	khɤ^{33} mɛ^{53} ɕi^{11}		ankle
143	脚掌	khɤ^{33} tɔ^{33} pɛ^{33}		sole of the foot
144	脚趾头	khɤ^{33} nɔ^{33}		toe
145	胳膊	la̠^{31} ɣɔ^{53}		arm (the first part)
146	肘	la̠^{31} ɣɔ^{53}		elbow
*147	手	la̠^{31} ; la̠^{31} ɕɛ^{33}		hand
148	手腕	la̠^{31} tsɿ^{35} ku^{33}		wrist

续表

*149	手指	la^{31} nɔ^{33}	finger
150	拇指	la^{31} nɔ^{33} pɤ^{11}	thumb
151	中指	la^{31} nɔ^{33} dʑɿ^{53} ma^{33}	middle finger; medius
152	小指	la^{31} nɔ^{33} di^{33} ; la^{31} nɔ^{33} ɛ^{35}	little finger
*153	指甲	la^{31} ɕi^{11} qu^{35}	nail
154	拳	la^{31} tʂʅ^{53} pɯ^{33}	fist
155	右手	la^{31} ɕa^{33}	right hand
*156	左手	la^{31} mɛ^{31}	left hand
157	手掌	la^{31} tɔ^{33} pɛ^{33}	palm
158	掌纹	la^{31} qha^{53}	palm print
159	手茧	a^{31} xɔ^{35} di^{31}	hand cocoon
160	肛门	qhɛ^{53} mɯ^{53}	anus
161	男生殖器	ȵi^{11}	male genitalia
162	睾丸	ȵi^{11} u^{33}	testis
163	精液	ȵi^{31} qhɛ^{53}	semen
164	女生殖器	tɕha^{33}	female genitalia
165	月经	tʂʅ^{53} tu^{31} ; sʅ^{31} tsɔ^{31} vɛ^{33}	menses
166	胎盘	ja^{53} phɤ^{33} tɛ^{33}	placenta
*167	皮肤	ɔ^{31} gɯ^{31} ; ɔ^{31} gɯ^{31} qu^{35}	skin
168	皱纹	pu^{53} ti^{33} qha^{53} ; ɔ^{31} qha^{53}	wrinkle
169	雀斑	mɛ^{31} phu^{53} mɛ^{33}	goose bumps; freckles
170	青春豆	pa^{31} dʑi^{31} ɕi^{11}	acne
171	痣	phɛ^{35} na^{53} ɕi^{11}	mole
172	疮	bɛ^{31}	sore
173	疤	ɔ^{31} kɯ^{35}	scar
174	癣	ɕe^{53}（汉）	ringworm
175	脖筋	qɔ^{31} ku^{53} tɕa^{53}	neck tumor
176	狐臭	xa^{53} nu^{31}	body odor
177	疟疾	na^{31} phɤ^{53}	malaria
178	感冒	tsʅ^{31} jɛ^{53} na^{31}	the common cold
179	火眼	mɛ^{53} ɕi^{11} ȵi^{35}	an eye inflammation
*180	肉	ɕa^{31} ; ɔ^{31} ɕa^{11}	flesh
*181	血	sʅ^{11} ; ɔ^{31} sʅ^{11}	blood
182	筋	ɔ^{31} ku^{53} tɕa^{53}	tendon
183	手脉	la^{31} mɯ^{11}	hand vein
*184	脑髓	u^{35} nu^{31} nɛ^{53}	brain
*185	骨头	ɔ^{31} mo^{31} ku^{33}	bone
186	脊椎骨	tsɔ^{31} ɤ^{53} ku^{33}	vertebra
187	肋骨	ȵi^{33} ku^{53} mɔ^{31} ku^{33}	rib
188	骨节	ɔ^{31} mu^{31} ku^{33} tsʅ^{35}	joint
*189	牙齿	tɕi^{31}	tooth
190	牙龈	tɕi^{31} tɔ^{33} pɤ^{33} ; tsʅ^{31} tɛ^{53}	gum

续表

191	牙根	tɕi³¹ gɤ³³	root of tooth
192	臼齿	tɕi³¹ ɣa̠³¹ ma³³	molar tooth
193	犬牙	phɯ⁵³ tɕi³¹	canine
194	舌头	xa³³ tɛ³¹	tongue
195	小舌	xa³³ tsu³³ ȵi³³	uvlar
196	人中	na³³ qhɔ⁵³ mɯ⁵³	phitrum
197	喉咙	qhɔ̠³¹ qhɔ³³	throat
*198	肺	ɔ³¹ tʂʅ⁵³ pho̠⁵³	lung
*199	心脏	ȵi³³ ma³³ ɕi¹¹	heart
*200	肝	ɔ³¹ ɕe¹¹	liver
201	肾	ɔ³¹ la⁵³ ɕi¹¹	kidney
202	脾	ɔ³¹ pe³³	spleen
*203	胆	ɔ³¹ kɤ³³	gall
204	胃	ɔ³¹ fɤ³⁵ qo³¹	stomach
205	肠子	ɔ³¹ ɣu³¹ tɛ⁵³	intestine
206	膀胱	dzʅ⁵³ pho⁵³	bladder
*207	屎	qhe⁵³	shit
208	尿	dzʅ⁵³	urine
209	屁	vi̠⁵³	fart
*210	汗	kɯ³¹	sweat
211	痰	tsʅ³⁵ ɣɯ³¹	sputum
212	口水	pa⁵³ ɣɯ³¹	saliva
213	唾沫	tɕi³⁵ ɣɯ³¹	saliva
214	鼻屎	nu³⁵ qhɛ⁵³ ku³³	dry nasal discharge
*215	鼻涕	nu³⁵ qhɛ⁵³	nasal discharge
216	脓鼻涕	nu³⁵ qhɛ⁵³ nɛ̠⁵³	liquid nasal discharge
217	清鼻涕	nu³⁵ ɣɯ³¹	liquid nasal discharge
218	脓	bɛ³¹ ɣɯ³¹	pus
219	污垢	mi⁵³	dirt
220	声音	ɔ³¹ khɔ⁵³	sound
*221	尸体	tshɔ³³ sʅ³³ ku³³	dead body
222	寿命	tso³³ xa³³	lifespan
223	年龄	ɔ³¹ qhɔ̠³¹	age
*224	人	tshɔ̠³³	human beings
225	民族	tshɔ³³ tsɤ³¹	nationality; nation
226	汉族	xe̠⁵³ pa¹¹	Chinese
227	拉祜族	la⁵³ xo¹¹	Lahu Nationality
228	红拉祜	la⁵³ xo¹¹ ȵi³³	Red Lahu Nationality
229	黑拉祜	la⁵³ xo¹¹ na̠⁵³	Black Lahu Nationality
230	白拉祜	la⁵³ xo¹¹ phu³³	White Lahu Nationality
231	黄拉祜	la⁵³ xo¹¹ ɕi³³	Yellow Lahu Nationality
232	傈僳	li̠³¹ sɔ⁵³	Lisu Nationality

续表

233	傣族	pi⁵³ tshɔ⁵³	Thai Nationality
234	佤族	a³⁵ va³¹	Yao Nationality
235	苗族	miao³¹ tsɤ³¹	Hmong Nationality
236	泰族	tai³⁵ tsɤ³¹	Thai Nationality
237	瑶族	jau³¹ tsɤ³¹	Yi Nationality
238	阿卡族	tɔ³¹ kɔ³³	Akha Nationality
239	克伦族	k‿ɤ³¹ le³¹	Kayin Nationality
240	老人	tshɔ³³ mɔ⁵³	old people; elder
241	成年人	tshɔ³³ ɤ¹¹	adult
242	小孩儿	ja⁵³ jɛ³⁵	kid; child
243	婴孩	ja⁵³ ku³⁵ ɲi³³ ; ɛ³⁵	infant
244	老头儿	tshɔ³³ mɔ⁵³ pa¹¹	old man
245	老太太	tshɔ³³ mɔ⁵³ ma³³	old woman
*246	男人	xɔ³⁵ qh‿a⁵³ pa¹¹ ; xɔ³⁵ qh‿a⁵³	man
*247	妇女	ja⁵³ mi⁵³ ma³³	woman
248	小伙子	tshɔ³⁵ xa³⁵ pa¹¹	young man
249	小姑娘	ja⁵³ mi⁵³ xa³⁵	young woman
250	男傧相	xɔ³⁵ qh‿a⁵³ tshɔ⁵³	best man
251	女傧相	ja⁵³ mi⁵³ tshɔ⁵³	bridesmaid
252	小男孩	ja⁵³ pa³¹ jɛ⁵³	a little boy
253	小女孩	ja⁵³ mi⁵³ jɛ⁵³ ; ja³³ mi³³ qɛ³¹	a little girl
254	百姓	ja⁵³ ɣɯ³¹ ; tshɔ⁵³ ja⁵³	ordinary people mass
255	农民	mɤ³¹ va⁵³ pa¹¹ ; xɛ³³ ŋɯ³³ mɯ³¹ pa¹¹	farmer; peasant
256	士兵	m‿a³¹ ja⁵³	soldier
257	大商人	ta⁵³ ka³¹ pa¹¹ lo³⁵	businessman
258	小商贩	ta⁵³ ka³¹ pa¹¹ jɛ⁵³	vendor
259	老板	lao⁵³ pa⁵³（汉）	boss; proprietor
260	老板娘	lao⁵³ pa⁵³ ma³³（汉＋本）	proprietress
261	医生	na³¹ gu³³ pa¹¹（汉＋本）	doctor
262	学生	l‿i³¹ xe⁵³ ja⁵³	student
263	牧师	ɕa³¹ la³¹（英）	priest
264	老师	ɕa³¹ l‿a³¹ ; li³¹ ma¹¹ pa¹¹	teacher
265	会计	sɔ³¹ pa¹¹	accountant
266	木匠	s̩⁵³ mɔ³⁵ ; s̩⁵³ te³³ pa¹¹	carpenter
267	校长	ɕao³⁵ tɕa⁵³（汉）	headmaster; president
268	村长	qh‿a⁵³ ɕe³³	village head
269	男巫师	mɔ³⁵ pa¹¹	wizard
270	女巫师	mɔ³⁵ pa¹¹ ma³³	(female) wizard
271	和尚	ph‿a³¹	monk
272	乞丐	lɔ³¹ tɕa⁵³ pa¹¹	beggar
273	贼	tshɔ³³ qhɔ⁵³	thief

续表

*274	朋友	ɔ³¹tshɔ⁵³	friend
275	瞎子	mɛ̱⁵³tsu³⁵pa¹¹	blind
*276	聋子	na³¹pɔ³³pɔ⁵³pa¹¹	deaf
277	疯子	tshɔ³³ɣu⁵³	bald pate
278	驼子	tsɔ³¹pu³³;tɕɔ̱³¹qɔ̱³¹pa¹¹	hunchback
279	傻子	tshɔ³³qa¹¹	fool
*280	结巴	tɔ⁵³tshɿ⁵³pa¹¹	stammer
281	女哑巴	tshɔ³³qa¹¹ma³³	a female dumb
282	歪嘴	mɤ⁵³sɿ³⁵;mɤ̱³¹qɔ³³qɔ³¹	askew mouth
283	客人	khe³⁵tshɔ³³	guest
284	媒人	tsɿ³³ka³¹pa¹¹	matchmaker
285	祖宗	pu³¹tsui³³pɛ³¹tsui³³	ancestor
*286	爷爷	a³¹pu³¹	grandfather
*287	奶奶	a³¹pi³³	grandmother
288	外祖父	a³¹pu³¹	grandfather
289	外祖母	a³¹pi³³	grandmother
290	曾祖父	a³¹pu³¹lo³⁵	great-grandfather
291	曾祖母	a³¹pi³³lo³⁵	great-grandmother
292	父母	ɔ³¹pa³³ɔ³¹e³³	parents
293	父亲	ɔ³¹pa³³	father
294	母亲	ɔ³¹e³³	mother
295	儿子	ja⁵³pa¹¹	son
296	儿媳	khɤ⁵³ma³³;ɔ³¹khɤ⁵³ma³³	daughter-in-law
297	大儿子	ja⁵³ɤ¹¹	the eldest son
298	老幺	ɔ³¹lɛ³³	the youngest son
299	女儿	ja⁵³mi⁵³	daughter
*300	女婿	ɔ³¹ma⁵³;ɔ³¹ma³⁵pa¹¹	son-in-law
*301	孙子	ɔ³¹xue³¹pa¹¹	grandson
302	孙女儿	ɔ³¹xue³¹ma³³	granddaughter
*303	哥哥	ɔ³¹vi³⁵pa¹¹	elder brother
*304	姐姐	ɔ³¹vi³⁵ma³³	elder sister
305	弟弟	ɔ³¹ȵi³³pa¹¹	younger brother
306	妹妹	ɔ³¹ȵi³³ma³³	younger sister
307	兄弟	ɔ³¹vi³⁵ɔ³¹ȵi³³	brothers
308	姐妹	ɔ³¹vi³⁵ma³³ɔ³¹ȵi³³ma³³	sisters
309	兄弟姐妹	pha⁵³ma³³nu³¹ma³³	brothers and sisters; siblings
*310	伯父	ɔ³¹pa³³lo³⁵	uncle
311	伯母	ɔ³¹nɛ̱³¹lo³⁵	aunt
312	叔叔	a³⁵su³¹(汉)	uncle
313	婶母	a³⁵su³¹ma³³(汉)	aunt
*314	嫂子	a³³vi³⁵pa³¹mi⁵³ma³³	sister-in-law
315	舅父	a³⁵pha⁵³	uncle

续表

316	舅母	a³⁵ pha⁵³ ma³³	aunt
317	姨父	ji³¹ te³³（汉）	uncle
318	姨母	ji³¹ ma³³（汉）	aunt
319	姑父	ku³³ te³³（汉）	uncle
320	姑母	ku³³ ma³³（汉）	aunt
*321	岳父	a³¹ pu³¹	father-in-law
322	岳母	a³³ pi³³	mother-in-law
*323	丈夫	ɔ³¹ phɔ⁵³	husband
*324	妻子	ɔ³¹ mi⁵³	wife
325	大老婆	ɔ³¹ mi⁵³ ma³³ lo³⁵	first wife
326	小老婆	ɔ³¹ mi⁵³ ma³³ jɛ³⁵	concubine
327	继母	ɔ³¹ e³³ tɕa³⁵	stepmother
328	继父	ɔ³¹ pa³³ tɕa³⁵	stepfather
329	寡妇	mɛ⁵³ tshɔ³³ ma³³	widow
330	鳏夫	mɛ⁵³ tshɔ³³ pa¹¹	widower
331	动物	to³³ nu⁵³ to³³ ɕa⁵³	livestock
332	公水牛	ɔ³⁵ qa¹¹ pa¹¹	cattle
*333	母水牛	ɔ³⁵ qa¹¹ ma³³	buffalo
*334	黄牛	nu⁵³ ; nu⁵³ ɲi³³	cow
335	阉牛	nu⁵³ pa¹¹ tɔ⁵³	castrated bull /bullock
336	黄牛犊	nu⁵³ jɛ⁵³	calf
337	老黄牛	nu⁵³ mɔ⁵³	ox
338	公黄牛	nu⁵³ ɲi³³ pa¹¹	bull
339	母黄牛	nu⁵³ ɲi³³ ma³³	cow
340	水牛粪	ɔ³⁵ qa³¹ qhɛ⁵³	bullshit; cattle dung
341	黄牛粪	nu⁵³ qhɛ⁵³	cow dropping
*342	水牛角	ɔ³⁵ qa¹¹ khɔ³³	horn
343	蹄	khu³³ ɕi¹¹ qu³⁵	hoof
344	毛	ɔ³¹ mu³³	fur
*345	尾巴	mɛ³¹ tu³³	tail
*346	马	mu⁵³ ; i³⁵ mu⁵³	horse
347	马驹	mu⁵³ jɛ⁵³ ; i³⁵ mu⁵³ jɛ⁵³	colt
348	公马	mu⁵³ pa¹¹ ; i³⁵ mu⁵³ pa¹¹	stallion
349	母马	mu⁵³ ma³³ ; i³⁵ mu⁵³ ma³³	mare
350	马鬃	mu⁵³ ku³⁵	horse mane
351	马粪	mu⁵³ qhɛ⁵³ ; i³⁵ mu⁵³ qhɛ⁵³	horse dung
352	山羊	a³⁵ tɕhe³¹	goat
*353	绵羊	a³⁵ jɔ³¹	sheep
354	羊毛	jɔ³¹ mu³³	wool
355	羊粪	jɔ³¹ qhɛ⁵³	sheep manure
356	肥料	khu⁵³	fertilizer
357	驴	pi³⁵ la¹¹	donkey; ass

续表

*358	猪	va̠³¹	pig
*359	公猪	va̠³¹pa¹¹	boar
360	母猪	va̠³¹ma³³	sow
361	猪崽	va̠³¹jɛ⁵³	piglet
362	种猪	va̠³¹sɔ³¹	boar
363	猪粪	va̠³¹qhɛ⁵³	pig manure
364	饲料	va̠³¹ɔ¹¹	feeding stuff
*365	狗	phɯ⁵³	dog
366	公狗	phɯ⁵³pa¹¹	male dog
367	母狗	phɯ⁵³ma³³	female dog
368	疯狗	phɯ⁵³ɣu⁵³	mad dog
369	种公狗	phɯ⁵³sɔ¹¹	male dog
370	猫	mɛ³⁵n̠i³³	cat
*371	兔子	pa³³tɛ⁵³（傣）	rabbit
*372	鸡	ɣa̠⁵³	chicken
373	公鸡	ɣa̠⁵³phu³³qa¹¹	cock
374	母鸡	ɣa̠⁵³ma³³	hen
375	雏鸡	ɣa̠⁵³jɛ⁵³	chick
376	鸡冠	ɣa̠⁵³u³⁵dzɻ³³	cockscomb
377	翅膀	tɔ³¹la̠³¹;tɔ³¹la̠³¹qu³⁵	wings
378	羽毛	ɔ³¹mu³³	eiderdown
379	蛋	u³³	egg
380	鸡窝	ɣa̠⁵³phɯ³³tɛ³³	chicken coop; roost
*381	鸭子	a³³pɛ³¹	duck
382	鸽子	gu⁵³mɣ⁵³	pigeon
*383	老虎	la⁵³	tiger
384	龙	lɔ⁵³;tsɔ⁵³	dragon
385	爪子	khɯ³³ɕi¹¹la̠³¹ɕi¹¹	pawl
*386	猴子	mɔ̠³¹	monkey
*387	熊	jɛ³¹mi³⁵tɔ³¹	bear
388	大象	xɔ³³	elephant
389	野猫	ɣɔ³¹mɛ³⁵;ɣɔ³¹mɛ³⁵qu³³	catamount
*390	野猪	va̠³¹ti³⁵pa¹¹;xɛ³³va̠³¹	wild boar
391	鹿	khɯ³⁵zɻ³¹	deer
*392	麂子	tshɻ³³;tshɻ³⁵pi³⁵qu e̠³¹	barking deer
*393	水獭	ɣu³¹phɯ⁵³	otter
*394	豪猪	fa̠⁵³pu³³	porcupine
*395	老鼠	fa̠⁵³	mouse
396	田鼠	fa̠⁵³no³⁵pu¹¹	field mouse
*397	松鼠	fa̠⁵³thɔ⁵³	squirrel
*398	飞鼠	fa̠⁵³su¹¹	flying squirrel
399	竹鼠	fa̠⁵³phi⁵³	bamboo gopher

续表

400	狼	ve³¹	wolf
401	穿山甲	fa̠⁵³khu̠⁵³	pangolin
*402	鸟	ŋa̠⁵³	bird
403	鸟窝	ŋa̠⁵³phɯ³³	bird nest
*404	老鹰	a³⁵tɕi³¹	hawk
*405	猫头鹰	kɤ³¹tɔ³¹	owl
406	燕子	pi³⁵tsu³¹nɛ̠⁵³	swallow
*407	麻雀	dʑa³¹mɤ⁵³	sparrow
408	小谷雀	dʑa³¹pi³⁵nɛ⁵³	small sparrow
409	黑头翁鸟	u³⁵na̠⁵³qa¹¹	a kind of bird with black head
410	鹌鹑	u³⁵mɛ⁵³	a kind of bird with white head
411	乌鸦	a³⁵na̠⁵³qa¹¹	crow
412	野鸡	xe³⁵ɣa̠⁵³	pheasant
413	鹦鹉	pɛ³¹tsʅ⁵³	parrot
414	斑鸠	xa³⁵pɤ³³qa¹¹	turtledove
*415	蛇	vɤ³¹	snake
416	蟒蛇	lɛ⁵³	black viper
*417	青蛙	pa¹¹;pa³¹tɛ⁵³nɛ³³	frog
418	蝌蚪	pa¹¹ɣɯ³¹luɛ⁵³	tadpole
419	蜻蜓	pa³¹pa³¹gu³⁵ti³³n̠i³³	dragonfly
420	癞蛤蟆	pa³¹tshu⁵³bɤ⁵³	toad
*421	鱼	ŋa̠⁵³	fish
422	鳞	ŋa̠⁵³ɕi⁵³	scale
423	鱼鳃	ŋa̠⁵³pa³³tsʅ̠⁵³	fish gill
424	白鱼	ŋa̠⁵³phu³³ba³⁵	white fish
425	红尾巴鱼	ŋa̠⁵³mɛ³⁵n̠i³⁵	reddish tailed fish
426	鱼籽	ŋa̠⁵³u³³	a kind of fish like a pole
427	虾	ku³¹quɛ³¹	shrimp
*428	螃蟹	a³⁵tɕi³³ku³³	crab
429	泥鳅	mɛ̠³¹ɣu³¹ŋa̠⁵³	loach
430	鳝鱼	ŋa̠⁵³vɤ³¹	eel
431	螺蛳	fei³⁵ɕi¹¹	snail
432	蚌	pu³⁵pɛ³¹pu³⁵	mussel
433	虫	pɤ̠³¹mɤ³¹	worm
434	蛀虫	pu⁵³ma³³	moth
*435	跳蚤	phɯ⁵³ɕe³³	flea
436	虱	ɕe³³	louse
437	头虱	u³⁵qo³¹ɕe³³	a louse on head
438	牛虱	nu⁵³ɕe³³	cattle louse
439	虮子	ɕe³³u³³	the egg of a louse;nit
*440	苍蝇	pɤ³⁵ma³³	fly
441	牛蝇	nu⁵³pɤ³⁵	cleg;gadfly

续表

442	蛆	xɔ⁵³	maggot
443	蛔虫	pu⁵³ti³¹	ascarid;bellyworm
444	竹虫	va⁵³pɤ³¹mɤ³¹	baboo worms
*445	蚊子	pɤ³⁵;pɤ³⁵tɕa³⁵qɔ⁵³	mosquito
446	蜘蛛	na³³ku³³na³³ga³⁵pɛ³¹	spider
447	蜈蚣	vɤ³¹ɕe³³	centipede
*448	蚂蟥	vi³¹	leech
449	蚯蚓	pu⁵³ti³¹;pu⁵³ti³¹que³¹	earthworm
*450	蚂蚁	pi³⁵ɤɔ⁵³	ant
451	白蚁	pu⁵³u⁵³	a heap of white ants
452	萤火虫	mɛ⁵³ɤɤ⁵³luɛ⁵³	firefly;fire-worm
453	蝉	ta³⁵vi³³le³³	cicada
*454	蜂	pɛ⁵³;pɛ⁵³ma³³	bee
455	小蜜蜂	pɛ⁵³ma³³jɛ⁵³	small bee
456	大土蜂	pɛ⁵³tu³¹	ground wasp
457	葫芦蜂	pɛ⁵³ɕi³³ɤo³¹	tree wasp
458	黄土蜂	pɛ⁵³ɕi³³ku³³	yellow ground wasp
459	蜂房	pɛ⁵³phɔ⁵³	bee hive
*460	蜂蜜	pɛ⁵³ɤɯ³¹	honey
461	蜂蛹	pɛ⁵³jɛ⁵³	young of bee or wasp
462	蝗虫	pa³⁵tɕi³¹	Locust;grasshopper
*463	蝴蝶	pu³¹lu³⁵qa¹¹	butterfly
*464	蝙蝠	po³¹na³⁵	bat
*465	树	sɿ⁵³tɕɛ³¹	tree
466	大树	sɿ⁵³lo³⁵;sɿ⁵³tɕɛ³¹lo³⁵	big tree
467	树枝	sɿ⁵³qa³⁵	branch
*468	树根	sɿ⁵³gɯ³³	root
*469	叶子	sɿ⁵³pha³¹;a³⁵pha³¹	leaf
*470	花	ɔ³¹vi⁵³;sɿ³⁵vi⁵³	flower
*471	水果	i³⁵ɕi¹¹	fruit
*472	核儿	i³⁵sɿ¹¹jɔ⁵³	core
*473	芽儿	ɔ³¹tɕa³¹	sprout;shoot
474	蓓蕾	ɔ³¹tui³¹	bud
475	树杈	sɿ⁵³qa³⁵le³¹	crotch;fork
476	空心树	sɿ⁵³qo¹¹	hollow tree
477	柳树	mɛ³¹khe³¹;ɤo³¹mi⁵³tɕe³¹	willow
478	松树	thɔ⁵³sɿ⁵³	pine
479	榕树	nɔ³³ko⁵³sɿ⁵³	evergreen tree
480	红毛树	a³³jɔ³³sɿ⁵³	Schima Wallichii (DC) Choisy
481	杨树	sɿ⁵³phu³³ma³³	poplar and willow
482	漆树	jɛ⁵³sɿ⁵³	sumac
483	攀枝花树	nu³¹vi⁵³tɕɛ³¹	silk cotton flower

续表

484	刺桐树	qa^{35} tshu^{53} s̩^{53}	thorny barrels tree
485	桑树	nɔ^{31} xɔ^{35} s̩^{53}	white mulberry
486	桑葚	nɔ^{31} xɔ^{35} ɕi^{11}	mulberry
487	松明	a^{33} kɯ^{35}	torch
*488	竹子	va^{53}	bamboo
489	刺竹	ma^{31}	thorny bamboo
490	金竹	so^{33} mo^{33}	golden bamboo
491	甜竹	va^{53} tshɔ^{33}	sweet bamboo
492	竹梢	va^{53} dzɿ^{33}	bamboo tip
493	竹节	va^{53} tsɿ^{35}	bamboo joint
*494	竹笋	va^{53} tu^{33}	bamboo shoot
495	笋叶	va^{53} pha^{31}	bamboo leaves
496	笋壳	va^{53} la^{35} qu^{53}	bamboo sheet
497	苦笋	va^{53} qha^{53}	bitter bamboo shoot
498	甜笋	va^{53} tshɔ^{33} tu^{33}	sweet bamboo shoot
499	藤子	a^{35} khɛ^{33}	vine
*500	刺儿	a^{35} tshu^{53}	thorn
*501	桃子	a^{35} vɛ^{53} ɕi^{11}	peach
502	李子	a^{35} kɔ^{53} ɕi^{11}	plum
503	梨	ma^{35} li^{33} ɕi^{11}	pear
504	香蕉	a^{33} pɔ^{53} xɔ^{35} ɕi^{11}	banana
505	西瓜	tɛ^{33} kha^{35} ɕi^{11}	water melon
*506	桔子	ma^{33} tsu^{35} ɕi^{11}	orange
507	柿子	qha^{53} phɯ^{33} ɕi^{11}	personman
508	菠萝	to^{33} mɤ^{53} ɕi^{11}	pineapple
509	葡萄	a^{33} pɛ^{35} mɤ^{53} ɕi^{11}	grape
510	野葡萄	a^{33} pɛ^{35} ɕi^{11}	wild grape
511	杨梅	a^{33} mu^{35} ɕi^{11}	red bayberry
512	多依果	a^{33} pu^{35} ɕi^{11}	sour jungle apple
513	板栗	kɔ^{33} mɤ^{53} ɕi^{11}	chestnut
514	小板栗	kɔ^{33} mɤ^{53} ɕi^{11} jɛ^{53}	small chestnut
*515	酸角	dza^{53} pa^{33} ; ma^{31} kɛ^{53} ɕi^{11}	sour pod
516	酸木瓜	ma^{35} tɕi^{33} ma^{33} ɕi^{11}	sour vinery apple
*517	芭蕉	a^{35} pɔ^{53}	one kind of banana
518	野芭蕉	a^{35} pɔ^{53} thɯ^{31}	one kind of wild banana
519	芭蕉花	a^{35} pɔ^{53} vi^{53}	Chinese banana flower
520	芭蕉叶	a^{35} pɔ^{53} pha^{31}	Chinese banana leave
521	芭蕉根	a^{35} pɔ^{53} gɤ^{33}	Chinese banana root
*522	芒果	ma^{35} mo^{33} ɕi^{11}	mango
*523	甘蔗	pu^{53} tshɔ^{33}	sugar cane
*524	向日葵	mu^{53} ȵi^{33} xa^{35} pa^{33} ku^{33}	sunflower
*525	木瓜	pho^{33} mɯ^{53} ɕi^{11}	papaya

续表

526	山竹	sa³³tsu³¹ɕi¹¹（汉）		mountain bamboos
*527	稻草	tɕa³¹ɣɔ⁵³		straw
*528	糯米	tɕa³¹nɔ⁵³		sticky rice
*529	米	tɕa³¹qha³³		ordinary rice
530	紫米	tɕa³¹nɔ⁵³na̱⁵³		purple rice
*531	种子	ɔ³¹jɔ⁵³		seed
532	谷种	tɕa³¹jɔ⁵³		rice seed
533	秧	xɔ³⁵je³¹		rice seedling
*534	穗	ɔ³¹nu³³		spike; the ear of grain
535	谷粒	tɕa³¹ɕi¹¹		grain
536	瘪谷	tɕa³¹tsu³⁵		shriveled rice; empty rice husk
537	碎米	tɕa³¹gɯ³¹nɛ³⁵		broken rice from pounding
538	旱谷	jɛ⁵³xɛ³³tɕa³¹		dry rice
*539	玉米	ɕa³³ma³⁵；sa³³ma³³		corn; maize
540	玉米须	ɕa³³ma³⁵pa³¹tsɹ̩³³		corn tassel
541	玉米花	ɕa³³ma³⁵dzɹ̩¹¹		corn flower
*542	棉花	ɕa³³la⁵³		cotton
543	蔬菜	ɣɔ⁵³tɕa³⁵		vegetable
*544	白菜	ɣɔ⁵³tɕa³⁵phu³³		cabbage
545	包菜	ɣɔ⁵³tɕa³⁵thi̱⁵³		Chinese cabbage
546	茴香	mu̱⁵³sɔ³³		aniseed
547	蕨菜	da̱³¹ka³⁵		brake
548	韭菜	xi³⁵su³¹		leek
549	苤菜	su¹¹pa³³la³³		wide leaf leek
550	苦菜	ɣɔ⁵³phɛ³³tɕa³⁵		bitter edible wild herbs
551	臭菜	dʑa³¹ɣo⁵³		a kind of wild vegetable with smell
552	野芹菜	xu³⁵dzu¹¹ɣɔ⁵³		wild celery
553	茄子	ma³⁵khɯ³⁵ɕi¹¹		a long eggplant
554	刀豆	nɔ⁵³ɕi¹¹		canavalia glodiata
555	西红柿	khɯ⁵³ɕi¹¹n̪i³⁵（傣）		tomato
*556	萝卜	ɣɔ⁵³ma³³phu³³		radish
*557	辣椒	a³⁵phi̱³¹		capsicum
*558	葱	su¹¹qo¹¹		shallot
*559	盐	a³⁵lɛ̱³¹		salt
560	糖	na³¹wɛ³¹		sugar
*561	蒜	phɯ⁵³su¹¹		garlic
*562	姜	tshu⁵³pi³⁵		ginger
563	野山姜	tɕhi³³bo³³		wild ginger
564	芫荽	ɣa̱⁵³sɔ³³		cilantro
*565	土豆	ja³¹ji³⁵ɕi¹¹（汉）		potato
566	芋头	pɛ⁵³ɕi¹¹		taro
567	魔芋	bu³⁵		konjak

续表

568	山药	mɤ¹¹	yam; potato
*569	红薯	mɤ¹¹ n̠i³⁵	sweet potato
570	地瓜	tshʅ³³ ku⁵³ mu⁵³ pʰu³³	pachyrhizus
*571	南瓜	pʰɤ⁵³ mɤ³⁵ ɕi¹¹	pumpkin
572	冬瓜	ɕa³³ la³³ pʰɤ⁵³ mɤ³⁵ ɕi¹¹ ; pʰɤ⁵³ mɤ³⁵ pʰɤ³³ ɕi¹¹	waxgourd
*573	黄瓜	a³⁵ pʰe⁵³ ɕi¹¹	cucumber
574	丝瓜	ma³⁵ nɔ³³ ɕi¹¹	towel gourd
575	洋丝瓜	ka⁵³ la⁵³ ɕi¹¹	towel gourd; loffa
576	丝瓜瓤	ma³⁵ nuɛ³³	loffa pulp
577	豆荚	nɔ⁵³ pa¹¹	peapod
*578	黄豆	nɔ⁵³ pʰa⁵³ ɕi¹¹	soybean
579	豌豆	ɕa³³ nɔ⁵³	pea
580	葫芦	a³⁵ pʰo³¹ qo³³ ɕi¹¹ ; i⁵³ mu¹¹ qo¹¹ ɕi¹¹	gourd
*581	花生	mi³¹ nɔ⁵³ ɕi¹¹	Peanut; earth pea
*582	芝麻	nu³¹ ɕi¹¹	sesame
*583	草	zʅ⁵³	grass
*584	茅草	zʅ⁵³ tɛ³¹ ma³³ ; zʅ⁵³ ɤa³¹ ma³³	couch grass
585	香茅草	zʅ⁵³ xɔ³⁵ ma³³	sweet couch grass
586	狗尾巴草	u³⁵ mɛ⁵³ tsho³¹ nu³³	green bristle grass
*587	蘑菇	mu³¹	mushroom
*588	木耳	mu³¹ na³⁵ qo⁵³	fungus
589	鸡棕菌	mu³¹ lo³³ qa¹¹	a popular mushroom
590	奶浆菌	mu³¹ tshɔ³³ n̠i³⁵	milky mushroom
591	牛肝菌	nu³¹ qhe⁵³ mu³¹	bull mushroom
592	大红菌	mu³¹ n̠i³⁵ ɤɔ⁵³	reddish mushroom
593	青苔	ɤu³¹ mi⁵³	moss
*594	饭	ɔ³¹	meal
*595	菜	ɔ³¹ tɕhi⁵³	dishes
596	粥(稀饭)	ɔ³¹ nɛ⁵³	porridge
597	冷饭	ɔ³¹ ka⁵³	cold rice
598	面粉	zʅ³³ mei³³	flour
599	馒头	zʅ³³ di³¹	Steamed bun; mantou
600	糯米粑粑	ɔ³¹ pʰu³¹	glutinous rice cake
601	荞麦粑粑	ɤa⁵³ pɔ⁵³	buckwheat
602	面条	mɛ³⁵ thiɔ³¹(汉)	wheat noodle
603	面包	mɛ³⁵ pɔ³³(汉)	bread
604	卷粉(米干)	mi⁵³ ka³³(汉)	wide rice noodle
605	米线	mi³¹ ɕɛ³⁵(汉)	long rice noodle
606	米汤	ɔ³³ ɤu³¹	ricemilk
607	瘦肉	ɔ³¹ ɕa³¹ n̠i³⁵	meat; flesh

续表

608	肥肉	ɔ^{31} tshu^{33}	fat
609	食用油	ɔ^{31} tshu^{33}	edible oil
*610	牛干巴	ɕa^{31} gu^{33}	salted beef
611	干鱼	ŋa^{53} gu^{33}	a kind of salted fish of Akha people
612	酸竹笋	va^{53} tɕi^{33}	sour salted bamboo shoots
613	刺竹笋	ma^{31} tu^{33}	thorny bamboo shoot
*614	酸菜	ɣo^{53} tɕi^{33}	sauerkraut
615	腐乳	nɔ^{53} ba^{53} tɕi^{33}	salted bean curd
616	豆豉	nɔ^{53} qhe^{53}	soybean condiment
617	菜汤	ɣu^{53} tɕa^{35} ɣɯ^{31} ; ɔ^{31} tɕhi^{53} ɣɯ^{31}	soup
*618	酒	dzʅ^{31}	wine; alcohol
619	白酒	dzʅ^{31} pi^{35} nɛ^{53}	rice wine
620	酒糟	dzʅ^{31} ɕa^{11} ; dzʅ^{31} pi^{53}	lees; pot ale
621	蘸水	a^{35} phi^{31} a^{35} Iɛ^{31} ɣɯ^{31}	a kind of condiment mixed with salt; garlic; onion; and hot pepper etc.
*622	茶	la^{31}	tea
623	纸烟	su^{35} lo^{31}	smoke; cigarette
*624	（吸的）烟	su^{35}	tobacco
*625	药	na^{53} tɕhi^{53}	medicine; pill
626	糠	va^{31} phɯ^{53}	bran; chaff
627	粗糠	va^{31} phɯ^{53} ɕa^{53} ma^{33}	rice husk
628	细糠	va^{31} phɯ^{53} mei^{33}	fine husk for pig feed
629	猪食	va^{31} ɔ^{11}	pig feed; hogwash; swill
630	马料	mu^{53} ɔ^{11} ; i^{53} mu^{31} ɔ^{11}	horse fodder
*631	线	khɛ^{33}	thread
*632	布	pha^{33}	cloth
633	顶针	la^{31} pe^{33}	sewing finger ring
*634	衣服	a^{35} po^{31} vɣ^{31} qa^{53}	clothes
635	上衣	a^{35} po^{31}	upper outer garment
636	衣领	a^{35} po^{31} qo^{31} pe^{31}	collar
*637	衣袖	la^{31} ti^{53}	sleeve
*638	扣子	ti^{35} qha^{53} ɕi^{11}	button
639	口袋	thu^{35} pɯ^{33}	pocket
640	衣袋	a^{35} po^{31} qui^{35}	pocket
641	裤袋	xa^{31} qui^{35} ; xa^{31} thɔ^{33} qui^{35}	pocket
*642	裤子	xa^{31} thɔ^{33}	trousers; pants
643	裤腿	xa^{31} khɯ^{33}	trousers leg
644	裤腰	xa^{31} qɔ^{33}	waist of trousers
*645	裙子	thɛ^{33} du^{33}	skirt; dress
*646	包头	u^{53} n̩i^{35}	woman's headdress
*647	帽子	u^{35} tsʅ^{11}	hat; cap
648	裤带	xa^{31} pi^{33} tɕa^{53}	belt

续表

649		裹腿	khɯ³³ do³³ qo¹¹	legging
650		袜子	khɯ³³ dɔ⁵³	socks; stockings
*651		鞋	khɯ³³ʳ³⁵ nu⁵³	shoes
652		凉鞋	khɯ³³ nu⁵³ qhɛ³¹	sandal
653		凉拖鞋	khɯ³³ nu⁵³ tɛ⁵³ nɛ⁵³	slippers (sandal)
654		布鞋	pha³³ khɯ³³ʳ³⁵ nu⁵³	cloth shoes
655		斗笠	la³⁵ xɔ̱⁵³	bamboo hat
*656		梳子	pɯ³¹ ga̱⁵³	comb
657		耳环	na³¹ vɔ⁵³	earring; dangler
658		项圈	ɔ³³ qɔ³¹	necklace
*659		戒指	la̱³¹ pe¹¹	finger ring
*660		手镯	la̱³¹ gɔ³¹	bangle; bracelet
661		背包	mi³⁵ tshɔ³³	haversack
662		大背包	ta³⁵ po̱⁵³	backbag
663		小银泡	phu³³ ɕi¹¹	little silver bubble
*664		枕头	u³⁵ ge̱⁵³	pillow; sleeping willow
665		被子	a³⁵ bo̱⁵³	quilt
666		棉絮	ɕa³³ la̱⁵³ a³⁵ bo̱⁵³	batting; cotton wool
667		席子	fʁ³⁵ qɔ̱³¹ lo̱³³ pa³³	matting
668		竹席	gɔ̱⁵³ ji̱⁵³	bamboo matting
669		雨衣	mu⁵³ ji³¹ a³⁵ po̱³¹	palm raincoat
*670		房子	jɛ³¹	house
671		房顶	jɛ³¹ qho⁵³	roof
672		厨房	ɔ³¹ te³³ jɛ³¹	kitchen
673		楼房	mu⁵³ phe³³ jɛ³¹	building
674		平房	mi³¹ tɕha⁵³ jɛ³¹	bungalow
675		楼上	qhɔ⁵³ kho³³	upstairs
676		楼下	qhɔ⁵³ xɔ³⁵	downstairs
677		粮仓	tɕa³¹ jɛ³¹	storehouse; depot
*678		牛圈	nu³³ khɔ⁵³	cowshed
679		猪圈	va̱³¹ khɔ⁵³	hog pen; sty
680		马圈	mu⁵³ kho̱⁵³	stable; shed for horses
681		羊圈	a³⁵ tɕhe³¹ khɔ⁵³	sheep pen; sheepfold
682		鸡圈	ɣa̱⁵³ khɔ⁵³	chicken coop; mew
683		竹片笆	va⁵³ ba³⁵	bamboo tile
684		篾笆	gɔ³⁵ ji̱⁵³	thin bamboo splint basket
*685		墙	tɕhe³¹（借汉）	wall
686		篾子	va⁵³ ne³³	bamboo split
687		木棍	a³⁵ tu³³	vine
688		木头	sɿ̱⁵³ the³³	wood
689		木板	sɿ̱⁵³ phe⁵³	board
*690		柱子	jɛ³¹ khɯ³³	pillar

续表

*691	门	jɛ³¹ mi³⁵	door
692	门板	ji³¹ mi³⁵ phe⁵³	door plank
693	门闩	ji³¹ mi³⁵ ɕɛ³³	bolt
*694	窗子	jɛ³¹ qhɔ³³ kui³⁵	window
695	堂屋	qo⁵³ qhɔ³³ phɯ⁵³	Central room
696	火塘	qha⁵³ tɕi⁵³ pɛ³¹	a kind of Chinese fireplace
697	灶房台架	ɔ³¹ te³³ qho⁵³	kitchen rack
698	大梁	qhɔ³¹ pu³³ tsɔ⁵³	beam
699	椽子	jɛ³¹ ke⁵³	rafter
700	楼梯	go³³	stairs
701	篱笆	xɔ³³ pa³³	fence
702	园子	kho³³	garden plot
703	凉棚	a³⁵ po³³ qo³³	mat-awning; mat shelter
704	东西	mɔ⁵³	thing; stuff
705	竹篾饭桌	va⁵³ phɯ³³ lɔ⁵³	bamboo table
706	竹编凳子	va⁵³ mɯ³³ qhɔ⁵³	bench
707	木凳	pi³⁵ thɔ⁵³	wooden bench
*708	床	kui³¹（傣）	bed
709	摇篮	qha³³/³⁵ dzɔ³¹	cradle
710	箱子	ta³³ qo¹¹	suitcase; cabinet
711	柜子	ta³³ qo¹¹ lo³⁵	cupboard; cabinet
712	肥皂	ɕa³³ pɛ⁵³（缅）; tshu⁵³ pɛ³³	soap
713	毛巾	pha³⁵ tɕi³¹（傣）	towel
714	镜子	mɛ⁵³ ɣɯ³⁵	mirror
*715	扫帚	mi³¹ ɕi⁵³	broom
716	柴	sɿ⁵³	firewood; faggot
717	火石	mi³⁵ dzɔ³¹ ɕi¹¹	flint
718	火柴	a³¹ mi³¹ po³³	match
719	竹火把	va⁵³ a³¹ mi³¹ bɔ⁵³	torch; flambeau; link
*720	铁锅	xa³³ tshɿ³³	iron kettle; iron pot
721	木饭铲	sɿ⁵³ lu³⁵ qu³³	wood rice slice
722	铁锅铲	so³³ lu³⁵ qu³³	pancake turner
*723	盖子	ɔ³¹ xo⁵³	lid; cover
724	锅盖	mu³¹ qhu³³ xo⁵³	pot lid
725	锅刷	mu³¹ qho³³ tɕhi⁵³ tu³¹	pot brush
*726	刀	a³⁵ thɔ³³	knife
727	尖刀	a³⁵ thi³¹	sharp knife
728	刀鞘	a³⁵ thɔ³³ phɯ³³	sheath
729	刀口	a³⁵ thɔ³³ vi⁵³	knife edge
730	刀把儿	a³⁵ thɔ³³ tu⁵³	hilt
731	背刀带	a³⁵ thɔ³³ phɯ³³ tɕa⁵³	knife belt
732	饭勺	ɔ³¹ lu³⁵ qu³³	spoon

续表

*733	碗	khe^{53}	bowl
734	盘子	khe^{53} pɛ^{53} lɛ^{53}	plate
*735	筷子	a^{35} tsu^{33} ka^{33}	chopsticks
736	瓶子	ji^{35} kɔ^{33} ; dzɿ^{31} kɔ^{33}	bottle
737	热水瓶	ɣɯ^{31} bɯ^{31} kɔ^{33}	thermos bottle
738	罐子	i^{35} mu̠^{31} qo^{11}	pot; jar; tin
739	酸菜罐	wu^{53} tɕi^{33} i^{35} mu̠^{31} qo^{11}	sauerkraut pot
740	甑盖	u^{35} tsu^{33} lo^{53}	a lid of the rice steamer
741	甑子	ɕa^{35} qha̠^{53}	an ancient earthen utensil for steaming rice
742	筷篓	a^{35} tsu^{33} phɯ^{33}	chopsticks crate
743	饭篓	ɔ^{31} qhe^{53} kɤ^{33} kɤ^{31}	rice container
744	碗筐	khɛ^{53} phɯ^{33}	bowl basket
745	酒杯	dzɿ^{31} khɛ^{53}	wineglass
746	水桶	tho^{53} qo^{11}	water pail
747	水竹筒	va^{53} dɛ^{35} qo^{11} ; i^{35} ka^{53} dɛ̠^{31}	water bamboo tube
748	竹饭盒	ka^{35} xo̠^{53}	bamboo mess tin
749	竹茶杯	va^{53} la^{31} khɛ^{53}	bamboo teacup
750	茶杯	la^{31} khɛ^{53}	teacup
*751	茶壶	la^{31} kɔ^{31} la^{31}	teapot
*752	瓢	lu^{35} qu^{33}	gourd dipper
753	葫芦瓢	a^{35} mo̠^{31} qo^{11} lu^{35} qu^{31}	gourd dipper
754	缸子	i^{53} ka^{53} tsɔ^{33} qo^{11}	cup
755	铁三角架	xa^{33} khɯ^{33}	tripod (used for cooking)
756	（火塘上的）烘架	ɣo̠^{31}	baking frame (put over Akha people's stove)
757	火塘	qha^{53} tɕi^{53} pɛ^{33}	warm shelf
*758	火钳	a^{31} mi^{31} bi̠^{53} tu^{31}	fire-tongs
*759	吹火筒	a^{31} mi^{31} mɤ^{53} tu^{31}	blow tube
760	砧板	ɕa^{31} pi^{35} tho̠^{53}	chopping board
*761	扇子	phɤ^{53} tu^{31}	fan
762	挖耳勺	na^{31} pɔ^{33} qhe^{53} qɛ^{35} tu^{31}	ear pick
763	背带（背小孩用）	pi^{33} khɔ^{53}	strap (for caring a kid on the back)
764	眼镜	mɛ^{53} ke^{31}	glasses; spectacle
765	烟斗	su^{35} qhu^{33}	(tobacco) pipe
766	水烟筒	su^{35} qhuɛ^{33} dɛ^{31}	water pipe
767	陀螺	kho^{31}	peg-top
768	秤	tɕa^{33} ki^{31}	scale
769	戥子	tɕhi^{33} tu^{33}	small scale
770	秤花	tɕa^{33} ki^{31} mɛ̠^{53}	gradations marked on the beam of a steelyard
771	秤钩	tɕa^{33} ki^{31} qu^{35} quɛ^{31}	steelyard hook

续表

772	秤砣	tɕa³³ki³¹n̪i³³ɕi¹¹	weight;the sliding weight of a steelyard
773	钱(货币)	phu³³	money
774	工钱	ɣa⁵³phu⁵³	money paid for odd jobs
775	尺子	sɔ̠³¹;tḛ⁵³n̪i³³tu³¹	ruler
*776	针	ɣṵ³¹	needle
777	钉子	so³³tsu⁵³	nail
*778	剪子	mḛ³⁵nṵ³¹	scissors
779	梯子	go³³	ladder
780	水槽	i³⁵ka̠⁵³qhṵ³¹ti³¹	flume;sink;gutter
*781	伞	tsɔ³³	umbrella
782	锁	ka³⁵le³³	lock
783	钥匙	ka³⁵le³³ɕḛ³³	key
784	棍子	a³⁵ta³¹	stick
785	拐杖	dzu⁵³fɤ³¹ta³¹	crutch
786	马鞍	mu⁵³la³⁵	saddle
787	马蹬子	khɯ³³na⁵³kɯ³¹	stirrup
788	马掌	mu⁵³tɕa⁵³	horseshoe
789	牛轭	ɛ³⁵quɛ³¹	oxbow
790	牛鼻圈	nu⁵³na³¹qhɔ⁵³tɕa̠⁵³	a ring lodged in the nose of an ox
791	牛绳	nu⁵³tɕa⁵³	cattle rope
792	船	xɔ³³lo̠³¹qo³³	boat;ship
*793	斧头	tɕi³⁵tɕi⁵³pɯ³³	ax
*794	锤子	tha³³tu³³	hammer
795	凿子	tsɿ⁵³	chisel
*796	锯子	li³⁵lɤ³³	saw
797	犁	la⁵³phɯ⁵³	plow
798	耙	ga̠⁵³	rake
*799	锄头	tɕi³⁵qo̠⁵³	hoe
*800	绳子	a³⁵khɛ⁵³tɕa̠⁵³	rope
801	秋千绳	a³⁵ju³³pe¹¹	swing rope
802	楔子	ɔ³¹dzu⁵³	wedge
*803	背篓	qha³⁵dzu³¹lu³³;qha³⁵pɯ³³lu³³	pack basket
804	背篓带	mḛ³¹pi³³	ties of a basket carried on the back
805	大谷箩	phɛ³³qo¹¹	big millet basket
*806	镰刀	lɔ³¹qo³⁵	reaphook
*807	脚杵	tɕhe³³kɤ³³lɤ³³	foot pestle
*808	脚臼	tɕhe³³mɛ³⁵qo¹¹	mortar
809	盐臼	a³⁵lɛ̠³¹tɕha⁵³pu¹¹	salt mortar
810	手杵	ti³⁵tu³¹	hand pestle
811	筛子	xa³³gɯ³³	boult;sieve;sifter
*812	簸箕	xa³³ma³³	dustpan;container for dust
813	撮箕	fɤ³⁵tɕi³³pḛ⁵³	dustpan

续表

814	磨刀石	a^{35} thɔ^{33} ɕi^{11} tu^{31}	sharpening stone
*815	枪	na̱^{53}	gun
816	火药	na̱^{53} muɯ^{31}	powder flask
817	火药枪	tho̱^{31} phɔ^{35} na̱^{53}	powder gun
818	矛	ɡe^{53}	spear
819	弩	kha̱^{53}	bow
*820	弓	lɛ^{35} boi^{53}	bow
*821	箭	kha̱^{53} tɕi^{33}	arrow
822	弹弓	ta^{35} ko^{33}（汉）	slingshot
823	弹丸	ta^{35} ko^{33} ɕi^{11}	pellet of slingshot
824	捕兽的圈套	ɔ^{31} va^{33}	cage for catching animals
825	陷阱	mi^{31} qo^{11}	traps
826	树浆（扣雀用）	a^{35} nɔ^{53}	tree gum
827	鸟笼	ŋa̱^{53} po^{33}	coop for trapping fish
828	毒	ɔ^{31} tɔ̱^{31} ma^{33}	poison
829	（撒）网	ɡɯ^{33}	net
830	鱼钩	ŋa̱^{53} ma^{33} tu^{31}	fish hook
831	鱼笼	khɯ^{35} qo^{11}	fishing basket
832	话	tɔ^{53}	language
833	想法	dɔ^{53} qha^{53}	idea
834	传说	tshɔ^{33} mɔ^{53} khɔ^{53}	legend
835	故事	ka^{35} lɔ^{33}	story tale
836	事情	ɔ^{31} lɔ^{33}	things; matters
837	（做）生意	ka^{31} te^{33}	business
*838	歌	qa^{33} muɯ^{31}	song
839	舞	qa^{31} nɔ^{33}	dance
840	象脚鼓	tɕe^{31} qo^{11}	drum
841	锣	phɛ^{31} ma^{33}	gong
842	铓锣	bo^{33} lo^{33} qo^{11}	mang gong
843	钹	khuɛ^{35} ma^{33}	cymbals
844	（吹）树叶哨	s1̩^{53} pha̱^{31} (mɤ^{53})	whistle made of leaves
845	直箫	lɛ^{35} tu^{53} qa^{31}	flute
846	芦笙	nɔ^{11}	reed-pipe wind instrument
847	竹口琴	a^{35} tha^{53}	bamboo mouth organ
848	铃	ka^{33} le̱^{31}	bell
849	鬼	tɔ̱^{31}	spook; ghost
850	妖精	ne^{53} ma^{33}	ghost
851	菩萨	ɕa^{35} xo^{31}	Bodhisattva
852	龙王	tsɔ^{53} dzɔ^{53} mɔ^{53}	dragon king
853	灵魂	ɔ^{31} xa^{33} ku^{33}	soul
854	（祭祀的）牲畜	ta^{53} mɔ^{53}	scared animals
855	运气	ɔ^{31} bo^{33}	luck; fortune

续表

*856	力气	ɔ³¹ ɣa⁵³	strength
*857	名字	ɔ³¹ mɛ³³	name
858	罪	ja̠⁵³ dʑa̠⁵³ ba¹¹	crime
859	痕迹	ɔ³¹ qha⁵³	trace
860	(甘蔗)渣滓	pe̠⁵³ ; ɔ³¹ pe̠⁵³	dreg
*861	影子	ɔ³¹ xa³³	shadow
*862	梦	ma̠⁵³ ; zɿ³¹ ma̠⁵³	dream
863	东方	pɤ³¹ tɔ̠⁵³ phɔ⁵³	in the east
864	西方	pɤ³¹ ɕɛ³¹ phɔ⁵³	in the west
865	中间	ɔ³¹ qɔ³³ dʑɿ³³ ; ɔ³³ ka³¹ lɛ³⁵	in the middle (of)
*866	旁边	ɔ³¹ pa⁵³	aside
*867	左边	la̠³¹ mɛ³¹ pa³⁵	on the left
*868	右边	la̠³¹ ɕa³³ pa³⁵	on the right
*869	前边	ɣu⁵³ lɔ³⁵	in front of
*870	后边	qhɔ³¹ nɔ³⁵	in the back
*871	外边	ɔ³¹ tha̠³¹	outside
*872	里边	ɔ³¹ qho³³	inside
873	角儿	ɔ³¹ tɕi³¹ kuɛ⁵³	in the corner
874	(针)尖儿	u³⁵ mɯ⁵³ ; ɔ³¹ mɯ⁵³	point ; tip
875	(房子)周围	ɔ³¹ pa⁵³	around ; surrounding
*876	(桌子)上	ɔ³¹ qho⁵³	on
*877	(桌子)下	ɔ³¹ xɔ³⁵	under
878	时候 ; 时间	ɔ³¹ ja⁵³	moment ; time
*879	今天	ja̠³¹ ȵi³³	today
*880	昨天	a³⁵ ȵi³³	yesterday
*881	前天	sɿ⁵³ ȵi³³	the day before yesterday
*882	明天	sɔ³⁵ pɔ³¹	tomorrow
*883	后天	pha³¹ ȵi³³	the day after tomorrow
884	大后天	phi⁵³ ȵi³³	three days from now
885	今晚	ja̠³¹ pɯ³⁵	tonight
886	明早	sɔ³⁵ na³¹	tomorrow morning
887	明晚	sɔ³⁵ phɯ̠³¹	tomorrow night
888	昨晚	a³¹ mɛ³¹ xa³⁵	last night
*889	白天	ta⁵³ va⁵³	day
*890	早晨	mu⁵³ sɔ³⁵	morning
*891	晚上	mu⁵³ phɯ̠³¹	evening
892	傍晚	mu⁵³ vɔ³¹ tha⁵³	at dusk ; toward evening
893	整晚	te⁵³ xa³⁵	the whole night
894	三更半夜	ɕe³¹ qɔ³¹ khɯ³³	mid-night
895	属虎	la⁵³ qhɔ̠³¹ (ȵi³³)	the year of tiger
896	属兔	thɔ⁵³ la³¹ qhɔ̠³¹ (ȵi³³)	the year of rabbit
897	属龙	lɔ⁵³ qhɔ̠³¹ (ȵi³³)	the year of dragon

续表

898	属蛇	sɿ³³qhɔ³¹(n̠i³³)	the year of snake
899	属马	mu⁵³qhɔ³¹(n̠i³³)	the year of horse
900	属羊	jɔ³¹qhɔ³¹(n̠i³³)	the year of sheep
901	属猴	mɔ³¹qhɔ³¹(n̠i³³)	the year of monkey
902	属鸡	ɣa⁵³qhɔ³¹(n̠i³³)	the year of cock
903	属狗	phɯ⁵³qhɔ³¹(n̠i³³)	the year of dog
904	属猪	va³¹qhɔ³¹(n̠i³³)	the year of pig
905	属鼠	fa⁵³qhɔ³¹(n̠i³³)	the year of mouse
906	属牛	nu⁵³qhɔ³¹(n̠i³³)	the year of cattle
907	一月(农历)	tsɯ³³je³³xa³³pa³³	first month of lunar calendar
908	二月(农历)	ɣ³⁵je³³xa³³pa³³	second month of lunar calendar
909	三月(农历)	sa³³je³³xa³³pa³³	third month of lunar calendar
910	四月(农历)	sɿ³⁵je³³xa³³pa³³	forth month of lunar calendar
911	五月(农历)	wu³⁵je³³xa³³pa³³	fifth month of lunar calendar
912	六月(农历)	lo³¹je³³xa³³pa³³	sixth month of lunar calendar
913	七月(农历)	tɕhi³¹je³³xa³³pa³³	seventh month of lunar calendar
914	八月(农历)	pa³¹je³³xa³³pa³³	eighth month of lunar calendar
915	九月(农历)	tsɯ⁵³je³³xa³³pa³³	ninth month of lunar calendar
916	十月(农历)	sɿ³¹je³³xa³³pa³³	tenth month of lunar calendar
917	十一月(农历)	to³³je³³xa³³pa³³	eleventh month of lunar calendar
918	十二月(农历)	la³¹je³³xa³³pa³³	twelfth month of lunar calendar
*919	日,天	n̠i³³	day
920	(一个)月	(te⁵³)xa³³pa³³;ɕi¹¹	month
*921	年	qhɔ³¹;ɔ³¹qhɔ³¹	year
*922	今年	tɕe³¹qhɔ³¹	this year
*923	去年	a³³n̠i³³qhɔ³¹	last year
924	前年	sɿ³¹n̠i³³qhɔ³¹	the year before last
*925	明年	nɛ³⁵qhɔ³¹	next year
926	后年	nɛ³⁵n̠i³³qhɔ³¹	the year after next
927	从前	ɣu⁵³sɿ³¹tha⁵³	once upon a time
928	以后	qhɔ³¹nɔ³⁵	before
*929	现在	tɕhi³³bɯ³¹	present
930	将来	a³³je³⁵te⁵³n̠i³³;te⁵³n̠i³³qo³³	future
931	星期一	ɕi³⁵tɔ⁵³te⁵³n̠i³³	Monday
932	星期二	ɕi³⁵tɔ⁵³n̠i⁵³n̠i³³	Tuesday
933	星期六	ɕi³⁵tɔ⁵³khɔ³¹n̠i³³	Saturday
934	星期天	ɕi³⁵n̠i³³	Sunday
935	(一)分钟	fɯ³³tso³³(汉)	minute
936	(一)小时	(te⁵³)na³¹li³¹(缅)	hour
937	(一)点钟	(te⁵³)na³¹li³¹(缅)	at one o'clock
938	旱季	mu⁵³ku⁵³ja⁵³	the cold season
939	雨季	mu⁵³je³¹ja⁵³	the raining season

续表

940	热季	mu⁵³ lɛ³¹ ja⁵³	the hot season
941	冷季	mu⁵³ ka⁵³ ja⁵³	cold season
942	春节	qhɔ³¹	Spring Festival
943	新年	qhɔ³¹ sɿ³⁵	New Year
944	新米节	tɕa³¹ sɿ³⁵ tɕa⁵³ ȵi³³	New-grain Festival
945	葫芦节	a³³ pho³³ a³³ lo³¹ ȵi³³	Gourd Festival
946	火把节	a³³ kɯ³⁵ tu³⁵ ȵi³³	Torch Festival
*947	一	te⁵³	one
*948	二	ȵi⁵³	two
*949	三	ɕe⁵³	three
*950	四	ɔ⁵³	four
*951	五	ŋa⁵³	five
*952	六	khɔ³¹	six
*953	七	sɿ¹¹	seven
*954	八	xi³⁵	eight
*955	九	qɔ⁵³	nine
*956	十	te⁵³ tɕhi³³	ten
957	十一	te⁵³ tɕhi³³ te⁵³	eleven
958	十二	te⁵³ tɕhi³³ ȵi⁵³	twelve
959	十三	te⁵³ tɕhi³³ ɕe⁵³	thirteen
960	十四	te⁵³ tɕhi³³ ɔ⁵³	fourteen
961	十五	te⁵³ tɕhi³³ ŋa⁵³	fifteen
962	十六	te⁵³ tɕhi³³ khɔ³¹	sixteen
963	十七	te⁵³ tɕhi³³ sɿ³¹	seventeen
964	十八	te⁵³ tɕhi³³ xi³⁵	eighteen
965	十九	te⁵³ tɕhi³³ qɔ⁵³	nineteen
966	二十	ȵi⁵³ tɕhi³³	twenty
967	三十	ɕe⁵³ tɕhi³³	thirty
*968	百	te⁵³ xa³³	hundred
*969	千	te⁵³ xi³⁵	thousand
970	万	te⁵³ va¹¹	ten thousand
971	一半	te⁵³ kho⁵³	half
972	第一	ti³⁵ ji³¹（汉）	the first
973	第二	ti³⁵ ɣ³⁵	the second
*974	（一）个（人）	ya⁵³	a person
*975	（一）个（碗）	ma³¹；khe⁵³；pha³¹	a bowl
976	（一）条（河）	lɔ³¹	a river
977	（一）头（牛）	khe³³	a cow
978	（一）张（纸）	qu³⁵	a piece of paper
979	（一）个（蛋）	u³³	an egg
980	（两）只（鸟）	khe³³	two birds
981	（一）根（棍子）	ta³¹	a stick

续表

982	(一)棵(草)	khe³³	a blade of grass
*983	(一)粒(米)	qha³³	a grain of rice
984	(一)把(扫帚)	ɕi⁵³	a broom
985	(一)把(刀)	pha³¹	a knife
986	(一)棵(树)	tɕe³¹	a tree
987	(两)本(书)	dɔ³³	two books
988	(一)座(桥)	ma³¹	a bridge
989	(一)把(菜)	qa³¹	a bunch of vegetable
990	(一)把(米)	ka⁵³	a handful of rice
991	(一)支(笔)	ta³¹	a pen
992	(一)堆(石头)	pho⁵³	a heap of stones
993	(一)桶(水)	qo¹¹	a pailful of water
994	(一)碗(饭)	khɛ⁵³	a bowl of rice
995	(一)块(地)	pi⁵³	lot; a piece
996	(一)块(粑粑)	po³³	a piece of sugar cake
997	(一)片(树叶)	pha³¹	a leaf
998	(一)朵(花)	vi⁵³	a flower
999	(一)句(话)	khɔ⁵³	a word
1000	(一)首(歌)	tsɔ⁵³	a song
1001	(一)件(衣服)	qho⁵³	a garment; a suit
*1002	(一)双(鞋)	tɕe³³	a pair of shoes
1003	(一)对(兔子)	tɕe³³	a pair (couple) of rabbits
1004	(一)群(羊)	mo³¹	a flock of sheep
1005	(一)半(路)	pa³⁵	half
1006	(一)节(竹子)	tɔ³³; tsɿ³⁵	a section of bamboo
1007	(一)天(路)	ȵi³³	a day's walk
1008	(一)只(鞋)	pa³⁵	one shoe
1009	(一)卷(布)	dɔ³³	a bunch of cloth
1010	(一)背篓(草)	vɯ³¹	a bunch of firewood
1011	(一)捆(茅草)	tshɿ³¹	a bunch(bundle) of grass
1012	(一)捧(米)	to⁵³	a handful of rice
1013	(一)匹(马)	khɛ³³	a horse
1014	(一)袋(米)	thu³⁵	a bag of rice
1015	(一)串(葡萄)	ku³³	a bunch of grapes
1016	(一)窝(蛋)	phɯ³³	a brood of eggs
1017	(一)滴(油)	dza⁵³	a drop of oil
1018	(两)层(楼)	to⁵³	double-deck building; floor
1019	(一)间(房)	jɛ³¹	a room
1020	(一)包(菜)	thi⁵³	a pack; bundle of
1021	(一)瓶(酒)	kɔ³³	a bottle of wine
1022	(一)斤	ki³¹(汉)	half of a kilogram
1023	(一)庹	lo³¹	fingertip to fingertip of out-stretched arms

续表

1024	（一）拃	thu^{33}	thumb to out-stretched middle finger
1025	一指宽	te^{53} khi^{31}	the width of a finger
1026	一肘长	te^{53} dʑa^{53}	the length from the elbow to the hand
1027	（一）泰铢	tsu^{33}	one Thai Baht
1028	（一）美元	mei^{53} jɛ^{31}	one dollar
1029	（等）一会儿	te^{53} khɯ^{33}	a while
1030	一天	te^{53} ɲi^{33}	a day
1031	一夜	te^{53} xa^{35}	a night
1032	半个月	xa^{33} pa^{33} te^{53} khu^{53}	half of a month
1033	上个月	sɿ^{53} te^{53} xa^{33} pa^{33}	last month
1034	（一）年	qhɔ^{31}	a year
1035	（一）岁	qhɔ^{31}	a year
1036	一辈子	te^{53} tsui^{33}	a life
1037	（一）步（路）	pi^{31}	single-step
1038	（走一）步	pi^{31}	make a move
1039	（去一）次	pɔ^{53}	go once
1040	（吃一）顿	po^{31}	have a meal
1041	（喊一）声	pɣ^{31}；pɔ^{53}	shout；call out；cry
*1042	（打一）下	qhe^{33}	beat
1043	（踢一）脚	pɔ^{53}	kick
1044	一些（人）	te^{53} ɣɯ^{31}；te^{53} mo^{11}	some people
1045	一点	a^{33} tsɿ^{35}	a few；a little
1046	一家（人）	te^{53} jɛ^{31}	the whole family
1047	每天	te^{53} ɲi^{33} le^{33} le^{33}	everyday
1048	每个	le^{33} le^{33}	everyone；each one
*1049	我	ŋa^{31}	I
1050	我俩	ŋa^{31} xɯ^{35} nɛ^{31}；ŋa^{31} xɯ^{35} ma^{33}	we both；both of us
*1051	我们	ŋa^{31} xɯ^{33}	we
1052	咱俩	nɛ^{31} xɯ^{35} nɛ^{31}	both of us
1053	咱们	ɲi^{31} xɯ^{33}	we
*1054	你	nɔ^{31}	you
1055	你俩	nɔ^{31} xɯ^{35} nɛ^{31}	you two；both of you
*1056	你们	nɔ^{31} xɯ^{33}	you
*1057	他	jɔ^{53}	he
1058	他俩	jɔ^{53} xɯ^{35} nɛ^{31}	they two；both of them
*1059	他们	jɔ^{53} xɯ^{33}	they
*1060	大家	qha^{33} pɣ^{33} tsho^{33}	all
*1061	别人	su^{33}	others
*1062	这	tɕhi^{33}	this
1063	这个（人）	tɕhi^{33} te^{53} ɣa^{53}	this person
1064	这些	tɕhi^{33} te^{53} ɣɯ^{31}	these
*1065	这里	tsho^{31} ka^{31}	here

续表

1066	这样	tɕhi³³ qhe³³	in this way
*1067	那	o⁵³	that
1068	那个人	o⁵³ te³³ ɣa⁵³	that person
1069	那些	o⁵³ te³³ ɣɯ³¹	those
*1070	那里	o⁵³ ka³¹	there
1071	那样	o⁵³ qhe³³	in that way
*1072	谁	a³¹ su³¹ ; a³³ su³³	who
1073	谁的	a³¹ su³¹ te⁵³ ɣa⁵³ ; qhɔ³¹ te⁵³ ɣa⁵³	whose
1074	哪里	o⁵³ ka³¹ ; qhɔ³¹ ka³¹ ; qha³¹ ka³¹ ; iqha³¹ qhe³³	where
1075	几时	qha³¹ ɲi⁵³ na³¹ li³¹ ; iqha³¹ tha³³ ; qhɔ³¹ tha³³	what time ; when
1076	怎么	qha³¹ qhe³³	how
*1077	多少	qha³¹ ma³³	how many ; much
1078	几个(问人)	qha³¹ ɲi⁵³ ɣa⁵³ ; qhɔ³¹ ɲi⁵³ ɣa⁵³	how many ; much
1079	几个(问物)	qha³¹ ɲi⁵³ ma³¹ ; qhɔ³¹ ɲi⁵³ ma³¹	how many ; much
1080	什么	a³¹ tho³¹ ma³³	what
1081	其他(人)	ɔ³¹ nu³³	other
1082	自己	mi⁵³ qha⁵³	self
1083	全部(物)	qha³³ pɤ³¹	all
1084	全部(人)	qha³³ pɤ³¹	all
*1085	大	ɤ³¹	big
*1086	小	i³³	small
*1087	高	mu³³	high
*1088	矮	nɛ³¹	short
1089	凸	o⁵³	protrudable
1090	凹	qho³¹	concave
*1091	长	zɿ³¹	long
*1092	短	ŋɛ³³ ; ma⁵³ zɿ³¹	short
*1093	远	vɯ⁵³	far
*1094	近	pa⁵³ ; ma⁵³ vɯ⁵³	near
1095	宽	fe³³	wide
1096	窄	tsu³³	narrow
*1097	厚	thu³³	thick
*1098	薄	pa⁵³	thin
1099	横	qɔ³³	sidelong ; horizontal
*1100	深	na³⁵	deep
1101	浅	ma⁵³ na³⁵	shallow
*1102	满	bi⁵³	full
1103	空	qɔ⁵³	empty
1104	瘪	tsɔ³⁵	shriveled ; shrunken
*1105	多	ma⁵³	many ; much ; excessive
1106	少	ma⁵³ ma⁵³	little ; few

续表

1107	椭圆	tu^{35} lɛ^{31}	oval; ellipse
1108	圆	vɔ^{33} (vɔ^{35})	round
1109	扁	pa^{35}	flat
1110	尖	je^{53}	sharp
1111	秃	ji^{31} lɔ^{53}	bald
1112	平	tɔ^{31}	plane
1113	皱	tsɔ^{35} tẹ^{53}; tsɔ^{35} nẹ^{31}	wrinkled
1114	（打得）准	hɣ̣^{53}	(to shoot) straight
1115	整齐（站立）	tɕɛ^{53} (tɕe^{31})	tidy
1116	直（的）	the^{53}	upright
*1117	弯（的）	qɔ^{31}	curved
*1118	黑	nạ^{53}	black
*1119	白	phu^{33}	white
*1120	红	ȵi^{35}	red
*1121	黄	ɕi^{35}	yellow
*1122	绿	nɔ^{35}	green
1123	蓝	nɔ^{35}	blue
1124	亮（的）	ba^{33}	light
1125	黑暗	nạ^{53} xọ^{31}	dark
*1126	重	xɔ^{53}	heavy
*1127	轻	lɔ^{31}	light
*1128	快	gɛ^{31}	quick; fast
*1129	慢	nai^{53}	slow
1130	快快地	xạ^{53} xạ^{53}	quickly
1131	慢慢地	a^{33} je^{35} je^{35}	slowly
1132	轻轻地；悄悄地	a^{33} je^{35} je^{35}	gently; stealthily
*1133	早	nạ^{31}	early
1134	迟	nai^{53}; ma^{53} ga^{31}	late
*1135	锋利	thạ^{53}; tsḷ^{53}	sharp
1136	钝	ma^{53} thạ^{53}; ma^{53} tsḷ^{53}	blunt
1137	牢固	je^{31}	firm; deep-set
1138	清（的）	ke^{31}	clear
1139	浑浊	ti^{51}	cloudy; feculent
*1140	肥	tshu^{33}	fat
*1141	瘦	tsɔ^{35}	thin
*1142	干	gu^{53}	dry
*1143	湿	nɛ̣^{53}	wet
1144	（粥）稠	nuɛ^{33}	thick
1145	（粥）稀	nɛ̣^{53} ja^{53}	thin
1146	（布）密	thɔ^{53}	close
1147	（头发）稀	ku^{31} khạ^{31}	sparse

续表

1148	稀疏	ku³¹ kha̠³¹	sparse; scarce; rare
1149	稠密	thɔ⁵³ tɛ³¹	dense; thick
*1150	硬	xɛ³³	hard
*1151	软	nu⁵³	soft
1152	硬邦邦	xɛ³³ ku⁵³	rigid
1153	光滑	ji³¹ lɔ⁵³	slick; slippery
1154	粗糙	sa̠⁵³ qu³⁵	coarse; rough
1155	（路）滑	lɛ̠⁵³	slippery
1156	紧	ki⁵³	tight
1157	松	qɔ⁵³	loose
1158	脆	ɣo̠⁵³	crisp; fragile
1159	乱	pɯ¹¹	disorderly
1160	对	xɔ¹¹; tsɔ⁵³	right
1161	错	ja̠³¹	wrong
1162	真	tɛ³¹	real; true; genuine
1163	假	xɛ³¹; ma⁵³ tɛ³¹	fake; artificial
*1164	生（的）	ɔ³¹ tsɿ⁵³	raw
*1165	新	ɔ³¹ sɿ³⁵	new
*1166	旧	ɔ³¹ pi³¹	old
*1167	好	da̠³¹	good
1168	坏	lu³¹	bad
1169	不错	ma⁵³ ja̠³¹	correct; not bad
1170	富	pɔ³³; tsɔ³¹	rich
*1171	（人）穷	xa̠³¹	poor
*1172	（价钱）贵	qha̠⁵³	expensive
*1173	（价钱）便宜	ma⁵³ qha̠⁵³; pɔ⁵³	cheap
1174	（植物）老	xɛ³³	aged
1175	（植物）嫩	nu⁵³	tender; young
1176	年老	mɔ⁵³	old
1177	年轻	ja⁵³ nɛ³¹	young
1178	美	da̠³¹; ȵi³³ sa³³	beautiful
1179	丑	ȵi³³ xa³¹	ugly
*1180	热	xɔ³³	hot
*1181	冷	gɔ³¹; ka̠⁵³	cold
1182	（水）温	lɛ³¹	lukewarm
1183	暖和	lɛ³¹ lɛ³¹	warm
1184	懒	bɔ³¹	lazy
1185	凉快	gɔ³¹	cool
1186	（水）凉	gɔ³¹	cold
1187	烫	tɕhi⁵³	very hot; scalding
1188	难	xa̠¹¹	difficult
1189	容易	ŋai³³	easy

续表

1190	(气味)香	xɔ³⁵	fragrant;aromatic
*1191	臭	nu³¹	stinking
1192	(味道)香	xɔ³⁵	delicious;sweet-smelling
*1193	酸	tɕi³³	sour
*1194	甜	tshɔ³³;tshɔ³⁵	sweet
*1195	苦	qha⁵³	bitter
*1196	(辣椒)辣	phe³³	hot;peppery
*1197	咸	qha⁵³	salty
*1198	(盐)淡	pe̠⁵³	sweetless
*1199	熟	mɛ³³	cooked
*1200	涩	tsɿ³⁵	acerbity
1201	腥	tshɿ⁵³ nu³¹	fishy;rammish
1202	油腻	dɔ̠³¹	fat;greasy
1203	闲	xɛ³¹	free
1204	忙	ki³¹	busy
*1205	干净	kɛ³¹	clean
1206	脏	tɕha̠³¹	dirty
*1207	活(的)	ɔ³¹ te³¹	alive
*1208	死(的)	ɔ³¹ sɿ³³	dead
1209	清楚	mi³¹	clear
1210	好吃	tɕa⁵³ mɛ³¹	delicious
1211	好听	na³³ ɕa³³	orphean
1212	好看	ɲi³³ ɕa³³	good-looking;nice
1213	难看	ɲi³³ xa¹¹	botchy;malformed
1214	(吃)饱	bu̠⁵³	be full
1215	响	bu³¹	loud
1216	辛苦	khy̠³¹;xɤ³³ dʑa⁵³	hard;toilsome
1217	舒服	tɕhe⁵³ ɕa³³	comfortable
1218	急急忙忙	ki³¹ ki³¹ mo³⁵ mo³⁵	quickly;in haste
1219	花(的)	ga̠³¹	flowery
1220	聪明	la̠³¹ lɛ³⁵	clever
1221	蠢	qa¹¹	foolish
1222	合适	tsɔ⁵³	proper;right;appropriate
1223	凶恶	tɕa³¹ dʑa⁵³	atrocious;ferocious
1224	厉害	tsa³¹ dʑa⁵³	grisly;redoubtable
1225	吝啬,小气	tu³³ dʑa⁵³	chary;close handed
1226	勤快	khi⁵³ gɛ³¹	hardworking
1227	笨拙	qa³¹ bu³¹	clumsy;awkward
1228	笨手笨脚	qa³¹ bu³¹ qa³¹ thɛ³³	clumsy-handed;awkward

续表

1229	(孩子)乖	na³³ pɯ³⁵	poppet; good
1230	淘气	khɔ³³	naughty
1231	不听话	ma⁵³ na³³ pɯ³⁵;tshɔ³³ khɔ³³ ma⁵³ na³³	be disobedient
1232	可怜	xa̠³¹ qa³⁵	poor;miserable
1233	高兴	xa³³ lɛ³¹	happy;glad;delightful
1234	平安	qa⁵³	peaceful
1235	单独	te⁵³ ɣa⁵³ ti³⁵	alone
1236	弯弯曲曲	qɔ̠³¹ qɔ̠³¹ qɛ³³ qɛ³³	sinuate;snaky;squiggly
1237	斑斑点点	ga̠³¹ tsʅ⁵³ ga̠³¹ lɛ³³	flecky
1238	花花绿绿	ga̠³¹ ga̠³¹ sʅ³³ sʅ³³	flashy
1239	绿油油	nɔ³⁵ ɛ³¹ ɣɤ³⁵ ɛ³¹	shiny green
1240	白茫茫	phu³⁵ ɛ³¹ ba³³ ɛ³¹	vast whiteness
1241	黄澄澄	sʅ³⁵ ɛ³¹ lɔ⁵³ ɛ³¹	glistening yellow
1242	红艳艳	ȵi³⁵ ɛ³¹ ke³¹ ɛ³¹	brilian red
1243	嫩嫩的	nu⁵³ lɛ³³ nɛ̠⁵³ lɛ³³	tender
1244	干干的	gu⁵³ lɛ³³ tshɔ̠⁵³ lɛ³³	dry
1245	湿湿的	nɔ̠³¹ lɛ³³ nɛ̠⁵³ lɛ³³	wet
1246	轻飘飘	lɔ³¹ lɛ³³ qa⁵³ lɛ³³	light
1247	苦苦的	qha⁵³ lɛ³³ kɤ³⁵ lɛ³³;qha⁵³ kɤ³⁵	bitter
1248	直直的	the⁵³ lɛ³¹	straight
1249	弯弯的	qɔ̠³¹ lɛ³³ qɛ³³ lɛ³³	bend
1250	甜甜的	tshɔ³³ lɛ³³ lɛ³⁵ lɛ³³	sweet
1251	硬邦邦	xɛ³³ lɛ³³ ku³⁵ lɛ³³	hard
1252	凉丝丝	gɔ³¹ lɛ³³ tsu³³ lɛ³³	chilly
1253	笨头笨脑	qa³¹ lɛ³³ pɔ⁵³ lɛ³³	stupid;blockhead
1254	心直口快	lɔ³³ lɛ³³ lɛ³⁵ lɛ³³	frank
1255	挨近	pa⁵³ ne⁵³;dɔ̠³¹ ne⁵³ da̠³¹	get close to;approach
1256	挨骂	lɔ³¹ de⁵³	be scolded;be reproached
1257	爱	xa̠³¹	love
1258	爱(吃)	ga̠⁵³	feel like eating
1259	熬(药)	tɕa³⁵	decoct
*1260	拔(草)	ɣɔ³¹	pull out grass
*1261	耙(田)	ka̠⁵³	harrow
1262	掰开	ɔ³⁵ the³³	break off with both hands
1263	搬(家)	dʑi⁵³	move(house)
1264	帮助	ga̠³³	help
1265	帮工	ɣa⁵³ ga³³	help with farm work
1266	绑	phɛ³³	tie;bind
*1267	包(东西)	thi⁵³	wrap (something)
*1268	剥(花生)	qhɛ̠³¹	peel(the peanut)

续表

1269	抱(东西)	ta⁵³	hold or carry in the arm
*1270	饱	bu⁵³	(eat) full
1271	办(事)	te³³	to do sth. ; to manage sth.
1272	刨	thɔ⁵³;thui³³ba³¹	dig; peel with a knife
*1273	背(东西)	pu⁵³	carry sth. on the back
1274	背(孩子)	pu⁵³	carry(a child) on the back
*1275	闭(眼)	tsu³⁵	close the eyes
*1276	编(辫子)	phe⁵³	plait
1277	编(篮子)	te³³;ɣa³¹	weave; braid (a basket)
*1278	病	na³¹	be sick
1279	补(衣)	nɛ³⁵;tɔ³⁵	mend; patch(a garment)
1280	簸(米)	xa³³	winnow
*1281	擦(桌子)	ɕi⁵³	wipe; brush (a table)
1282	猜(谜)	qo⁵³	guess at (riddles)
1283	猜中	qo⁵³tsɔ⁵³	guess right
1284	裁(衣)	no⁵³	cut(cloth or paper) into certain shape
*1285	踩	na⁵³	step on; trample
1286	藏(东西)	fa³⁵	hide; conceal sth.
1287	插(牌子)	tsho⁵³	insert (a board)
*1288	插(秧)	ti³³	transplant rice seedlings
1289	拆(衣服)	pha⁵³	unpick and wash(clothes)
*1290	拆(房子)	pha⁵³	destroy(a house) by pulling down
1291	搀扶	vɔ³⁵	support sb. with hand
1292	掺(水)	pha³¹	blunge; mingle with water
*1293	缠(线)	xɔ⁵³	twist
1294	馋(肉)	mɯ³¹	be greedy for meat
1295	尝	tɕa⁵³ȵi³³	taste
1296	唱	qa³³	sing
1297	吵	de⁵³	make noise; quarrel
1298	吵闹	de⁵³da³¹	wrangle; kick up a row
*1299	炒	xu³³	stir-fry
*1300	沉	tu³¹;zɿ³¹	sink
1301	称(粮食)	tshɿ³³	weight (the foodstuff)
1302	撑住	tɕa³¹	wale
1303	撑(伞)	phe³³	open (an umbrella)
*1304	盛(饭)	lɔ⁵³	dish out; fill
1305	成(了)	phe³¹	grow up as a man
1306	承认	e³¹	admit; acknowledge
*1307	吃	tɕa⁵³	eat
1308	吃喝拉撒	tɕa⁵³vɛ³³dɔ³¹vɛ³³	problems of livelihood
*1309	舂(米)	te¹¹	pestle; pound

续表

1310	抽(出)	ɣɔ̠³¹	draw out;reel off;elicit
1311	抽(烟)	dɔ̠³¹	smoke
1312	抽(筋)	phu̠⁵³	clonus;cramp;fidge
*1313	出去	tɔ̠⁵³ qe³³	go out
1314	出来	tɔ̠⁵³ la³³	come out;emerge
1315	出(太阳)	(mu⁵³ȵi³³)tɔ̠⁵³	(sun) rise
1316	出嫁	xɣ̠⁵³ qe³³	get married
1317	取出	ju³¹tɔ̠⁵³	take out;extract
*1318	锄(草)	thɔ̠⁵³	uproot (the grass)
1319	除(草)	gɯ̠⁵³;ɣɔ̠³¹	weed
*1320	穿(衣)	dɛ̠³³	put on;be dressed in
*1321	穿(鞋)	tsɿ³⁵	put on (the shoes)
*1322	穿(针)	se³³	do sewing work
1323	喘(气)	(sa³⁵)ɣɔ̠³¹	blow;gasp
*1324	吹	mɣ̠⁵³	trump
1325	戳	dzu̠⁵³	jab;poke;run through
1326	搓(绳)	vɔ̠³¹	twist (into a rope)
1327	搓(棉线)	ɣɔ̠³¹	twist (cotton thread)
1328	答应	e³¹	promise
*1329	打(人)	dɔ̠⁵³	hit;beat sb.
1330	打猎	sa³¹bɔ̠⁵³;sa³¹ɣa̠³¹	hunt
*1331	打(枪)	bɔ̠⁵³	shoot;fire;snap
1332	打架	dɔ̠⁵³ da̠³¹	fight;fray
1333	打(水)	ȵi³⁵	get water
1334	打(柴)	kha̠⁵³	cut firewood
*1335	打瞌睡	dzo³³	nap;doze
*1336	打哈欠	xa³⁵ mɯ³¹	yawn
*1337	打嗝儿	ɣ̠³¹ te³³	belch;hiccup
*1338	打鼾	zɿ̠³¹ khɔ̠³¹ bu³¹	snore
1339	打霹雳	mu⁵³ thɛ̠⁵³	thunderbolt
1340	打(雷)	mu⁵³ tɔ̠³³	thunder
1341	打(牌)	dɔ̠⁵³	play(cards)
1342	带(孩子)	si¹¹	take care of kids
1343	带(路)	pɣ¹¹	lead;show the way
*1344	戴(帽子)	qhɔ̠⁵³	wear a hat
1345	戴(包头)	ȵi³⁵	wear (headgear)
1346	戴(手表)	tsɿ³⁵	wear (watch)
1347	戴(手镯)	tsɿ³⁵	wear (bracelet)
1348	(墙)倒	pa̠⁵³	collapse;push over
1349	倒(水)	ŋɯ³³	pour (the water)
1350	到达	ga³¹	arrive;get;reach
1351	等待	lɔ³³	wait for

续表

1352	地震	$mi^{31} xi^{53}$	earthquake
1353	点(火)	tu^{35}	light a fire;set fire
1354	点(鞭炮)	$bɔ^{53}$	light(firecrackers)
1355	垫(垫单)	$qhɔ^{53}$	fill up;underlay
1356	掉(下)	$tɕi^{33}$	drop
1357	吊	zu^{33}	suspend
1358	钓(鱼)	bi^{35}	fish;troll
1359	跌倒	$le^{53} kɔ^{53}$	slip up;tumble
*1360	叠(被子)	$tɛ^{33}$	make the beds
1361	(蚊子)叮	$tɕhe^{31}$	(a mosquito)bite
1362	丢失	$mɛ^{35}$	lose
*1363	懂	si^{31}	understand
*1364	读(书)	$ɣɔ^{33}$	read
1365	堵塞	$tshɿ^{53}$	jam;wall up
1366	渡(河)	kha^{11}	cross a river
*1367	(线)断	$tɕhe^{53}$	break (the thread)
1368	弄断(线)	$te^{33} tɕhe^{53}$	(the thread) be broken
1369	堆(草)	ka^{33}	heap;pile
1370	躲藏	va^{31}	hide out;dodget
1371	剁(肉)	$pɣ^{53}$	chop;cut
*1372	饿	$mɣ^{31}$	be hungry;starve
1373	发抖	vi^{53}	shake;tremble
1374	发(芽)	je^{31}	come up;shoot up
1375	发霉	bu^{31}	go moldy
1376	翻(过来)	phu^{53}	turn outside in
1377	翻筋斗	phu^{53}	loop;somersault;tumble
*1378	放(盐)	$kɣ^{33}$	put;add(the salt)
1379	放牧	$xɔ^{35};phɛ^{53}$	browse;herd
*1380	(小鸟)飞	po^{31}	fly
1381	发(东西)	pi^{53}	hand out
*1382	分	$pɛ^{31}$	divide;disport
1383	分手	$pɛ^{31} da^{31}$	break up;separate
1384	疯	$ʐu^{53}$	go insane;be mad
*1385	缝	$tɔ^{35}$	sew
*1386	孵(蛋)	mu^{11}	incubate
1387	腐烂	$kɯ^{53}$	belt;decompose;perish
1388	腐朽	$kɯ^{53}$	rotten;decadent
1389	盖(土)	$bɛ^{33}$	cover (with soil)
1390	盖(被子)	$bɛ^{33}$	cover (with quilt)
1391	盖(盖子)	xo^{53}	lid
1392	赶(集)	xu^{35}	go to market
*1393	敢(吃)	$phɛ^{31};khi^{53}$	dare

续表

*1394	干(活儿)	te^{33}	work
1395	告诉	qo^{53}	tell
1396	割(肉)	sɔ^{53}	cut (butcher) (flesh)
*1397	割(草)	ɣɯ^{31}	cut (grass)
*1398	给	pi^{53}	give
1399	跟(在后面)	ɣa^{31}	follow
1400	耕(田)	mɛ^{53}	plow
1401	拱(土)	bu^{53}	(pigs) dig the earth with nose
1402	钩	ɔ^{31} que^{31}	clasp; hook
*1403	够	lɔ^{31}	adequate; enough
1404	刮(毛)	tɕhi^{53}	shave
1405	刮(风)	mɯ^{53}	blow
1406	刮(胡子)	tɕhi^{53}	shave
1407	刮(痧)	(ɕa^{33})tshʅ^{31}	a popular treatment for sunstroke by scraping the patient's neck; chest or back
*1408	挂(在墙上)	qu^{35}	hang; put up (on the wall)
*1409	关(门)	xo^{53}	close; shut (the door)
1410	关(羊)	xo^{53}	bolt the door (of sheepfold)
1411	归还	qhɔ^{31}	return
1412	跪	tɛ^{33}	kneel
1413	过(了两年)	kɔ^{35}	two years later
1414	哈痒	li^{35}	tickle
*1415	害羞	ja^{31} tɔ^{33}	shy
*1416	害怕	kɔ^{53}	be afraid; scare; frighten
1417	喊(人)	ku^{31}	shout; cry; call
*1418	喝	dɔ^{31}	drink
*1419	恨	bɣ^{31}	hate
1420	烘	qo^{33}	dry or warm by the fire
1421	滑(坡)	pa^{53} ja^{31}	(hill) creep; landslide
1422	画(图)	ɕe^{53}	paint
1423	怀孕	xu^{33}	be pregnant; family way; with child
1424	还(账)	qhɔ^{31}	repay a debt
1425	还(工)	qhɔ^{31}	help sb. in return
*1426	换	pa^{33}	exchange
*1427	回去	qɔ^{31} e^{33}	return; come back
1428	会(写)	pɣ^{35}	be able to; can (write)
1429	挤(牙膏)	ȵi^{35}	squeeze (toothpaste)
1430	记得	nɔ^{53}	remember
1431	寄(信)	fɣ^{33}; pɣ^{33}	send (a letter)
1432	系(腰带)	phe^{33}; tshʅ^{33}	tie; button up (waistband)
*1433	夹(菜)	be^{53}; no^{53}	use chopsticks in eating
1434	捡	ɣɔ^{53}	collect; gather; pick up

续表

1435	剪	no⁵³	cut;lop;scissor
1436	讲（故事）	qo⁵³;qɔ³¹	tell (a story)
1437	降（落）	ja̱³¹;tɕe³³	descend;land down
1438	交换	pa³³da̱³¹;pa³³	exchange
1439	浇（水）	pu¹¹	water
1440	（烧）焦	khɤ³¹	burn;char;singe
*1441	嚼	bɛ⁵³	chew;chaw
*1442	教	ma¹¹	teach
1443	（公鸡）叫	(ɣa̱⁵³phu³³)ku³¹	crow
1444	（母鸡）叫	(ɣa̱⁵³ma³³)ku³¹	cluck;crackle;chuck
1445	（猫）叫	(mɛ³⁵ȵi³³)ku³¹	meow;mew;purr
1446	（驴）叫	(pi³⁵la³¹ku³³)ku³¹	heehaw
1447	（马）叫	(i³⁵mu⁵³)ku³¹	neight;whinnie;nicker
1448	（牛）叫	(nu⁵³)ku³¹	low;moo;boo;bleat
1449	（狗）叫	(phu⁵³)lɔ³¹	bow-wow; bay;bark;snarl
1450	（猪）叫	(va³¹)ku³¹	squeal;grunts
1451	（羊）叫	(a³⁵tɕhe̱³¹)ku³¹	bleats;baa;bleats
1452	（老虎）叫	(la⁵³)ku³¹	growl;roar
1453	叫（名字）	mɛ³³	call the name
1454	揭（盖子）	je³¹	unlid
1455	结（果子）	nɔ³¹	fruit;bear fruit
*1456	结婚	khɛ³⁵tɕa⁵³;xɤ⁵³da̱³¹	get married
1457	解开	pha̱⁵³phe⁵³	untie;unfasten
1458	戒（酒）	tɔ¹¹	break off a bad habit
*1459	借（钱）	tʂhɿ⁵³;ŋa¹¹	borrow (money)
1460	借（工具）	ŋa¹¹	borrow (tools)
*1461	浸泡（衣服）	ti⁵³	infuse in;dip in;marinate
1462	进（屋）	lo̱³¹	enter (the room)
1463	居住	tɕhe⁵³	live in;dwell
1464	举（手）	tɕhi⁵³	put up;raise (hands)
1465	锯	ɣɤ³³	saw
1466	卷（袖子）	phɛ⁵³	roll up (the sleeves)
1467	蜷缩	qhɔ³¹de³¹	crouch;gather up
1468	卡住	kha³⁵;qa³⁵	lock
*1469	开（门）	phɔ³³	open (the door)
1470	开（水沸腾）	bɯ³¹	(water) get boiled
1471	（花）开	vi⁵³	(flower) bloom
1472	开（车）	ɣa̱³¹	drive (the car)
1473	开始	ta³¹	begin;start
*1474	砍（柴）	tɔ̱⁵³	cut (wood)
1475	砍(骨头)	pɤ̱⁵³;tɔ̱⁵³	chop;hack;cut (bone)

续表

*1476	看	ɲi³³	look at
*1477	看见	ɲi³³ mɔ³¹	see
1478	扛	ta̠⁵³	lift with shoulder
1479	烤(肉)	qɔ³³	roast
*1480	烤(火)	lɛ³¹	warm up at a fire oast
1481	靠(着)	ɛ³³	lean on
1482	磕(头)	pɯ³³	kowtow
1483	咳嗽	tsɿ³¹	cough
1484	渴	ɕi³⁵	be thirstyough
1485	啃	gɤ³¹	gnaw; nibble ate thirsty
1486	抠	qe³⁵	lift up; dig; scratch
1487	扣(扣子)	ti³⁵	tie; bundle; button up
*1488	哭	xɔ³¹	cry; weep
1489	捆(草)	phɛ³³; tɕhi̠³¹	tie; bundle; bind
1490	拉	ɣɔ³¹	pull; draw
1491	拉(屎)	qo³¹	defecate
1492	(从下方)来	ta̠⁵³ la³³	come
1493	(从上方)来	ja³¹ la³³	come
1494	勒	ɣɔ³¹ ki⁵³	tie sth. tight
1495	累	xɤ³¹	be tired
1496	犁	mɛ⁵³	plough
1497	量(长短)	tɛ̠⁵³	measure; estimate
1498	晾(衣)	xu³⁵	air; dry sth. in the sun
1499	聊天	qo³¹ da̠³¹; na³¹ o³⁵ tɛ³³ da̠³¹	chat
1500	裂开	pe̠³¹	split
1501	淋	te¹¹	shower; drench; pour
1502	领(路)	pɤ¹¹	lead; show (the way)
1503	(水)流	lo⁵³	flow; stream
1504	留(种)	tɛ³³	reserve seeds for planting
1505	聋	pɔ⁵³	deaf
1506	漏(水)	so⁵³	make water
1507	乱(了)	pɯ¹¹	in disorder; chaos
1508	摞	ka³³	pile (up)
1509	(太阳)落	ba³¹; lo̠³¹; si³⁵; qe³¹	sunset n.
1510	(脚)麻木	tshu⁵³	numble; benumbled
1511	骂	de⁵³	scold; blame
1512	埋葬	tu³¹	bury
*1513	买	vɯ³¹	buy
*1514	卖	xɔ⁵³	sell
1515	满(了)	bi⁵³	be full of; be filled with
1516	没有	ma⁵³ tsɔ³¹	have nothing
1517	蒙盖	bɛ³³	overspread

续表

1518	（火）熄灭	sɿ³³	extinguish; put out (fire)
1519	摸	so̠⁵³	feel; touth; stroke
*1520	磨（刀）	ɕi¹¹	sharpen a knife
1521	磨（牙）	gɯ⁵³	grind one's teeth
1522	拿	ju³¹	fench; hole; seize
1523	拿到	ju³¹ ɣa³³	get possession of
1524	挠（痒）	ga̠⁵³	scratch
1525	（花）蔫	nɔ¹¹	(flower) fade; wither
1526	念书（上学）	li³¹ xe⁵³	go to school
1527	拧（毛巾）	sɿ³⁵	twist; screw (the towel)
*1528	呕吐	phe³¹	vomit
1529	（小孩）爬	ga̠⁵³	grabble
1530	（蚂蚁）爬	ta̠⁵³	creep
1531	拍（桌子）	tha³³	beat (the table)
1532	跑	ɣɣ⁵³ phɔ³³	run
1533	泡（米）	ti̠⁵³	soak; immerse (the rice)
1534	碰（着）	phu⁵³	bump; meet; run into
1535	碰撞	gɯ̠⁵³ da̠³¹; thɣ³³ da̠³¹	collide; hit; impact
1536	披（衣）	phe³³	drape over one's shoulder
1537	劈（柴）	ba̠³¹; dʑi⁵³	hack (wood)
1538	泼（水）	pu¹¹	pour; sprinkle water
1539	破（篾）	ne³³; kho⁵³	cut bamboo strips
1540	（衣服）破	dzɿ³¹	worn-out
1541	（碗）破	kho⁵³	(bowl) broken
1542	打破（碗）	dɔ⁵³ kho⁵³	break (the bowl)
1543	剖	phe³¹	cut open; disdect
1544	铺（铺盖）	qhɔ⁵³	extend; spread
1545	欺负	je⁵³; fɔ³⁵	cheat heat
1546	欺骗	xe³¹	cheat; deceive
1547	砌	kɔ³¹	build by laying bricks
1548	骑	tɕi⁵³	ride
1549	起来	tu³³ la³³	arise; rise up
1550	起（名）	ku³¹; me³³	name
1551	牵（牛）	ɕe³³	lead an ox; lead cow
1552	欠（钱）	tɕha³³（汉）	owe (a debt; money)
1553	抢	lu³³; xi³⁵	grab; rob
1554	敲	dɔ̠⁵³; thɔ̠⁵³	knock; strike
1555	翘（尾巴）	tsɔ¹¹; tsɔ⁵³	be cocky
1556	撬	be⁵³	prize; pry
1557	切（菜）	sɔ̠⁵³	slice the vegetable
1558	亲（小孩）	nu³³	kiss (a kid)

续表

1559	驱逐	ɣa³¹	expel; banish; drive out
1560	取	ju³¹	get; take; fetch
1561	娶	tɕa³³	marry
1562	(向下)去	ja³¹ e³³	go
1563	(向上)去	ta⁵³ e³³	go
1564	痊愈	na³³ da³¹	heal over; recover from
1565	染(布)	xɔ³³	dye
1566	燃烧	tu³¹	burn
1567	嚷	ku³¹;de⁵³	shout
1568	让(路)	ja¹¹	give way to; make way
1569	认(字)	dzɔ³¹	know how to read
1570	认得	ɕi³¹	know; recognize
1571	扔(石头)	ba³¹	chuck; flap; throw (stone)
*1572	溶化	kɯ³¹	unfreeze
1573	撒(尿)	pi³⁵	urinateiss
1574	撒(种)	ɕe¹¹	broadcost sowing
1575	(鞋带)散开	qɔ⁵³	(shoelace) loosen
1576	扫	ɕi⁵³	besom; sweep
*1577	杀	ti⁵³	kill
1578	筛(米)	kɤ³³	sift; sieve (the rice)
1579	晒(衣服)	xu³⁵	dry (clothes) in the sun
1580	晒(太阳)	lɛ³¹;xu³⁵	bask
1581	商量	dzɛ³¹ da³¹	advise on sth; consult with
1582	上(楼)	ta⁵³	go upstairs
1583	(野火)烧山	tu³⁵;tu³¹	burn the grass and tree on waste hill with field fire
1584	烧	tu³⁵	burn
1585	射(箭)	bɔ⁵³	shoot; fire
1586	射中	bɔ⁵³ xɤ⁵³;bɔ⁵³ ɣa³³	shoot straight
1587	伸(手)	tɕhe³³	stretch
1588	生(锈)	ta⁵³;tɕhi³¹	get rusty
1589	生(孩子)	pɔ³³	give birth to (a child)
1590	生气	bɤ³¹	be angry
1591	失(魂)	phɔ³³	lose one's mind
1592	释放	phɛ⁵³ tɔ⁵³	release; set free
1593	试	te³³ ɲi³³	try
*1594	(不)是	(ma⁵³)xe⁵³	be (not)
1595	收割	ɣɤ³¹	harvest; reap
1596	收到	ju³¹ ɣa³³	receive
1597	收(伞)	qhɔ³¹ kɯ³³	close the umbrella
1598	收拾	gu³³ pɤ³³;ɣɔ⁵³ gu³³	do out; tide up
1599	梳	ga⁵³	comb

续表

1600	输	ma^{53} ɣa^{53}；ɕo^{53}	be defeated; kick the beam
1601	（水果）熟	mɛ^{33}	ripe
1602	（饭）熟	mɛ^{33}	cooked
1603	瘦（了）	tsɔ^{35}	become thin; reduce
1604	数（数目）	ɣɔ^{33}	count
1605	刷（墙）	ɕɛ^{53}	brush (the wall)
1606	摔（下来）	tɕe^{33}	fall (down)
1607	闩（门）	qɔ^{11}；ɕe^{33}	bolt
1608	拴（牛）	phe^{33}	fasten; tie (the cattle)
1609	睡	zɿ^{31}	sleep
1610	吮	tɕhɔ^{31}	suck
1611	说	qo^{53}	say
1612	撕	sɿ^{31}（汉）；dzɿ^{31}	rip; tear
1613	厮打	tshɿ^{31} da^{31}	beat up
1614	死	sɿ^{33}	die
1615	算	so^{33}（汉）	count; calculate
1616	损坏	lu^{31}	attaint; damage
1617	锁（门）	qɔ^{11}	lock
1618	塌	pa^{53}	collapse; sink; fall down
1619	踏	na^{53}	step; tred
1620	抬；扛	ta^{53}	carry; raise; uplift
1621	淌（泪）	tɔ^{53}	shed; drip
1622	逃跑	phɔ^{33}	run away; escape; flee
1623	讨（饭）	lɔ^{31}	beg for food
1624	痛	na^{31}	ache
1625	（路）通	pɔ^{31}	(road) be clear
1626	踢	the^{53}	kick
1627	剃（头）	nu^{53}；tɕhi^{53}	have one's head shaved
1628	（天）阴	na^{53}	cloudy
1629	（天）晴	da^{31}	fine
1630	（天）亮	ba^{33}	day break
1631	（天）黑	na^{53}	dark
1632	填（坑）	ja^{31}	fill the hill
1633	舔	so^{33} lɛ^{31}	lick
1634	挑选	lɣ^{53}	select
1635	挑（水）	ta^{53}	lift up a bucket of water
1636	跳舞	qa^{31} qhe^{53}	dance
1637	跳（远）	pɔ^{53}	long jump
1638	（心）跳	pɔ^{53}	(heart) beat
1639	（脉）跳	di^{53}	pulse n.
1640	贴	nɛ^{35}	glue; paste; stick

续表

1641	听	na³³	listen to
1642	听见	na³³ka⁵³	hear
1643	停止	xɛ¹¹	stop; quit
1644	偷	qhɔ⁵³	steal
1645	投掷	ba³¹	toss; pitch
1646	吐(痰)	phe³¹	spit
1647	推	tɕa³¹	bunt; push
1648	(后)退	thui¹¹(汉)	move back; withdraw
1649	吞	xɛ⁵³dɔ³¹	swallow
1650	(蛇)蜕(皮)	xe¹¹	exuviate
1651	拖(木头)	ɤɔ³¹	drag; haul; pull (the log)
1652	脱(衣)	qɛ⁵³	take off (clothes)
1653	脱(臼)	qɛ⁵³	disjoint; dislocate
1654	驮	ta⁵³	carry on the back
1655	挖	thu⁵³;qa¹¹	dig; excavate; grub
1656	挖(地)	du⁵³	dig
1657	挖(耳朵)	qɛ³⁵	pick (ear; nose)
1658	剜	sɔ⁵³	cut out; gouge out
1659	完	pɤ³¹	finish
1660	玩耍	le³¹gu⁵³	play
1661	忘记	lɤ⁵³	forget
1662	(草)旺	da³¹;na³⁵	grow luxuriantly
1663	喂(奶)	tɔ³³	feed
1664	闻(嗅)	nu³¹	smell
1665	问	na³³	ask
1666	握(笔)	vɔ³⁵	write; hold the pen
1667	捂(嘴)	xo⁵³	cover (the mouth)
1668	吸(气)	(ɕa³⁵)ɤɔ³¹	breathe; whiff
*1669	洗(头)	(o³⁵qɔ³¹)tshɿ⁵³	wash (one's hair)
1670	洗(衣服)	tshɿ⁵³	do some washing
1671	洗(碗)	(khe⁵³)tshɿ⁵³	wash dishes
1672	喜欢	fa³¹;xa³³le³¹	like
1673	瞎(眼)	(mɛ⁵³)tsu³⁵	blind
1674	下(楼)	(je³¹)ja³¹	go downstairs
1675	下(猪崽)	(va³¹je⁵³)pɔ⁵³	give birth to (piglet)
1676	下(蛋)	(ɔ³¹u³³)u³³	lay an egg
1677	下(雨)	(mu⁵³je³¹)la³¹	rain
1678	献(鬼)	(ne⁵³)te³³	offer sacrifice to ghosts
1679	羡慕	ni³³tsɔ⁵³	admire; envy
1680	相信	ɕa³³ɕi³⁵(汉);tsu⁵³;na³³	believe; trust
1681	想	dɔ⁵³	think; suppose; occur to
1682	想起	dɔ⁵³nɔ⁵³	think; occur to

续表

1683	想（去）	(qai³³)ga⁵³	want (to go); feel like (going)
*1684	像	su³¹	be like
1685	消（肿）	(pho̠⁵³)jɔ³³	lessening of a swelling
1686	削	ba̠³¹	pare with a knife
1687	小心	a³³jɛ³⁵te³³	be careful of; beware
*1688	笑	ɣɯ³¹	smile; laugh
1689	写	bu̠³¹	write
1690	泻（肚子）	(ɣu⁵³pe³¹)lo³³;xɔ̠⁵³	scour; have diarrhea
1691	擤	ɕi̠⁵³	blow one's nose
1692	（睡）醒	nɔ⁵³	awake
*1693	休息	xɛ¹¹	have a rest
1694	许多	tɕhi³³ma³³	many; plenty of
1695	学	dzɔ³¹;xɛ⁵³	learn; study
1696	熏	mu¹¹	fume; smoke
1697	寻找	tɕa³³	look for; seek
1698	压	ȵi³⁵	press
1699	压榨	ȵi³⁵nɛ̠⁵³;ȵi³⁵lo¹¹	squeeze; exploit
1700	压碎	ȵi³⁵mei³³	crush up; crumple up
1701	哑	qa¹¹	be mute; dumb
1702	痒	dzɿ⁵³	itch; tickle
*1703	养（鸡）	(ɣa̠⁵³)xu³³	keep hens
1704	摇晃	xi̠⁵³	shake; tremble
*1705	摇（头）	(o³⁵qo¹¹)xi̠⁵³	shake the head; wave
*1706	（狗）咬	(phɯ⁵³)tɕhe̠³¹	bite
1707	（蛇）咬	(vɯ³¹)thɔ⁵³	bite
*1708	舀（水）	(i³⁵ka̠⁵³)ȵi³⁵	bail
1709	要	xɣ⁵³;lɔ³¹	want
1710	引（路）	(ja³¹qɔ³³)pɣ¹¹	lead the way
1711	溢（出来）	bi⁵³(tɔ̠⁵³la³³)	spill
1712	赢	ɣa⁵³	win
1713	拥抱	qu³⁵da̠³¹	embrace; hug; hold up
1714	游泳	ɣɯ³¹xɛ³⁵	swim
1715	有（钱）	(phu³³)tsɔ³¹	have (money)
1716	有（人）	(tshɔ³³)tsɔ³¹	there be (people)
1717	有（水）	(i³⁵ka̠⁵³)tsɔ³¹	there be (water)
1718	遇见	phu⁵³da̠³¹	meet; see; encounter
1719	约定	ti³¹da̠³¹	agree on; appoint; arrange
1720	（头）晕	(o³⁵qo¹¹)mɯ³¹	be light in the head
1721	栽（树）	ti³³	plant (trees)
1722	在（屋里）	tɕhɛ⁵³	inside (the house)
1723	增加	lɔ⁵³	add

续表

1724	（刀）扎	tha³¹	prick; stick into; thrust at
1725	眨（眼）	xa⁵³	blink
1726	摘（花）	tɕhɛ⁵³	pick up; select (flowers)
1727	站	xu³⁵	stand
1728	蘸（辣椒）	tu¹¹	dip in hot pepper
1729	张（嘴）	ŋa³⁵	open (the mouth)
1730	长（大）	ɤ¹¹	grow up
1731	涨（水）	ɤ¹¹	swelling; freshet
1732	（肚子）胀	thɤ⁵³	bulge; swell
1733	招（魂）	qho³³	call the spirit back (a celebrative activity of Hani people)
1734	找	tɕa³³	find; search; look for
1735	照（相）	thɔ³³	take pictures
1736	（马蜂）蛰	tɕhɛ³¹	sting
1737	（地）震	xi⁵³	earthquake
1738	震动	xi⁵³	shake; tremble
1739	蒸	ɕa³⁵	steam
1740	知道	ɕi³³	know
1741	织	tɕhi⁵³	weave; knit
1742	（用手）指（人）	dzu⁵³	point at
1743	种（谷子）	ti³³	grow; plant (the wheat)
1744	肿	pho³¹	turgescence; swollen
1745	拄（拐杖）	thɔ⁵³	walk with staff
1746	拄（支撑）	tɔ⁵³ ka³¹; tɕa³¹	prop up with stick; stick
1747	煮（饭）	te³³	cook; steam
1748	煮（菜）	te³³	cook; steam
1749	煮（玉米）	tɕa³⁵	cook; steam
1750	抓	ju³¹	catch; take hold of
1751	转（身）	phu⁵³	turn around; swing around
1752	装（进）	kɤ³³	pack in
1753	追	ɤa³¹	pursue; chase; seek
1754	捉（鱼）	qha⁵³	capture; catch; grasp; hold
1755	啄（玉米）	thɔ⁵³	peck at; pick at
1756	走	qe³⁵	walk
1757	（用钻子）钻	lo³¹	drill
1758	醉	bu⁵³	be drunk
1759	坐	mu³³	sit; seat
1760	做（事）	te³³	make; do; produce
1761	做错	te³³ ja³¹	be on the wrong track
1762	做（梦）	ma⁵³	dream

续表

1763	做(生意)	te³³	deal with
1764	(鸟)做(巢)	te³³	do; make (a nest)
1765	嗯(肯定语气)	e³¹	yes
1766	不	ma⁵³	no; not; never
1767	很	dza⁵³	very
1768	别,勿	ta⁵³	no (esting); don't
1769	共	qha³³ pɯ³¹	total; together
1770	和	lɛ³³	and
1771	更加	a³³ ke³⁵	more
1772	比	tɛ⁵³	than
1773	一样	qhe³³ le⁵³; qha³³ su¹¹	the same
1774	的	ve³³	's; of
1775	也,又	ka¹¹	too; also; as well
1776	再,又	qɔ³¹	again
1777	正在	te³³ tɕhɛ⁵³	in process of
1778	可以	phɛ³¹	may; can
1779	但是	ja³¹ qha⁵³	but; however
1780	一起	te⁵³ gɛ³³	together
1781	因为	pa³³ tɔ³³	because
1782	受事助词	tha³¹	patient marker
1783	施事助词	tha³¹; le³³	agent marker
1784	话题助词	le³³	topic marker
1785	世界	sɿ³⁵ kai³⁵(汉); mi³¹ gɯ³¹ qhɔ⁵³	world
1786	国家	kɔ³¹ dza³³(汉)	country; nation
1787	泰国	thai³⁵ mu⁵³ mi³¹	Thailand
1788	中国	tso³ kɔ³¹(汉)	China
1789	美国	a³¹ mei³¹ li³⁵ ka³¹	the United States of America
1790	老挝	sa³⁵ tao³¹	Laos
1791	缅甸	ma³³ mu⁵³ mi³¹	Myanmar
1792	越南	nu³⁵ ja³¹	Vietnam
1793	曼谷	ma³⁵ ku³¹(汉)	Bangkok
1794	北京	pɯ³¹ tɕi³³(汉)	Beijing
1795	首都	so⁵³ tu³³(汉)	capital
1796	市	sɿ³⁵(汉)	city
1797	县	sei³⁵(汉)	district; county
1798	乡	ɕa³³(汉)	sub-district
1799	农村	nu³¹ tshuɛ³³(汉)	countryside
1800	城市	tɕhe³¹ sɿ³⁵(汉); ve⁵³ qhɔ³³	city
1801	饭馆	ɔ³¹ tɕa⁵³ kɯ³¹	restaurant
1802	宾馆	pi³¹ kua⁵³(汉)	hotel
1803	医院	na³¹ ɲi³³ kɯ³¹	hospital
1804	(皇家)大学	da³⁵ ɕɔ³³(汉)	university

续表

1805	中学	tso³³ɕɔ³³（汉）	high school
1806	小学	ɕɔ⁵³ɕɔ³³（汉）	primary school
1807	幼儿园	jo³⁵ɤ³¹je̠³¹（汉）	kindergarden
1808	政府	tsɯ³⁵fv̩⁵³	government
1809	法院	fa³¹je³⁵（汉）	court of justice
1810	军营	ma̠³¹ja⁵³tɕhɛ⁵³kɯ³¹	military camp
1811	监狱	tshɔ³³lu³¹xɔ³³kɯ³¹	jail
1812	商店	mo⁵³xɔ⁵³je³¹	store
1813	公司	ko³³sɿ³³（汉）	company
1814	教授	tsɔ³⁵sɤ³⁵（汉）	professor
1815	军官	ma̠³¹po³³	officer
1816	司令	ma̠³¹po³³lo³⁵	commander
1817	演员	je⁵³je³¹（汉）	actor
1818	富翁	fv³⁵o³³（汉）；phu³³tsɔ³¹pa¹¹	rich man
1819	乞丐	lɔ³¹tɕa⁵³pa³¹	beggar
1820	皇上	xua³¹ti³⁵（汉）	king
1821	皇后	xua³¹xɤ³⁵（汉）	queen
1822	总理	tso⁵³li⁵³（汉）	premier
1823	市长	sɿ³⁵tɕa⁵³（汉）	mayor
1824	头人	qha̠⁵³sɛ³³	headman
1825	铁匠	tɕa̠³¹li³⁵	Blacksmith
1826	公务员	ko³³wu³⁵je̠³¹（汉）	civil servant
1827	工人	ka³⁵te³³pa³¹	worker
1828	民工	mɤ³¹va⁵³pa³¹	Peasant labor
1829	基督教	bo³³ja⁵³	christian
1830	佛教	fu̠³¹li⁵³kɛ³¹li⁵³	buddhism
1831	佛塔	fu̠³¹tha³¹	pagoda
1832	寺庙	pha̠³¹je³¹	temple
1833	香	ɕa³³（汉）；ɕa³³qhɔ⁵³	fragrant
1834	蜡烛	pɛ⁵³xɔ¹¹	candle
1835	蜡台	ɕa³³tu³⁵kɯ³¹	monk
1836	袈裟	pha̠³¹a³⁵po̠³¹	catholic
1837	教堂	bo³³je³¹	church
1838	圣经	bo³³li³¹	bible
1839	苏打水	su³⁵da⁵³ɣɯ³¹（汉）	soda
1840	矿泉水	kua³⁵tɕhɛ³¹sui⁵³（汉）	mineral water
1841	可口可乐	khɔ⁵³khɯ⁵³khɔ⁵³lɤ³¹（汉）	coca-cola
1842	冰淇淋	pi³³tɕhi³¹li³¹（汉）	icecream
1843	冰棍	pi³³kui³⁵（汉）	stick-ice; icecream
1844	醋	tshu³⁵（汉）	vinegar
1845	味精	wei³⁵tɕi³³（汉）	gourmet powder
1846	酱油	tɕa³⁵jo̠³¹（汉）	soy sauce

续表

1847	辣椒酱	a³⁵ phi³¹ tɕa³⁵	chilli jam
1848	饼干	pi⁵³ ka³³（汉）	biscuit；cracker
1849	拖鞋	khɯ³⁵ nu⁵³ tɛ⁵³ lɛ⁵³	slippers
1850	皮鞋	sa³¹ gɯ³¹ khɯ³⁵ nu⁵³	leather shoes
1851	砖	tsua³³ ɕi¹¹（汉）	brick
1852	玻璃	po³³ li³¹（汉）ji³⁵ bai³⁵	glass
1853	家	a³⁵ khɔ³³	home；family
1854	收音机	sɤ³³ ji³³ tɕi³³（汉）	radio
1855	洗衣机	ɕi⁵³ ji³³ tɕi³³（汉）	washer
1856	电冰箱	ti³⁵ pi³³ ɕa³³（汉）	refrigerator
1857	空调	kho³³ thiɔ³¹（汉）	air conditioner
1858	电饭煲	ti³⁵ fa³⁵ po³³（汉）	electric cooker
1859	电话	ti³⁵ xua³⁵（汉）	telephone
1860	手机	sɤ⁵³ tɕi³³（汉）	mobile phone
1861	电风扇	ti³⁵ fo³³ sa³⁵（汉）	electric fan
1862	煤气	mei³¹ tɕhi³⁵（汉）	gas
1863	照相机	ɔ³¹ xa³³ thɔ³¹ tu³¹	camera
1864	汽车	lɔ³¹ li³¹	car；automobile
1865	自行车	so³³ ku⁵³	bike；bicycle
1866	飞机	tɕa³¹ po³¹	airplane
1867	汽油，柴油	na³¹ ma⁵³（傣）	gasoline
1868	电灯	ti³⁵ tɤ³³（汉）	electric light
1869	电线	da⁵³ tɕa⁵³（汉＋本）	electric wire
1870	电筒	da⁵³ mi⁵³；ti³⁵ thɔ³¹	flashlight
1871	电吹风机	ti³⁵ fo³³ tɕa³¹（汉）	camera
1872	手表、钟点	na³¹ li³¹（傣）	watch；o'clock
1873	电影	ti³⁵ je⁵³（汉）	film；movie
1874	电视	ti³⁵ sʅ³⁵（汉）	television
1875	字	li³¹	character；word
1876	黑板	xɯ³¹ pa⁵³（汉）	blackboard
1877	粉笔	li³¹ thu³⁵ khɔ³³	chalk
1878	信	tɔ⁵³ thɔ³³ li³¹	letter
1879	画	xua³⁵（汉）	painting
*1880	书	li³¹ qo⁵³	book
1881	纸	thɔ⁵³ ɣɯ⁵³	paper
1882	墨水	na⁵³ mɯ³¹	ink
1883	钢笔	na⁵³ mɯ³¹ ta³¹（缅）	pen
1884	铅笔	khe³⁵ ta³¹（缅）	pencil
1885	旗子	ɕi³³ pei⁵³	flag
1886	鞭炮	pi³³ phɔ³⁵（汉）	firecrackers
1887	电视台	ti³⁵ sʅ³⁵ thai³¹（汉）	TV station
1888	播音员	thɔ³³ dʑi³³ pa³¹（汉）	broadcast speaker

续表

1889	电	ti³⁵（汉）；da⁵³	electricity
1890	水电费	i³⁵ ka⁵³ da⁵³ phu⁵³	charges for water and electricity
1891	体育场	thi⁵³ jo³¹ tɕa³¹	sports ground
1892	日历	ɔ³¹ ɲi³³ ɲi³³ tu³¹ li³¹	calendar
1893	自来水	tsɿ³⁵ lai³¹ sui⁵³（汉）	tap-water
1894	沙发	sa³³ fa³¹（汉）	sofa
1895	录音机	lu³¹ je³³ tɕi³³（汉）	recorder
1896	电脑	ti³⁵ nao⁵³（汉）	computer
1897	书包	li³¹ mi³⁵ tshɔ³³	bag
1898	镜子	mɛ⁵³ ɣɯ³⁵	mirrow
1899	洗衣粉	sa³³ pɛ³¹ mɤ³³	washing powder
1900	香皂	sa³³ pɛ³¹ xɔ³⁵	soap; perfumed soap
1901	牙膏	tɕi³¹ tshɿ⁵³ tu³¹	toothpaste
1902	剃须刀	pa³¹ tsɿ⁵³ tɕhi⁵³ tu³¹	shaver
1903	衣架	a³⁵ po³¹ xu³⁵ tu³¹	hanger; clothes stand
1904	衣柜	a³⁵ po³¹ ta³³ qo¹¹	wardrobe
1905	轮船	xɔ³³ lo³¹ qo¹¹	boat; ship
1906	车票	tshɤ³³ phiɔ³⁵（汉）	ticket
1907	子弹	na⁵³ ɕi¹¹	bullet
1908	电梯	ti³⁵ thi³³（汉）	elevator; lift
1909	铁路	thie³¹ lu³⁵（汉）	railway
1910	火车	xɔ⁵³ tshɤ³³（汉）	train
1911	飞机场	tɕa³¹ po³¹ tɛ³³ kɯ³¹	airport
1912	卡车	kha⁵³ tshɤ³³（汉）	truck; lorry
1913	摩托车	mo³¹ tho³¹ tshɤ³³（汉）	motorcycle
1914	公共汽车	ko³³ ko³⁵ tɕhi³⁵ tshɤ³³	bus
1915	轮胎	lo³¹ thɛ³³（汉）；ga³⁵ jɔ³³	tyre
1916	高速公路	kɔ³³ su³¹ ko⁵³ lu³⁵（汉）	expressway
1917	汽油	na³¹ ma³³（傣）	gasoline
1918	柴油	na³¹ ma⁵³（傣）	diesel oil
1919	汽车站	tshi³⁵ tshɤ³⁵ tɕa³⁵（汉）	bus station
1920	路牌	lu³⁵ phai³¹（汉）	guideboard; sign
1921	经济	tɕi³³ tɕi³⁵（汉）	economy
1922	工资	ɣa⁵³ phu⁵³	salaries
1923	债	dʑe³¹	debt
1924	亏本	khui³³ pɤ⁵³（汉）	lose one's capital
1925	图章	thu³¹ tɕa³³（汉）	official seal
1926	频道	phi³¹ tao³⁵（汉）	channel
1927	报纸	pao³⁵ tsɿ⁵³（汉）	newspaper
1928	图画	thu³¹ xua³⁵（汉）	paint; picture
1929	学费	li³¹ dzɔ³¹ phu⁵³	tuition
1930	网吧	wa⁵³ pa³³（汉）	internet bar

续表

1931	方便面	fa³³pi³⁵mi³⁵（汉）	fire-crackers
1932	乒乓球	pe³³pa³³tshu³¹（汉）	pingpong; table-tennis
1933	篮球	bɔ³⁵ɕi¹¹	basketball
1934	排球	phai³¹tshu³¹（汉）	volleyball
1935	钢琴	ka³³tɕhi³¹（汉）	piano
1936	喇叭	la³³pa³¹（汉）	trumpet; horn
1937	鼓	dʑe³¹	drum
1938	春节	qhɔ³¹	Spring Festival
1939	中秋节	tso³³tshu³³tɕe³¹（汉）	Mid-autumn Festival
1940	清明节	tɕhi³³mi³¹tɕe³¹（汉）	Qingming Holiday
1941	圣诞节	sɤ³⁵ta³⁵tɕe³¹（汉）	Christmas
1942	小时	na³¹li³¹（缅）	hour
1943	公里	ko³³li⁵³（汉）	kilogram
1944	米	mi⁵³（汉）	meter
1945	吨	tui³³（汉）	ton
1946	斤	ki³¹	half kilogram/ a kilogram
1947	打工	ɣa⁵³ga³¹	take a temporary job
1948	祷告	bo³³lɔ³¹	pray
1949	做礼拜	bo³³te³³（汉）	go to church
1950	选举	lɤ³¹ju³¹	elect
1951	上课	sa³⁵khɔ³⁵（汉）	have a class
1952	开会	khai³³xui³⁵（汉）	have a meeting
1953	打电话	di³⁵xua³⁵dʑ⁵³（汉）	ring; telephone call
1954	上网	sa³⁵wa⁵³（汉）	surf net
1955	打（针）	dzu⁵³	inject
1956	吃（药）	dɔ³¹	take (medicine)
1957	吸毒	fi³¹dɔ³¹	take drugs
1958	吸烟	su³⁵dɔ³¹	smoke
1959	赌博	tu⁵³po³¹（汉）	gambling
1960	动手术	sɤ⁵³su³¹te³³（汉）	have an operation
1961	签名	tɕhi³³mi³¹（汉）	sign; signature
1962	比赛	dɛ⁵³da³¹	match in a game
1963	做生意	ta⁵³ka³¹te³³（汉）	do business
1964	存款	tshue³¹khua⁵³（汉）	deposit
1965	交税	sui³⁵kɤ³³（汉）	pay tax
1966	土地税	di³⁵sui³⁵（汉）	land tax
1967	捐款	tɕi³³kua⁵³（汉）	donate
1968	失业	sɿ³¹je³¹（汉）	be out of job
1969	毕业	pi³³je³¹（汉）	graduate
1970	成功	tshɤ³¹ko³³（汉）	succeed
1971	失败	sɿ³¹pai³⁵（汉）	lose; be defeated; fail
1972	发展	fa³¹tɕa⁵³（汉）	develop

续表

1973	新郎	sʅ³³la̱³¹（汉）	bridegroom
1974	新娘	sʅ³³ȵa³¹（汉）	bride
1975	未婚妻	wei³⁵xui³³tɕhi³³（汉）	fiancee
1976	聘礼	la̱³¹sɔ³¹	betrothal price; bride price
1977	西装	ɕi³³tsua³³（汉）	west-style clothes
1978	领带	li⁵³tai³⁵（汉）	tie; necktie
1979	算术	sua³⁵su³¹（汉）	arithmetic
1980	语文	ji⁵³uɛ³¹（汉）	language and literature
1981	体育	thi⁵³jo̱³¹（汉）	physical education
1982	美术	me⁵³su³¹（汉）	fine arts
1983	地理	ti³⁵li⁵³（汉）	geography
1984	历史	li³¹sʅ⁵³（汉）	history
1985	物理	wu³¹li⁵³（汉）	physics
1986	化学	xua³⁵ɕɔ³¹（汉）	chemistry
1987	政治	tsɤ³⁵tsʅ³⁵（汉）	politics
1988	劳动课	lua³³du³⁵khɔ³⁵（汉）	economy
1989	文化	wɛ³¹xua³⁵（汉）	culture
1990	社会主义	sɤ³⁵xui³⁵tsu⁵³ji³⁵（汉）	socialist
1991	共产党	ku³⁵tɕha⁵³ta⁵³（汉）	Cummunist Party
1992	邮电局	ju³¹tiɛ³⁵tsu̱³¹（汉）	post office
1993	电站	tiɛ³⁵tɕa³⁵（汉）	power station
1994	加油站	tɕa³³ju³¹tɕa³⁵（汉）	gas station
1995	车站	tshɤ³³tɕa³⁵（汉）	bus station
1996	拖拉机	tho³³la³³tɕhi³³（汉）	tractor
1997	车灯	tɕhɤ³³dɤ³³（汉）	headlight
1998	方向盘	ɔ³¹vɔ⁵³	steer
1999	排挡	phɛ³¹ta⁵³（汉）	gear
2000	刹车	ɕa³¹tshɤ³³（汉）	brake; brake control

三　专访及座谈会

（一）澜沧拉祜族自治县县长石春云

　　访谈对象：石春云，拉祜族，澜沧县县长，全国人大代表

　　访谈时间：2010年1月9日

　　访谈地点：县政府县长办公室

　　访谈人：许鲜明

　　问：县长，您好！你是自治县的县长，又是全国人大代表，请您谈一谈您的成长历程，好吗？

　　答：好的。我是1979年参军的，参加过自卫还击战，1983年退伍后在南岭乡勐炳村当村干部。1986—1998年在该乡当副乡长兼副书记，后来当乡长和书记。1998—2002年调到县委

组织部任组织部长。2002—2005 年被调到思茅(现普洱市)任副书记、纪委书记兼组织部长。2005 年被调回澜沧县任县长直到现在。

问:澜沧拉祜族的基本情况怎样?他们的生存现状如何?

答:澜沧土地面积大,少数民族多,县内共有 20 多种民族。人口在千人以上的有 8 个民族,即拉祜、汉、佤、哈尼、彝、傣、布朗、回等民族。少数民族人口占全县人口的 77%。

澜沧的拉祜族有四大支系:拉祜纳(黑拉祜)、拉祜熙(黄拉祜)、老缅人、苦聪人。其中老缅人、苦聪人是 20 世纪 90 年代后归入拉祜族的。中国拉祜族人口的 46% 左右聚居在澜沧,其余分布在缅甸(约 20 万)、老挝(约 1 万)、越南(约 1.5 万)、泰国北部的清迈(约 2 万多)等地。

澜沧拉祜族有 20 万人居住在山区和高寒山区,自然条件、基础条件差,农灌水少,品种老化,农业单产量低。经济发展又很不平衡,贫困面大。社会经济的发展仍然举步维艰,为国家攻坚扶贫县之一。云南省 73 个特困县之一,而且是集老、少、边、穷为一体的典型山区,少数民族特困县。加上人均受教育程度少,整体素质低,语言障碍大,与外面接触的机会少,30 岁以上的拉祜人基本不会讲汉话,与外界沟通困难,吸收先进的东西也就少。生产方式落后,生产力水平低下,远离城市,交通不便,在市场经济体制下缺乏一定的竞争力。因此,他们的生活比较艰难,大部分仍挣扎在温饱线上。

问:澜沧的民族文化保护面临哪些问题?您如何采取措施进行保护的?

答:在民族文化保护方面,主要面临的问题是各民族对自己语言文化保护的意识不强。有意识的村寨,资金又严重不足。因此,我们采取了以下措施:一是积极宣传教育,强化民族文化保护意识。二是通过县人大常委会立法,加强各民族的保护意识。三是将民族文化保护纳入澜沧城市建设规划中。在民居建设中,尽量建设民族特色的民居民宅。同时,恢复过去被破坏的建筑原貌。四是通过培训,培养少数民族语言文化传承人。我们已投入上千万的资金,在 158 个村进行拉祜语文培训,进行扫盲。在小学三年级以下的班级,开展双语教学,辅助拉祜学生学习汉语文。五是县、乡、村文化机构携手共建民族文化保护平台,让村民们在劳动之余,有娱乐、学习的机会。昨天你们去的"牡帕密帕"基地就是其中的一个。其目的是让拉祜人学习拉祜歌舞、传统乐器(芦笙、口弦),不要让祖先留下的东西失传。

问:澜沧拉祜语的使用现状如何?

答:澜沧拉祜语从总体来看还是比较好的。澜沧拉祜族主要集中居住,族群内部使用拉祜语。因此,不会说拉祜语的人大多是生长在县城里的拉祜族后代,但这样的情况不是太多。现在我并不担心拉祜人不会拉祜语,他们在这天然的语言环境中不用学习就自然而然、不知不觉就会了。我担心的是他们不会汉语,不能走出家门,到外地打工,学习新技术,接受新思想新观念。

问:青少年的语言使用现状与上一代相比如何,是否出现母语衰退的现象?

答:青少年母语衰退,在县城部分家庭也许有一些,但不多。在农村,特别是高寒山区,不存在母语衰退的现象。因为在家里,家庭语言就是拉祜语,他们从小就听就用,生活在农村的拉祜青少年,人人都会讲拉祜语。他们去读书后,一般才学会讲汉语。

问:拉祜语言转用情况如何?

答:应该说聚居区不存在。但是,拉祜族杂居在其他少数民族的村寨,如果人口比例悬殊大,也不排除个别转用的现象。

问:您认为拉祜语言文字使用和发展目前面临哪些问题?应该如何解决这些问题?

答:拉祜语言文字使用和发展目前面临的问题主要是资金和师资。由于拉祜族地区三年级以下开展双语教学,师资的需求量很大。因此,首先就要进行师资培训。师资培训,就需要资金。尽管县财政有一定困难,但我们每年还是安排出一定的资金在云南民族大学培养20多名拉祜语文人才。他们毕业后,返回澜沧拉祜族地区当拉祜语文教师。此外;通过拉祜语文专业培训的老师,培训乡村教师、民间艺人,进行成年扫盲等。我们深深体会到,一个不重视自己民族文化、不保护本民族文化的民族是没有希望的。

问:澜沧县的民族关系怎样?还存在哪些问题?

答:民族关系实质上是民族文化的关系问题。虽然澜沧县委、县政府提出了"拉祜文化兴县"的口号,但是拉祜文化包括多民族的文化。澜沧县委、县政府一向重视民族文化建设。因此各民族大团结、社会稳定、经济逐年发展。特别是澜沧县每年举行的各民族大型拜年会,各民族相聚一堂,互相学习语言、交流文化、取长补短,共同提高,民族关系十分和谐,未出现重大恶性民族纠纷事件。存在的问题是,澜沧边境线长,有80多公里的边界线。特别是靠近边境的少数民族,没受过教育,不通汉语,不懂法律。毒品、艾滋病、民族宗教的渗透与反渗透问题、教育问题仍然十分严峻。因此,加强自身队伍建设、加强责任心、加强事业心,提高干部队伍的素质、提高各民族的素质,解决民生关注的热点问题仍然是我们的工作重点。

问:您认为应如何构建民族和谐、语言关系的和谐?

答:我认为民族和谐和语言关系的和谐都离不开粮食、经济、文化、设施、稳定等方面。民以食为天,老百姓首先要有饭吃,吃饱了才能干活。澜沧是农业大县,近年来利用科技进步、良种推广狠抓了农村的粮食增长,粮食基本能够自给自足。粮食基本够吃后,包包里没有钱,社会不能和谐稳定。那么就要抓经济,抓经济特色产业,如茶、林、畜、矿产、桑蚕、核桃、板栗、民族旅游等。收入增加了才能搞基础设施建设,实现路、水、电、广播、程控电话等五通,提高人民的生活质量,然后提高各族人民的文化素质和健康素质,加强文化卫生的投入。小学教育实行"两免一补",免书费、学费,寄宿制学生补贴生活费,帮助更多的适龄儿童接受教育。为了提高教学质量,就要加强民族师资队伍建设,提高教师的素质。我们在云南民族大学开办了拉祜语澜沧班,鼓励学生参加高考和拉祜语考试,毕业后为拉祜语言文化的保护和维持服务。农村医疗实行"新农合",人民群众看病难、看病贵的问题得到了缓解。计划生育,优生优育,提高教育素质才能落到实处。抓稳定,抓民族文化保护,民族文化的和谐发展促进民族关系的和谐发展。各民族在团结、稳定的基础上,才能发展经济,促进生产,提高生活水平。在物质得到满足的条件下,非物质文化的保护也才能落到实处。现在拉祜人白天干活,晚上集中在歌舞场地唱歌跳舞,体现了拉祜社会的进步。因此,我认为民族文化和谐是民族和谐的基础,民族之间的和谐才能促进民族语言的和谐。

问:您认为拉祜语的未来将会怎样?

答:澜沧是一个拉祜族聚居的县,拉祜族有 20 多万人,占总人口的 42.7%,而且大部分拉祜族都聚居,语言使用频率高,语言保存好。拉祜语不会像其他少数民族语言一样面临生存的危机。也就是说,我并不担心他们会被其他民族同化。我担心的是他们当中的大多数人不通汉语,与外界的沟通困难,走不出去,制约拉祜社会的发展。

(二)澜沧县教育局局长李天宏

访谈对象:李天宏,男,47 岁,云南墨江哈尼族卡多人。毕业于澜沧师范学校,曾任乡小学、乡中学校长,分管教育副乡长、乡长。现任澜沧县教育局局长。

访谈时间:2010 年 1 月 12 日

访谈地点:澜沧县教育局

访谈人:白碧波等

整理者:朱艳华

问:最近几天,我们在澜沧县村寨做田野调查,发现很多老百姓文化程度不高,汉语水平普遍不好,有的根本就不懂汉语。我们在下面调查时需要翻译,否则无法开展工作。我们想了解一下澜沧县的教育情况,特别是拉祜族的情况,包括存在的问题。请您先谈谈目前的现状。

答:拉祜族应该说是中国 56 个民族中发展比较滞后的,需要扶贫,需要支持。但她也是一个发展中的民族。刚解放时,拉祜族多数处于原始半原始社会,住在搭建的草棚里面。改革开放前,中央对我们澜沧县的定位是保卫边疆,因此经济发展开展得比较少。

关于教育,刚解放时,整个澜沧县只有几所学校,十几个老师。现在有各级各类学校 252 所,在校学生 60454 人。全县 7—12 周岁的适龄儿童入学率为 99.37%,年辍学率 0.24%;初中阶段毛入学率 97%,年辍学率 2.44%;高中阶段毛入学率 25.7%,年辍学率 3.73%。全县有教职员工 4013 人,其中专任教师 3637 人,学历合格率 94.17%。

问:您认为在澜沧的教育发展中,最大的障碍是什么?

答:在发展中,我们感觉非常大的一个障碍是语言问题。由于语言的障碍,老师讲普通话,孩子有的听不懂,有的一知半解。这样就使学生的学习产生困难,从而造成孩子辍学。小学低年级的学生,听不懂汉语讲课;小学四五年级的孩子,能听懂汉语,但是不说,只肯说拉祜语。上初中后,在汉语使用比较广泛的学校,汉语就说得比较好。现在 80% 的学校,三年级以下的需要双语教学,如拉祜语和汉语的双语教学。我记得年轻时在村里当校长,那时就有双语教材,课文第一排是汉语拼音,第二排是汉字,第三排是拉祜文。但是推广的力度不大,没有引起教育界人士的重视。

问:有没有对老师进行双语培训?

答:现在我们的县长非常重视这个问题,采取了一些措施。在老师要求提高学历,需要大专学历的大背景下,我们采取地方政策,招收了一些双语教师。给边远山区的学校配备了懂少数民族语言的老师。

问:除了招收双语教师之外,你们还采取了哪些措施来促进澜沧教育的发展?

答:我们的措施还有:1. 争取一些政策扶持。比如我们和云南民族大学合作,将一些没有上分数线的少数民族孩子,降分录取到民大,毕业后回到少数民族地区工作。2. 对现有的在职教师进行民族语言的强化培训。如果是因为不懂民族语而要求调动的坚决不调,学会了民族语再说。3. 与一些研究机构合作。比如我们与美国 SIL 的工作人员谈过,他们打算到我们这里来做研究,帮助我们搞好双语教学。我们希望今后在少数民族聚居区,三年级以下全部实行双语教学,四五年级再过渡到汉语教学。希望我们澜沧的拉祜族孩子成为拉祜语、汉语都懂的双语人。我们也希望你们在研究中能够给我们提供一些帮助。我们是一个发展滞后的民族,但是我们也是一个希望发展的民族。56 朵花,如果没有拉祜族这朵花,也是不完美的。

问:您对目前的教育政策,有些什么想法?

答:关于集中办学,我们强烈要求不搞一刀切。按照相关要求,我们还有 41 个校点要拆并,但是能够拆并的只有 8 个校点。其他校点如果拆并之后,当地的孩子上学就很困难了。有一个校点,如果拆并后,学生要走 41 公里去上学。如果按常规交通费用计算,全县的孩子上学所需要花的交通费,一年就要 1600 万。如果把所有的校点都合并到村小,将会带来一些新的难题。一是交通不方便,路太远。二是合并到村小后,教师要增加,食堂、宿舍等都要增加。这就需要大量的财力。如果所有的校点都拆并,我们需要 4 个亿。总的来说,澜沧的教育要达到基本满足孩子的需求,让我们的学校基本达标,国家需要投入 7 个亿,否则无法达到。

办教育要讲科学发展观,不能一刀切,应该实事求是地办学。在西双版纳,拉祜族比基诺族落后得多。因为基诺族是国家重点扶贫的民族。西双版纳的财力很强,重点投入,重点发展。我们现在要做的,一是加大投入,二是根据民族的情况,实事求是地、循序渐进地发展。

问:要搞好双语教学,重点要抓什么?

答:要搞好双语教学,首先要重视,要清醒地认识到双语教学对我们澜沧教育发展的重要性。思想认识上去了,重点要抓的就是两个方面:一是教师培训,二是教材编写。现在的教材编写很严格,不能超出教科院规定的范围。

问:拉祜族的孩子在学习上有哪些特点?

答:我当过老师,当过校长。我在教学中就发现,教拉祜族的孩子,低年级数学好教,语文不好教。小学低年级的学生数学学得好,因为主要是数字题。但是到了高年级,有文字题、应用题之后,孩子无法理解,学起来就困难。比如:"除以"和"除"这两个概念,不能理解、区分。这是因为存在语言障碍的原因。所以拉祜族的学生到了四、五年级,数学就落后了。到了初中,多数学生的汉语水平还不是很好,对数理化这些课程中的一些概念、定律理解得不好,这样,数理化就跟不上。数理化是一个链条,一环接一环的,不能断。一个环节没学好,后面的学习就会受影响。这个阶段反而是语文成绩上来了,因为语文是靠长时间积累的。

问:拉祜族学生学习写作文的情况怎样?

答:如果小学三年级就基本掌握了汉语,那到六年级就能清楚地表达,写出比较流畅的作文。如果到六年级才掌握汉语,那要到初二才能写好作文。

问:孩子们在写作文或说话时,会出现哪些语病?

答:经常会把语序弄错。比如:"我骑在牛身上"说成"我牛身上骑"。

问:学生上学后是先学普通话还是先学当地方言?

答:直接过渡,学生进校就直接学普通话,所以有的学生方言说不清,普通话能说清。一般小学毕业的学生都能够说普通话,但是没有说普通话的环境,都不说,最多是在课堂说说。

问:您认为拉祜族的孩子学习负担重吗?

答:我们的孩子学习负担非常重。语言就是一个负担。我们拉祜族的孩子要从拉祜语过渡到汉语,然后再学英语。而汉族的孩子只学英语,可是我们却要在一起考试,考一样的科目。澜沧县是全国唯一的拉祜族自治县,我觉得在政策上应该给予一定的倾斜。

问:在目前这种现状面前,您现在是怎么抓教育的?

答:我们现在主要抓基础教育设施建设、教师培训以及普及教育,这些是要抓的,不狠抓不行。特别是教育普及问题,我希望我们的孩子都能得到接受教育的机会,争取完成9年义务教育。即使水平不太好,也应该学。我们还无法提供优质教育,只是在努力。我们澜沧县现在每年能够上重点大学的有七八个,本科有几十个。

问:这里哪些少数民族的受教育情况比较好?

答:佤族读上去的比例高一点,这个民族相对开朗一点。然后是哈尼族,以前哈尼族的女孩不上学,现在都上了。整个民族的文化氛围相对更浓一些。汉族更好一些。真正懂少数民族语言的少数民族学生能够上大学的少得可怜。我们这里的学生考大学有20分的照顾分,但是上大学的很多少数民族考生不懂少数民族语言。

问:能够上大学的少数民族少,那少数民族的干部、人才也很少吧?

答:我们总是说,少数民族干部少,其实并不是少数民族干部少,而是懂少数民族语言的干部少。我们县长对双语教学、对民族教育非常担忧,到一个寨子里,找一个高中生没有,找一个记账的也没有。找一个人才还是比较困难的。

问:你们这里的大学生毕业回来都能分配工作吗?

答:2004年以前,本科毕业的都不用考试,全部分配工作。现在要考试,一是考公务员,二是考教师。我们这里农村里面出一个大学生,至少要拖垮3个家庭。读4年大学需要6万。算算这笔账,如果我是一个农民,我也会让我的孩子去打工。现在支持孩子上学的力量是什么呢?应该说是提高素质了。但是老百姓考虑不到这个问题,这是人们的思想意识在社会转轨过程中出现的一个困惑。

问:据我们了解,澜沧县是普洱市"普九"攻坚的最后一个县。现在孩子上学不用花钱,国家还给补贴,为什么还有那么多孩子不愿读书?

答:第一,是孩子厌学,感到读书很乏味。这里面有语言的原因,因为听不懂,所以学习基础比较薄弱,跟不上。第二,是经济的原因。到了初中的孩子,已经是劳动力了,可以帮家里做点事,打工挣钱。尤其是傣族。第三,我们说解决了孩子缺衣少食的问题,这只是从表面上解决了。初中生一年750元的补助,但是折合到每周并不多。有些孩子买不起被褥,买不起衣服。上学还要伙食费,还要交通费。国家免除学费,一年补助750元,就说解决问题了,实际上我们这里的孩子非常困难。第四,我们的孩子性格内向,不愿意离家,每个星期都要回去,往返路费是一笔不小的开支。当然最重要的还是主观原因,家长不够重视,孩子厌学。

问:搞好双语教学在澜沧的民族教育发展中有什么重要性?

答:搞好双语教学是一个基础性工程。因为我们的教育教学是从基础抓起的,基础不牢,地动山摇。还不懂汉语,就要学汉文。这个问题,已经引起了县委、县政府的高度重视。我们希望有一个很强大的支持,舆论上的,组织上的,政策上的保证。这样才能理直气壮地去下文件实施。

(三)澜沧县文体局副局长刘春云

访谈对象:刘春云,男,28岁,拉祜族。南岭乡勐炳村龙塘寨人。南京师大汉语言文学专业毕业,南京国际梅花书画院青年书画师,山东省东方书画研究院青年书画家。2000年由文化部授予"世界华人艺术人才"称号。曾任澜沧县民族中学教师、澜沧县教师进修学校副校长,现任澜沧县文体局副局长。

访谈时间:2009年1月17日

访谈地点:澜沧县小康宾馆

访谈人:杨艳、朱艳华

问:你好!请介绍一下你的个人经历。

答:我出生于南岭乡勐炳村龙塘寨,小学四年级前在龙塘寨小学读书,五年级通过选拔来到澜沧县民族小学读书。民族小学90%都是通过选拔才考进去的少数民族孩子,所以教学质量很好,很多干部都是从民族小学出来的。后来我又考上了民族中学。我们这里的民族小学、民族中学都是全县教学质量最好的学校。1997年考上南京师大。大学毕业后回到家乡,在澜沧县民族中学教书。2008年6月调到教师进修学校任副校长。2009年11月因为县里搞"拉祜文化兴县",我是拉祜族,又是搞文化艺术的,所以就调到县文体局任副局长。

问:小时候和你一起上学的同学在学习上有些什么障碍?现在的情况有所改观吗?

答:主要是语言障碍。汉语不会,汉话听不懂。那个时候老师都是拉祜族,会拉祜语和汉语。读课文用汉语读,然后用拉祜语讲解。我读书那个时候,学生的学习成绩普遍比较好,基本上都能考八九十分。1995年到2005年这一段时间,老师换成了不会讲拉祜语的老师,只会讲汉语,学生听不懂。那一段时间,学生成绩比较差,一般只能考三四十分。有一年最差,一个班 9 个学生,语文、数学成绩加起来才 8 分,多数学生都是零分。这一现状引起了县领导的重视,县长直接批评了那名老师。后来在全县招聘懂双语的特岗教师。特岗教师不能调动,要一直扎根学校,从事教学工作。采取了一些措施之后,现在情况好了一些,学生家长都很满意。

问:现在的小孩与你那个年代相比,汉语水平是否有所提高?

答:比我们那个时候要好一些。我们那个时候,不通路、不通车、不通水电,与外界接触少,现在这些都通了,小孩子与外界接触得多一些了。会说汉语的孩子比我们那个时候多些了。

问:你现在主要讲什么语言?

答:我平时在县城里面,讲汉语的时候多;如果碰到会讲拉祜语的,就讲拉祜语。一般是对方讲什么话我们就讲什么话。回到老家就讲拉祜语。拉祜语在我们那个寨子里面还是最通行的语言,寨子里基本上没有讲汉语的。大多数人都不会汉语,即使会一点,也不跟我们讲汉语。

问:您有没有参加过扫盲教育?

答:参加过。现在不举办了。那个时候我们晚上给村里不识字、没读过书的人上课,每个晚上上 2 个小时。一开始上汉文,后来县里要求用汉文、拉祜文双语、双文教学。

问:扫盲后的效果怎样?

答:扫盲之后如果能够继续用,就有效果;如果不用,扫盲完了之后就忘记了。我们这里相关的拉祜文书籍、资料很少,多数人学了之后用不上。不过对有些人还是有用的,比如做生意的,学了之后用来签名。还有些农民,种田要打农药,脱盲后就知道看说明书了,农药该放多少,看看说明书就知道了。

问:村里有哪些文化娱乐活动?

答:现在国家政策好,每个村都有一个图书室。书籍都是文体局送书下乡给村民购买的,由县图书馆管理。书籍很多都是农业技术方面的,像种植技术、摩托车修理这些方面的。还放电影。国家有任务,我们全县 158 个乡一年要放 1000 多场电影。放一场电影,国家给 80 元补贴。前几年,如果是在拉祜族聚居寨放电影,我们还会组织县里的演员把电影翻译成拉祜语,然后放给村民们看。

问:寨子里能看电视吗?

答:有电视的人家很少。水电没通的时候,文化娱乐活动搞得很好,打陀螺、跳芦笙舞。有个人组织的,也有村里组织的。通水、通电之后,扑克、麻将、赌博就进来了,有些年轻人就参与到这些事情里面了。最近几年,一些邪教组织打着宗教的名义进来,搞文化渗透。时间长了,就有很多负面影响。芹菜塘有一个老人信这些邪教,死了也不埋,等着活过来,都放臭了,家里人才在晚上偷偷地去埋了。2009 年由县里组织搞过一次严打,现在情况好多了。

问:请介绍一下澜沧县建设拉祜文化中心的情况。

答:建设拉祜文化中心是在 2003 年人代会上形成的决议。但那几年还停留在口号上面,至于怎么做还没有思路。2009 年县领导才开始重视起来。要在县里投资 9 亿多建一个葫芦广场。将澜沧县大水库建设成拉祜风情园,建有"阿朋雅糟阁"(拉祜人民吃饭的地方)、"阿朋雅稳阁"(拉祜人民买东西的地方);政府招待所改成"扎娜惬阁"(扎迪娜迪在的地方)。此外,还在拉祜族聚居的地方设置6个拉祜族创世史诗《牡帕密帕》文化传承基地。6个基地各有特色:南岭乡是歌舞文化之乡;木戛乡是芦笙吹响的地方;富邦乡是编织之乡,做拉祜族服装,编织背包;糯福乡是神鼓敲响的地方;酒井老达保是《快乐拉祜》唱响的地方;东回乡是摆舞之乡。除这些特色之外,还开展一些民族文化体育活动。比如昨天开街仪式上,我们还开展了斗鸡、斗牛活动。

问:要推广拉祜族文化,以文化建设促进经济建设,目前还存在哪些困难?

答:有两个困难。一是交通问题,二是技术上需要改进,规模化之后就需要改进技术。

问:文化建设抓好之后,对文化教育有什么作用?

答:被定为国家级非物质文化遗产之后,学校要组织学习,一个是拉祜语,一个是芦笙舞。像勐炳村就在学校开设了芦笙舞的学习。但是普及还需要一段时间。

问:你认为汉语应该处于什么地位?

答:我们很注意普及汉语,因为汉语是通用语,一定要学会的。我们的一个艺术指导只会汉语,歌舞团的许多演员只会拉祜语,在指导时效率就很低。我们就派了个懂拉祜语的做翻译,在这个过程中,演员和艺术指导互相学习另一种语言。最好是拉祜语、汉语两种语言都会。

(四) 澜沧县教育局退休干部苏国文

访谈对象:苏国文,65岁,布朗族,2004年退休。退休前任澜沧县教育局成人教育股股长,澜沧县少数民族语言文字教研室副主任。

访谈时间:2010年1月17日

访谈地点:澜沧县小康宾馆

访谈人:朱艳华、杨艳

问:您好,请介绍一下您的工作经历。

答:我1965年参加工作。刚走上工作岗位,教育局就派我到一个拉祜族寨战马坡哈卜马寨开办学校。那是一个初小,只有一到四年级。在那里工作了6年之后,就调到澜沧铅矿老厂小学,工作了2年。然后调到竹塘乡摹乃村娜诺科小学,这是一个6年制的村级小学,在那里工作了12年。我们那时候当老师是语文、数学、音乐、体育、美术全包。1980年又调到竹塘乡中心小学教语文。1982年任竹塘乡中心小学副校长,主要抓双语教学和成人教育工作。1989年10月调到县教育局,直到2004年退休。在教育局时主要抓全县的双语教学和成人教育工作。我去过澜沧所有的双语小学。

问:当时在少数民族聚居的地区全部实行双语教学吗?

答:是的。在少数民族聚居的地方,当时都实行双语教学。我1965年进入教育系统,就发现不进行双语教学不行。1965年,我参加工作后,被调到战马坡哈卜马寨创办小学。到了那里,我就发现教学无法开展,因为不管是小孩还是大人都只会拉祜语。而我那时候不懂拉祜语。学校很快就建好了,教室什么也都有了。第一批来了50几个学生,两个月后,学生一个个都流失了,只剩下7、8个了。我就思考:为什么会出现这个问题?我认认真真地备课、上课,用了全力去教学,为什么学生还是走了呢?反复思考之后,我才发现问题出在语言上。

为了弥补语言障碍,我备课的时候就有意地把直观教学体现得更明显一点,但是学生有时候还是会出现一些理解上的偏差。我记得有一次我讲数学1+1= ,上课前我就准备了一些小木棍,用小木棍来摆成1+1= ,然后教学生数。但是作业交上来后,我发现大部分孩子的本子上写的是1+1=6,很普遍的错误。我百思不得其解,一遍遍地分析,到底是哪里出了问题。后来我仔细观察了孩子们的计算方法,发现按照拉祜族孩子的思维和方法,他们的结果是对的。因为他们把表示加号和等号的小木棍也数进去了。后来,我又研究了拉祜族的社会背景。发现当地拉祜族老百姓数数只会数到10。卖猪卖了170元钱,数的时候数到10张了就分成一堆,然后用脚踩住。170元钱要分成17堆去数,一堆一堆的。如果风吹乱了,就要重数,170元钱要数2、3个小时。后来我观察拉祜族的生活,家里面的东西没有超过10样的,一口大锅,几个小锅,几个碗。计数还处在原始的刻木记事的水平。就从这几件事情里面,我发现在少数民族地区,特别是当时,不采用双语教学是行不通的。此后,我就把我的教学工作定位在双语教学上。

在我后来40年的教育生涯中,就做双语教学,可以说,我这40年的教学之路就是澜沧县双语教学发展之路。在我的教育生涯中,80%的时间是在下面进行双语教学的研究与实践。

问:您认为教学上的重点和难点是什么?

答:我认为双语教学关键在小学低年级,重点是语文课,语文课一定要实行双语教学。因为我发现少数民族学生学习差是因为识字过不了关。识字,包括音、形、义。对于一个字的读音比较灵敏,一般老师教几遍后就会有印象,但是对字形和字义的掌握有困难。识字过不了关,就不会组词造句。后来,我就决定语文课教生字时一定要用双语教学。先把字音教会后,再反复训练学生对字形、字义的理解、运用。经过反复训练后,一个字的音、形、义就牢记在脑海里了。到高年级后,课堂教学就逐步减少使用民族语的比例,鼓励学生多用汉语。

问:开展双语教学后,效果怎样?

答:在战马坡哈卜马寨小学的6年中,我只培养了2个学生做会计,没有一个人考上初中。因为当时还没有摸索出怎么去进行双语教学。不过那6年中积累了很多双语教学的经验,后来在娜诺科小学,就很成功,一个班27个学生,考上初中的有21人,只有6人没考上。这是一个很大的突破。

问:学生在学习上会出现什么问题?

答:少数民族学生的上进心不太强,不会自学。汉族学生除了学课本上的之外,还可以自己去自学。少数民族学生的语言障碍始终存在。即使上了大学,也还是存在。像一些表示高端、先进的东西,在语言表达中还是会存在障碍。听的时候能够理解,说的时候就不能完全表达自己的思想。

问：与以前相比，拉祜族的汉语水平整体上有提高吗？

答：城里的拉祜族几乎都会汉语，比较偏僻的村寨，小孩子就不会了，交际都使用自己的母语。不过跟以前相比，还是有很大的提高。现在走进哪个寨子，或多或少还是有人会一点汉语的，一般的生活交流还是可以的。生活也发生了很多变化，整个村容村貌、家里的布置也都不同了，原始的刻木记事的东西保留得比较少了。现在拖拉机哪个寨子都有，西瓜、苹果我教书的时候我自己都没有吃过，讲起来很空洞。现在都吃过了，一讲起来都知道。虽然现在情况有了很大变化，但双语教学在低年级还是很有必要的。

问：双语教学要求老师既懂民族语又懂汉语，您懂几种语言？

答：我懂五种语言：布朗语、傣语、佤语、拉祜语、汉语，三种文字：拉祜文、傣文和汉文。除布朗语、傣语、汉语是以前就会的之外，佤语和拉祜语都是在双语教学的实践中学会的。

问：双语教学是提高拉祜族学生汉语水平的唯一方法吗？

答：当时有人说用汉语来提高少数民族学生的素质，但是我说那就只有一条路，把学生调出来，离开母语环境。中央民族大学的滕星教授2003年曾搞过试点，把学生调出来，设立女童班。学生全都住读，封闭式管理。这个办法还是很成功的，那些女童现在有很多都上高中了。我曾经跟踪过，学习成绩还是好的。但是投资太多了，做试点是可以的，要大面积推广不行。还是要双语教学。

问：您是澜沧县的扫盲专家，请您谈谈澜沧拉祜族的扫盲工作。

答：1990年，我们全县的文盲有11.8万人，相当于勐连县的人口总数。当时有一个专家说，你们澜沧的文盲就是神仙来也扫不掉。我说可以扫掉的。我就开始搞扫盲教材的编写。第一步，先脱民族文字的盲；第二步，再用民族文字去学汉语。我是1990年开展扫盲工作的，2004年就通过了省政府的扫盲工作验收。虽然只是扫了民族文字的盲，但我认为这是一个飞跃。千百年来，拉祜族都只能用拉祜语口语来表达，现在谈恋爱、请假，可以用拉祜文字来书写了。识字后对生产也是一个促进。我们教育局办了个"拉祜文简讯"，传授一些农业技术方面的知识，比如农药的配方、化肥的用法。我们教委办好了，发下去，组织村民学习。当时竹塘板坡寨有一个拉祜族反对学拉祜文，说学了没有用，最多唱唱歌，发展不了生产。后来，我们的学员学会了拉祜文，会看除草剂的配方了，就用除草剂把杂草除掉了；没学会拉祜文的，看不懂配方，结果把庄稼除死了。还有些人学会拉祜文后，就自己收集民间故事、歌曲。我做的虽然不是大事，但我认为还是从澜沧县的实际出发的。这么多年来，我因为双语教学和扫盲工作也获得过一些荣誉。1992年，评为全国先进教师；1995年，评为全国扫盲先进个人。

问：扫盲之后，复盲率高吗？

答：还是有些高的。有些人学了之后不会去运用，还有很多人开始学习时的态度就不端正，觉得是为了完成任务才学，不是想着学了之后对自己有用。

问：为什么用的人少？

答：跟生活习惯有关系。认为有文字跟没有文字一个样，都能生存。拉祜族是猎虎民族，今天有的吃就行了,只看今天,不管明天。

问:是否跟拉祜文的书籍、报纸、标牌、广播、电视节目很少有关?

答:有关系。我们现在拉祜文的东西太少了,学了之后没有东西可以看。

问:您的一生都奉献给了澜沧的教育事业,您认为要办好教育要尊重哪些规律?

答:我希望我们无论在什么时候,在什么时代,都要尊重客观,尊重事实。不搞一刀切。否则会出现蓝图很宏伟,实际效果很小的局面。

我们的少数民族学生典型树立得还不够。没有典型,其余的人就没有奋斗的方向,视野开阔不了。当然我们的学生也有问题,真正学到知识的人,不肯回来了,只想留在大城市,不愿意回来奉献。另外,现在的考试,要给懂少数民族语的人多一些照顾。我在位时就有这个要求,比如招拉祜族干部,就要懂拉祜语、懂拉祜文化的。懂语言、文字的少数民族干部不多。

问:双语教学对澜沧的教育发展有怎样的意义?

答:澜沧县从20世纪70年代到80年代,入学率就徘徊在60%左右,开展双语教学后,适龄儿童的入学率逐年上升,现在已经上升到了90%以上。成人教育在澜沧拉开了序幕。在大人中开展双语教学后,他们知道懂文字与不懂文字的区别,因此在他们的思想观念上,就会更加重视孩子的教育。所以说,双语教学推动了整个澜沧教育的发展。但是因为思想认识的问题,双语教学曾经中断过一段时间。另外,管理人员的专业性太差了,缺乏事业心,缺乏明确的目标。我当时搞双语教学的时候遇到过很多困难,经费、人员都有困难。但我认为现在如果双语教学做得好,经费应该没有问题。

问:您怎么看待汉语水平提高,而拉祜语水平下降的问题?

答:我认为这个现象不好。因为他今后回到拉祜族地区,领导不了他的民族。拉祜族有一个特点,你说汉语,他虽然能理解,但是感情不深,他不会听你的。如果你说一点汉语,重点地方用拉祜语说说,他就听了。语言是联系民族感情的纽带。语言是民族的特征,不把这个特征反映出来,双方的感情就建立不起来。我懂民族语,我下寨子去,村民都是很高兴的,到谁家去都有饭吃。

问:拉祜语和汉语的关系怎么样才是最理想的?

答:我认为两样都要精通,这才是最理想的。

结束语:因为您很忙,今天就谈到这里,以后还要向您请教。谢谢。

(五)澜沧县民族中学教师胡明

访谈对象:胡明

访谈时间:2010年1月15日

访谈地点:澜沧县勐朗镇小康宾馆

访谈人:林新宇

问:您好,请您介绍一下您的个人经历。

答：我叫胡明，1959年9月4日生，拉祜族，澜沧县民族中学政治教师。我1973年读初中，读了一年半后被召入澜沧县歌舞团。在歌舞团呆了半年后又回到上允的澜沧二中读书。毕业后，1978年到富邦乡卡朗村当民办教师，1979年考取小学公办教师，一年后转正。1980年云南省重新恢复省级民族中小学，我参加了澜沧县民族小学筹备组，做筹建民族小学的工作。筹建结束后又到木嘎的一个村小工作了三年。1984年到澜沧县教师进修学校进修，这期间又有机会到云南民族大学进修了两年。1987年毕业后一直在澜沧县民族中学工作。1996年，我到酒井乡政府做了两年半乡长，回来后继续在民族中学教书。由于我拉祜语、汉语都很熟练，傣语、佤语也会说一些，到基层做群众工作比较好开展。县政府先后在1999年抽调我到糯福乡等地做第一次土地耕地使用顺延工作；2007年又借调我到南岭乡去做了一年的新农村建设工作。工作完成后就又回到民族中学教书。

问：请您介绍一下您所在的澜沧县民族中学的基本情况？

答：1982年云南全省恢复24所民族中小学，澜沧县民族中学就是那时办起的一所全日制寄宿学校。学生来自全县20个乡镇、158个村委会或办事处，可以说是"缩小版"的澜沧县。1988年11月6号大地震时，原来的校舍被震坏，上海普陀区教育部门帮我们重建学校，1992年搬入现在的新校舍。

现在全校教职员工有157名，其中一线任课教师120多名。以前每年初中招2个班，高中招1个班，有时还招不上来学生。2000年以后，学校有了迅速的发展，每年初中、高中都各能招到6—8个班。县城机关干部子女也到我们学校走读。问题是学生人数增多了，一些相应设施还跟不上，比如运动场地、厕所等。

问：请您介绍一下学校里学生的情况？有些什么民族？

答：全校现有2485名学生，初中24个班，高中18班，每个班有60—70个学生，有拉祜、汉、僾尼、佤、傣等20多个民族。还有10多个从缅甸来的学生。

问：学生们平时的文化生活都有哪些？

答：我们学校是寄宿制学校，由于交通不便，有的学生回一趟家要几天时间，除寒暑假以外的节假日，根本就没法放假，放了假学生就没地方去。因此，学校尽量为学生安排较为丰富的课余生活。学校修建了4个篮球场，还购买了50张乒乓球台供学生们使用。每个周末都有节目演出；每年都举办"欢乐杯"篮球赛、民族服装服饰表演等活动，已经八九年了。有的年级还有文体周，一般是在寒暑假前的最后一周，利用课余时间组织学生进行文体活动。

问：学校这些孩子的第一语言一般是什么？

答：农村来的学生呢，他们的第一语言应该还是他们本民族的语言；城镇的就不好说了，我想大概80%已经是汉语了。

问：在学校上课用什么语言？

答：老师上课的时候当然是说普通话。但有的像教数学、物理的老教师用方言讲课习惯了，让他用普通话讲就讲不好，所以也就用方言讲课。教室里、课堂上学生说的也是普通话。

问：下课同学之间玩耍时用什么语言？师生之间课下交流用什么语言？

答：下了课同学们之间说的就是汉语方言了，很少能够听到讲普通话的。有意思的是，不管在校内还是校外，学生见了老师、跟老师打招呼时，一定是用普通话讲的，没有人用方言说"老师好"。

问：老师有没有在课堂上要求学生们使用什么语言，不使用什么语言？

答：除了语文老师会要求讲普通话以外，其他科目的老师没有特别的要求，反正不管是说普通话还是说方言，大家都听得懂。

问：拉祜族同学在一起都用什么语言交流？

答：拉祜族的孩子如果相互间知道对方会说拉祜语，就一定会用拉祜语交谈，并且很快就能玩到一起去。和其他民族的孩子在一起要用汉语交流，就会生疏一些。

问：不同民族的人对于使用什么语言，会产生矛盾吗？

答：不同民族的学生大都使用自己的民族语言，有时候会拿对方的语言开玩笑，但只是一些恶作剧，不能说是矛盾，毕竟都还是孩子嘛。

问：和过去相比，这里的拉祜族在使用语言上有什么变化？

答：现在一部分年轻的拉祜族说的话是汉语和拉祜语混在一起的，汉语一半，拉祜语一半。有些词不会用拉祜语说，就用汉语词代替，所以上了年纪的拉祜族，特别是那些生活在乡下的老人听不懂青年人说的拉祜话。

问：在拉祜族家庭里有没有家长主动教自己的孩子说汉语的情况？

答：在拉祜族比较集中的地方，据我所知，还是没有的。父母本身汉语说得不好，自然也就不会教自己的孩子说。而且在比较偏僻的拉祜族聚居的地方，要是村里有哪个拉祜族说汉语，其他人会觉得听着别扭，甚至有时候取笑他。

问：像您这样四五十岁的人，一般来说，拉祜语都是比较熟练的吧？

答：在拉祜族聚居的地方肯定没问题。在勐朗镇，有一部分人已经不会说了。

问：那年纪再大一些的老人拉祜语说得怎么样？会说汉语吗？

答：很多老人们都只说拉祜语，不会说汉语。在拉祜族聚居的地方，甚至附近的汉族也都会说拉祜语，有的说得比汉语还流利。

问：您家里人的拉祜语和汉语说得怎么样？

答：我父亲叫胡开贵，做过小学教师，汉语、拉祜语都熟练，也懂拉祜文，还在县党校办过四、五届拉祜语文学习班。母亲张秀凤也是汉语、拉祜语都熟练。我家里兄妹5个，都在学校、机关工作，都是汉语、拉祜语双语人，说得都很熟练。而且我们家的人都懂拉祜文。我有一个儿子和一个女儿，他们都是在勐朗镇长大的，汉语说得好，拉祜话听是听得懂，说就不行了。我跟他们说拉祜语，他们用汉语回答，感觉和汉人说拉祜语的水平差不多。

问：您怎样看待拉祜语？

答：语言是民族的特点，一定要传承下去。古代的和现代的拉祜语、拉祜文都应当保留。

我父母从小就教育我们要热爱自己民族的语言文化,要有民族自豪感。我觉得用我们本民族的语言能够更好地表达自己的想法、情感。

问:您觉得拉祜语的前景怎么样?拉祜语教学存在哪些问题?

答:作为一名拉祜族,我看并不乐观。如果"普九"教育继续下去的话,50年后恐怕没有人会说拉祜语了。也可能是我过于担忧了。我觉得在拉祜聚居地区要进行双语教学,双文教学。不仅要开设拉祜语课,还要把拉祜的文化渗透到教材中,帮助拉祜族树立民族自信心。现在拉祜语教学存在的问题主要在政策、师资、待遇、读物等方面。

政策方面呢,2007开始,澜沧县提出"以拉祜文化兴县",对拉祜语、拉祜文的普及已经开始重视。师资方面呢,现在的问题是拉祜孩子上学前不会说汉语,学校里懂拉祜语的老师少,低年级孩子听课较吃力。拉祜族聚居的地方条件还比较差,教师待遇低,很多教师即使会拉祜语也不愿到拉祜聚居的地区工作。

"澜沧县拉祜族学会"一直在促进各地方拉祜族相互了解,探讨拉祜族如何发展等方面做着不懈的努力,我和我的小妹妹胡玉兰都是学会成员。但很多时候只能是有想法,没资金。我本人也在学校办过拉祜语兴趣小组,教拉祜语、拉祜文,开始的时候有100多人。可是学校教室紧张,我们活动的场所常常被其他科目占用,无法进行活动。学习的内容也主要是针对升学民族语口试的,没有什么成效。再就是学生学了拉祜文,没有可读的拉祜文报刊杂志等读物,学了也用不上。这些问题都有待一一解决。

(六)澜沧县残联副理事长胡玉兰

访谈对象:胡玉兰

访谈时间:2010年1月17日

访谈地点:澜沧县勐朗镇小康宾馆

访谈人:林新宇

问:请介绍一下你自己。

答:我叫胡玉兰,出生在澜沧县富邦乡卡朗村。1994年毕业于云南民族大学少数民族语言文学系拉祜语专业。毕业后到澜沧县教育局工作,分在农村成人教育和少数民族语言教研组。1995年任澜沧县少先队辅导员。1997年8月,被调到共青团澜沧县委任副书记。2003年3月被调到残联任副理事长。

问:你是几岁来澜沧县城的?

答:我在卡朗上到小学二年级。1980年我爸爸调到县上从事拉祜文师资培训工作,再加上卡朗生源突然减少,少到老师比学生多。1980年9月我也来到澜沧县城。但是我一句汉语不会说,2年级到3年级,几乎是半个哑巴,说汉语的时候很害羞。3年级以后汉语就很熟练了。上了中学以后才觉得自己能完全理解课本的内容。

问:在教育局期间你都做了哪些工作?

答:毕业分配到教育局 10 几天后,我就到木嘎乡完小去做拉祜语和汉语的双语文教学教研工作。到了那里之后,由于木嘎乡附中缺乏老师,就让我去担任初三英语教学任务。木嘎乡英语教学一直滞后,在三类学校中还在下位,学生英语的掌握程度是连字母都不太会写。所以我一边要教初三的课程,一边还要教字母。还有,他们别说英语,就是汉语的基础也很差。我在教学当中使用三种语言,如果学生听得懂我说的汉语,我就用汉语给他们解释;如果他们听不懂,我就用汉语方言或拉祜语给他们解释。学生十分喜欢我使用多种语言教学的方式,我教的那个学期,木嘎乡附中的英语成绩获全县三等学校的二等奖。

接下来又到了东回乡帮利村完小教了一个学期。这是个拉祜族和佤族的村子。在那里我教小学 4 年级语文、思想品德,小学 1—3 年级的自然和健康教育,还有全校的音乐,周课时 31 节。学生汉语水平低,我用汉语讲课,然后用拉祜语再说一遍。汉语书写水平也很低。最难的我觉得还是作文课。拉祜族学生写作能力不如佤族。佤族、汉族都会讲一些拉祜语,拉祜族学生会讲佤语的很少。

1994 年回到教育局农村成人教育和双语文教研组。农村成人教育不仅仅包含双语教育,还包括青少年扫盲。1994—1995 年的工作,就是集中扫除青少年文盲。有多种文字的,汉文、傣文、拉祜文等,最多的是拉祜文。有 3 个月 1 期的,后期也有 1 个月 1 期的。

问:您有没有接触到具体关于拉祜族、拉祜文的工作?

答:1993 年我在教育局实习时就翻译过小学 9 年义务教材。在教育局期间还是经常要处理一些拉祜文有关的事情的。

问:拉祜族聚居的地方是不是双语教学?

答:在乡下拉祜族聚居的地方还有双语教学,双文教学也有,但比较少。去年在我们老家富邦卡朗办了第一个特色班,教授拉祜文化、舞蹈,像芦笙舞等。县上现在在逐步实施拉祜文化进机关、进学校、进农村。县里也在计划实施双文教学,并且已经有了双文教材。这些都刚刚起步。

问:您在残联工作,据你了解拉祜族的残疾人多吗?

答:拉祜族的残疾人很多,有的寨子残疾人还比较集中。也许是由于近亲结婚或早婚早育,但具体是什么原因致残,我没有具体调研过,不好说。

问:澜沧县是拉祜族自治县,有没有专门针对拉祜族残疾人的优惠政策呢?

答:没有针对拉祜族的特殊政策。不但是对拉祜族残疾人,我觉得整个云南省残疾人的机制立法相对都还很滞后。比如说,国家残疾人就业条例已经出台了,我们这里还没有很好的实施办法。我分管残疾人教育,残疾人教育这一块是非常可怜的,文化程度特低,文盲特多,入学率特低。汉语水平也很低。目前为止,聋哑人只有 24 人毕业,聋哑学校在校生 22 个。

问:你觉得自己的拉祜话讲得怎么样?

答:在同龄人当中应该还可以,因为我们到基层去工作经常要用到。但我在县城长大,一些和农业有关的词汇,比如,农机具、农活、动植物名称等的词,我就不太会。有的知道拉祜语、不知道汉语怎么说,有的知道汉语、不知道用拉祜语怎么说。

问:有汉语拉祜语混在一起用的时候吗?

答:有的。比如一些新词要用汉语或外语借词,这是不可避免的。其实现在跟我父母说话也是拉祜语和汉语混着说的。不光像我这样的拉祜族这样,在拉祜族聚居的地方,年纪较轻的拉祜族人也会有这种情况。

问:你会拉祜文吗?

答:我小学二年级就会拉祜文。我会中国使用的1953年的那一套新拉祜文,还会泰国、缅甸那边使用的那套。当我的笔记、会议记录不想被别人看的时候,我就用拉祜文记。反正周围会拉祜文的人不多。县城目前能够用拉祜文的有二三十个。经常用拉祜文的也就是搞收集整理民族文化的和教育局成教股的那些人。乡下拉祜族聚居的地方可能还要多。

问:你的拉祜文是在哪里学的?

答:那时候我爸爸搞拉祜文培训工作,我放学后就到爸爸的课堂上去写作业,自然而然地就会拉祜文了。

问:你的父母对学拉祜语是什么态度呢?

答:从小我父母就叫我们要记住自己的语言。叫我们要有一种民族自豪感,我们不能被别人瞧不起。

问:你有孩子吗?他会说拉祜语吗?

答:我女儿今年6岁了。我也要求她学习拉祜语。为了让她学拉祜语,我特意找了拉祜族保姆。我父母和她在一起时也都跟她说拉祜语,所以上幼儿园以前她已经会讲了。但是上了幼儿园,和小朋友在一起都只说汉语。在家里我爱人又是宁洱的哈尼族,只会说汉语,哈尼话不会说,拉祜话也不会说。我和我爱人在家里只讲汉语,所以女儿的拉祜语词汇就减少了。

问:你会一直教女儿拉祜语吗?

答:当然会。我现在就有意识地给她纠正拉祜语发音。她喜欢唱拉祜歌,我就教她拉祜歌,边唱边学拉祜语。等她学会汉语拼音和英文字母,字母不会混淆了,我还会教她拉祜文。

(七)澜沧县教师座谈会纪要

座谈时间:2010年1月13日

座谈地点:澜沧县教师进修学校会议室

座谈人员:课题组全体成员、澜沧县教育局副局长许文燕、澜沧县教师进修学校副校长金秀梅及澜沧县各中小学教师代表11人。

座谈整理人:林新宇、乔翔

教育局许文燕副局长:

各位老师,各位同学,下午好。

戴老师是中央民族大学的教授、博导,今天他带领学者、博士生到我们这个地方来,专门调研我们的民族教育，尤其是拉祜族的教育问题，目的是更好地帮助我们发展民族教育。昨天，戴老师一行对教育局李局长进行了专访。李天宏局长在访谈的时候，是站在管理层的角度讲了我们拉祜族教师的一些配备情况、双语教学开展的情况、我们拉祜族学生的情况以及拉祜族学生的就业情况等等。

今天，我们把一线的、基层的老师代表、学生代表请来，进一步地交流。因为我们的老师在一线、在基层，最有发言权，我们专家都想听一听，老师在平时教学当中，拉祜族学生存在的一些问题、一些困惑，需要得到哪些方面的帮助和支持，大家都可以畅所欲言。

戴老师：

尊敬的许局长、金校长，非常高兴能来到我们教师进修学校，见到许多老师和同学。我们来的目的，许局长说得很清楚。我们承担着教育部的一个重点项目，调查中国的语言国情和文化教育的一些情况，目的是为国家提供咨询意见。

中央民族大学进入国家 985 工程，研究少数民族地区的语言状况、文化教育状况。前两年我们已经研究了很多民族，这次是专程来研究我们澜沧县的拉祜族，了解拉祜族语言文字的保留情况和存在的问题，拉祜族学生在学习语文教育的过程中遇到了哪些难点和问题。昨天和李局长、许副局长座谈，他们都谈到目前影响教育的一个大问题是语言障碍。我们下去也都看到了目前好多老百姓汉语还不太好，不太通，所以这方面我们想搞个材料，出版一本书，叫《澜沧拉祜族语言使用现状及其演变》。

昨天两位领导谈的给我们很多启发。我们当时就提出想跟一线的老师还有学生进行座谈，而且要进行语言能力测试，包括拉祜语、汉语，还要进行比较。回去以后要给中央写报告，这个地方拉祜族比较集中，存在的问题应该怎么来解决？一线的老师都很辛苦，但是比较了解怎样搞好拉祜族的教育。

李天龙（男，30 岁，拉祜族，澜沧民族小学）：

我来谈几句。我叫李天龙，拉祜族，澜沧民族小学的老师。拉祜族的孩子不乐于交往，比较自卑，不喜欢和其他同学交往。拉祜族同学之间很容易成为好朋友，和其他民族的同学却不容易打成一片。另外，因为他们都是从乡下来的，基础比较薄弱，教起来比较吃力，语文作文、数学应用题都比较吃力，基本上不能完全理解题目的意思。我们学校是寄宿制学校，除星期六可以请假以外，都是全封闭的，少数城镇的可以走读。学校里佤族学生比较活跃，其次是傣族学生。拉祜学生多，基础差，但有越来越好的趋势。

李进梅（女，42 岁，拉祜族，金朗中学政治教师）：

我是金朗中学的。我们学校大部分学生是拉祜族，还有傈尼族、傣族。我是政治和地理老师，也教过语文。拉祜族学生语言表达不是很通顺，思维不够敏捷。我们那里的拉祜族学生不爱学习，经常逃课什么的，家长不重视，不支持孩子上学。普九以来还好一些。学习积极性不高，不爱读书，我们金朗中学对少数民族学生采取分层教学，对基础比较差的专门分班，对这些学生降低要求，尽量在教学当中提起他们的兴趣。

我们学校的教师除教学外,每个老师负责两个宿舍,在学习、生活、卫生等方面基本上是一帮一。每个老师管理几个学生,具体落实到每个老师头上。

我当了21年老师了,从1987年澜沧师范毕业开始教书,我父母还有我其他兄弟姐妹也都是教师。

刘俊(女,26岁,拉祜族,澜沧民族中学数学教师):

我是澜沧民族中学老师,去年刚从玉溪师范学院毕业回来,今年我带的是初一的学生。我们民中也是寄宿制学校,我发现拉祜孩子对新事物,比如股票、电脑等,听不太懂。简单的数字计算会,加上这些新词的应用题就不会。另外,拉祜族的孩子和刚才那个老师讲的一样,他们之间很容易打成一片,和其他民族的学生就不太融在一起。他们心里边有一种自卑的感觉。有些孩子在乡上、村上学习是很拔尖的,到我们学校来以后,竞争更强烈,其他民族的学生也更活跃一些,他们的成绩就开始下滑,自己心里也找不到原因,感觉很盲目。很多东西不强调到位,不说到位,他们自己不会感受得到。

曾文祥(男,36岁,拉祜族,澜沧民族中学美术教师):

我也是拉祜族,澜沧民族中学的美术教师。部分拉祜族学生还是很优秀的。但大多数拉祜族孩子还存在一些问题:第一、性格内向、保守,自尊心较强,课堂上批评之后还要认真地给他解释。第二,怕跟外人、老师交流,自卑。第三,缺乏创新。我是美术老师,每年辅导学生参加省级、国家级科幻绘画比赛。从拉祜族学生的绘画作品中可以看出他们缺少创新性。第四,部分学生不爱学习。这有一定的原因,认为读书无用,读书不如回家放牛,眼光看得不远。孩子来读书,家里就缺劳动人手。再就是读书也难找到工作,干脆小学毕业、或者读到一、二年级,三、四年级就回家放牛。

胡小华(男,36岁,拉祜族,澜沧民族小学音乐教师):

我也是拉祜族,澜沧民族小学音乐教师。我想从我的音乐课上的一些感受来谈谈我们的民族。在我的课上,拉祜族学生不善于和别人交流、沟通,性格内向,不善于表现。唱歌不够大胆,放不开,不能把自己真实的嗓音展现出来。我也是7岁才开始学汉语,我的成长过程没有感觉到什么障碍。我觉得和生长环境有关系。在我的课上,拉祜族学生确实没有佤族、傣尼族放得开,更不要说和汉族比了。

我们学校搞了特色教育,用本民族的文化去熏陶,拉祜族的学生反而比较拒绝、排斥,感觉自己民族的东西比较落后。从乡村到镇上对比反差大,产生自卑心理。我教的像80后、90后对自己民族的音乐、舞蹈,语言文化不是很接受。

戴老师:

人口少的不自卑,人口多的反而自卑,究竟是为什么?

胡小华:

可能从民族内心就有这种拒绝的东西。

外来文化太强势。好在近几年我们本民族的音乐作品有一些了。学校开设芦笙、拉祜文特色课,开始有 100 多个学生报名,后来剩下不到 10 个,都觉得太难或没有前途。会不会拉祜文又怎样呢?会了拉祜文,也没有读物可读。

乔翔:

请语文老师具体谈一谈写作文、遣词造句方面存在的问题。

黄黑娅(女,38 岁,拉祜族,金朗中学语文教师):

我是拉祜族,金朗中学语文教师。拉祜族学生的作文,语言表达不通顺,遣词造句的过程中颠三倒四,死记硬背。汉族学生提个头就能够连贯地背下去,拉祜族学生不行,总在一句话中间卡壳。遇到主观题、思考题,无从下笔。有时候宁可空着不做。无法灵活应用知识,和从小读书较少,文学文化知识积累少,理解能力差有关系。拉祜族学生在学校讲汉语,回家还是讲拉祜语。所以我们对拉祜族孩子尽量减少主观题,一般就是抄抄写写,考试也是两套试卷。其他班级统考,拉祜学生的班,就自己出题考试。遇上县里统一考试时也是这样。

我们学校的学生成绩比较差,尖子班的分数在 150 分,一中、民中一般都是 160 分以上,那拉祜族学生所在的普九巩固提高班也就是 80—90 分。

李进梅(女,42 岁,拉祜族,金朗中学政治教师):

拉祜族学生也有优秀的。今年我就介绍了两个学生到云南民族中专的民族特色班,一个是残疾学生,一个是能歌善舞的,都很优秀。他们中考成绩都在 400 多分。这个班一切费用全免,每月补助 300 元。

黄黑娅:

李老师说的那个残疾学生,我教了三年,非常刻苦,下课也不出去玩儿,语文学得不错,就是考试成绩总是 75、76,很少拿到 80 分。作文也很能写,我们初中作文要求 500—600 字,她有时能写到 1000 字以上。但是语言组织差,重复啰唆,主次不分。原因感觉就是见识少。教学中我尽量把修饰语去掉,学生听起来就容易些。

廖燕(女,50 岁,拉祜族,澜沧一中一线把关英语教师):

我从教大概有 30 年了,在高中一直担任班主任,还担任过学年主任。一中的学生大部分来自城镇,民族多数是汉拉(出生于汉族和拉祜族的族际婚姻家庭),学生基础比较好。扩招后,招了些乡下的孩子,家庭较为贫困,20% 的学生高二就要辍学,学校给一些补助,也帮不了多少。成绩好一点的学生是佤族、傣尼族、布朗族。拉祜族学生的学习劲头、创新性远远不如其他民族的学生。遇到好一点的拉祜族学生,我们都动员他们报考中央民大或云南民大,但报是报了,录取率就很低。学生就会有想法,老师你让我报这些学校,为什么不被录取呀。所以借这个机会,请戴教授能不能建议学校给边疆地区的少数民族学生一些政策倾斜。我现在带了 5 届毕业班,总的看,汉拉学生的情况会好一些,纯粹拉祜族的学生要差一点。我觉得和见识有关系。

金秀梅(女,43 岁,拉祜族,澜沧教师进修学校语文教师):

我想加上一条,澜沧拉祜族学生报考预科时,中央民大能不能给一些定向的名额。要求拉祜族学生要会拉祜语言,要不然培养的学生就回不来。定向能不能只对县,如果是省里或是市里的话,又被那些汉拉占去。

我是进修学校的老师,我们下乡听课,有些老师说,我们这里的孩子听不懂汉语,我就会问他你教了几年了,你会不会拉祜语,他说我也不会,我觉得我们的老师也有责任。所以要求老师先学会民族语。拉祜族孩子有个特点,说本民族语时思维还是很敏捷的。用母语交流时没问题,可能跟他们所处的环境有关。拉祜族还是善良憨厚的。同村的在一块儿就高兴,善于言谈,在这样的环境下就比较积极听话。我原来在职中的时候,有一个南岭的学生,学习很好,语文成绩也好,家里发生了火灾后就想辍学,我就发动同学们给他捐钱、捐衣物等,一直到毕业。现在他在家乡做文书。我本来是让他出去做教师,他说他害羞,不想去。从教师培训来看,拉祜族教师教学能力上并不弱,会双语教学,懂本民族语言,教师在教学技能、教学理念等方面比较好学。

黄渊(男,拉祜族,38岁,澜沧县县小数学教师):

我在东回乡完小教了5年,学生全部是拉祜族。那里是双语教学,先教拉祜语,学前班的学生会简单的汉语。但是现在不搞了,小学上到四、五年级还不怎么会汉语。我是汉族聚居区长大的拉祜族,拉祜语本来不好,但是我在那里教了几年下来,把拉祜语全学会了。扫盲班是用拉祜语培训的。40岁左右的有的会用拉祜文写信,汉字一个不识。我也会一点拉祜文。学生计算题可以,书上一模一样的应用题会答,改一两个字就不行了。

陈擎(汉族,女,43岁,勐朗镇中心小学语文教师):

我是镇小的老师,每个年级都教过。我们学校的学生上学前都会汉语,不需要双语教学。拉祜族孩子性格朴实,学习较死板,不善表达,不会举一反三,不能灵活应用。有的很能干,能歌善舞,你多跟他交流,他也愿意交流。

戴老师:

今天大家都谈得很好,特别是都能正视拉祜族学生中存在的问题。你们都是拉祜族,敢于面对现实,这条非常可贵。当然,具体怎么看待怎么解决,值得以后好好研究。谢谢大家!

四 田野调查日志

2009年9月—12月

中央民族大学985工程基地语言中心筹划寒假调查课题,决定于2010年1月4日至1月18日赴云南省澜沧拉祜族自治县调查拉祜族的语言使用情况。中央民族大学戴庆厦、乔翔、林新宇、朱艳华与云南玉溪师范学院白碧波、许鲜明、杨艳、刘艳,云南民族大学刘劲荣、张伟、张雨江共同组成《澜沧县拉祜族语言使用现状及其演变》课题组,戴庆厦任课题组组长。11月中旬,课题组开始制定调查计划,搜集相关的资料,设计调查问卷和调查表。

2010年1月1—3日

确定调查计划和调查日程。

2010年1月4日

玉溪师院课题组成员许鲜明、刘艳动身赴澜沧踩点。

2010年1月5日

早上9:00许鲜明、刘艳与县民宗局董局长商量、协调调查点的踩点工作,初步确定候选调查点。民宗局派司机张扎母专车负责踩点。

11:00到勐朗镇勐滨村松山林小组村委会,与组长李扎俫商定调查事宜,取得该村户口册。

12:30到东回乡阿永村村委会,与村支书蒋键明取得了联系,获得该村户口册三本。

13:30到发展河乡政府,向副乡长了解发展河村具体情况。

2010年1月6日

上午到竹塘乡政府驻地募乃村,乡长李文华接待。在副乡长吴文龙、乡派出所刘所长的陪同下,到茨竹村实地踩点,并获得茨竹村四组的户口册三本。

午后到达勐朗镇镇政府。在书记和副镇长的协助下,和该镇两个自然村——布老村、看马山村委会取得联系。15:40到达勐朗镇唐胜村委会,取得唐胜新村户口册一本。

2010年1月7日

上午在勐朗镇林业局罗成燕的陪同下,驱车前往勐朗镇看马山村委会和布老村委会。至此,5个调查点已初步确定。

2010年1月4日

中央民族大学调查组成员戴庆厦、乔翔、朱艳华、林新宇乘机飞往昆明。午饭后,参加云南民族大学民族文化学院岳麻腊2009年度国家社会科学基金项目《十一世纪末以来的缅甸语语音研究》课题的开题报告。

2010年1月5日

上午,戴庆厦应云南民族大学民族文化学院的邀请,为本硕生做了题为《怎么写好民族语文的论文》的报告。下午2点半,戴庆厦应云南师范大学语言文学学院的邀请,做了题为"少数民族语言研究中的几个理论问题"的报告。

2010年1月6日

上午8点,云南民族大学文化学院院长刘劲荣送北京调查组成员到玉溪。同行的还有刘劲荣的大学同学——澜沧县民族中学的政治教师胡明。胡明老师精通拉祜语和汉语,很了解拉祜族的风俗习惯、民间艺术等。为此,课题组邀请胡明与我们一起回澜沧,担任我们在澜沧县的向导和发音合作人。

途经云南民族大学新校区,进入校园参观。与文化学院2009级拉祜班的部分学生见面,聊聊他们的大学生活。

中午,到达玉溪。玉溪师范学院院长熊术新、科研处处长王学惠接待了课题组。课题组成员还参观了玉溪师院校区。

下午 4 点，课题组乘车去澜沧县。晚上 7 点到达墨江县。墨江县民宗局局长黄克勇、哈尼族研究所所长赵德文、研究人员朱茂云等设宴招待课题组。

2010 年 1 月 7 日

下午 5 点半到达澜沧县城，与许鲜明、刘艳在小康宾馆会合。课题组所有成员会合。

晚上 8 点，课题组召开第一次全体人员工作会议。许鲜明和刘艳先介绍了她们提前了解掌握的情况，提议要走访调查的 4 个代表性拉祜族村寨，得到大家的一致同意。成员们初步讨论了《澜沧县拉祜族语言使用现状及其演变》一书的写作大纲，确定了主要章节。

2010 年 1 月 8 日

早上 9 点，县长石春云（拉祜纳）、民宗局局长董礼保（拉祜纳）会见课题组全体成员，并进行座谈。戴庆厦教授向澜沧县领导说明课题组此次田野调查的目的和计划。石县长对调查组的到来表示热情欢迎，肯定课题组工作的意义和价值，表示将全力配合课题组的工作，为调查工作提供人力和物力上的支持。接着，石县长介绍了澜沧县拉祜族的支系划分和风俗风情特点。他说："全世界拉祜族总人口是 65 万，分布在中国、美国、泰国和缅甸等国，国外的拉祜人都是从中国走出去的。中国的拉祜族有 45 万人左右，澜沧县约有 20 多万，约占全国的 1/2，全世界的 1/3。澜沧县是全国唯一的拉祜族自治县，所以澜沧县在拉祜族的发展中占有重要的地位。澜沧县的拉祜族分为四个支系：拉祜纳、拉祜熙、拉祜老缅人、拉祜苦聪人。石县长特别强调选取具有代表性的拉祜族村寨对于分析和描写拉祜族语言和文化的重要性。他建议调查组前往南岭乡勐炳村，这是澜沧拉祜族传统史诗《牡帕密帕》的传承基地，拉祜族原汁原味的民俗民风和语言文化保留完整。石县长决定在当天亲自带我们到南岭乡勐炳村考察。

勐炳村距县城 70 多公里，山路崎岖，交通很不便利。2 个半小时候后我们到达目的地。我们先到拉祜族创世史诗中描述的发源地调查。石县长担任了解说员，生动地给我们讲述拉祜族如何从葫芦中走出。他讲到，传说天地万物的造物者厄沙为了创造有智慧、会劳动、有喜怒哀乐的人类，千辛万苦培育葫芦。等葫芦成熟后，厄沙请鱼把葫芦从水里背上岸，它翻了翻葫芦，可翻不动，想背，可背不起来。用力太大把眼睛都鼓出来了，也没把葫芦背出来。然后螃蟹就过来背，螃蟹被压瘪了，把葫芦背在"糯谢糯路儿崩"边了。最后，乌龟来把葫芦背到厄沙的门口。葫芦晒干后，厄沙让马鹿来挑葫芦，马鹿把角都挑成好几叉了都没有挑通。厄沙又请小米雀来啄葫芦，小米雀嘴啄秃了也没把葫芦啄通，厄沙只好又请老鼠来咬，终于把葫芦咬通了。拉祜族的始祖扎迪、娜迪就从葫芦里走出来，从此有了人类。

我们在这片被保护得很好的森林里，看到了拉祜族传说中的守护神野象、造物主老天爷祭祀台、葫芦山以及保护葫芦的各种动物雕塑。南岭乡打造文化和旅游品牌、保护和传承拉祜族文化、带动全乡经济发展的决心很大。未来的几年中，这里将引来更多的游客和商机。

调查组成员刘玉兰在距离葫芦山不远的一片拉祜农户周围观察拉祜族的建筑风格、生活场景，这时走来一位拉祜族老年妇女。刘玉兰跟她微笑打招呼，老奶奶非常高兴，用拉祜语说了很多话，但刘玉兰听不懂她在说什么。老太太示意刘玉兰跟她走，两人来到老太太的家。她拿出一条腊肉,非要给刘玉兰吃,刘玉兰摇头、摆手。老太太又拿出一张一百元人民币,塞到刘玉兰手里。刘玉兰又吃惊又感动,她看到老太太的屋子可以说是家徒四壁,生活境况并不好。老奶奶那朴实善良的性格深深地打动了我们。

下午3点,参观完勐炳村拉祜族文化传承基地后回到了村公所。调查组成员分头开始了调查任务。白碧波、乔翔、刘玉兰、刘艳、林新宇对不同年龄段的村民进行了"拉祜族语言观念调查问卷"、"不同对象、不同场合语言使用情况调查表"及"家庭内部语言使用情况调查表"等调查;朱艳华、许鲜明做了村民访谈。5点半左右,调查组成员前往勐炳村拉祜族《牡帕密帕》的传承基地,在那里和县里、乡里干部及村里的拉祜族代表一起共进晚餐,品尝拉祜族传统菜肴、美酒和水果。饭后,课题组成员利用空隙又开始对不同年龄段的村民进行"拉祜语400词"测试,还访谈了小学校长等人。

晚上7点,石县长亲自安排,请课题组成员观看澜沧县南岭乡勐炳村人民艺术团的表演。这个艺术团由100多人组成,年龄从3岁到60岁,全部是土生土长的拉祜族农民。他们用原生态的歌、舞和乐器表现拉祜族日常生产和生活场景,曾经应中央电视台"民歌中国"栏目组的邀请去录制节目。这些"演员"白天都在山上劳动,刚刚结束一天的劳作,听说从北京来了专家组,他们换上民族服装纷纷赶来表演。演出的主要乐器是芦笙,所有的歌舞都是芦笙舞。

这台大型歌舞演出包括若干节目。第一个是《山清水秀》,体现拉祜族勤劳勇敢、善良好客的特性,表达了对远方客人的欢迎。第二个是《造天造地》,表现老天爷创造天地的情景,以及拉祜族祖先从没有生产工具到有了犁头、锄头、耕牛等的生产生活。一对对男女歌手边舞边唱,大意是:"老天爷种下了茶,我们要好好管理,卖了钱我们的生活就好过了;我们这地方还有野果,是老天爷种下的,我们要好好管理,卖了钱我们的生活就好过了;我们这地方还有野菜,是老天爷种下的,我们要好好管理,卖了钱我们的生活就好过了;……"第三个节目是拉祜族传统史诗《牡帕密帕》,讲述了拉祜族的祖先扎迪和娜迪在大象、老鼠、鱼、乌龟等动物的帮助下,走出葫芦的故事。第四个是表演拉祜族盖房子的情景,盖好房子后家家户户舂臼做粑粑,拿去贡山贡老天爷,保佑拉祜山乡人畜兴旺、四季发财、事事如意。第五个节目《芦笙舞》,表现芦笙舞怎样由老人传给年轻人。第六个节目是《芦笙恋歌》,舞蹈动作演示了青年男女从相识、交往到相爱的过程。最后,是全体演员的大合唱,把演出的歌曲和舞蹈做了一个总结。

晚上10点半,调查组成员返程。全车人都还沉浸在这一天的感受中。凌晨1点钟,到达县城住处。大家还集中在一起,交流了这次调查的感想,讨论了第二天的工作安排。1点半才休息。

2010年1月9日

戴庆厦和发音合作人胡明校对拉祜语400词和2000词。其他成员整理昨天在勐炳村取得的资料,在电脑中输入勐炳村、松山林、唐胜新村、达的等村的村民户口册,撰写访谈录。

2010年1月10日

上午9时,课题组全体成员前往距县城3公里的勐朗镇唐胜新村进行入户调查。在队长家里,课题组成员分头对不同年龄段的拉祜村民进行了语言观念、不同对象不同场合语言使用、400 词测试等。对村干部、村民代表进行了访谈。

中午,课题组返回县城,吃过晚饭稍作休息,又前往距县城 10 公里的东朗乡勐滨村松山林小组进行入户调查。松山林小组是拉祜族拉祜熙支系,全社 99.3% 都是拉祜熙,是典型的拉祜坝区寨。调查组对小组组长、会计等人进行了访谈,了解该社拉祜族的文化、习俗、语言使用情况等;对几个青少年进行了 400 词测试;还就语言态度和语言观念对几个村民进行了问卷调查。

下午 5 时,带着收获的喜悦,调查组成员返回驻地。即刻开会总结一天的工作,讨论两天来田野调查后的感性认识和理性归纳,确定全书的大纲,分配章节的写作任务,安排次日的工作。

晚上,调查组成员各自整理材料,输入家庭语言使用情况、分析 400 词的测试结果、撰写录音采访等,工作至深夜。

2010 年 1 月 11 日

上午 9 时,调查组白碧波、许鲜明、刘玉兰、刘艳、杨艳前往竹塘乡乡政府,拿到有关该乡的资料。接着前往茨竹村达的队,进行入户调查。做了 8 份"拉祜语 400 词测试"、2 份"汉语 400 词测试"、10 份语言态度和观念问卷调查、访谈了村组组长、文书和村小的校长。吃过午饭,调查组前往邻村——拉祜族老缅人支系的村寨,了解并拍摄老缅人的建筑和生活。下午 3 点结束村寨的调查,6 点半左右返回澜沧县的驻地。

调查组其他成员留在驻地工作。戴庆厦、朱艳华与发音合作人胡明进行拉祜语"2000 词"的记音和校对。林新宇和乔翔前往唐胜新村,就资料整理中发现的疑问,向村小组长重新核实。回到驻地后,继续整理村寨的语言使用情况个案。

晚上,全体调查组成员继续工作至深夜。

2010 年 1 月 12 日

上午,继续校对拉祜 2000 词汇。许鲜明、白碧波、林新宇、刘玉兰、乔翔整理、撰写调查过的拉祜村寨语言使用情况个案。杨艳、刘艳、朱艳华前往唐胜新村,对部分村民进行"拉祜语 400 词汇"、"汉语 400 词汇"和"拉祜族汉语习得偏误例句"的测试。"汉语 400 词"测试的方法为调查人员念拉祜词,受测试人说出对应的汉语词,目的是掌握拉祜族的汉语词汇能力。从"拉祜族汉语习得偏误例句"的测试中看到拉祜族在习得汉语句式上存在的偏误,如汉语差比句的否定表达式否定词的位置放在动词前,有些汉语介词在拉祜语中没有,不会使用,复句不会使用关联词等。

调查组成员还测试了拉祜村民的听力和阅读,目的是调查拉祜族听读汉语的能力和语感。刘艳去希望小学了解教育状况,跟一位语文老师谈话,取到基本拉祜族学生的作文本,拿回来做拉祜族语文学习的分析。

下午 3 点,调查组成员访谈澜沧县教育局局长李天宏,谈及全县中小学的教育状况、少数民族学生的双语教学情况。访谈民宗局局长董礼保,他介绍了拉祜族的性格特征、生产生活、教育文化和语言使用等。特别指出,少数民族干部和公务员懂拉祜语的越来越少,出现断层现象,不利于本民族的进步和发展。访谈了文化局局长李扎迫(拉祜族),他生动地讲述了拉祜族的迁徙史、有关芦笙起源的传说故事以及拉祜族传统叙事史诗《牡帕密帕》反映的主要内容。

晚上,调查组成员与两位拉祜族局级干部座谈。回到驻地,研究第二天的工作计划。

2010 年 1 月 13 日

上午,戴庆厦、胡明、林新宇留在驻地继续校对拉祜语 2000 词汇。朱艳华、杨艳、刘艳、刘玉兰、乔翔前往澜沧县委餐厅,找了几名拉祜族服务员,对他们进行"汉语 400 词汇"、"拉祜族汉语习得偏误例句"和汉语听力、阅读测试。

下午 3 点,在澜沧县教育局许文燕副局长的安排下,调查组前往澜沧县教师进修学校,与该校的副校长金秀梅(拉祜族)及来自县民族中学、县一中、金朗中学、县民族小学的教师代表和学生代表座谈,听取一线教师对拉祜族学生教育问题的看法,探讨提高拉祜族教育水平的方法和对策。与会的教师都是拉祜族或汉拉(父母或祖父母一方是拉祜族一方是汉族),他们畅所欲言,诚恳客观地讲了自己对拉祜族学生的认识,以及拉祜族学生在学习上的难点。课题组还与各位教师就拉祜族学生的学习障碍和改进的对策进行了讨论(座谈会的会议纪要见"访谈录")。

2010 年 1 月 14 日

全天,调查组成员在驻地分头撰写各人负责的章节。拉祜语 2000 词汇校对完毕,对格式、字体、字号进行调整;4 个拉祜村寨语言使用情况个案调查基本完成;各界代表访谈也在整理中。

2010 年 1 月 15 日

调查组成员在驻地继续撰写各章节。4 个拉祜村寨语言使用情况个案调查完成并修改定稿。进入全书的专题写作中。

记录分析拉祜人说普通话的音系、拉祜人说当地汉语方言的音系。

2010 年 1 月 16 日

全天在宾馆整理修改报告。

2010 年 1 月 17 日

全天在宾馆整理修改报告。

2010 年 1 月 18 日

白天在宾馆整理修改报告。

晚民宗局设宴欢送调查组。

2010 年 1 月 19 日

动身去泰国做"泰国清莱府拉祜族及其语言使用现状"课题调查。期间,还将完成《澜沧县拉祜族语言使用现状及其演变》书稿的加工工作。

晚住边境口岸磨憨镇。

2010年1月20日

早上出关。泰国清莱皇家大学宋巴教授到口岸来接课题组。经老挝,渡湄公河,下午六时到泰国清莱市。在泰国清莱皇家大学宾馆住下。

课题组成员在做"泰国清莱府拉祜族及其语言使用现状"课题的调查中,抽空进行《澜沧县拉祜族语言使用现状及其演变》书稿的加工和审核工作。

2010年2月28日至3月15日

书稿工作全部完成,送出版社出版。

五 工作照片

1. 拉祜族传统民居

2. 拉祜族妇女手工制作传统拉祜背包

3. 澜沧县县长石春云（后排左五）专程陪同课题组在南岭乡勐炳村做调查

4. 戴庆厦（左）向胡明（拉祜族）核对音系

5. 白碧波（右）在了解青少年语言情况

6. 许鲜明（右）在测试青少年语言能力

7. 乔翔（中）在了解拉祜村民的语言使用情况

8. 杨艳（右）在向拉祜村民了解语言使用情况

9. 朱艳华（左）向文体局副局长刘春云调查澜沧拉祜族的文化生活

10. 林新宇（左）在勐炳村了解拉祜人的语言情况

11. 刘玉兰（中）在培训学校测试拉祜族青少年的词汇能力

12. 刘艳（中）在测试青少年词汇能力

13. 戴庆厦、张伟（中）在向澜沧县前县长张忠德了解澜沧县拉祜族情况

14. 刘劲荣（左）在收集拉祜语长篇语料

参 考 文 献

1. 葛公尚等撰著:《中国少数民族现状与发展调查研究丛书·澜沧县拉祜族卷》,北京:民族出版社,2002年。

2. 澜沧拉祜族自治县民族宗教事务局内部资料,"2008年云南省澜沧县少数民族族聚(散)居村委会及自然村基本情况表",2009年8月。

3. 李保,杨文安主编:《拉祜族史》,昆明:云南民族出版社,2003年。

4. 石春云主编:《澜沧拉祜族自治县概况》,北京:民族出版社,2007年。

5. 徐世璇:《论语言的接触性衰变》,载《语言科学》,2003年第5期。

6. 云南省澜沧拉祜族自治县志编纂委员会编纂:《澜沧拉祜族自治县情》(1991—2000),昆明:云南科技出版社,2003年。

7. 云南省澜沧拉祜族自治县志编纂委员会,编纂:《澜沧拉祜族自治县志》,昆明:云南民族出版社,1996年。

8. 中共澜沧县委党史研究室编:《美丽的澜沧——县情教育读本》,昆明:云南民族出版社,2006年。

9.《竹塘乡志》,内部资料,2009年。

后　　记

　　我们课题组成员到过好几个民族地区做过语言国情的田野调查,与基诺人、哈尼人、阿昌人、茶山人等许多民族的同胞有过接触、交流。但这次到拉祜族地区,多数还是第一次。短短的十几天时间里,我们日日夜夜与拉祜族同胞,包括村民、干部、教师、学生相处,始终沉浸在一种难得的、热情的、和谐的气氛之中。

　　真情感动,这是我们这次调查的一个突出的收获。在调查中,我们每天都有受感动的故事。拉祜人真诚的、朴实的优秀品质深深地感染了我们,震撼着我们,使我们的心灵得到净化,在人生理念上有了新的变化。

　　1月8日,我们到拉祜族聚居乡做调查,一位成员深入老乡住户访问了一位白发苍苍的老奶奶。当她知道我们从北京下来关心他们民族发展的目的之后,十分感动,拿出了家里的牛干巴给我们的队员吃,临走时还硬把口袋里仅有的100元钱塞给我们的队员来表示她的心意。这种朴素而又真诚的情感,感动得我们热泪盈眶。殊不知他们的生活还很贫困,年均收入才有500元左右。

　　1月13日晚,文化局局长李扎迫(拉祜族)盛情接待了我们。他说:"我们拉祜族还很落后,你们来关心我们,我们感激不尽。"他热情地向我们介绍了澜沧县的文化建设情况,还当场跳起了芦笙舞。临走时,我们问他是否能给我们一些文字材料,他很干脆地回答:"不是一些,而是你们要什么我们都可以给你们。"一片真情,温暖人心。

　　澜沧民族中学的胡明老师(拉祜族)和民族宗教局的公务员张扎母(拉祜族),全程陪同我们做调查,成了我们课题组的新成员。他们不仅同我们一起做调查,而且在生活上、联络上还处处关心我们,帮助我们。我们与胡明老师的结识纯属缘分。1月6日,我们要离开昆明去澜沧,云南民族大学的刘劲荣院长来送我们,并带了他的老同学胡明来看我们。胡明是澜沧人,对当地情况和拉祜语都非常熟悉。我们一见如故。他本来是到昆明休假的,假期还没度完。我们见到他,很想让他跟我们一起参加调查。他似乎明白了我们的意思,什么也没准备就跟我们坐长途汽车下到澜沧。他连换洗的衣服和手机都还留在昆明。到澜沧后,他像自己人一样帮助我们的工作和生活。张扎母每天一大早就开车把我们送到拉祜寨,还帮助我们一起做调查。他虽不善言谈,但他那一颗热忱的心时时感动着我们。

　　1月8日夜晚,我们在勐炳寨与村民联欢。上百名村民演出团向我们表演了拉祜族的传统歌舞《牡帕密帕》,结束前还邀请我们与他们共跳芦笙舞。我们的一位成员由于融入了欢乐的气氛之中,竟忘了座位边还有他带的一个重要包包——其中装有两本出国护照和八千块钱。联欢会结束时,他又沉浸在村民的欢送热潮中。等回程的汽车开了近两个小时,我们在车上接到乡长的电话,说"村民捡了你们的一个包,里面有大量的钱。请放心,明天一早就给你们送去。"大家才松了一口气,都为村民这种"拾金不昧"的高尚品质而感动。

多么值得崇敬的拉祜人啊! 我们不约而同地有一个共同的感受:在市场化、商品化迅速发展的今天,在遥远的边疆山寨竟然还能保持如此好的民风,实在难得。

真诚牵挂,这是我们这次调查的另一个收获。我们为他们未能摆脱贫困而忧虑,多了一份牵挂。

新中国建立后,拉祜族地区发生了巨大变化,由原始社会和半原始社会直接跨进社会主义。他们享受了民族平等的权利,受到国家的重视。半个多世纪以来,党和政府不断为改善拉祜人的生活而操心,付出了巨大的努力。温家宝总理今年还特意批示要关心拉祜族的生活和发展。这是有目共睹的,是刻在拉祜人心里的,但由于拉祜族地区自然条件差,底子薄,至今许多家庭还处于贫困的状态。

拉祜族的母语——拉祜语保存得很好,值得庆幸。但他们的传统文化已流失不少,必须尽快恢复、重建。群众中的文盲比例很大,兼用国家通用语的比例偏低,语言障碍严重影响了他们的发展。双语教学有待大力加强,亟待培养大批掌握双语的教师。

澜沧地区处于边境,是多民族的聚居县,又是缉毒、防毒的前哨。过去,他们为了保卫边疆做出了巨大牺牲,影响了自身的经济建设。如今,国家强大了,边疆巩固了,应该给他们更多的特殊政策,让这里的各族同胞尽快过上好日子。

我们希望能用这本倾注我们真实情感的书,呼唤更多的人来了解、关怀澜沧地区以拉祜族为主的各民族同胞的生存,帮助他们尽快地摆脱贫困走上富裕、安康的大道!

我们非常感谢在这次调查中帮助过我们的人们,没有他们的帮助,我们的这本书是无法写成的。他们是:县长石春云,原县长张忠德,县人大主任魏志华,民宗局局长董礼保,教育局局长李天宏、副局长许文燕,文化局局长李扎迫,文体局副局长刘春云,县残联副理事长胡玉兰,勐朗镇副镇长魏晓军,还有无数的拉祜族村民。

十多天来,课题组成员在田野调查中是够辛苦的,是尽了心的。大家没有一天休息,几乎每天都工作到深夜,连衣服都没有时间洗。课题组成员虽然分别来自三所高校,但大家都知道我们正在进行一项有意义的事业,必须做好,所以始终紧密团结在一起。大家互相关心,互相帮助,始终保持饱满的情绪。

我们把这本经过大家辛勤努力写成的书,献给我们所热爱的澜沧县拉祜族以及其他民族的同胞们,愿他们今后的日子蒸蒸日上!

戴 庆 厦

2010 年 1 月 18 日

于澜沧县小康宾馆